# 农业技术扩散
## 特征、效应及机制研究

◎ 李航飞 著

中国农业科学技术出版社

图书在版编目(CIP)数据

农业技术扩散特征、效应及机制研究 / 李航飞著 . -- 北京：中国农业科学技术出版社，2022.11
ISBN 978-7-5116-5987-3

Ⅰ.①农⋯ Ⅱ.①李⋯ Ⅲ.①农业科技推广-研究-台湾 Ⅳ.①F327.58

中国版本图书馆 CIP 数据核字(2022)第 203797 号

责任编辑　朱　绯
责任校对　李向荣
责任印制　姜义伟　王思文

| | |
|---|---|
| 出 版 者 | 中国农业科学技术出版社 |
| | 北京市中关村南大街 12 号　　邮编：100081 |
| 电　　话 | (010) 82109707 (编辑室)　　(010) 82109702 (发行部) |
| | (010) 82109709 (读者服务部) |
| 网　　址 | https://castp.caas.cn |
| 经 销 者 | 各地新华书店 |
| 印 刷 者 | 北京建宏印刷有限公司 |
| 开　　本 | 170 mm×240 mm　1/16 |
| 印　　张 | 19　彩插 8 面 |
| 字　　数 | 362 千字 |
| 版　　次 | 2022 年 11 月第 1 版　2022 年 11 月第 1 次印刷 |
| 定　　价 | 80.00 元 |

◆◆◆ 版权所有·翻印必究 ◆◆◆

# 前　言

农业技术扩散能有效提高农业生产效率，促进农业经济发展，受到了世界各国、各地区的高度重视，我国自2004年以来，中央一号文件连续19次以"三农"为主题，并对农业技术扩散进行了相关部署。对农业技术扩散的特征、效应及机制的研究是目前地理学、经济学、管理学等诸多学科所关注的重点之一，专家、学者在这方面做了大量工作。中国台湾地区（简称为台湾，全书同）农业发展水平一定程度上超前于祖国大陆，其在育种、栽培、高新技术、产销运管等方面，在国际上都具有一定影响力，值得学习和借鉴。台湾农业在大陆的技术扩散符合技术扩散的一般规律，但由于海峡两岸特殊的政治背景、文化渊源，使得台湾农业在大陆的技术扩散又有别于一般的技术扩散，具有其独特性。同时，受特殊政治背景及地域文化（客家文化）的影响，台湾农业技术在大陆的扩散机理必然与主流技术扩散理论有所区别，大陆农户的技术采纳机理与主流农户采纳理论必然也有所不同。探讨台湾农业技术在大陆的扩散特征、效应及机制一定程度上可以丰富技术扩散的相关理论；同时，可为海峡两岸间农业技术交流及大陆的农业现代化建设提供相关政策依据。

本书首先利用数据包络分析方法探讨了包括台湾在内的全国32个省份（不含香港特别行政区和澳门特别行政区）农业技术生产效率的区域差异情况，为台湾农业技术在大陆的扩散分析提供基础。在此基础上，宏观上以"台商大陆农业投资"为指标变量；微观上基于农户视角，以"广东省（韶关）粤台农业合作试验区兰花种植业"为例，分别探讨了台湾农业技术在大陆扩散的特征、效应及机制，得到的主要结论如下。

（1）宏观尺度上。①台商在大陆农业投资区域差异明显，集中分布于东部沿海地区的广东、江苏、福建、上海、浙江、北京、天津、辽宁8省市，有北移之趋势；在空间格局分布上，空间集聚特征即空间自相关特征明显；台资集聚水平、市场规模、经济对外开放程度、政策因素、劳动力成本等因子对台商在大陆农业投资区位选择的影响较强；占领大陆广阔的市场是前期台商在大陆农业投资的重要目的；台商在大陆农业投资的中后期，台资集聚水平、经济对外开放程度的影响日益增强。②长期来看，台商农业投资与大陆、大陆东部及大陆中部地区农业 GDP 之间存在长期均衡关系且是其格兰杰原因，台商农业投资对大陆及其东、中部地区农业发展具有一定的促进作用；台商农业投资与大陆西部地区农业 GDP 存在长期稳定协整关系，但不是其格兰杰原因，对西部地区农业发展的促进作用很小。短期来看，台商农业投资对大陆东部地区农业发展具有一定的促进作用，对大陆及其中西部地区农业发展的正向作用不显著。综合来看，台商农业投资效应具有长期性、滞后性及区域差异性特点，对大陆各区域农业经济发展的促进作用，与农业 FDI、FDI 作用类似，但同时又存在差异。台商农业投资对大陆农业发展的影响作用远小于大陆农业固定资产投资。

（2）微观尺度上。①试验区兰花种植户数量呈"S"形曲线增长，为罗杰斯农业技术扩散 5 阶段中的"早期大多数"阶段；兰花种植户的空间分布受交通条件、技术条件及地形条件之影响，兰园以台企（德芳兰园和兴奇美兰园）为中心，集中分布在省道 S245 两侧的松塘、仙北、仙南、九仙 4 个村的山前地势低平地带；呈现出由均匀分布向集聚分布演变的趋势且越来越明显。②试验区兰花技术扩散网络呈多核心结构，台企、大学与科研机构、兰花专业合作社、兰花协会、部分外地企业、部分本地企业等在扩散网络中处于核心地位；兰花企业（农户）间的"核心—边缘"结构较为明显，派系结构较为复杂，一定程度上突破了地域空间的限制；兰花种植技术扩散网络结构由以"家族宗族网络"扩散为主逐渐向以"功能性网络"扩散为主转变，"生成性强关系"对兰花种植技术扩散的影响越来越强。③试验区兰花种植户（企业）的综合效率、纯技术效率、规模效率有较大的提升空间，要素投入存在或多或少的冗余现象，而产出则存在不足，需进行调整和优化，以提高生产效率。④结构方程模型分析结果表明：农户维度下的农户网络特征因素、农户对台湾农业的认知因素，台湾农业维度下的台湾农业特点因素、台湾农业技术服务特点因素及环境维度下的基础条件因素等对兰花技术扩散效果具有显著促进作用；农户维度下的农户创业特征因素及环境维度下的政策环境因素等两个因素对兰花技术扩散效果的促进作用不显著，未通过检验。

作者

2022 年 10 月

# 目 录

**绪 论** ································································· (1)
  第一节　研究背景及意义 ···················································· (1)
  第二节　研究目标与内容 ···················································· (5)
  第三节　研究方法与技术路线 ················································ (8)

**第一章　文献综述** ··························································· (11)
  第一节　农业技术扩散的概念与内涵研究 ······································ (11)
  第二节　农业技术扩散机制研究 ·············································· (16)
  第三节　农业技术扩散影响因素研究 ·········································· (19)
  第四节　台湾农业技术在大陆的扩散研究 ······································ (38)
  第五节　文献评述 ·························································· (41)

**第二章　相关研究理论** ······················································· (45)
  第一节　技术扩散理论 ······················································ (45)
  第二节　对外直接投资（FDI）理论 ·········································· (50)
  第三节　农户行为理论 ······················································ (54)
  第四节　关系经济地理学及演化经济地理学理论 ································ (58)
  本章小结 ·································································· (62)

**第三章　宏观视角下台湾农业在大陆技术扩散特征及机制研究** ···················· (65)
  第一节　大陆与台湾农业技术生产效率分析 ···································· (65)
  第二节　台湾农业在大陆技术扩散的时空特征分析 ······························ (78)
  第三节　台商大陆农业投资空间集聚特征分析 ·································· (91)

第四节　台商大陆农业投资驱动机制分析 …………………… (101)
　　本章小结 ……………………………………………………… (111)

**第四章　宏观视角下台湾农业在大陆技术扩散效应分析** ………… (115)
　　第一节　研究方法及数据来源与处理 ………………………… (115)
　　第二节　台商农业投资对大陆农业发展影响研究 …………… (117)
　　第三节　台商农业投资对大陆东、中、西部农业发展影响研究 … (123)
　　第四节　大陆农业固定资产投资对农业发展影响研究 ……… (132)
　　本章小结 ……………………………………………………… (142)

**第五章　微观视角下台湾农业技术扩散时空特征分析** …………… (145)
　　第一节　研究区概况及数据来源与处理 ……………………… (145)
　　第二节　台湾农业技术扩散时空特征分析 …………………… (149)
　　本章小结 ……………………………………………………… (161)

**第六章　微观视角下台湾农业技术扩散社会网络特征分析** ……… (163)
　　第一节　研究方法和数据来源与处理 ………………………… (164)
　　第二节　台湾农业技术扩散社会网络特征分析 ……………… (167)
　　第三节　兰花技术扩散社会网络机制探讨 …………………… (184)
　　本章小结 ……………………………………………………… (192)

**第七章　微观视角下台湾农业技术生产效率分析** ………………… (195)
　　第一节　研究方法及数据来源与处理 ………………………… (195)
　　第二节　兰花种植农户（企业）投入产出效率实证分析 …… (198)
　　本章小结 ……………………………………………………… (208)

**第八章　微观视角下台湾农业技术扩散效果影响因素分析** ……… (210)
　　第一节　研究方法与数据来源 ………………………………… (210)
　　第二节　台湾农业（兰花）技术扩散效果影响因素实证分析 …… (221)
　　本章小结 ……………………………………………………… (250)

**第九章 结论与展望** ······(252)
    第一节 主要结论 ······(252)
    第二节 创新与展望 ······(257)

**参考文献** ······(260)

**附录 1 台湾农业(兰花)技术扩散调查问卷** ······(289)

# 绪　　论

2004年以来，"三农"问题得到党中央、国务院的高度重视，提升农业发展效率，提高农民生活水平，改善农村生活环境是新时期乡村振兴战略的重要任务。解决"三农"问题离不开农业技术水平的提高，台湾地区与大陆一脉相承，其农业发展水平一定程度上领先大陆十多年，台湾农业在大陆的技术扩散对大陆农业发展具有非常重要的促进作用。

## 第一节　研究背景及意义

### 一、研究背景

#### （一）政策背景

"无农不稳"，农业是国家经济发展的基础，农业发展关乎国计民生，中共中央、国务院对我国农业发展非常之重视。2004年至今，我国中央一号文件都是以"三农"（农业、农村、农民）为主题；并在文件中专门部署了农业科技创新及其推广事项（表1）；同时，农业农村部、国家发展改革委等多个部委在相关涉农政策文件中同样提出要对农业创新技术进行应用与推广。

表1　中央一号文件对农业技术扩散的部署（2004—2019年）

| 年份 | 中央一号文件名称 | 对农业技术扩散的部署 |
| --- | --- | --- |
| 2004 | 《中共中央　国务院关于促进农民增加收入若干政策的意见》 | 积极发挥农业科技示范场等在农业科技推广中的作用，支持农业大中专院校参与农业技术的研究、推广 |

（续表）

| 年份 | 中央一号文件名称 | 对农业技术扩散的部署 |
| --- | --- | --- |
| 2005 | 《中共中央 国务院关于进一步加强农村工作提高农业综合生产能力若干政策的意见》 | 加强农业科技创新能力建设，加大良种良法的推广力度，加快改革农业技术推广体系 |
| 2006 | 《中共中央 国务院关于推进社会主义新农村建设的若干意见》 | 大力提高农业科技创新和转化能力 |
| 2007 | 《中共中央 国务院关于积极发展现代农业扎实推进社会主义新农村建设的若干意见》 | 推进农业科技进村入户，加强农业科技创新体系建设 |
| 2008 | 《中共中央 国务院关于切实加强农业基础建设进一步促进农业发展农民增收的若干意见》 | 加快推进农业科技研发和推广应用 |
| 2009 | 《中共中央 国务院关于促进农业稳定发展农民持续增收的若干意见》 | 加快农业科技创新步伐 |
| 2010 | 《中共中央 国务院关于加大统筹城乡发展力度进一步夯实农业农村发展基础的若干意见》 | 提高农业科技创新和推广能力 |
| 2011 | 《中共中央 国务院关于加快水利改革发展的决定》 | 强化水文气象和水利科技支撑 |
| 2012 | 《中共中央 国务院关于加快推进农业科技创新持续增强农产品供给保障能力的若干意见》 | 依靠科技创新驱动，引领支撑现代农业建设，提升农业技术推广能力 |
| 2013 | 《中共中央 国务院关于加快发展现代农业进一步增强农村发展活力的若干意见》 | 继续实施农业技术推广机构条件建设项目，不断改善推广条件 |
| 2014 | 《中共中央 国务院关于全面深化农村改革加快推进农业现代化的若干意见》 | 发挥高校在农业科研和农技推广中的作用，推进农业科技创新 |
| 2015 | 《中共中央 国务院关于加大改革创新力度加快农业现代化建设的若干意见》 | 强化农业科技创新驱动作用 |
| 2016 | 《中共中央 国务院关于落实发展新理念加快农业现代化实现全面小康目标的若干意见》 | 强化现代农业科技创新推广体系建设 |

(续表)

| 年份 | 中央一号文件名称 | 对农业技术扩散的部署 |
| --- | --- | --- |
| 2017 | 《中共中央 国务院关于深入推进农业供给侧结构性改革加快培育农业农村发展新动能的若干意见》 | 强化科技创新驱动,引领现代农业加快发展 |
| 2018 | 《中共中央 国务院关于实施乡村振兴战略的意见》 | 提高农业创新力,深入实施藏粮于地、藏粮于技战略 |
| 2019 | 《中共中央 国务院关于坚持农业农村优先发展做好"三农"工作的若干意见》 | 强化创新驱动发展,实施农业关键核心技术攻关行动 |

## (二) 台湾农业出路

经历20世纪60年代末的停滞阶段后,台湾当局对农业实施了一系列的改革措施,使其得到了较好的转型和升级。台湾农业的很多技术如育种技术、栽培技术、产销运管技术等方面在国际上都具有一定影响力,其对台湾经济的起飞起到了关键性作用,值得祖国大陆学习和借鉴。受岛内土地资源缺乏、劳动力价格上升、环保要求提高及国际市场竞争等众多因素的影响和制约,台湾农业不得不向外寻求发展出路,台商对外(大陆)农业投资逐渐兴起。台商对大陆农业投资始于20世纪80年代末90年代初,大规模的直接投资逐渐兴起;目前,台商大陆农业投资主要集中分布在东部沿海的粤、闽、浙、沪、苏、京、津、辽8省市,约占其农业投资总额的80%。随着时间的推移,台商农业投资额和投资件数显著集中于东南沿海的态势已逐渐发生改变,出现向北推进的新态势。台商农业投资是台湾先进农业技术向大陆进行扩散的主要渠道之一,如何在大陆乡村振兴战略及新时代两岸关系背景下,进一步促进台商对大陆农业投资及其技术扩散,成为大陆农业发展的重要课题之一。

## 二、研究意义

### (一) 理论意义

技术创新是推动一国或地区经济增长的核心因素之一,如何才能更好地吸收创新技术、促进技术由发达地区向欠发达地区扩散,是目前各个国家、地区发展所关注的重要问题之一,亦是目前经济学、地理学、管理学等诸多学科研究的热点之一。

就目前国内外而言,对于技术扩散进行研究所取得的成果较为丰富,但仍存在一定的局限和不足,有待深入:首先,对第二产业、第三产业技术扩散进行研究的文献报道较多,对第一产业(农业)技术扩散进行研究的较少。其次,目前关于农业技术扩散方面的研究主要围绕着属性数据开展,基于地方社会网络关系特征,结合我国农村社会特性对农业技术扩散进行研究的文献报道较少,将台商(企)加入社会网络关系中进行研究的更少,基于地方社会文化根植性特征的台湾农业技术扩散机制和大陆农户技术采用行为的底层机制等有待研究。再次,对农户技术采纳意愿的研究文献较多,主要围绕农户个人特征(如性别、年龄、文化程度等)、家庭特征(经济收入、种植规模、兼业情况等)等进行研究,且将这些变量看作可以观测的变量,进而利用回归分析(如 Probit、Logistic 等模型)探讨农户采纳农业创新技术的影响因素;但农户的感知行为如对新技术的有用性、易用性等的感知是很难被外在观测到的,基于农户感知视角探讨农户新技术采纳意愿的研究较少;针对农户心理感知等这类难以进行外在测量的变量问题,结构方程模型(SEM)能够对其进行较好解决。本书基于农户感知视角,根据实际情况,通过农户维度、台湾农业维度、环境维度三个维度构建 7 个外因潜在变量来探讨台湾农业技术扩散效果(内因潜在变量)的影响因素,一定程度可以弥补二元回归分析的不足,丰富农业技术扩散的理论研究。最后,在海峡两岸特殊的政治背景下进行技术扩散研究,一定程度上可以拓展当前技术扩散,尤其是农业技术扩散方面的研究。

### (二)实践意义

农业科技创新的真正意义不在于创新本身,更在于农业创新技术的扩散。我国农业科技创新面临的最大瓶颈是农业创新技术的扩散。据统计,我国每年取得的农业科技成果较多,但其转化率很低,真正形成规模的更少,远低于美国、英国、法国、德国等发达国家(胡志丹,2011;胡海华,2016),农业技术进步对经济发展的贡献较低。众多农业创新技术被束之高阁的现状说明,促进农业技术扩散才是实现"藏粮于地、藏粮于技"战略的当务之急。提升我国农业科技水平,加快农业科研成果的转化率,提高农业生产效率,是推进我国农业转型升级发展的关键;与此同时,我国农业科技水平与发达国家、发达地区相比较,还存在一定差距,如何吸收、引进发达国家或地区的先进农业技术,并有效地促进其扩散与推广,也是促进我国农业技术发展及农业生产效率提升的关键之举。

农业投资区位选择及其技术扩散，与地区自然条件等资源禀赋息息相关，大陆与台湾具有区域自然背景及历史文化的相似性，因而是台湾先进农业技术进行对外转移和扩散的理想区域之一。台湾对外投资数据显示，台湾对大陆的农业投资占其对外农业总投资的比例相当高，自1991年以来，比例基本上在80%以上。台商对大陆农业投资始于20世纪80年代，透过资本积累效应、技术溢出效应、产业结构优化效应以及扩大就业效应，台商农业投资对大陆农业经济发展的促进作用不容忽视。探讨台湾农业投资及其技术扩散在大陆的分布、效应及驱动机制等，将为两岸农业合作交流及农业现代化发展提供有力的依据。

韶关地处粤北山区、广东省北大门，是环珠三角欠发达地区，经济发展水平较低，在广东省主体功能分区中属于限制发展区、生态发展区，第二产业特别是制造业的发展受到政策上的限制，经济发展必须转型；但韶关自然条件优越，发展农业特别是台湾农业却有得天独厚的优势。台湾企业特别是兰花企业在韶关落户发展，最早就是得益于当地优越的自然环境，当地气候、水文条件特别适合兰花种植。2009年广东省批准成立广东省（韶关）粤台农业合作试验区（简称试验区，全书同），核心区部分位于韶关市翁源县（中国兰花第一县）。在韶关经济转型发展的今天，在中共中央精准扶贫、乡村振兴战略背景下，农业是韶关经济发展的重中之重，是实现精准扶贫的利器，而台湾农业在韶关的技术扩散无疑为韶关农业发展提供了一剂催化剂，会加快韶关农业向现代农业方向发展。

## 第二节　研究目标与内容

### 一、研究目标

以演化经济地理学、关系经济地理学、技术扩散、外商直接投资（FDI）、农户行为等相关理论为指导，通过文献分析、专家咨询、问卷调查、数理统计等方法，结合宏观与微观尺度，探讨台湾农业技术在大陆扩散的特征、效应及驱动机制，以期一定程度上丰富农业技术扩散的相关理论和实证研究，为台湾农业在大陆的技术扩散提供一定的指导，为海峡两岸间的农业技术交流及大陆农业现代化建设提供政策依据。

## 二、研究内容

### （一）宏观尺度下台湾农业技术在大陆扩散的特征、效应及驱动机制研究

**1. 大陆与台湾农业技术生产效率分析**

利用数据包络分析相关模型分析全国（包括台湾地区）各区域（东、中、西部地区及各省、市、区）农业生产效率的差异，并将海峡两岸的情况进行对比分析。从静态（BCC-VRS 模型）和动态变化（DEA-Malmquist）两方面探讨台湾与其他省份农业技术生产效率的差异，为后文的研究即台湾农业技术在大陆的扩散提供基础和铺垫。

**2. 台湾农业技术在大陆扩散时空特征分析**

参考相关研究（林兰、曾刚，2006；Buckley，1976；Kim，1987；邓启明，2014）成果，以台商大陆农业投资作为台湾农业技术扩散的变量指标，借助地理信息系统软件 ARCGIS 的空间分析功能及软件 Geoda 的空间自相关分析功能，分析台湾农业投资（技术扩散）在大陆的时空演变特征及空间自相关（集聚）特征。

**3. 台湾农业技术在大陆扩散效应分析**

（1）台湾农业技术扩散对大陆农业发展的效应分析。

（2）台湾农业技术扩散对大陆东、中、西部地区农业发展的效应分析。

（3）台商农业投资与大陆农业固定资产投资效应对比分析。

以台商大陆农业投资作为台湾农业技术扩散的变量指标，构建向量自回归（VAR）模型（脉冲响应、方差分解）及向量误差修正（VEC）模型来探讨台湾农业技术扩散对大陆及其东、中、西部地区农业发展的长期和短期影响，并与大陆农业固定资产投资进行对比分析。

**4. 台湾农业技术在大陆扩散影响因素分析**

以 2000 年、2008 年和 2016 年 3 个年份为时间节点，以台湾农业技术扩散指标为因变量，以各省份的经济发展水平、经济对外开放程度、前期台商农业投资量、政策因素、距离因素、农业基础、劳动力等为自变量，通过灰色关联分析方法，探讨台湾农业技术扩散的区位变化情况及其影响因素。

### （二）微观尺度下台湾农业技术在大陆扩散的特征、效应及驱动机制研究——以广东省（韶关）粤台农业合作试验区兰花种植业为例

**1. 台湾农业技术扩散特征分析**

（1）台湾农业技术扩散的时间特征分析

基于采用台湾农业技术（以兰花种植为例）的农户户数的变化及种植面

积变化情况，利用软件SPSS19.0时间曲线拟合功能，探讨台湾农业在大陆技术扩散的时间分布特征。

（2）台湾农业技术扩散的空间特征分析

基于ARCGIS空间分析功能，根据兰花种植户的空间分布演化特征（不同年份的兰花种植户与台商兰花企业、主要交通要道等在空间分布上的位置关系），探讨台湾农业（兰花）技术在大陆（试验区）扩散空间演化特征及空间聚集效应。

（3）台湾农业技术扩散的社会网络特征分析

根据相关理论及农业技术扩散特点，基于社会网络分析原理，探讨台湾农业技术扩散的社会网络机理。通过问卷调查，建立台湾农业技术扩散主体（台商兰花企业、科研机构与大学、本地兰花种植企业或农户、外地兰花企业及兰花协会、兰花合作社等）之间的技术合作网络联系矩阵，主要进行以下方面的探讨。

网络整体密度：整体上分析台湾农业技术各扩散主体间的联系程度。

各扩散主体在社会网络中的中心度、结构洞等：探讨各扩散主体在技术合作网络中的位置、地位，从而分析其在台湾农业技术扩散中的作用。

核心—边缘及MDS分析：主要探讨哪些扩散主体处于技术合作网络的核心区，哪些处于技术合作网络的边缘区，结合相关农业技术扩散理论，根据扩散主体的特征分析其原因。

E-I派系分析：建立属性变量，对不同属性的扩散主体赋予不同的变量值（如台商企业赋值为1，本地企业赋值为2……）；将扩散主体分成不同的派系（小团体），分析不同派系间成员的技术合作联系及派系内部成员间的技术合作联系，从而探讨不同属性的扩散主体在台湾农业技术扩散网络中的地位及所起的作用。具体从企业（农户）性质（台企、外地企业、本地企业）、企业（农户）空间位置（松塘村、仙北村、仙南村、九仙村及其他）等方面构建企业（农户）属性，进行派系即小团体分析。

**2. 台湾农业技术扩散投入—产出效率分析（DEA）**

基于投入—产出分析原理，探讨试验区兰花种植农户的投入—产出绩效问题。

（1）通过问卷调查，获取农户在种植兰花过程的投入—产出指标，投入指标为土地（兰花种植面积，单位为亩，1亩约合667平方米）、劳动力（单位为人）、资金（种苗费用、农药费用、化肥费用等，单位为万元）；产出指标为兰花种植收入（单位为万元）。

（2）利用 MaxDEA 软件测算出各个决策单元（DMU）（企业或农户）的综合效率、纯技术效率、规模效率。

**3. 农户感知视角下台湾农业技术扩散效果影响因素分析**

为验证农户感知视角下台湾农业技术扩散效果的影响因素，在理论研究及文献分析的基础上，基于结构方程模型原理和农户感知视角，构建农户维度下的 3 个外因潜在变量（农户网络特征、农户创业特征、农户对台湾农业的认知）、台湾农业维度下的 2 个外因潜在变量（台湾农业特点、台湾农业技术服务特点）、环境维度下的 2 个外因潜在变量（基础条件及政策环境）及台湾农业技术扩散效果内因潜在变量；内、外因潜在变量分别由不同的测量指标所组成；假设 7 个外因潜在变量对内因潜在变量都具有正向促进作用即设置 7 条假设；利用问卷调查数据对模型进行验证。根据检验结果，在不违反理论与逻辑的前提下对模型进行修正。最后，总结规律并分析原因。

## 第三节　研究方法与技术路线

### 一、研究方法

#### （一）野外调查法

本研究采用实地调查法，通过调查问卷获取广东省（韶关）粤台农业合作试验区兰花种植户（企业）、工人等对兰花种植产业的基本感知，获取兰花种植户（企业）兰花种植的投入—产出数据，同时获取兰花种植户（企业）之间的社会网络联系数据。

#### （二）室内分析法

**1. ArcGIS 空间分析和 Geoda 空间自相关分析方法**

利用 ArcGIS 空间分析和 Geoda 空间自相关分析方法分析宏观尺度台湾农业技术在大陆扩散的时空分布特点及空间集聚特征。

**2. 向量自回归（VAR）分析及向量误差修正（VEC）分析方法**

VAR 模型在实证分析过程中，不用考虑相关的经济理论，其通过多个方程联立的形式，对时间序列中各经济变量间的关系进行直接分析，进而对所建模型中的所有内生变量的动态关系进行估计与预测，具有较强的技术优势，广泛应用于宏观经济的研究当中。VEC 是施加协整约束的 VAR 模型。本研究基于台湾对大陆农业投资数据及大陆（大陆东、中、西部地区）农业 GDP 数据，建立 VAR 及 VEC 模型，以探讨台湾农业技术扩散（农业投资）对大陆及其东、中、西部地区农业经济发展的影响，并与大陆农业固定资产投资效应进行对比分析。

**3. 结构方程模型（SEM）**

结构方程模型是一种功能相当强大的数理统计分析方法，其将因子分析（Factor analysis）和路径分析（Path analysis）二者有机融合在一起。在实证分析过程中，结构方程模型能够直接对多组方程间的互动干扰、变量误差、非线性关系等进行有效处理；其亦可对难以直接度量和观测的潜在变量进行直接分析和处理（吴明隆，2009），在实际使用过程中具有较大优势。图1为其示意图及分析的基本程序。

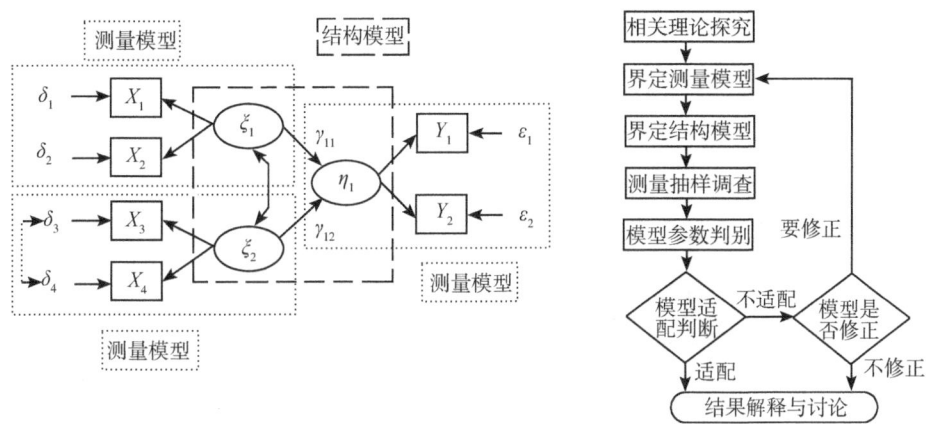

**图1 结构方程模型（SEM）示意图及分析的基本程序**

**4. 社会网络分析方法**

社会网络分析是一种描述网络整体形态、特性和结构的分析方法，核心是基于"关系"视角来研究相关结构问题。通过问卷调查，根据不同需要建立各节点（兰花技术扩散主体）之间不同的社会网络关系。利用到的社会网络分析功能主要有：网络密度、中心性、聚类系数和凝聚子群（E-I派系结构和核心—边缘结构）及多维尺度分析（MDS）等。

**5. 数据包络分析（DEA）**

本研究基于数据包络分析（DEA）的BCC-DEA模型和DEA-Malmquist模型，宏观上探讨全国东、中、西部地区及各省份（包括台湾地区，不包括香港和澳门2个特别行政区）农业生产效率的区域差异及变动情况；微观上分析试验区兰花种植户的投入—产出情况（2017年）。为分析台湾农业在大陆的技术扩散及大陆农户采用台湾农业（兰花）技术意愿提供技术效率基础。

## 二、技术路线（图2）

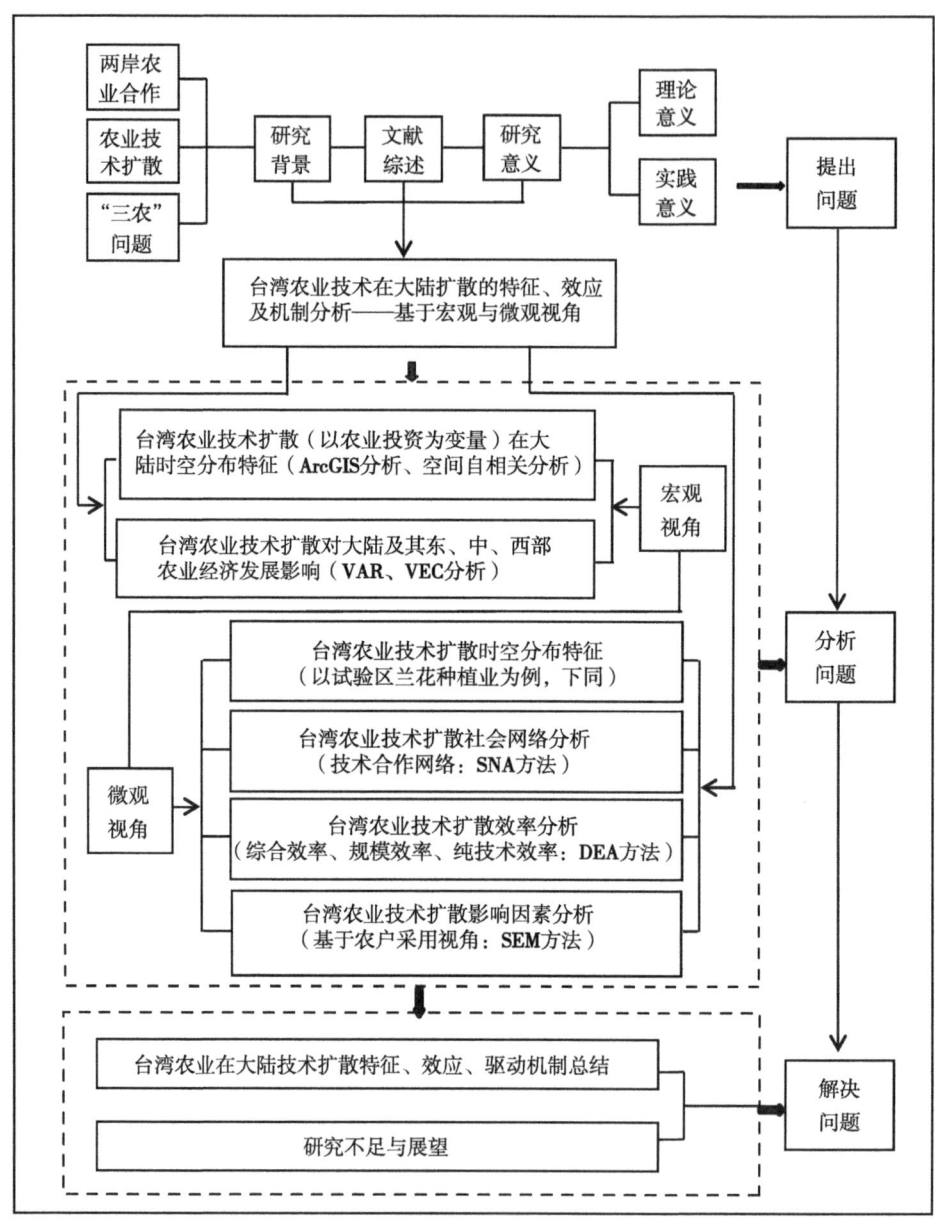

图2　技术路线

# 第一章 文献综述

本章将从扩散、技术扩散、农业技术扩散的概念及特征入手,从技术扩散的机制(市场机制、政府机制、混合机制)、影响因素(农业技术源、农业技术扩散渠道、农业技术扩散受体即农户特征)、台湾农业技术在大陆扩散研究等方面进行文献综述。

## 第一节 农业技术扩散的概念与内涵研究

### 一、技术扩散

扩散是一种地理事物或地理现象从源地不断向外进行传播、转移或推广的时空过程,是扩散主体(新思想、新技术与新事物等)从扩散的起源地(扩散源)通过特定的扩散通道或路径进行传播的过程(Richard,1975)。通常情况下,其在空间分布上呈现出簇状或块状特征(Grubler,1996)且具有邻近效应和等级效应(Casetti,1969)。对于扩散的研究可追溯到20世纪初,法国社会学和社会心理学开山鼻祖加布里埃尔·塔尔德首先对创新的扩散进行了分析与概括,Gabriel Tarde发现一项新技术被采用者采用后通常经历"S"形曲线,与之社会距离越近的人,越先采用,创新技术与已被接受的观点越接近,越容易扩散。

技术扩散(Technological diffusion)或称为创新扩散(Innovation diffusion),由创新观点扩散、研究与开发技术扩散和技术实施扩散三部分组成(傅家骥,1992)。关于技术创新扩散的研究,源于20世纪初熊彼特(Schumpeter J A)所创立的创新理论中的"模仿"(Imitation),Schumpeter认为技术创新扩散的实质是大面积或大规模的潜在技术采用者对技术已采用者的模仿行为或模仿过程。如一项创新技术能够大幅度提高劳动生产效率、降低生产成本,那么少数个人或企业率先采用后,势必会获得较好的经济收益,能够对未采用创新技术者起到较好的示范带动作用；受利益驱动之影响，那些未采用创新技术者会纷纷加入模仿者的行列，模仿者的数量会不断增加。按照博弈论存量效应的理论（康凯，2004），后续采用创新技术者所获边际利润将逐渐减少，如果模仿的增值效应或边际利润接近于零，技术创新的扩散也逐渐趋于饱和，技术扩散也将趋于结束；社会经济发展将归于一种平衡状态，当下一创新技术出现后，其会以同样的方式进行扩散，以此循环。创新扩散是"创新通过市场和非市场渠道的传播，只有通过扩散，技术创新才能够产生经济影响"；一项新技术只有经过广泛应用和推广，才能对经济发展产生影响（P. 斯通曼，1989）；罗杰斯指出技术扩散是创新技术通过某些扩散渠道，在特定系统进行传播的过程，此过程一般包括 5 个阶段：认识、说服、决策、实施和证实阶段（Rogers，1983），各个阶段都会受到一系列不同因素的影响，如技术采纳者的性别、年龄、文化程度、社会地位、风险容忍能力、创业能力、对新技术的认知、家庭经济状况及政府政策（Feder，1985）等，技术扩散的途径和方式都会因任一关键性因素发生改变而改变（Richard 等，1975）。不同学者基于不同视角对技术扩散进行了定义，傅家骥教授将技术创新扩散定义为"一项技术从其作为商业化应用开始，经潜在采用者普遍采用后因落后而被淘汰的过程"（傅家骥，1998）；曾刚认为技术扩散是一项技术在相关领域和空间范围的应用和推广（曾刚等，2002；曹兴等，2013）；许庆瑞将技术扩散定义为"创新技术通过不同的传播渠道在社会系统各成员或组织间随时间传播、不断推广和应用的过程"，通常情况下，其包括创新技术、信息渠道、时间和社会系统（许庆瑞，2000）4 个要素；学者朱季鸣提出"技术扩散是指技术的时空传播和各种技术间所发生的相互渗透、相互交叉作用的运动"（康凯，2004）；武春友则将技术扩散与技术创新有机融合在一起，将技术扩散看成是技术创新的后续子过程（武春友，1997），与创新同属于一系统过程，但同时又是相对独立的技术与经济结合的运动过程。

以上国内外经济学、管理学、社会学及地理学等方面的专家学者关于技术扩散的定义虽然各不相同，但基本上包含以下几方面（康凯，2004）：第一，技术扩散是一个技术传播的过程，是由技术拥有者（技术源）通过特定的渠道向技术接受者（技术汇）传播技术的过程（技术拥有者与技术接受者间一般会存在一定的技术势能差），采用创新技术者的数量在时间上不断增多，在空间上范围不断扩大；第二，技术创新扩散的对象必须是经过商品化的相应技术创新成果；第三，虽然技术创新扩散可以看成是一个独立的过程，但其又是技术创新大过程之中一个子过程；第四，技术创新成果与技术创新扩散结果对经济发展所起作用是不一样的，技术成果必须经过技术扩散且被广泛推广和应用才能产生实质的经济效益，否则技术成果将无法对经济发展产生作用。

## 二、农业技术扩散

农业技术扩散是指一项农业新技术（发明）、新成果（品种）等从创新源头开始向周围传播，并被技术受体采纳与使用的过程；与技术扩散一样，也是一个系统过程，技术本身、扩散渠道、时间以及社会系统是其4个基本要素，外部条件可通过这4个基本要素对农业技术扩散的进程产生影响（Rogers，1983）；在扩散过程中，农业新技术、新发明、新成果或新品种被更大范围和更多的人群所采用，从而实现农业产业化（刘笑明，2007），不断促进经济、社会或生态收益的提高；美国学者瑞恩和罗杰斯于1943年发表了他们关于杂交玉米扩散的著作，农业技术创新扩散理论的地位从此确定，该理论认为创新源头与其周围间存在的"位势差"是扩散的动力来源。

与技术扩散一样，农业技术扩散不仅是一个时空概念，同时，还受到各行为主体的行为态度、行为知觉控制、主观规范等的影响（侯博等，2015）。首先，从空间意义上来说，农业技术扩散是从农业技术拥有者通过特定的传播和扩散渠道向技术接受者进行技术转移的过程，由于创新技术源、扩散通道、技术受体的不同，技术扩散在地理空间上会表现出不同的模式（图1-1，波浪式扩散、等级扩散、跳跃扩散）。波浪式技术扩散模式的特点是创新技术由源地向四周呈放射状态扩散，随着距离的增加，扩散效应逐渐衰减，形成空间近邻效应（Neighborhood effect）（余迎新等，2001）。等级扩散模式（Casetti，1969）指的是创新技术源由高等级中心向低等级中心进行扩散的过程，可以表现出规模等级和地区等级效应（Hierarchy effect）（满明俊等，2011），已有研究表明距离衰减系数越小，自然距离对波浪式扩散的影响越小，而对等级扩散的影响越大（Pedersen，1970）。跳跃式技术扩散是等级扩散的一种特殊形式，受到某些特殊因素如乡土情结、自然条件等的影响，创新技术并不是由近及远，也不是由高等级中心向低等级中心进行扩散，而是跨越空间距离直接在技术差距较大的两个区域进行传播；有研究表明这种技术扩散有可能表现为双向对流式技术扩散（曾刚，2002）。

有学者研究发现，农业技术的属性会影响技术扩散的过程，其作用的方式因空间尺度的差异而有所不同（王武科等，2009），经营性技术如"果树栽培系列技术"的扩散，在微观空间尺度，就近扩散特征明显；在宏观和中观空间尺度，规模等级扩散和跳跃式扩散特征更加显著；公益性技术如水土保持技术的扩散，主要是在政府的推动下，从技术源地向指定的试点区域进行扩散；而中间性技术如小麦良种技术等，受到技术产品大宗性的影响和制约，其扩散特点在空间上表现出明显的集聚特征（李同昇等，2016）；有学者将这种空间扩散效应称为几何集聚（陈欣荣等，1996）。

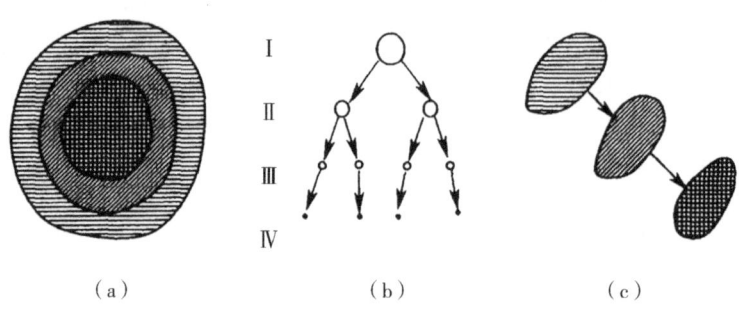

图1-1 技术扩散的空间模式

农业技术扩散还在时间上具有一定的演化周期与演化过程，包括起源、兴起、发展、推广应用、更新换代和淘汰等阶段，是用户数量呈"S"形扩散的进程（Mahajan等，1990）（图1-2）。在技术扩散之初，潜在采用者通常会基于理性思考，对于农业创新技术的有用性、易用性及采用成本等方面考虑较多，受到采用风险的影响，前期采纳者较少；当新技术逐渐被认知，特别是受先前采用者成功的示范效应影响，众多潜在采用者迅速成为实际的技术采用者；实际采用者的数量在大部分潜在采用者采用创新技术后，将变得缓慢增长。

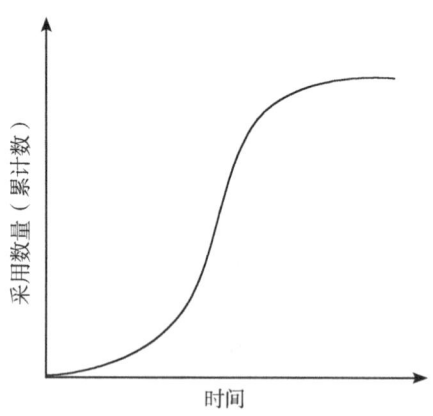

图1-2 农业技术扩散的时间进程

随着时间的变迁,技术扩散过程可划分为5个阶段,即认识、说服、决策、实施和证实阶段,根据个体采用创新技术的早晚将其分为创新者、早期采纳者、早期大多数、后期大多数和落后者(Rogers,1983)。

最后,就行为而言,农业技术扩散包括各主体不同的行为模式如技术拥有者及政府科研机构等的技术推广与应用,技术接受者的技术认知、选择、学习及模仿等过程(梁丹等,2005),采用者基本上会经历知晓、劝服、决策、证实等阶段(图1-3),潜在农业技术采纳者对农业新技术潜在价值的认知以及他们的决策行为很大程度上决定着农业创新技术扩散的效果,选择和应用某项农业创新技术的农户越多,扩散的影响越大,经济收益越高。技术采用者的类型不同,采用农业技术创新的决策时间也不同,早期创新技术采用者的创新决策时间较短,后期采纳者的决策时间较长,如在对艾奥瓦农民的调查中发现,创新者采纳除草剂决策的时间最短(0.4年),早期采纳者为0.55年,落后者所用时间最长(4.65年)(陈品,2013)。

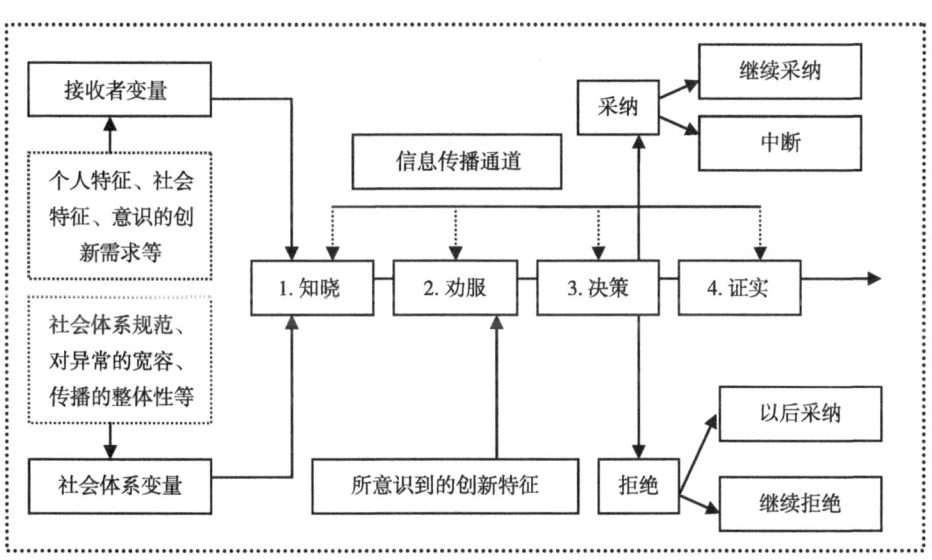

**图1-3 农业技术扩散行为过程**

根据各主体行为方式的不同,有以下关于农业技术扩散论的观点:传播论、学习论、替代论、博弈论和演化论。法国社会学家Tarde于1909年率先提出了"S"形传播理论,认为模仿是重要的技术传播途径,并提出了"S"形扩散模式(Tarde,1909);传播论以罗杰斯为代表,其认为技术扩散是创新技术通过某些特定的传播通道,在相应的社会系统成员间传递的过程,是在人与人之间进行的信息传播和交流的过程（埃弗雷特·M. 罗杰斯著，辛欣译，2002）。人际间的口头交流和大众传媒是相关创新技术信息进行传播和扩散的两个主要渠道（Bass，1969）。以电视、杂志、报纸、微信、网络等新闻媒介为传播平台的大众传媒在传播农业创新技术、新产品信息时，传播面广、速度快，能有效引导潜在采用者对农业创新技术、新产品的认知，改变潜在采用者的消费习惯。"双向沟通"是人际间口头交流渠道的突出优点。两种传播渠道对农业创新技术和创新产品扩散的影响不同，在农业新技术、新产品扩散初期，大众传媒对潜在采用者认知新技术、新产品起到重要作用；当有一定的农业新技术、新产品采用者时，人际交流能促使更多人采用，加快扩散速度。随着时间的推移，新的采用者或变为潜在的新技术的供给者或对潜在采用者产生口头的交流作用，潜在采用者数量不断减少，直至为零，至此扩散过程宣告结束（Mansfield，1961；许庆瑞等，1993）。

学习论的观点认为，技术扩散并非简单的信息传递与信息接收过程，接受农业技术创新信息并不意味采纳之，技术受体在获取相关农业创新技术信息后，会对其进行认知和学习，然后才有可能做出技术的采纳决策；同时，采纳者在采用创新技术过程中，会遇到各种各样的技术问题，解决技术问题的过程实质也是新技术调整和创新的过程。与换代的新产品相比，真正全新的产品要少得多，故替代论认为农业技术扩散的过程是农业新技术取代老技术、农业新品种取代老品种的过程（盛亚，2002），在此过程中，已采用农户数量的多寡对潜在采用农户的采用决策影响非常之大，有可能其周围采用农业创新技术的农户达到一定数量之后，其才会做出采纳的决策，这种情况称为门槛效应（Granovetter，1978）。博弈论者主要从个体决策的心理视角出发，技术受体在做出决策前，会对风险和利润、成本和收益进行充分考虑，基本上以"风险最小、利润最大"为决策原则，所以农户采用新技术的过程即是其决策博弈的过程（康凯，2004）。演化论基于演化思想，在现实的环境中对技术扩散问题进行考虑，将农业创新技术扩散同自然与社会环境的变化、技术与经济的发展、政策与社会制度的变迁等联系在一起，在某种程度上避免了"就农业技术扩散论农业技术扩散"的固定思维模式，能够较好地对农业技术扩散进行综合研究。

## 第二节 农业技术扩散机制研究

对于农业技术扩散机制的研究，主要是探讨影响农业技术扩散的主要因素以及各行为主体如农业创新技术的拥有方、接受方以及扩散渠道等在扩散过程中应遵循的规则问题；农业技术的扩散过程有着相当复杂的机制，包括技术潜在机制、接受者的影响机制、技术整体扩散机制等（李季等，1996）。农业技术扩散机制的研究可分为两大类，一类是从政府和市场视角对农业技术扩散机制和模式进行分析；另一类是从系统的角度进行探讨。

按照政府在农业技术扩散过程中的作用程度与大小，有政府主导型、政府和市场综合作用型、市场主导型三种农业技术扩散机制（张伟等，2012）；有学者将其分为政府驱动型、联合驱动型、市场诱导型三类（张建忠，2007），政府在这三种机制中的作用依次减弱。"自上而下"的扩散模式是政府主导型技术扩散机制的突出特点，这种机制或模式能够有效保证农业技术扩散过程中的人员、经费等的投入，农业创新技术可在短期内得到较大范围的传播和扩散（陈品，2013），政府目标和行为得到了充分体现。农业技术的公共产品属性要求政府在农业技术扩散过程中发挥重要作用（程广华，2012），特别是对于公益性农业技术（李同昇等，2016）、环境导向型技术（邓正华等，2012）等，更需要政府为主导，进行积极的推广，农业创新技术的扩散和推广在行政手段的干预下可变得更加顺利（张辉玲等，2013）。政府的财政补贴、农村金融贷款政策、土地政策等都会影响到农户对创新技术的采纳，影响到农业技术的扩散。由于科研、推广、生产三部门之间缺乏应有的沟通和联系，部门之间存在自主性差、责任心不强等问题（袁明达等，2015），使得政府主导下的农业技术扩散机制或模式存在一定问题，如对市场需求的关注不够，导致供求脱节（郑红维等，2011），定位不清、公益性职能不突出（郑家喜等，2013），经费投入少、创新技术推广效率低、管理体制不顺、服务效能差，农业技术人员素质不高且分布不合理，"在编不在岗，在岗不懂行"现象较为突出，这些都会影响到农业技术的扩散。

市场诱导型技术扩散机制实质是一种市场化机制，其以经济利益为基础，赚钱是重要目的，故可充分调动各扩散主体特别是农业科技人员参与的积极性，农业技术创新的供给与市场需求基本相一致，由于市场竞争的压力，农户会主动采用农业新技术（刘佛翔等，1999），这种扩散机制可有效解决农业技术扩散与推广过程中的动力不足问题，农业技术的市场供给可得到充分保证，农业创新技术可得到有效扩散（刘辉等，2006）；农业技术在专业合作社或龙头企业的推动下，更容易扩散，效率更高（吴比等，2016）；郑春华的研究表明龙头企业在农业产业集群技术扩散系统中发挥主导作用（郑春华等，2014）。当然，以经济利益为基础的市场主导型扩散机制也存在一定问题，其会导致相关农业技术研发单位如科研院所、企业等不重视基础性、公益性、环保性农业技术的研发与推广；农业创新技术的外部性和公共性特征使得即使在市场机制高度发达的条件下，农业创新技术也不能够得到充分有效供给。

政府引导和市场机制结合是农业技术扩散的理想模式（齐敦品等，2005），在这种联合驱动型机制中，政府、市场均为农业创新技术扩散的重要推动力量，不仅能充分调动微观主体的积极性和参与性，更能有效发挥农业技术扩散过程中政府的积极作用。基于农业技术扩散理论，韩国明等分析了农业技术在贫困地区进行推广时存在的主要问题，认为要建立农民合作社与政府共同进行农技推广的多元化模式（韩国明等，2010）；张春敏认为应建立"专家+龙头企业+农户"的农业技术扩散模式，政府应该在政策中给予适当的支持（张春敏，2007）；李楠楠等的研究认为：为了更好地促进农户采用新技术的积极性，提高农业技术扩散效率，要构建"企业牵头、政府扶持、农户参与"的环形技术扩散模式（李楠楠等，2014）；储霞玲等认为在农业技术扩散过程中，"农业科研机构+专业合作社"是最有效的扩散主体组合（储霞玲等，2014）；龙冬平等对特色种植业猕猴桃的研究发现不同技术供给模式对特色农业种植农户具有一定的普适性，特色农业种植农户对不同技术供给模式的采用效率具有一定的差异性，即"政府主导型"＞"合作主导型"＞"企业主导型"＞"科研主导型"（龙冬平等，2015）。

同时，有学者研究表明，不同属性的农业技术在扩散过程中所受政府、市场的作用不同。根据商品化和公共属性强弱可将创新技术种类分为商品性技术、中间性技术、公益性技术3类（李同昇等，2016）；政府在公益性技术扩散过程中起主导作用，市场效益的高低对经营性技术扩散起重要作用，中间性技术的扩散由政府和市场共同主导（王武科等，2009）；另外，学者国亮则提出了传播型、指导型和交互型3种技术扩散模式。传播型扩散主要通过市场的作用，让农业技术自身横向扩散，其主要针对的是单一农业创新技术；指导型扩散则主要通过政府、科研机构起作用，对农户的帮助较大；交互型技术扩散则主要是通过信息网络工具，提高信息传播的速度、效果和质量，加速农业创新技术的扩散（国亮等，2011）。

为了充分研究农业技术扩散的机理和机制，较多学者将技术扩散作为一个系统来研究。在不同的环境中，扩散机制对技术扩散的影响不同，专家学者们分别从技术需求方（张国方等，2002）、技术服务中心（郭锋等，2006）、网络环境（张然斌等，2007）、生态产业链（王莹，2008）、创新服务平台（邓衢文，2010）等角度来分析技术扩散机制对技术扩散的影响和作用。技术扩散过程之所以能够完成，需要多种机制在技术扩散过程中相互协调，共同发挥作用，多种机制的合力决定扩散的模式（傅家骥等，1998）。

## 第三节 农业技术扩散影响因素研究

技术创新扩散是指技术创新通过一定渠道在潜在采用者之间传播、采用的过程，由创新观点扩散、研究与开发技术扩散和技术实施扩散三部分组成（傅家骥等，1992），是一项新技术的广泛应用和推广，是"对理解和开发所引进技术能力的一种转移"（林兰等，2007）。国内外已有大量文献从时间、空间、扩散主体行为等方面对农业技术扩散的影响因素进行了研究，一般情况下，技术扩散系统由技术源、技术传播通道和技术接受者三个子系统有机组合而成，本研究主要从以下三个方面进行文献整理。

### 一、农业技术源

不同类型的技术源在不同的空间（企业内部、企业之间）、不同领域中的扩散特性各不相同（陈劲等，2008；赵新刚等，2006；王开明等，2005；Delre等，2007）。

农业技术源主要包括以下几方面：①具体的农业创新技术对象（动植物）；②农业创新技术的具体类型（具体技术）；③农业创新技术的自身特点（复杂性、有用性、易用性、方便性等）；④农业创新技术的属性（商业性、中间性、公共性农业创新技术）等方面。在农业创新技术对象方面，对于关系到国计民生的粮食及蔬菜作物，如水稻、小麦、玉米与大棚蔬菜等的扩散研究最受瞩目（韩园园等，2014），众多学者对不同区域的水稻（王志刚等，2007；陆彩明等，2004）、小麦（刘笑明等，2011；刘晓敏等，2010；牟爱州，2016；郭霞等，2008）、玉米（Griliches，1957；Ryan等，1943；薛艳等，2014）等的扩散进行了研究，同时对于其他作物如棉花（苏荟，2013）、苹果（冯晓龙等，2016）、猕猴桃（龙冬平等，2015）、萝卜（刘玉振等，2012）、木豆（Simtowe等，2016）、马铃薯（于正松等，2014）、甘蔗（Mohapatra，2011）、兰花（陈嘉，2016）等的技术扩散也有相应研究；部分学者对农村中奶牛（Abdulai等，2005）、猪（旷浩源，2014）等的养殖技术扩散进行了分析，取得了较多的研究成果。

根据理性农户理论，农户在采用农业创新技术前，常常会将农业创新技术和已有的农业技术进行比较，并对新技术能否增加收益、能否节省劳动力等方面进行评价；根据博弈论观点，农户采用创新技术的过程实际上是一个风险决策过程，他们会在"收益"和"成本"之间进行博弈，博弈后才做出相应决策；在农户风险决策过程中，农业创新技术的特点对其是否采用新技术影响非常之大，从而影响到创新技术扩散的绩效。Rogers 提出新技术或新产品自身的优越性、协调性、复杂性、可观察性和可试验性等特点影响到新技术、新产品的扩散（Rogers，1983）；技术越复杂，技术受体（农户或农业企业等）越难对其进行吸收，农业创新技术扩散的效果就越差；反之，技术的标准化可以对不同的技术进行协调，能有效减少产品相互间的差异，从而降低技术受体（农户或农业企业等）的学习成本和生产成本，促进创新技术的扩散（Nonaka 等，1995）；相关研究结果表明农业创新技术的相对优势和相容性越明显，其扩散的速率越快，而农业创新技术越复杂，越难进行扩散（Tornatzky 等，1982）；Kosarek 对杂交玉米品种的扩散研究表明，杂交玉米种子在当地的适应性，在一定程度上决定了创新的扩散（Kosarek 等，2001）效果；同样，Barkley 等的研究发现品种的特性和质量是农户选择小麦品种的决定因素（Barkley 等，1996），小麦品种的特性越好，质量越高，农户越愿意采纳。农户对农业技术的采用与否及采用程度深受农业创新技术本身使用方便程度的影响，创新技术使用的方便程度一定程度上成为其被农户采用的瓶颈（刘晓敏等，2015）；学者 Kathy 等通过对美国艾奥瓦农民采纳新型土壤氮技术（环境友好型农业技术）的决策过程进行研究，结果发现创新技术的复杂性对农户采用此项环境友好型技术的决策影响非常之大（Kathy 等，2001）；学者 Haki Pamuk 等以及 Benoit 等通过对非洲等地的实证研究也得到类似的结果（Haki 等，2013；Benoit 等，2013）。

对于具体的农业技术而言，目前国内外学者对农业新品种，如水稻（石瑜敏，2004）、小麦（王秀东等，2008）、花生（黄武等，2012）等；农业节水灌溉技术（韩青，2004；Schuck 等，2005；刘宁豫等，2007；Francisco 等，2011；陆文聪等，2011；黄玉祥等，2012）；病虫害防治技术（Susmita 等，2007；喻永红等，2009）；绿色农业技术如环境友好型技术（蔡荣等，2011；褚彩虹等，2012；冯晓龙等，2016；资源节约型技术（李俊利，2011）；耕地保护技术（方松海等，2005；肖建英等，2012）；低碳技术（祝华军等，2013）等的技术扩散研究较多。同时，也有部分学者对玉米地膜技术（王崇桃等，2016）、机械化生产技术（董欢等，2015）、苹果套袋技术（满明俊等，2011）、农产品加工技术（唐博文等，2010）、水稻轻简栽培技术（王志刚等，2007a）、水稻高产栽培技术（王志刚等，2007b）、稻作方式（陈品等，

2013)、小麦苗床拓宽技术（朱月季等，2015）、农业机械化（罗富民，2018）的技术扩散进行了相关研究。

根据商品化和公共属性强弱可将技术创新种类分为商品性技术、中间性技术、公益性技术三类（李同昇等，2016），由于大多数农业技术创新具有准公益属性，具有非排他性和非竞争性，农业技术创新具有正的外部特性，这就使很多农户采取"搭便车"方式，不用付费即可获取相关的农业创新技术，如果农业创新技术扩散行为完全由市场机制来进行主导的话，会导致农业创新技术提供者得不到应有的补偿或报酬，从而造成农业创新技术的供应不足，影响农业科技水平的发展（国亮等，2011）；学者Susmita等对孟加拉国稻农使用IPM（综合虫害管理）和常规化学技术耕作的结果进行对比，结果表明相对于传统的水稻种植，IPM稻田养殖的生产力得到了很大程度的提高，不仅降低了农药成本，而且产生较好的健康效益和生态效益，然而，由于IPM技术的外部性问题，使得农民很难单独采用这种技术（Susmita等，2007）。因此，政府相关部门在农业技术扩散过程中所起的作用非常明显，"自上而下"的政府推广机制，能够更加高效地对相关农业创新技术特别是大众化农业技术进行推广（袁凤歧，2011），促进农业技术的扩散；目前，学者们对于市场机制主导下的农业技术扩散的研究相对较少（邓正华等，2012）。

农户在采用新技术时，很大程度上取决于对新技术的知觉有用性和知觉易用性，其是驱动农户采纳农业新技术的关键心理因素（李后建，2012），对农户采纳农业创新技术的态度产生重要作用，而采纳态度又对采纳意愿产生关键正向影响（薛洲等，2017）。知觉有用性是潜在采纳者相信使用特定新技术会增加工作效能的程度（Davis等，1989）；农户对新技术的知觉有用性是其采纳新技术意愿的重要影响因素（Nysveen等，2005），对新技术采纳意愿具有显著正向促进作用（López等，2008；Wang等，2006）。国内学者的研究也表明新技术对农户的有用性对农户采纳农业新技术产生正向显著影响（罗颖等，2017）；作为理性消费者，为了尽可能规避农业技术带来的风险，农户在对新技术进行采用决策的过程中，更多的是考虑新技术的有用性如是否可以增加收入（王秀东等，2008；任重等，2016）、是否省工（陈品等，2013）、是否省力（朱明芬等，2001）等；齐振宏对稻农选择新技术意愿的影响因素进行实证分析后，发现轻便化技术易于被稻农接受和采纳，水稻新技术的特性（如产量、品质、抗旱、抗虫等）越有优势，农户越愿意选择之（齐振宏等，2009）；薛艳等对700多户农户种植转基因作物的意愿进行了调查，结果表明农户选择采用转基因技术时所考虑的主要因素是经济收益（薛艳等，2014）。

知觉易用性是指潜在采纳者在考虑采纳创新技术时，自我感知需要付出努力的程度，其会直接影响农户对农业新技术的使用意愿（Adrian等，2005）。由于不论新技术是操作方便、易学易用，还是操作复杂、难以掌握，都需要农户投入大量时间和精力去理解，所以对于农业创新技术的采用，在认知上农户必然会先通过需求判断、个人观感和价值观来评价新技术是否易用（Davis等，1989）；农户认为农业技术易用时，他们将会采用且采纳意愿也会提高（Igbaria等，1997；Sorebo等，2008），同时知觉易用性会正向影响知觉有用性。农业创新技术自身的复杂性影响到新产品、新技术的扩散速率（Rogers，1983）；技术越复杂，农户越难吸收，采用率越低，扩散越慢（Nonaka等，1995）。国内学者刘晓敏等对河北省农户采用小麦玉米微喷灌节水技术意愿进行研究后发现微喷灌技术的方便程度是农户采纳该项技术的瓶颈（刘晓敏等，2015）；陶群山等的研究也证实了农户采纳新技术的难易程度与采纳意愿成反比（陶群山等，2013）；王琛等研究了农户对生物化学型和机械型技术选择的影响因素，研究结果表明提高技术感知易用性对农户选择新技术的意愿有显著的促进作用（王琛等，2016）。

目前，台湾农业技术对大陆农民特别是大陆欠发达地区的农民而言，是一种相对先进的农业应用技术。根据计划行为理论观点及技术接受模型观点，农户在接触台湾农业技术之前，必然会根据自身情况对台湾农业技术的有用性和易用性进行主观性判断，即衡量采纳该技术是否对自己有所帮助，根据自己的实际情况是否容易学会，所花成本是多大，等等。在对收益与成本进行博弈后，潜在采纳者如感觉采纳台湾农业技术可以为其带来的收益大于成本，其将会采纳之。总体来看，国内外对于技术源（具体农业生产对象、具体农业技术、农业技术的属性、技术扩散主体、技术特征等）的研究较为丰富，取得了丰硕的研究成果；从以上分析也可看出，由于农业生产的区域性、季节性及长期性，加之其他社会、人文方面因素的影响和制约，不同的技术源在扩散过程中差异较大。

## 二、农业技术扩散通道

传播渠道（扩散通道）连接着技术源（新技术拥有者）和技术汇（技术采纳者或采用者），在一定程度上影响着扩散主体的行为，对农业生产效率产生正向影响（常向阳等，2014），畅通的技术传播渠道（扩散通道）有利于技术扩散，反之则阻碍技术扩散（Levison等，1973；曾刚等，2006）。不同的传播渠道会影响到创新扩散的范围、程度和持续性（Macgarvie等，2005；陈锟等，2010）；相关研究表明，农户信息来源渠道尤其是获得新技术的信息渠道的畅通性，对于其采用农业创新技术行为具有非常重要的影响（Isin 等，2007）；自然与社会因素的不同，导致技术扩散的空间路径也不同，拓宽和完善农业技术扩散渠道可有效提高农户对农业创新技术的采用率，促进农业创新技术的扩散（文长存等，2016）。

农业技术信息的传播渠道一直以来受到专家学者的关注。由于种种原因，农户获取农业技术信息的渠道有限，大多农户通过人际关系来获取农业相关信息，亲朋好友、经销商介绍是最主要的方式（张蕾等，2009）。农业技术信息获取途径的缺乏严重制约和影响到农户的增产和增收（陈红奎等，2009），不利于农户农业生产的进行。通过拓宽农业信息获取渠道，农户可有效降低信息获取成本；同时能及时掌握相关农业新技术、管理新方法（郑火国等，2005），在进行生产经营决策时，可有效减少生产的盲目性和被动性（张博等，2007），从而提升农业生产效率（Mittal 等，2009），提升农户市场经营的抗风险能力，增加农户收益（于雅雯等，2015）。学者郭艳军认为传统的农业技术推广和扩散体系存在较多问题，对于农业创新技术的扩散非常不利，针对这一问题，基于互联网背景，其提出了新的农业技术扩散体系（图1-4）（郭艳军，2017）。

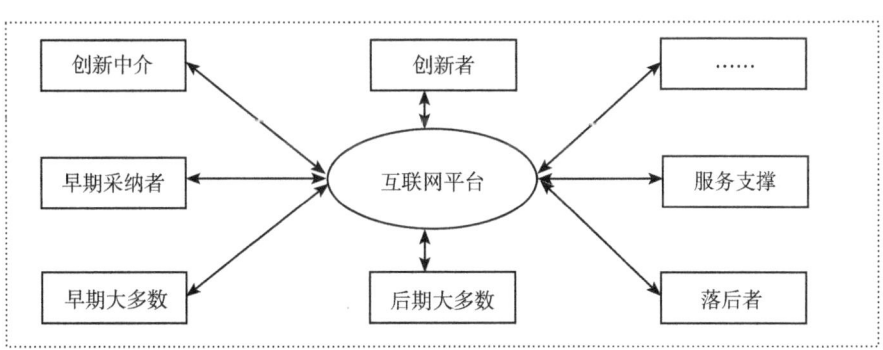

**图 1-4 互联网思维下的农业技术扩散体系**

技术扩散渠道对技术扩散效果产生重要影响，其畅通与否受很多因素影响和制约，本书将从地理环境、政策环境、经济环境、社会网络环境及外商直接投资（FDI）等方面进行论述。

### （一）地理环境

地理环境对农业技术扩散的影响主要表现在两方面。第一，自然地理条件。由于农业生产的季节性、区域性、周期性，使得农业生产受自然地理条件的影响和制约更多，自然地理条件在很大程度上决定着区域土壤的质量以及农作物生长的光照、热量、水分等条件，对农作物的生长产生重要影响，从而在一定程度上直接影响农户对农业技术采用的意愿及相应决策行为（Mariano 等，2012；Noltze 等，2012；李楠楠等，2014），影响到农业技术的扩散。第二，地理空间距离的影响。地理空间距离的远近通常对农户采用农业技术行为产生重要影响，农户与农业技术扩散源的距离越近，其采用农业新技术的意愿越强（王奇等，2012），实际采用的可能性亦越大（朱希刚等，1995），当然采用的可能性还受到技术的软环境的影响和制约（满明俊等，2010）。

微观尺度下，技术扩散受空间距离远近的影响和制约，"技术扩散更容易在地理邻近的产业间发生"（Antonelli，2000）；技术潜在采用者之间相互联系、相互制约、相互促进，直接影响着人力、财力及物力等要素在空间上的流动，对技术扩散效果产生影响。技术扩散通过"技术拥有方与最早接受者之间的信息传递"而得以初步实现，之后早期接受者又可作为新的扩散源继续扩散。空间距离影响潜在采用者之间的信息传播和物资流通，是影响技术扩散的重要因素之一，技术势能强度的突出表现是随着空间距离的增大而明显衰减；距离技术扩散源越近的个人或企业（技术受体）所获得创新扩散技术的可能性越大，反之较小。Keller 的实证研究发现，空间距离每增加 1 200 千米，技术扩散就要减少 50%（Keller，2002）；Eaton 等对西方五国集团的相关研究表明，相对于五国间的技术扩散率而言，五国内部的技术扩散率要高得多（Eaton 等，1999）。

学术界常用地理邻近性来描述地理现象或事物间距离（空间距离、时间距离、文化距离、成本距离等）的接近程度，地理邻近性是用来描述各经济主体在地理空间中所处位置的重要指标，是指所研究的经济主体与其他组织（经济主体）地理距离的接近程度（Whittington 等，2009）。创新环境学派和创新系统学派是马歇尔产业理论的重要延续，其都强调地理邻近性对生产要素传递的正向效应。汪涛、韩宝龙等学者分别对上海浦东的高新技术企业合作关系及中国国家级高新区的研究发现，地理邻近对知识流动及创新绩效有正向影响效应（汪涛等，2008；韩宝龙等，2010）；史焱文等将地理邻近分为永久性地理邻近和临时性地理邻近，并通过对山东省寿光蔬菜产业集群的研究发现，永久性地理邻近在产业集群创新中起到正向作用，而暂时性地理邻近对创新所起的作用不显著（史焱文等，2016）。同时，地理邻近对知识传播、技术扩散的影响会因空间尺度的不同而有所差异，一般来说，距离衰减是空间相互作用强度的重要特征之一，故技术势能的强度具有随距离增大而明显衰减的特征

(Hagerstrand，1969)。王武科的研究表明：影响技术扩散的主要因子在宏观尺度上表现为规模，而在中微观尺度上则表现为距离；随着空间尺度的缩减，技术扩散由明显的规模等级扩散向随距离增加强度减弱的波浪式扩散进行转变（王武科等，2009)。另外，农业技术在扩散过程中，其扩散的强度并不完全与距离或邻近显著相关，受到特殊原因的影响，有时甚至会出现相反的作用效果，由于创新技术本身的特点及扩散区域的特征不同，农业技术的传播与扩散并不一定按照波浪式辐射轨迹由近及远进行，在空间上常常会表现出跳跃性特点，因而缺乏明显的距离衰减现象，形成技术扩散的等级效应。按照克里斯塔勒中心地体系理论，受到规模经济和技术水平等因素的影响，农业创新技术在一个中心地得到应用后，会以同样的方式向其直接控制的次一级中心地进行相应传播和扩散，距离较近但级别较低的中心地和距离较远但级别较高的中心地所获取信息的概率趋于一致（Hudson等，1969；Pedersen，1970)。满明俊的研究也发现农业技术的采用过程会受到邻近效应、规模等级效应和地区等级效应的影响（满明俊等，2011)，农业技术创新的动力源于创新主体对创新所带来的垄断利润（包括经济利益、社会地位、人身价值）的追求；过度的地理邻近性一定程度上会对新知识的进入起阻碍作用，会削弱区域主体的自主创新能力，导致空间路径的锁定，阻碍创新技术的扩散（王孝斌等，2007)。

**(二) 政策环境**

与第二产业及第三产业相比，农业是弱势产业，农业的发展、农业创新技术的扩散离不开政府的支持，政府的优惠政策及财政支持等对农业发展、农业科技创新及扩散起到非常重要的支撑作用。Qaim对转基因作物技术的跨国扩散进行了相应研究，其认为政府的公共农业科技研发投入及相应农业制度建设是大多数农民能够受益的基本保证（Qaim，2005)；政府应根据农村实际情况制定相应的惠农政策（Bell等，2010)。相关研究表明，农户对农业创新技术的采用受政策因素的影响非常显著，大多数情况下，政府行为为主导的农业技术推广模式可有效带动农户的技术采用行为，农业技术推广形式、政策法规、基层农技推广管理体制等均会对农户农业技术采用行为产生影响（官童谣等，2013)。农户农业新技术采用的主动性与积极性受国家土地政策、农村信贷政策及农业补贴政策的影响，这些政策一定程度上能诱导和鼓励农户采用农业创新技术的行为。农业技术创新具有正向外部性效应，政府相关部门应该意识到资金补贴、优惠政策等对农业创新技术研发及其扩散的重要性（Feder等，1985)，在农业创新技术研发和推广过程中，对农业创新技术的供给者及采用者实施相应的补贴（卢东宁，2011)，通过补贴可有效促进农业技术扩散，提高了农户的采纳积极性。国外学者 Matzdorf 等对德国勃兰登堡草原地区的农户采用保护性耕作技术进行了研究，结果表明政府的补贴提高了农户的技术采用效果（Matzdorf 等，2010），对德国农业环境计划的实施起到了较好的促进作用；Finger 对瑞士小麦种植农户的研究也表明，为了获取政府的相关补贴，很多农户会在生产条件较差的农场广泛种植小麦，补偿政策很大程度上影响到他们的农业生产决策行为（Finger 等，2013）。当然，并不是所有的政府补贴政策都会取得较好的效果，都有利于创新技术的扩散，有些政府实行的农业补贴并未达到预期的效果，如为了鼓励农户采用农业绿色环保技术，20 世纪 90 年代以来，欧美国家对采用了环保技术的农户进行了相应的农业补贴，但最终的结果表明政府的农业补贴政策所获得的效果并未达到预期目标即欧盟的"绿色标准"（龙冬平等，2014）。

## （三）经济环境

在农业经济为主的经济环境下，劳动力、资金和土地等资源是重要的生产要素（厉无畏等，2009）；较低的经济发展水平、较差的农业生产条件、低下的农业生产效率，会严重影响和制约农业创新技术的发展、传播和扩散（于正松等，2013）。陈玉萍等利用"双槛模型"对经济发展水平较为落后地区农户采用创新技术的行为进行了探讨，研究结果表明经济发展水平较落后的地区的农户对农业新技术的采用积极性不高（陈玉萍等，2010）；陆彩明对江苏省南通市两个乡镇农户水稻轻型栽培技术采用情况进行了调查研究，结果表明农户创新技术采用行为与当地资源、环境、经济发展水平密切相关，在农业技术扩散过程中，农技推广机构起中介和桥梁作用，农业技术培训显著影响到农户采用和持续采用农业新技术的行为（陆彩明等，2004）。经济条件是影响农户农业技术采用的关键因素（苏荟，2013），农户在采用农业新技术时，需要有一定的经济基础，需要投入一定的人力、物力和财力，需要有一定的资金购买相关的设备和材料（如农药、化肥、种苗等），特别是对于那些技术水平要求高、初期投入成本高的经营性农业技术如机械化种植、高端品种栽培等，没有足够的经济实力是很难实现的。收入水平往往是影响农户新技术采纳意愿的重要因素，对农户采用新技术产生非常重要的影响。一般情况下，家庭总收入越高，农户改变传统生产方式的可能性越大；虽然采用农业创新技术具有较高收益，但其收益的风险性和不确定性同时存在，在技术扩散初期，采用率可能较低，一般情况下贫困区的农户不会冒险采用农业新技术（Jack，2009）；斯科特等人提出"道义小农"观点，认为农户对新技术的采用行为更倾向于稳定，"安全第一"是重要原则，他们进行农业生产的主要目标是为了避免经济灾难

(詹姆斯·斯科特，2001)，一般不会为了追求利益的最大化而去冒险；相对于"舒尔茨—波普金"的农户"经济理性"（Popkin，1979）（将农户的农业生产行为及农业创新技术采用行为看成是投资者行为），可称之为农户的"生存理性"；庄丽娟等的研究表明，基于"有限理性行为理论"的驱使，对于成本高的农业创新技术，大部分农户在采用时，表现得较为谨慎，很大程度上他们更愿意在风险较小化前提下采用相对利润较大化的农业技术，而不是追求利润的最大化。对于那些经济条件较好，筹资能力较强的农户来说，他们承担采用农业创新技术所带来的风险能力相对较强，其更愿意倾向于采用风险大但同时回报也大的农业创新技术（庄丽娟等，2010）。

### （四）社会网络环境

社会网络概念最早是由 Bames 提出，用来表示一组真实存在的社会关系（旷浩源，2014b）。Rogers 于 1996 年对扩散网络进行研究后，提出了理想的扩散网络（埃弗雷特·M.罗杰斯，2002）；自此之后，采用社会网络理论对技术扩散进行研究开始盛行（旷浩源，2014b）。社会网络是区域中人与人之间、组织之间或其他实体之间交往（包括情感交流、信息交流等）的渠道（Haythornthwaite，1996），是通过各种资源流动所形成的彼此之间相互联系、相互制约及相互作用的各种正式或非正式关系，是不同行业主体在长期互动交往过程中形成的空间关系网络（周立军，2010），包括正式网络和非正式网络（魏文川等，2013），正式网络主要指区域中各主体如政府、企业、科研机构、合作社等在互动过程中所形成的规则和规范，而非正式网络指区域中不同行为主体与个人之间所建立的一种关系网络。程恩富依据中国社会的特点将社会网络中的关系分为继承性（先赋性）关系和生成性（获得性）关系两类（程恩富等，2002）；Granovetter 根据相应的判别标准将社会网络关系分为强关系与弱关系（Granovetter，1973），并认为在美国，弱关系更容易找到工作；学者边燕杰则认为由于特殊的地缘和血缘关系形成了中国社会特殊的亲疏有别的差序格局（费孝通等，2006），强关系更有助于找工作（Bian 等，1997）。旷浩源（旷浩源，2014b）在此基础上，将我国农业技术扩散中的社会网络关系分为先赋性强关系、先赋性弱关系、生成性强关系、生成性弱关系 4 种类型，其研究发现区域农业技术信息的获取是在生成性弱关系和后赋（生成）性强关系的共同作用下完成的，农业技术信息获取之后的人际传播主要靠生成性弱关系来完成，对农业技术信息的评价主要是通过生成性强关系完成。学者周红云则将我国农村社会中农民参与的社会网络分为家族宗族网络、功能性网络、象征性活动网络和一般人际关系网络（周红云，2005）。

社会网络是信息共享的重要平台和载体（Foster 等，1995），其通过协作互惠关系使各行为主体产生共同的价值观、社会认知等，从而有效促进区域的社会信任。信任是技术信息交换与交流的媒介；农户（村民）相互间的信任和认同，能有效减少采用农业创新技术的风险成本，对于农户采纳新的农业技术具有积极作用（Conley 等，2010），有利于农业创新技术的扩散。没有彼此间相互信任和认同感的社会关系是无法将区域社会系统中所拥有的社会资本进行有效传播或扩散的；社会网络关系可以有效增强企业或农户间的这种信任感或认同感，对农户农业创新技术的采用具有显著正向作用（乔丹等，2017a；贺志武等，2018；杨志海，2018），能有效促进农业创新技术的扩散。个人的社会网络关系可以通过直接影响和间接影响两种路径对农户的技术采用决策产生影响，从而影响到农业创新技术的扩散效果和速度，其中直接影响处于主导地位（王格玲等，2016）。在农业创新技术使用初期，很多农户并不知晓新技术的相关特征（王格玲等，2015），他们在使用创新技术的过程中必然会存在一定的风险性和不确定性。通常情况下，只有少部分愿意承担风险且有能力承担风险的农民率先采用，然后通过他们的口头传播、示范作用等，更多的农民会逐渐学习和接受农业新技术，农户的社会网络对这些农业技术信息的传播和扩散效应起到了重要作用（刘亚，2012）。一般情况下，农户的社会网络越强大，其越愿意和网络中其他农户共享相关农业技术信息，最终有效促进了农业新技术的扩散（Bandiera 等，2006）；同时，农户是否采用农业新技术及采用率的高低与农户个体网络中是否有人已采用新技术密切相关，如存在则能够提高其技术的采用率（Foster 等，1995）；若在农户个人的社会网络中拥有众多技术采用者，那么在技术采用前期，可加快技术扩散的进程，在技术采用后期，通过网络学习从而对技术扩散产生的影响作用慢慢减小（Ma 等，2015），主要是由于"干中学"和"看中学"（亲身实践）对农户决策行为的影响更大。当然农户社会网络关系的强弱也会影响其对农业创新技术的采用，从而影响到农业创新技术的扩散速度（胡海华，2016）；增加农户社会网络关系数量、提高社会网络关系间的互惠互助水平，都能有效促进农业技术扩散，并且强关系的作用远大于弱关系。然而，如果从激发农户对农业创新技术采用意愿的角度来看，弱关系比强关系显得更为重要；朱月季的研究发现农户在网络结构中的相对位置会明显影响其获取农业创新技术信息的时点，中心度越高的农户越早接触到农业创新技术的相关信息，进而越早采纳农业创新技术（朱月季，2016）。一般情况下，社会网络通过以下 4 种效应对农业创新技术的扩散效果产生影响。

首先,信息获取效应。信息的传递有两种类型:一种是基于邻居互识关系,即通过人际关系渠道(主要是个人的社会网络关系)进行信息传播;另一种是通过大众传播手段或平台(如报纸、电台、电视、网络、杂志等)进行的信息传递(王格玲等,2015)。相关研究表明社会网络是农户农业技术信息最主要的来源渠道,通过社会网络中的人际关系渠道对新技术进行采纳的人数要明显多于大众传媒渠道(图1-5)(陶佩君,2007)。

农户与其家人及朋友间的社会网络关系是在长期强烈责任感的基础上所形成的,这种社会网络关系充分体现了相互间的信任和互惠(Granovetter,1985),通常情况下,其具有非常强的稳定性。在农业技术扩散早期,大部分农户对相关新技术的信息知之甚少,根据"理性小农"理论,为了规避不确定性所带来的收益风险,他们倾向于利用个人的社会关系网络关系(邻居、亲朋好友、熟人等)进行信息沟通和交流,从而获知其他已经采纳且取得较好经济效益者对新技术的主观评价("口碑效应");根据评价的高低,再决定是否采用农业创新技术,从而尽可能地减少采用农业新技术的不确定性风险。通过社会网络关系,农户可以获得非常重要的农业技术信息(Conley等,2010);同时,通过农户个人的社会网络关系可减少农业技术信息的交易成本,有效减少或纠正不诚信行为(Harvey等,2005),更加方便农户对信息的获取,提高信息质量。

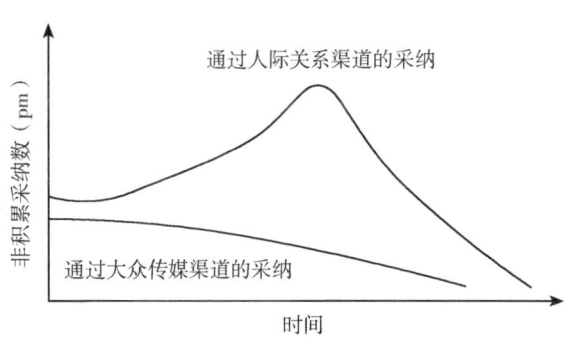

**图1-5 人际关系与大众传媒渠道对技术扩散的比较**

其次,学习效应。一般而言,一项新的农业创新技术出现以后,首先通过大众媒体进行传播。社会系统内具有较强创新性的那部分潜在采纳者会在较短时间内获得该创新的相关信息,并根据自身的知识水平、经验等对创新技术的价值形成初步评价,从而有可能会采纳该创新技术。这部分潜在采纳者可看成是创新采纳者中的"观念领导者",也可称为"领导型农户";观念领导者与技术采用的大众追随者相比，社会地位较高、经济实力较强且具有较强的创新性（蔡霞等，2017）。观念领导者在新技术扩散初期的作用非常重要，识别领导型农户和跟随者，能有效促进农业技术扩散（Mobarak 等，2013）。相关研究发现，如果观念领导者在技术扩散网络中的比例达到 3%，那么新技术的最终扩散程度将会超过 90%（Aral，2013）。相关研究表明，农业创新技术的采用过程一般有一定的门槛效应，只有拥有一定数量的农户采纳了某项创新技术后，某些农户才会采纳该项创新技术（Granovetter，1978），即所谓的从众效应。社会学习能够产生知识溢出效应，新采用者会向前期获得成功的农户进行学习，并根据其行为调整自己的农业生产投入。

再次，风险分担效应。受到农村公共信息服务平台建设相对滞后以及农户自身文化素质相对偏低等因素的影响和制约，其获取农业创新技术信息的渠道有限，很多农户的信息环境是处于不完全状态的，都有信息"盲区"。他们的农业技术采用态度经常是摇摆不定的，也是难以确定的，一定程度上会抑制农业创新技术的扩散。而通过社会网络学习，能有效减少这种不确定性（Foster 等，1995），从而有效降低风险冲击；通过社会网络成员间的相互学习、相互交流，可使农户获取更多关于新技术有用的信息，为新技术采用提供风险保障（Bandiera 等，2006）。

最后，服务互补效应。社会网络和政府推广服务是农户获取相关农业技术信息的两个重要渠道（王格玲等，2015）。社会网络主要强调的是行为主体（农户）利用其所拥有的社会关系进行技术信息沟通及与外部的互动，是一种处于底层的农业技术扩散方式。在政府技术推广服务不完善、较弱的情况下，从亲朋好友处、从邻里处获取相关农业技术信息是农户有效的农业技术信息的获取方式，这种"自下而上"（Bottom Up）的技术信息获取方式对于相对简单的农业技术的扩散影响较大（乔丹等，2017b）。而政府推广服务则是强调政府对于农户技术采用行为的干预、控制以及制度化的联系渠道，是一种"自上而下"的农业技术推广服务。对于复杂的、普遍性的农业技术，政府推广是主要的方式且扩散速度快，对农户采用的边际影响大（乔丹等，2017b）。

### （五）外商直接投资（FDI）

国际上外商直接投资（FDI）是一种重要的技术扩散渠道，其对东道国（地区）的技术溢出效应及经济发展的影响，一直是国内外专家学者关注的焦点。通过进出口贸易、外商直接投资（FDI）等形式，先进技术知识能够在全球范围内进行传播和扩散，从而促进东道国技术进步和生产效率提高。外国资本的流入，一定程度上会提高东道国（地区）劳动的边际产出、降低资本的边际产出；与此同时，东道国（地区）亦能从 FDI 流入中获得税收、规模经济等收益；本地公司也可能从跨国公司处获取技术"诀窍"或在竞争中变得更有技术效率。

目前针对 FDI 的研究，主要集中于 FDI 对东道国（地区）的经济、技术溢出效应问题，即是否对东道国（地区）的经济、技术发展产生外部性溢出效应，是产生正的外部溢出效应还是负的外部溢出效应；外部溢出效应的影响因素等（赵放等，2017）。FDI 对东道国（地区）企业的溢出分为两类，一类为行业内溢出，也称为水平溢出；另一类为行业间溢出，有时称为垂直溢出。根据 FDI 与东道国（地区）产业的前后向经济联系，垂直溢出效应可分为前向关联溢出效应和后向关联溢出效应。就 FDI 的水平溢出效应而言，相关研究表明 FDI 对东道国（地区）经济发展的溢出效应不显著甚至是负向影响（Haddad 等，1993；Javorcik，2004），主要是由于东道国（地区）企业与跨国公司的技术水平差距较大，对 FDI 企业的最新技术不能进行有效吸收，从而导致溢出效应的消极作用强于相关技术扩散产生的积极作用。

众多学者的研究成果表明 FDI 对东道国（地区）企业的垂直溢出效应（后向关联溢出）较为显著（Javorcik 等，2004）；积极的溢出效应主要在东道国（地区）企业与跨国公司的技术水平差距较小的情况下产生（Falk 等，2015）；Rodriguez-Clare 的研究结果表明两国的技术发展水平很大程度上决定了跨国公司所产生的后向关联效应，越接近，效应越大（Rodriguez-Clare，1996）。如跨国公司与本土供应商（企业）的技术水平差距过大，其基本上是不会产生关联效应的，甚至会阻碍东道国（地区）经济发展（Jabbour 等，2007）。同样，FDI 企业在东道国（地区）产生的后向关联效应的强度，与 FDI 企业总部与东道国（地区）当地工厂之间的交流费用密切相关，交流费用越低，跨国公司越有意愿从东道国（地区）采购其生产所需中间产品，交流费用的高低受到母国和东道国（地区）的地理距离以及文化习俗、社会制度和法律等方面差异的影响。Sklair 的研究表明，受到空间距离的影响，同设置在墨西哥边境的东亚国家和欧洲的加工企业进行比较，美国加工企业与当地企业产生的后向关联较少，主要是美国企业可从其母国处以更低的成本获取其生产所需的中间产品（Sklair，1989）。另外，FDI 进入方式和市场定位、FDI 技术扩散的动机（Reganati 等，2007）、不同国别（Anaya 等，2013）等都会影响到 FDI 对东道国（地区）经济发展的溢出效应。关于 FDI 对中国经济发展溢出效应的研究比较丰富，研究的内容主要涉及 FDI 对中国经济发展及技术进步、技术效率的溢出效应以及溢出效应的影响因素等（许和连等，2007；郭熙保等，2009；李建伟等，2010）。

从已有研究看，外商直接投资对农业经济的溢出效应同样存在争议，不同学者研究得出的结论差异较大。有学者认为外商直接投资不利于东道国（地区）农业生产效率提高（马述忠等，2013），对农业发展表现出溢出效应（许标文等，2011）；有研究表明外资在进入东道国（地区）的早期，虽然多投资于农业，但投资的主要目的在于开采或利用东道国（地区）的自然资源，对于农业生产的溢出效应微弱，甚至无益于农业经济增长。也有研究表明 FDI 对农业的溢出效应为正，对东道国（地区）农业生产效率的提升有促进作用（周志专，2014）；同时，FDI 对农业经济的溢出效应，在空间上还表现出差异性，研究发现，FDI 对中国的投资，在中部地区溢出效应最大，而在东部及西部地区则并不显著（韦开蕾，2015）。刘乃郗（刘乃郗等，2018）的研究表明外商直接投资通过直接促进效应促进了接受外商直接投资的中国农业企业全要素生产率的进步，且直接促进效应会随着时间的推移而增强。

## 三、技术受体：农户

农业技术扩散的主要受体是农户，农户是农业创新技术的主要采纳者和应用者。从理论上说，不同决策者对技术的需求各不相同，本部分主要从农户的个人特征、家庭特征、创业特征、社会网络特征、农户对创新技术的认知、农户所受社会影响等方面进行文献综述。

### （一）农户个人特征

农户个人特征主要包括农户性别、年龄、文化程度、风险意识、是否参加农业技术培训等。

#### 1. 性别

从已有研究看，由于受各种原因的影响，男性更易于接受和采纳新技术（Doss 等，2001；杨燕等，2017）。长期以来，在中国农村家庭结构中男性占据了相对主导性地位，户主常常是男性，其对许多重要的家庭决策包括农业生产技术抉择往往具有最终的决定权，他们视野相对开阔，同时也更愿意尝试和接受新技术（石洪景，2015）；同时，由于传统的"男主外，女主内"的家庭分工，男性面临着更大的维持家庭生计的压力，因此，其对农业创新技术的需求可能更强烈（肖建英等，2012）；女性在家庭中更多的是承担家务和照料子女的责任，对新技术的了解也较少，对新技术的采纳较保守和顺从（王雅凤等，2015）。有部分学者的研究成果表明性别对农户采用新技术的影响不显著

(许朗等，2013；王奇等，2012；任重等，2016）；薛艳等对农户种植转基因作物的意愿进行研究后，则发现女性对转基因抗病玉米的种植意愿高于男性（薛艳等，2014）。

**2. 年龄**

一般认为年龄与新技术的采用意愿呈负相关关系（Adesina 等，1993），年龄越大，思想观念可能越保守，越倾向于沿用过去的经验，而不愿意采用新技术（Mauceri，2004）。老年化会影响农户对新技术、新品种的采用（齐振宏等，2012），限制其新技术的投入水平（陈新建，2015）；朱萌等的研究证实了稻农的年龄越大，其采用环境友好型技术的行为越受限制（朱萌等，2016）。同时，也有研究表明，农户年龄对某些新技术采用的影响并不显著，如无公害生产技术（罗小锋，2010）。另外，有学者研究表明，农户年龄对部分农业技术的采用意愿产生正向显著效应，如资金节约型的技术（宋军等，1998）。从以上文献可以看出，农户年龄对不同属性、不同特征的农业技术采用的影响差异较大，对于多数农业技术的扩散产生阻碍作用，同时也会促进部分农业技术扩散，在农业技术推广中，要区别对待。

**3. 文化程度**

大量研究表明，农户的受教育水平与新技术采纳意愿之间存在着正向关系（Ervin 等，1982），是决定农业创新技术采纳者行为决策最重要的个人因素。Mohapatra 通过结构方程模型实证分析了印度奥里萨邦 200 户农户甘蔗种植技术的采用情况，研究结果表明农户所受教育程度越高，越愿意采用甘蔗种植技术（Mohapatra 等，2011）。农户采用农业创新技术的概率与其文化水平高低具有显著的线性关系（Feder 等，1985），其对农业创新技术相关信息的理解和反应能力可通过教育和培训的方式获得提高，农户所受教育和培训越多，越倾向于采用农业新技术（Chaves 等，2001），从而有效促进农业创新技术的扩散。

国内学者罗小锋的研究发现农户的文化程度越高，其认为科技对农业生产的作用会越大，从而更愿意接受和采纳农业创新技术（罗小锋，2010）；随着受教育水平的提高，外部因素、内部信念对农户循环农业技术采纳意愿的作用程度会增强（李后建等，2012）；王水连等对甘蔗种植机械化的研究表明农户文化水平越高，越容易采用机械化种植（王水连等，2017）；张彬飞等的研究表明农户文化程度越高，其对农业新品种的认知水平就越高，对农业科技创新扩散的影响则越大（张彬飞等，2017）。同时，部分学者的研究表明，农户的文化程度对其农业技术的采用不产生显著影响（石洪景，2015）。

**4. 风险意识**

虽然采用农业创新技术会给农户或农业企业等带来经济、社会或其他方面的收益，但农业的弱质性及农业技术采用效果的不确定性决定了农户在采用新技术过程中，存在一定的风险性。Sirkin 和 Pablo 把风险性定义为：决策者采用或避免风险的程度。农业技术采用风险主要有农民自身文化素质不高的人为因素风险，资金、劳动力等要素投入后的不确定风险及市场因素导致的不确定风险等（王雅鹏，2014）。创新技术的采用是潜在采用者的风险决策过程，这个过程受到很多因素的影响和制约，农户采用一项农业创新技术需要投入一定的人力、财力和物力，但采用后的效果却具有一定的不确定性，因此采用创新技术必然伴随着一定的风险（康凯，2004）。创新技术的选择受决策者对风险容忍程度的影响，容忍能力较高的决策者比其他潜在采用者更倾向于使用创新技术；由于缺乏农业技术的相关信息，农户很大程度上是风险规避型（Binswanger 等，1983），导致其农业生产过程中所做出资源配置决策并非最优的。农户的风险规避行为影响其对农业创新技术的采用，当农户收入增加时，其风险规避态度或者不变（Binswanger 等，1983）或者下降（弗兰克·艾利思，2006）。当然，也是学者的研究发现，农户并不都是风险规避型的，其收入水平不同，对风险所持的态度也不相同，中农规避风险意识较强，相反，贫农则比较愿意冒险（Parikh 等，1988）。

农户的风险偏好会影响农户在农业生产方式、农业资源利用、农业技术采用与运用方面的决策（石洪景，2015），越是持风险规避态度的农户，越不愿意采用农业创新技术（Liu，2013）；相反，风险意识越强、越爱冒风险的农户，越容易采用创新技术。薛艳的研究结果表明风险偏好型的农户更愿意种植转基因品种（薛艳等，2014）；风险偏好水平越高的农户，对新技术的投入越多（陈新建，2015）。当然，农户的风险意识与其能够承担的风险能力是正向关联的，户主风险承受能力越强，采用农业创新技术的意愿也越强（姚文，2016）。

**5. 是否参加农业技术培训**

受多种原因的影响和制约，农民是弱势群体，其文化水平相对较低，对农户进行有针对性的农业技术培训是提高农业创新技术扩散效果的重要手段。我国的工业化和城镇化正处于快速推进时期，农村大量劳动力向工业和城镇转移后，留在农村从事农业生产活动的劳动力文化素质一般相对较低，故对农民进行有针对性的农业技术培训将成为我国农业未来发展的必然举措（胡雪枝等，2012）。农业技术培训对农户采用农业技术行为具有积极影响（苟露峰等，

2016），能有效促进农业创新技术的扩散（应瑞瑶等，2015）。农户通过参加相关的农业技术培训，能更好地了解和熟悉农业新技术的有用性和易用性；其参加培训的次数越多，越会认识到科技对农业生产的重要作用（罗小锋，2010），越会有意愿采纳农业创新技术，从而越有利于农业技术的扩散。"田间学校"在农户培训过程中发挥了很好的作用，提高了农户新技术的采纳率（赵连阁等，2012）。农业技术培训可有效促进农户对新技术、新品种的认知和采用，减少其对农药、化肥的过度依赖，在保护生态环境、实现绿色农业生产的同时，不影响农业产品的产量（Mancini 等，2008），甚至还会提高单位面积的产量（项诚等，2012），对于提高农户的经济收入、缓解贫困起到正向促进作用（周波等，2011）。

## （二）农户家庭特征

农户家庭特征对农户新技术的采用产生重要影响，家庭特征主要包括家庭经济状况、劳动力人数、兼业情况、种植业规模、家庭中是否有成员担任村（组）干部等。

**1. 家庭经济状况**

家庭收入水平是影响农户新技术采纳意愿的重要因素，进而影响农业创新技术的扩散速度和效果。大部分农业创新技术虽然具有准公共品的属性，但农户在采用过程中，仍然需要一定的资本购买与相关技术配套的设备和材料，对于经营性技术如农药、化肥、种苗等，是需要支付费用的，并且农业创新技术具有不确定性和风险性。按照舒尔茨理性农户的观点，农户在接受和采纳某项创新技术之前，会对风险和预期收益进行比较，在风险相对较小的情况下，采取利润相对较大的选择方法。一般情况下，家庭收入水平越高，抗风险能力越强，采用创新技术的意愿亦越强；较高收入或者较为富裕的农民家庭，就算做出了风险性很大的决定，也能承受风险有可能带来的损失，与贫困农户相比，经济条件较好的农户在采用农业创新技术方面更具有优势（Grabowski，1979）。根据"风险规避型"理论，农户经济收入增加时，其风险规避态度会弱化（弗兰克·艾利思，2006）；家庭人均收入越高，农户采用新技术的概率越大（王水连等，2017）；随着收入水平的提高，外部因素、内部信念对农户农业技术采纳意愿的作用程度会更强（李后建，2012）；农户采用新技术的可能性将增加（黄武等，2012）。

**2. 兼业情况**

依据"理性农民"和"效用最大化"理论，兼业主要是指农户为了追求整个家庭经济收益的最大化，对家庭所拥有的农业资源要素进行重新安排的行为，他们会将原先投入农业生产经营的要素特别是劳动力转移到其他非农部门（陈晓红等，2007）。一般情况下，可通过非农收入占家庭全部收入的比例对农户的兼业情况进行分类（张忠明等，2014）。众多研究表明，农户对农业技术的采用受其兼业行为的影响和制约，兼业程度越高，采用新技术的可能性越低；杨志海等的研究发现农户兼业程度越高，其进行耕地质量保护的投入越低，纯农户、Ⅰ兼农户与Ⅱ兼农户采用新技术的相应比例逐渐降低，分别为58.99%、45.92%和44.44%（杨志海等，2015）；农户兼业化程度越低，农业专业化程度则越高，采用农业创新技术的积极性也就越高（朱明芬等，2001）；农业收入比例（种植业收入等）越高的农户，越有意愿采用农业创新技术，以实现农业收益的最大化（李楠楠等，2014；任重等，2016；姚文，2016；罗颖等，2017）。

**3. 家庭劳动力数量**

劳动力是农业经济的重要生产要素（厉无畏，2009），是从事农业生产的必要条件。近年来，受工业化和城镇化的影响，中国农村中直接从事农业生产活动的农民数量不断减少且文化素质相对较低，对中国农业技术的进步和农业可持续发展提出了极大的挑战。农户家庭的劳动力转移越多，越不需要农业创新技术，采用农业创新技术的意愿越不明显（展进涛等，2009），甚至可能对农业创新技术的采用产生显著负向影响（文长存等，2016）。依据技术诱导理论，我国农民对节约劳动型技术的选择符合资源禀赋程度的"诱导技术"创新的假设（宋军等，1998），家庭劳动力数量越多，劳动力机会成本较低，他们更倾向于选择"节约资金型技术"；农业劳动力所占比例越大，越不愿意采纳种植机械技术（王水连等，2017）；而家庭劳动力数量越少，越倾向于采用节约劳动力的农业创新技术。

**4. 种植规模**

规模是影响和制约农业经济发展的一个非常重要的指标，农户经营的土地规模或种植规模对其农业创新技术的选择产生重要影响。"农场规模的门槛值"常常决定了农户对农业创新科技的采用与否及采用程度，农户经营或种植的土地面积低于此门槛值时，会大大降低农业创新技术被采纳的可能性（Mauceri等，2007）。农场规模是影响和制约农户选择相关农业新技术的重要因素（Sexton等，2007），从某种程度上直接决定了农户对新技术采纳并应用的热情和主动性。

国内的众多研究同样表明农户经营的土地规模或种植规模对其采用农业新技术产生显著正向影响（任重等，2016）；王志刚等的研究表明农户的水稻种植规模是影响其采用水稻轻简栽培技术的主要因素（王志刚等，2007a）；稻农对新技术采用意愿的高低与其种植的水稻面积显著相关（刘晓敏等，2015）；罗小锋等的研究表明耕种面积对采用新品种有显著影响（罗小锋等，2010）；陈新建等基于技术投入视角的研究结果同样表明农户土地经营规模对其新技术的投入存在显著正向影响（陈新建，2015）；唐博文等的研究发现农药使用技术的采纳率与农户所拥有的耕地规模呈现倒"U"形关系（唐博文等，2010）。

另外，对于不同的农业技术，经营规模与农户采用之间的相关性可能并不突出，如刘晓敏等对农户采用小麦玉米微喷灌的技术进行研究后发现土地总面积对农户采用小麦玉米微喷灌技术的意愿虽然产生正向作用，但并不显著（刘晓敏等，2015）；王志刚等对农户采用水稻高产栽培技术的行为进行分析后，发现水稻种植规模对农户采用水稻高产栽培技术基本没有影响（王志刚等，2007b）。

### （三）农户对新技术的认知

农户对农业创新技术的认知是指农户在农业生产过程中根据直接经验或其他渠道获得的对于农业技术的感知和印象，对农户技术采用和农业科技推广、农业技术扩散产生重要影响。农户对农业创新技术的采用一定程度上是其有计划的行为决策过程，这一过程遵循计划行为理论。其中，行为态度（Attitude）是农户对农业创新技术的认知与评价，行为态度决定了行为意愿，行为意愿决定了实际的采用行为，实际的采用行为决定了农业创新技术扩散的效果。

农户是农业生产的主体，是农业科技最主要的实际需求者和采用者；对农业创新技术作用的认知对农户技术采用有显著影响（罗小锋等，2010），一定程度上直接影响到农户对新技术的最终采用情况。一般情况下，农户对新技术的认知度越高，采用意向越突出，从而越容易产生实际的采用或接受行为（侯博等，2015；Josef，2013）。众多学者的研究表明，农户对农业技术的认知度深度与其新技术的采用意愿显著相关。许朗等对山东省蒙阴县农户采纳节水灌溉技术的研究表明农户对节水灌溉技术越了解，那么其越会选择该技术（许朗等，2013）；高瑛等的研究表明农户对农业生产技术的认知对保护性耕作、施用有机肥和测土配方施肥技术的采用均有显著正向影响（高瑛等，2017）；李楠楠等的研究表明农户对农业科技园区的认知、对新技术的认知显著影响到农户对马铃薯新技术的采用（李楠楠等，2014）；王秀东等对农户小麦新品种选择行为进行研究的结果表明农户对新品种认知程度越高，其采用的概率越大（王秀东等，2008）；任重等对山东粮农使用无公害农药的研究也得出了相似的结论（任重等，2016）。

**（四）农户的创业能力**

创业是新企业或组织的创建过程，是创造实现新组合的过程（Shane等，2000）。农民农业创业是指农民在农业及相关涉农行业中，依托现有企业（组织）或创建的企业（组织）开展高风险的商业活动，追求利益和实现相应的发展是创业的重要动机（俞宁，2014）。创业者具有较高的风险承担倾向，他们是创新者的同时，也是领导者，他们享受创新所带来的愉悦和快乐（Schumpeter，1934）。潜在采用者的创新意识对一项技术创新能否尽快扩散出去有着非常重要的影响；姚文的研究表明户主的创业能力如创新意识、学习能力、创业机会识别能力、进取意识、情商等与农户环境友好型技术的采用意愿呈正相关（姚文，2016）。

**（五）社会影响**

农户内化或认同的心理过程是其采纳农业创新技术的力量来源。一方面，农户会将从大众媒体、农业技术推广专家或个人社会网络中所获取的农业技术信息进行整合，并结合自身的认知系统，形成个人对相关农业创新技术的看法，从而进一步决定是否采用该农业创新技术。另一方面，采用农业创新技术具有一定的风险性及收益的不确定性，根据风险规避型农户理论（弗兰克·艾利思，2006），风险规避是农户的一种选择或生存的必需；避免灾难是农民的"生存算术"（有时将避免灾难的思想称为"安全第一"原则），经济条件较差的农户必然会回避风险。为了尽可能地降低采用农业创新技术所带来的风险，农户在决定采用一项农业创新技术前，通常会参考已采用者的采用效果，如果效果大于其预期，农户则倾向于认同该农业技术，采用意愿及实际采用的可能性会增强。行为受意愿的影响（Ajzen，1985）；农户采纳新技术与否、何时采纳会受到乡邻、技术专家及技术推广人员等的影响，特别是如果乡邻在采用技术取得较好效果后，潜在采用农户在理性行为和从众效应的驱使下会主动采用农业创新技术，从而加快农业创新技术的扩散。

## 第四节　台湾农业技术在大陆的扩散研究

20世纪60年代，通过实施一系列的农业改革措施，台湾农业得到了升级转型，农业发展水平相对祖国大陆较高。受台湾岛内土地资源相对匮乏、劳动力价格不断上升、环保要求不断提高及国际市场竞争不断增强等因素的影响和制约，向岛外发展是台湾农业的必然出路，通过对外农业投资和技术输出，台湾农业技术逐渐向岛外扩散。大陆与台湾一水相连、一脉相承，"五缘"优势明显，自然成为台湾先进农业技术向外扩散的理想区域。目前，台商在大陆农业投资主要集中分布在东部沿海的粤、闽、浙、沪、苏、津、京、辽等省市，约占其农业对外投资总额的80%。

台湾先进农业技术主要通过台商农业投资、两岸农业技术合作、学术交流、农产品贸易、良种引进等形式在大陆进行传播与扩散；国内学者对台商大陆农业投资的研究较为深入，主要涉及台商大陆农业投资的阶段、政策因素、分布特点及投资效应、投资平台、扩散区域等方面的研究（李航飞等，2019）。

## 一、扩散（投资）阶段及政策背景

台商对外农业投资是其农业技术扩散的主要方式，20世纪80年代，台商开始向祖国大陆进行农业投资。不同时期，不同年份，台商大陆农业投资额差异巨大。根据投资规模，不同学者将台商农业投资（扩散）划分为不同阶段，如4阶段（任爱荣，2009）、3阶段（邓启明，2014）等。不管何种划分方法，每一阶段都与两岸政策背景特别是台湾当局的政策密切相关。凡是有利于两岸合作与交流、有利于两岸发展与稳定的政策都会促进台商的大陆农业投资，反之，则会一定程度上阻碍台商在大陆农业投资。例如，台湾当局1992年制定的《在大陆地区从事投资或技术合作许可办法》，2001年对大陆采取"积极开放、有效管理"的投资政策，2005年国民党主席连战等对大陆的访问等，都较好地促进了台商大陆农业投资的进程；而1996年的"两国论"，2015年以来的"新南向政策"等，都在一定程度上阻碍了两岸合作与交流，阻碍了台商大陆农业投资，不利于台湾农业技术在大陆的扩散。

## 二、扩散形式及效应方面

台商在大陆的农业投资主要分布在与台湾地理条件相近、气候相似的东南沿海地区，其中备受台商青睐的是广东、福建、海南、上海、江苏、浙江等省市；ECFA签署后，台商大陆农业投资不均衡分布的趋势进一步加剧（何均琳，2010）；近年来台商农业投资出现向中西部地区扩展的趋势（孙兆慧，2013）。大陆劳动力价廉且充沛、台湾岛内投资环境恶化及大陆市场发展潜力大，是台湾农业产业来大陆投资最主要原因（陆云，2001）；现有台商农业投资存量对新进的台商投资具有重要的诱发作用（吴凤娇，2014）；政策与地缘因素、市场容量和基础设施（吴凤娇等，2010），台商投资产业（孙兆慧，2013）是影响台商在大陆进行农业投资的重要因素；台商的自身特征、交易成本（孙艳香等，2015）等因素影响台商农业投资的区域分布。

台商大陆农业投资在一定程度上弥补了大陆农业发展的投入不足问题，加快了大陆农业资本化进程，有效促进了大陆农业产业化经营和各区域农业经济的快速发展，增加了大陆农民的收入，技术溢出效应较为显著（林翊，2008）。黎元生（黎元生，2008）的研究表明台商直接投资金额每增加1%，福建农业总产值、农村居民人均纯收入和乡镇企业总产值分别增长0.499%、0.487%和0.312%；韦素琼等（韦素琼等，2009）分析了漳州市台商农业投资对区域农业发展的贡献，结果表明台商农业投资每增加1个百分点，漳州农业增加值将增长0.384个百分点；张毅瑜（张毅瑜，2015）对台商农业投资和福建农业经济增长之间的关系进行协整分析，得出台资累计实际到资每变动1%，福建农业人均产出将会同向变动0.755%的结论。台商对大陆农业投资取得成效的同时也面临着许多问题，对大陆农民增收效应并不明显（王燕武等，2014），技术溢出效应有待提高（吴茹燕等，2017），应进一步加强两岸涉农企业的产业联系和人员交流，优化和引导台湾农业直接投资的产业布局（李航飞等，2019）。

### 三、扩散平台研究

"海峡两岸农业合作试验区"及"台湾农民创业园"是海峡两岸农业合作的重要平台，也是大陆承接台湾农业产业转移的重要园区。至目前为止，大陆已在9省（市、区）设立了15个国家级海峡两岸农业合作试验区；14个省（市、区）设立了29个国家级台湾农民创业园。另外，部分省份如广东、浙江等根据实际情况设立了省级对台农业合作试验区及台湾农民创业园。国内关于扩散平台的研究主要表现在对平台的作用、存在的问题、如何进一步发展及平台评价等方面。周向阳（周向阳，2015）的调查研究表明，苏皖两省的台湾农民创业园较难吸引真正的台资企业进驻及台湾农民创业，同时，园区内普遍存在用地困难、台资企业的示范带动作用较弱等问题，并针对相关问题提出了加快台湾农民创业园发展的相应对策；宋建晓等（宋建晓等，2015）运用SWOT模型分析了福建台湾农民创业园在发展过程中面临的优势、劣势条件，以及机会和潜在威胁，应用PEST模型分析法全面分析影响福建台湾农民创业园竞争力提升的因素，进而提出创业园发展的战略构想和政策支撑体系；邓启明等（邓启明等，2011）从引进台资和优良农业品种、先进生产技术及其经营管理经验等方面就台湾农民创业园建设的主要做法与成效问题进行了全面归纳总结，提出促进创业园发展的配套措施；刘宇峰等（刘宇峰等，2016）运用层次分析法，对福建省6个国家级台湾农民创业园进行实证分析，把6个国家级台湾农民创业园划分为3个发展层次；王胜（王胜，2010）运用SWOT分析方法对重庆台湾农民创业园的优劣势及其面临的机遇与挑战进行了全面分析，并提出重庆台湾农民创业园的发展思路及策略。

### 四、扩散区域研究

国内对台湾农业技术在大陆扩散的区域研究方面主要涉及全国尺度、区域尺度（东、中、西部地区）及省域尺度，其中以省域尺度研究居多，如粤台农业合作、闽台农业合作、琼台农业合作、桂台农业合作、川台农业合作、云台农业合作、苏台农业合作、浙台农业合作等方面的研究。在省域研究中，全国除少数几个省份外，基本上都有相关研究，其中对福建省研究最多，福建与台湾的"五缘"优势（地缘相近、血缘相亲、文缘相承、商缘相连、法缘相循）为台湾农业技术在福建的扩散提供了先天土壤；对于市域及以下尺度的台湾农业技术扩散的研究相对较少（李航飞等，2019）。另外，石洪景（石洪景，2015）从"技术受体：农户"视角对台湾农业在大陆的技术扩散进行了研究，根据其调查数据，研究结果表明农户对台湾技术的采用率较高（68.6%的农户采用了台湾农业技术）；性别、家庭劳动力、家庭年均收入、风险知识、补贴获得情况、获取贷款难度、开展技术培训等变量显著影响农户的台湾农业技术采用行为。

## 第五节　文献评述

从已有文献来看，国内外专家学者在农业技术扩散的过程、农业技术扩散的影响因素（农业技术源如农业技术类型、农作物类型、农业技术自身特性等，扩散渠道如地理环境、经济发展水平、社会网络、FDI等，技术受体如农户的个人特征、家庭特征、农户对新技术的认识、农户的创业能力等）等方面做了大量工作；研究方法主要有描述统计方法、Logistic模型、Logit模型、Probit模型、Tobit模型等，部分学者利用结构方程模型及社会网络分析方法来探讨农业技术扩散的规律及机制。在已有研究基础上，以下方面的研究工作需要进一步提升。

## 一、农业技术扩散渠道（社会网络）方面

许多学者如 Bass 等认为技术主要通过大众传媒和人际间的交流两种渠道进行传播和扩散，不同的渠道对技术传播和扩散的影响不同。人际间的交流主要受制于区域或个人的社会网络。目前关于社会网络对农业技术扩散影响的研究主要表现在以下方面：首先是关于网络、社会网络及农村社会网络概念、关系方面的研究；其次是从不同视角用不同方法分析社会网络对农户采用农业新技术、对农业新技术扩散的影响作用是研究的重点内容；最后，有部分学者运用社会网络分析方法构建农业技术扩散模型对农业技术扩散问题进行了相关研究与探讨。虽然国内外专家对于农业技术扩散的社会网络影响方面做了大量的工作，取得了丰硕的研究成果，但尚存在以下方面需要进一步完善。

第一，研究内容方面，以整体社会网络关系对农业技术扩散的作用研究为主，考虑具体扩散主体（政府部门、科研部门、企业、农户等）在技术扩散社会网络关系中的位置、作用（标准化中介度和中心度来描述各主体在农业技术扩散网络中的作用）及相互之间的关系的研究较少，并且很少考虑不同属性的扩散主体（小团体）特别是企业和农户的内部网络关系，对台湾农业技术扩散进行社会网络分析的更少；不同小团体的经济、文化等差别较大，对小团体进行研究将更有利于探讨农业技术扩散的机理。第二，现有研究以定性分析为主，定量不足，仅有的定量研究也只是把社会网络关系当作一个影响因子，与其他影响因子结合在一起，进而研究农业技术扩散的影响因素。第三，在农业技术扩散研究中，很少探讨社会网络所形成的拓扑结构，对不同扩散主体（如农户、企业、科研机构等）在社会网络中如何分布进行研究可更好地理解农业技术扩散的机制，从而为农业技术扩散提供政策建议。

本研究将通过网络密度、中心度、结构洞、核心—边缘结构分析、EI 派系分析、MDS 分析、聚集系数等探讨台商企业、本地企业、外地企业、大学与科研机构、农民合作组织等在台湾农业技术扩散网络中位置、作用及相互之间的结构关系，特别是不同属性扩散主体（如台企、本地企业、外地企业、大学与科研机构、农民合作组织等）的内外关联关系，从而探讨台湾农业技术（兰花）在大陆（试验区）扩散的机制。

## 二、农业技术扩散的影响因素（研究方法）方面

从已有文献来看，目前对于农业技术扩散影响因素的研究主要从宏观层面（如地理环境、政府政策、经济发展水平）和微观层面（农户特征）两方面展开。宏观层面上主要是定性研究，鲜有定量研究；微观层面上则主要通过 Logistic、Logit、Tobit、Probit 等模型，构建因变量（农户对新技术的采纳与否，1 或 0）和自变量（农户性别、年龄、文化程度、兼业情况、土地规模等）之间的回归关系，进而探讨农户采纳农业创新技术的影响因素。这些方法存在一定的不足：第一，有学者提出农户对新技术的采纳是一个过程，不能简单地用采纳（设为1）、不采纳（设为0）来进行表示。第二，已有研究对农业技术的主要受体——农户的感知认识不足。农户在采纳农业创新技术时，很多因素受其感知影响（如技术的有用性、易用性、政府的支持力度、技术服务态度等），这些因素不像性别、年龄、文化程度那样可以直接量化；同时，农户特征如风险意识、创业能力、社会网络关系等也是没办法直接量化的；以上因素很大程度上是由农户的感知心理决定的，传统的 Logistic、Logit、Tobit、Probit 等方法在解释力上显得不足。

结构方程模型（SEM）方法可以较好地解决以上问题，已有部分学者使用这种方法来探讨农业技术扩散问题。本书基于系统论观点，认为农业技术扩散是一个系统过程，由技术源、扩散渠道、技术受体组成；基于农户感知视角和结构方程模型理论，通过问卷调查获取研究数据，从台湾农业、环境、农户三个维度，构建 7 个外因潜在变量来探讨台湾农业技术扩散的效果（内因潜在变量）问题。

## 三、台湾农业技术在大陆的扩散研究方面

国内专家学者就台湾农业技术在大陆的扩散形式、扩散分布特征、扩散影响因素、扩散效应、扩散平台等方面做了大量研究，取得了丰硕的研究成果；但同时，在以下方面还需要进一步深入研究。

### （一）扩散尺度方面

目前，关于台湾农业技术扩散尺度的研究主要集中在省域及以上尺度，市域及以下尺度的研究甚少，县、镇、村方面的研究更少；整体上宏观尺度研究较多，微观尺度的研究则显得不足。"农业技术扩散"在宏观尺度上表现为扩散，微观尺度上则为集聚；台湾农业微观尺度上的技术扩散效果与大陆农民的采用率密切相关；我国是一个典型的关系社会，形成了以亲疏差序原则为行为

取向的"差序格局",特别是在农村地区,建立在血缘和地缘基础上的社会网络,是信息分享和资源配置的重要机制。在微观尺度上,结合不同的技术扩散主体特别是台商(企业)及农户,基于不同区域特别是欠发达地区的地方社会经济文化根植性特点,分析台湾农业技术创新扩散效率、规律及影响因素,探讨不同属性的扩散主体之间的相互关系及其在农业技术扩散过程中的作用,构建微观尺度下台湾农业技术在大陆的扩散规律与理论等方面的研究亟待深入。

## (二)扩散效应方面

目前对于台湾农业技术扩散效应的研究,主要集中在其对大陆农业经济发展的溢出效应及影响因素等方面,很少考虑这种技术扩散溢出效应随投资时期变化而变动的情况及后续之影响;探讨台湾农业技术扩散溢出效应随投资时期变化而变动的情况及后续之影响更有益于大陆对台湾农业技术的引进与利用,有益于台商大陆农业投资的区位选择,优化资本配置效率。另外,随着大陆农业技术水平的不断发展,台湾农业技术扩散正逐渐由"技术带动效应"转向"产业带动效应",而目前对于由台湾农业技术扩散所导致的产业带动效应的研究明显不足。

# 第二章　相关研究理论

本章从技术扩散理论、外商直接投资（FDI）理论、农户行为理论以及关系经济地理学理论、演化经济地理学理论等方面构建本书的理论体系。其中外商直接投资（FDI）理论主要用来解释宏观视角下台商对大陆农业投资的区位差异及其对大陆农业发展产生的投资（扩散）效应问题；农户行为理论主要用来解释微观视角下试验区当地农户（企业）兰花种植意愿及影响因素问题；关系经济地理学理论及演化经济地理学理论主要用来解释台湾农业在大陆技术扩散演化过程及各行为主体间社会—空间关系。

## 第一节　技术扩散理论

经过多年的发展，虽然技术扩散还没有形成完整的理论体系，但取得了丰富的研究成果。学者们从不同的视角以及不同的层次对技术扩散的类型、机制、过程、模式及影响因素等方面提出了众多理论，并形成了不同的技术扩散理论派系，主要有技术扩散的传播论、学习论、替代论、生命周期论、技术差距论、演化论、博弈论等理论体系。

### 一、技术扩散传播论

该理论是技术扩散研究中最有影响、最为流行的一种理论，其建立了较为完整的理论体系。法国社会学家塔德（Tarde）于1904年率先提出了"S"形传播理论，认为模仿是重要的技术传播和扩散途径，并提出了"S"形扩散模式（Tarde，1909）。传播论以罗杰斯为代表，1983年出版的《创新扩散》（*Innovation Diffusion*）一书是其经典之作，其认为技术扩散是创新技术在相应的时空条件下，通过某些特定的传播和扩散通道，在相应的社会系统成员间进行传递的过程，是在人与人之间进行的信息传播和交流的过程。技术扩散源于技术供应方，随着时间推移，潜在采用者不断采用新技术，新的采用者又会对其周围的潜在采用者产生影响，从而加速创新技术的扩散。以电视、杂志、报纸、网络等新闻媒介为传播平台的大众传媒在传播农业创新技术、新产品信息时，传播面广、速度快，能有效引导潜在采用者对农业创新技术、新产品的认知，改变潜在采用者的消费习惯。双向沟通是人际间的口头交流渠道的突出优点。两种传播渠道对农业创新技术、创新产品扩散的影响不同，在农业新技术、新产品扩散初期，大众传媒对潜在采用者认知新技术、新产品起到重要作用；当有一定农业新技术、新产品采用者时，人际交流能促使更多人采用，加快扩散速度。随着时间的推移，新的采用者可能成为潜在的新技术的供给者，还有可能对潜在采用者产生口头的交流作用；这样一来，潜在采用者会不断减少，直至为零，扩散过程亦结束（Mansfield，1961；许庆瑞等，1993）。

传播说理论的主要贡献有以下3个方面（董景荣，2009），第一，对影响技术创新扩散的技术特性进行了分析，罗杰斯在总结前人研究的基础上提出了影响技术扩散的5个一般技术特征：相对优势、相容性、复杂性、可试性及可观察性。第二，对技术创新扩散的信息传播进行研究。第三，对技术创新供给方的扩散效果进行研究。

## 二、技术扩散学习论

学习论的观点认为，技术扩散并非简单的技术信息的传递及接受过程；与信息传播过程不同的是，技术受体（技术潜在采纳者）在获取相关创新技术信息后，其一般不会立即做出采纳决定并付诸实践，在获取到决定采用之间会经历一个认知和学习的过程，最后才可能做出技术的采纳决策；同时，创新技术在被技术受体采用过程中，通常会有许多技术问题需要解决，解决技术相关问题的过程某种意义上也是新技术在不断调整和创新的过程。西尔弗伯格（Silverberg，1988）指出所有新技术的扩散都会涉及其相关特性的调整，将"干中学"（Learning by Doing）植入创新技术扩散自组织模型中，从而实现了技术进步。学习论的观点认为，学习的主体包括个体和组织。个体学习是个体在行为过程中，通过行为结果所获取的新技能和新知识的过程；只有从组织层次去衡量个人的学习过程才具有现实意义；组织层次的学习是组织作为人组成的集团的学习，是集团的知识积累和认知变化的提高，是个体学习相互作用的产物。

对于技术扩散过程中的学习机制（模型），曼斯菲尔德认为技术创新扩散的过程主要是一个技术和产品的模仿过程，已采用创新技术者的行为很大程度上会影响潜在采用者的采用决策行为，技术创新的采用者越多，对潜在采用者的影响就越大，潜在采用者采用创新技术的可能性就越大。戴维斯提出了学习的"刺激—反应"机制（David，1979），其把创新技术扩散过程中采用者的采用行为看成是一个"刺激—反应"过程。戴维斯把技术创新看成一个刺激变量，对于潜在采用者来说，一旦这个变量达到某个"临界水平"时，其将会被刺激从而作出采用创新技术的决策。随着扩散的持续进行，"边干边学"将会导致生产的边际成本下降，"临界水平"的值也会随之降低，会进一步促进创新技术的扩散。斯通曼认为创新技术扩散的过程是一个贝叶斯（Byaes）学习过程，潜在采用者很多时候会通过已采用技术创新的采用者的采用效果来衡量并调整其对创新技术的效果、不确定性和风险的预期，当对技术创新采用的预期较为满意并且不确定性及风险足够低时，潜在采用者便会采用创新技术。

### 三、技术扩散替代论

由技术创新的历史过程可知，与换代的新产品比较，真正全新的产品要少很多，技术创新扩散过程更多地表现为"新技术或新产品"替代"旧技术或旧产品"的过程。替代论认为技术扩散的过程是新技术取代老技术、新产品替代旧产品的过程（盛亚，2002）。创新技术扩散是新技术或新产品将逐步取代旧技术或旧产品的地位，并与经济相结合而使其变化的过程，在这个过程中，新技术或新产品将部分或全部取代现有技术或现有产品。技术扩散的替代论并非单独地研究某项创新技术的扩散，而是将该技术的扩散过程与技术发展过程融合为一体，认为扩散是一种均衡状态（旧技术或旧产品的使用）向另一种均衡状态（新技术或新产品的使用）不断转变的动态不平衡的过程。新技术或新产品在采用过程中很少不发生变化，这种变化有可能是新技术出现了新的用途，也有可能是为适应新的需要对原设计和性能进行改进，新技术或新产品的采用常与现有技术或现有产品的某些特征相关，创新技术的扩散是不会孤立发生的。

### 四、技术扩散技术差距理论

技术差距理论的代表人物是美国学者波斯纳（Michael V. Posner）。波斯纳于 1961 年在其《国际贸易与技术变化》一文中提出了国际贸易的技术差距模型（Posner，1961），该理论最早是用来解释和说明国际分工的。该理论认为，技术实际上是一种生产要素且实际的技术水平一直在不断地提高，但是各个国家或地区的技术发展水平并非一样，国家之间、地区之间的技术水平或多或少地存在一定差距，这种差距（技术势能）便是技术转移或扩散的驱动力。技术会从"势能高"的"中心区"即发达国家向"势能低"的"边缘区"即发展中国家进行转移。

技术差距论认为，很多时候，国家或地区相互间的技术差距是国际贸易得以进行的基础。通过引入模仿时滞的概念，技术差距理论能较好地解释国家或地区之间发生贸易的可能性。在创新国和模仿国的两国模型中，如一种新技术或新产品在创新国获得研发成功后，模仿国在掌握这种技术（产品）之前，领先优势被创新国控制，其可向模仿国出口相应产品，从而产生相互间的贸易。但这种领先技术会随着专利权的转让、对外投资以及国际贸易的发展等逐渐扩散到其他国家或地区。模仿国可以利用自己的低劳动成本优势对这种产品进行生产；与此同时，对这种产品的进口量也会大大减少。这样一来，创新国的产品出口市场慢慢变小，国际贸易量亦逐渐缩小；一旦模仿国完全掌握出口产品的技术，原来的技术差距将彻底消失，其相互间的贸易也随之消失。

技术差距理论看到的是发达国家和发展中国家之间的技术差异，能很好地解释和说明国际间垂直方向上的技术转移和技术扩散；但其没有具体分析技术差距的种种形态，对国家或地区间所发生的水平方向上的技术转移和扩散问题较难解释。

### 五、技术扩散博弈理论

博弈论（Game Theory）是研究决策主体（个人或企业）的行为发生直接相互作用时的决策及这种决策的均衡问题，也称为对策论或赛局理论，是研究具有竞争性质现象的理论和方法，在经济学、地理学、政治学、军事学及管理学等学科中都有广泛的应用。博弈行为具有竞争性或对抗性，竞争各方都有其目标或利益，为了达到这种目标和利益，对手各种可能的行动方案都要被竞争各方考虑，从而尽可能选择对自己最佳的方案来应对对手以便在竞争中获胜。参与博弈的各方是否存在最佳的行为方案及如何找到这个方案的数学理论和方法是博弈论所要研究的主要内容。一项新技术的市场扩散过程通常会涉及众多参与主体如技术供应者（包括技术中转商）、技术接受者、扩散过程中扩散渠道的提供者等，每个参与主体好比博弈论中的竞争者，他们所做出的每一项决策必然影响到其他参与者。所以他们在应对其他参与者决策的同时还必须考虑其他参与者对他的决策的反应情况。

博弈论适用于新技术的扩散研究，垄断博弈均衡模型认为潜在采用者会在不同时期采用新产品，从而可得到一条关于时间的扩散曲线。模型设定采用新技术所获取的收益会随着新技术的市场引入而发生变化，新技术或新产品的采用程度主要由采用新技术或新产品所获收益与采用成本相等来决定。采用新技术的收益会随采用者数量的增加而下降，一般来说，采用越迟，收益越低，但采用成本亦越低，由此产生相应的扩散路径。

在技术创新扩散过程中，伴随着创新及其相关信息的传播，信息的存量会不断增加，潜在采用者的采用时间也会随之变化。在技术创新扩散系统中，相关信息的传播速度与潜在采用者所在域元的信息条件以及参与博弈的潜在采用者自身的信息条件和信息接受能力等因素密切相关，而信息存量则会随着潜在采用者数量的增加而增多。

博弈论观点主要是基于个体决策时的心理状态所提出的，潜在技术采用者（技术受体）在对风险和利润、成本和收益进行充分考虑后，"风险最小化、利润最大化"是其决策的基本原则，所以农户采用农业创新技术的过程即是其决策博弈的过程（康凯，2004）。

## 六、技术扩散生命周期论

技术创新扩散的生命周期理论由日本经济学家斋藤优提出（董景荣，2008）。斋藤优认为拥有新技术或新产品的企业为了谋求和达到利益的最大化，通常会采取3种对外发展战略：第一，运用新技术生产新产品并对外输出；第二，对外直接投资；第三，直接输出技术。这3种战略的关系如图2-1（董景荣，2008）。

斋藤优认为，拥有新技术的企业通常情况下会使用新技术生产相应的新产品，并进行出口，在出口过程中，新产品在当地的市场不断扩大，企业的收益率逐渐增加。与此同时，新产品也会逐渐适应当地的条件，亦能通过使用当地的生产要素生产出来，于是企业的收益便开始下降。企业为谋取收益率的回升，当到达$t_1$时间点时，企业不再直接出口产品，而是转为对外直接投资。这样一来，产品便开始在当地产销并逐渐推向市场；企业直接投资的收益率便开始下降，在$t_2$时间点，企业通过技术输出所能获取的收益率达到最高值。生命周期论将技术的生命同企业收益二者有机融合在一起，能有效地对技术扩散的形成机制进行解释，揭示出了技术转移和扩散是一项新技术出现后的必然归宿。

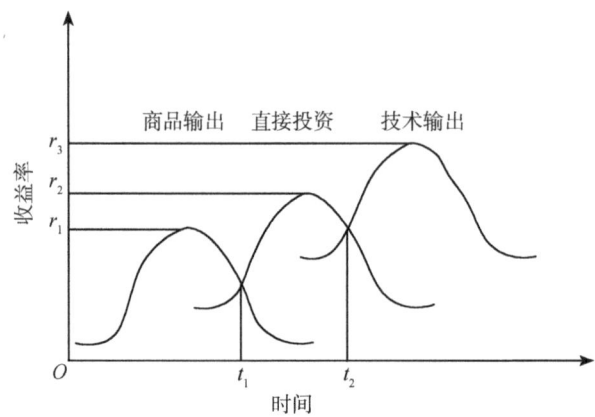

图 2-1 技术扩散生命周期收益

## 第二节 对外直接投资（FDI）理论

对外直接投资（FDI）理论是一个不断发展和演变的过程，从早期的国际贸易理论到国际投资理论，然后到专门的 FDI 理论。20 世纪 80 年代是 FDI 理论的一个分水岭，在此之前是发达国家 FDI 理论的主宰期；之后发展中国家的 FDI 理论便开始兴起。FDI 理论主要经历了从海默（S. H. Hymer）的垄断优势理论、维农（Raymon Vernon）的产品生命周期理论到小岛清（Kiyoshi Kojima）的比较优势理论、巴克莱及卡森（P. J. Buckley & M. Casson）的内部化理论，再到邓宁（John H. Dunning）提出的国际生产折衷理论的发展主线（文余源，2008）。

### 一、垄断优势理论

经济学家海默（S. H. Hymer）于 1960 年在其博士学位论文《国内企业的国际经营：关于对外直接投资的研究》（1976 年发表）中首次提出垄断优势理论（Hymer，1976），该理论以产业组织理论为基础，以市场不完全竞争为假设条件，认为跨国公司（企业）根据并利用其所拥有的特定垄断优势在境外进行直接投资（FDI）。

垄断优势理论认为国际市场是由于规模经济、商标、产品差别、技术垄断以及课税、关税等限制性措施所引起的偏离完全竞争的一种非完全竞争的市场结构，寡占是不完全竞争的主要形式。在这种国际市场条件下，美国的跨国公司（企业）会利用其所拥有的各种垄断优势进行对外直接投资，跨国公司（企业）拥有的垄断优势主要体现在以下 3 个方面：首先，产品市场不完全优势，主要表现在产品差别、商标、营销与价格控制等方面；其次，生产要素市场不完全优势，这里主要涉及企业的资金获取、专利与技术、管理技能等方面；最后，企业拥有的内、外部规模经济优势。通过这些垄断优势，跨国企业在进行对外直接投资时，可使其技术资产获得最大的收益，并能有效绕过东道国（地区）的关税障碍，有利于维持和扩大其产品市场。

后来，海默的导师金德尔伯格（Charles P. Kindleberger）以及约翰逊（H. G. Johnson）等学者对垄断优势理论进行了相应的补充和完善使其逐渐发展成为最早的、也是最有影响力的研究国际直接投资的理论，被公认为是国际直接投资理论的奠基之作。

垄断优势理论提出了研究对外直接投资的新思路，将 FDI 与跨国证券投资区别开来，并单独对国际直接投资理论进行相关研究，主张从不完全竞争与 FDI 内在关联着手进行研究，并把对资本国际流动研究从流通领域转入生产领域。垄断优势理论能较好地解释第二次世界大战后一段时期美国大规模对外直接投资的行为，对后来的理论研究产生重要影响。同时，该理论也存在不足之处：一是较难解释拥有技术优势的公司（企业）可以通过技术转让而获益，为何一定要对外投资？二是无法解释跨国公司对外直接投资的地理空间分布及区位选择问题；三是对于发展中国家的对外直接投资行为特别是发展中国家向发达国家的直接投资（上行投资，如中国对欧美国家的直接投资）问题，其很难进行解释。

## 二、产品生命周期理论

哈佛大学教授维农（Raymon Vernon）是产品生命周期理论的代表人物，产品生命周期理论（Vernon，1966）在他的论文《产品周期中的国际投资与国际贸易》中首次提出后经过了威尔斯、赫希什等人的不断发展、完善。将产品生命周期划分为产品创新、成熟和标准化 3 个不同阶段是该理论的核心，跨国公司（企业）的对外战略目标、产品的生产方式和生产区位等因产品所处的阶段不同而存在差异；产品所处生命周期阶段直接决定了跨国公司（企业）的 FDI 决策，其是否对外进行直接投资由生产条件和竞争条件状况而决定。

该理论认为：在产品的创新阶段，生产主要集中在美国国内；同时，产品会有部分出口以满足其他发达国家的消费需求。在产品成熟阶段，生产基本定型，仿制会大幅度增加。在西欧各国庞大的消费市场、较美国更低的劳动力成本及关税、产品运输成本等因素的影响和制约下，为就近占领当地市场，美国公司开始对西欧国家进行直接投资，同时将产品出口到发展中国家。在标准化阶段，由于生产技术、规模及样式等均完全标准化，跨国公司（企业）将不再拥有垄断优势；产品的成本与价格成为关键影响因素，出于对成本的考虑，跨国公司（企业）会选择发展中国家作为其对外直接投资的理想区域。

产品生命周期理论对后美国企业向西欧各国的 FDI 动因可进行较好解释和说明。同时，该理论也存在一定缺陷，主要表现在以下方面：①对于发达国家间的相互直接投资，其不能进行很好的解释；②该理论主要涉及最终产品市场，而资源开发型投资和技术开发型投资与产品的生命周期无关；③对于发展中国家的对外直接投资，特别是发展中国家向发达国家的直接投资，该理论很难解释；④该理论认为公司（企业）之所以进行对外直接投资是由于其在母国的垄断优势丧失，实际上，许多跨国公司在保持垄断优势的同时，也大量对外直接投资；⑤该理论无法解释在国际分工特别是垂直分工深化条件下的 FDI 行为（尹小剑等，2010）。

### 三、内部化理论

英国学者巴克莱、卡森在其合著的《跨国公司的未来》（1976 年）中提出了对外直接投资的内部化理论（Buckley 等，1976）。内部化理论的前提条件是不完全竞争，但与海默的观点有所不同，内部化理论认为不完全竞争形成的主要原因是源于部分市场失效或交易成本过高，并不是源于寡占行为、规模经济、政府干预等因素。消除外部市场带来的中间产品交易失效或成本过高问题是市场内部化的主要目的。故内部化理论研究的重要内容是市场内部化、市场失效和交易成本三者的有机融合问题。要实现内部化，必须要使得边际成本与边际收益一致，跨国公司（企业）通过内部化操作，可带来诸多收益：如内部要素转移的交易成本最小化；有效协调其生产活动的长期供需关系，进而消除买卖双方的不确定性，生产的持续性和稳定性能够得到充分保障；通过前后向投资或兼并，形成垄断优势；通过对有形产品和无形产品的价格转移，逃避税负等。

科斯产权理论是内部化理论形成的基础，内部化理论首次从企业组织发展视角反映 FDI 的动因，将制度分析扩散到国际时空，认为技术保护对企业有着重要作用，相关理论分析与现代企业的境外投资实践更加接近和相符，大部分 FDI 动机和跨国公司（企业）的众多经营现象可用其来进行解释，被视为 FDI

的一般理论。但该理论仅仅从跨国公司的主观方面探讨其 FDI 的动机，却对国际经济环境的变化重视不够。同时，内部化理论过多地强调市场的不完全性对于 FDI 的不利影响，却忽视市场的积极方面对 FDI 的促进作用；另外，内部化理论难以解释 FDI 的地理布局。

## 四、边际产业扩张论

日本学者小岛清（Kiyoshi Kojima）在其代表作《对外直接投资论》中提出边际产业扩张论（Kojima，1978），其较好地解释了 20 世纪 60—70 年代日本 FDI 的特点，有学者称之为比较优势理论。边际产业扩张论打破了 FDI 理论研究对象一直是美国公司（企业）的局限，区分了日本顺贸易导向和美国逆贸易导向的 FDI。该理论的核心思想是：FDI 应该从本国（投资国）已经处于或即将处于比较劣势的产业（边际产业）依次进行；而这些产业对于东道国（地区）来说却具有明显或潜在的比较优势，东道国（地区）可以利用外来的资金、技术和管理经验，充分发挥这些产业的优势，促进本国经济发展。这样，投资国的 FDI 就可以充分利用东道国（地区）的比较优势并扩大两国的贸易。根据国际贸易原则，如某产品在国内生产具有比较优势，则该产品应该出口；反之，则应该进口。

该理论的主要缺陷是虽能对发达国家与发展中国家间以垂直分工为基础的投资进行较好的解释，但对于发达国家间以水平分工为基础的投资却难以解释；另外，该理论的研究对象是以投资国为主体而非跨国公司（企业），对于复杂国际环境下的对外直接投资行为较难解释；同时，该理论对于发展中国家接受高新技术的能力估计不足，依此理论，经济欠发达国家只能接受发达国家的劣势产业，形成路径依赖甚至锁定效应，永远处于经济发展外围地区，追赶不上发达国家。事实上，发展中国家通过创新活动等行为，是可以突破路径依赖，追上发达国家的。

## 五、国际生产折衷理论

经济学家邓宁融合了垄断优势理论、内部化优势理论及区位优势理论的观点，提出了著名的国际生产折衷理论（Dunning，1981），这种理论的核心是"三优势模式"即"所有权、内部化及区位优势"。所有权优势（即垄断优势）主要指一国公司或企业拥有或能够得到其他国家公司或企业没有或者无法得到的资产和规模经济优势；内部化优势是指公司或企业为了避免外部市场的不完全性对其经营造成不利影响而将相应优势保持在公司或企业内部；区位优势是指跨国公司或企业在进行对外直接投资时，在区位上会选择东道国（地区）所具有的优势，如劳动力、市场潜力、政策等。折衷理论主要研究"三优势模式"对跨国公司（企业）对外直接投资的作用，它们的不同组合决定了跨国公司（企业）国际经济活动的方式：若仅拥有所有权优势，其会选择技术授权（转让）而获益；若具有所有权优势和内部化优势，其会选择产品出口获益；若三种优势都具备，其才会选择对外直接投资。

国际生产折衷理论是国际 FDI 理论的集大成者，其不仅讨论跨国公司（企业）在全球范围内进行生产的决定因素，并且能对跨国公司（企业）的整个国际经济活动进行较好的解释。但该理论无法解释部分国家在尚未同时具备以上 3 种优势的情况下也会进行对外直接投资的现象，如中国大陆的对外直接投资一定程度上受到国家经济发展战略的支配，而并非所有权优势、内部化优势和区位优势的体现。

除了以上主要针对发达国家的主流 FDI 理论外，随着发展中国家对外直接投资的兴起，形成了众多关注发展中国家的 FDI 理论（文余源，2008），如邓宁提出的发展阶段理论、Louis 提出的小规模技术理论、Lall 提出的技术地方化理论及 Cantwell 提出的技术创新产业升级理论等，这些理论较好地解释了发展中国家的 FDI 行为，具有一定的理论和应用价值。

## 第三节　农户行为理论

农户在其所处的社会环境和经济环境中，为了达到其预期的生产目标即收益的增加、成本的降低，对相关经济信号的反馈称之为农户行为，其最终体现为农户在农业生产过程中所做出的各种决策行为，其对农业创新技术采用行为的一般过程可用图 2-2 表示（康凯，2004）。

### 一、理性行为理论

亚当·史密斯提出了"经济人"的概念，即从事经济活动的主体，他指出人类具有将利益最大化的本性和潜能（潘峰，2006）。"经济人"掌握着完备充足的信息资源且拥有非常强大的计算分析能力，其能够从多种可能的决策中找到最佳的一种，"效用最大化"和"利润最大化"是"经济人"在从事经济活动中所奉行的两个基本准则。美国经济学家舒尔茨（Schultz，1964）等认为农户是追求利润最大化的"经济人"，在农业经济市场是完全竞争的条件下，其追求利润的动机与任何资本主义企业家别无两样。为了追求利润最大化，农户在从事农业生产活动时，都会尽可能地使总收入与总支出之间的差额达到最大值，以最小的农业投入成本获取最大的收入。他们会合理地利用各种生产要素，对劳动力、土地、种苗、农药、化肥、家用机械等进行高效的配置，在分配资源时他们总会对边际成本与边际收益的关系进行合理的考虑。这些"经济人"是传统农业技术状态下有进步精神并能够最大限度利用有利可图的生产机会和资源的人，他们的行为是"经济理性"的。

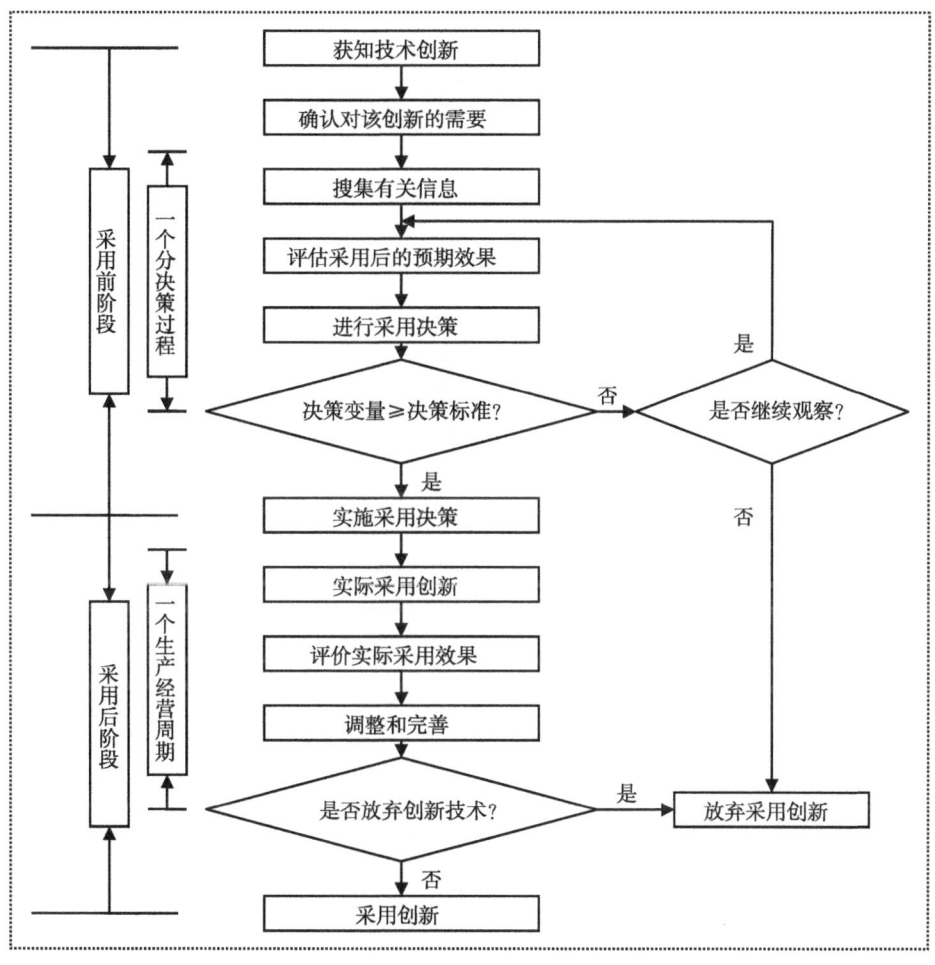

图 2-2　农户采用行为一般过程

波普金（Popkin，1979）对舒尔茨的学说进一步深化，对农户理性行为理论进一步分析，他认为农户在进行农业生产和农业经济活动时，对于利益的长期性和潜在的风险因素往往会慎重考虑，他们是能够为利润最大化做出最佳决策的，农户的生产行为是理性的（Popkin，1979），即"理性的小农"。

然而，由于种种原因的影响和制约，现实生活中农户的能力是有限的，其无法全部掌握农业生产经营决策所需知识以及投入产出之价格信息；同时，其亦不能发现所有可能的选择，由于"现实人（农户）"的先天条件并非全知全能的，并非"经济人"，其所作出的决策不可能是完全理性的。所以，舒尔茨等学者的"理性农户"观点受到众多经济学家如利普顿、西蒙等的质疑和批评。

## 二、非理性行为理论

与舒尔茨、波普金的观点不同，经济学家恰亚诺夫（恰亚诺夫，1996）认为农户并非追求收益最大化的"经济人"，维持家庭生计其进行农业生产的主要目的，农户更多的是在既定收益下追求付出最小化或者是一定辛劳程度下追求产品最大化的"社会人"。他们在从事农业生产活动时，一般不会像"经济人"一样，精确核算投入产出的相关经济指标，不会涉及对于最大利润的追求问题，很大程度上，他们的农业生产行为是非理性的，所以常常会出现"饥饿地租""自我剥削""亏本经营"等现象。恰亚诺夫认为应该从"消费"和"生产"两个不同的视角来分析单位收入的实际意义或作用，进而对农户常常在亏本的情况下还会继续经营的现象进行解释。农民为满足家庭基本的消费需求，必须把家庭劳动力投入农业生产：从消费意义看，这种安排既能满足家庭消费需求，也可给其带来享受与愉快，恰亚诺夫称之为"收入正效用"；从生产过程看，这种安排对于农户来说却是一种负担，因为通常情况下，他们需要付出一定的艰辛劳动才能获得相应的收入，他们的心里是不情愿的，恰亚诺夫称之为"劳动负效用"。收入正效用与劳动负效用会影响和制约农户的劳动投入情况，他们会在二者之间进行权衡和考虑，当收入正效用大于劳动负效用时，其主观评估的结果是有利可图，便增加劳动投入；当劳动负效用大于收入正效用时，继续投入劳动，总收入会有所增加，但单位收入的增加较以前需要付出的劳动代价更大，农民主观评估的结果是不合算的，于是劳动的投入会相应减少，只有达到均衡点的劳动投入量为最佳。总体来说，非理性小农学说不能用分析资本主义企业的经济学原理分析农户经济行为，资本主义企业的收益方法并不完全适合用于农户。但农户行为"非理性"特征的提出却具有重要意义，正是它和"理性"行为学派的"理性—非理性"之争，促成了农户行为理论研究的进一步深入发展。

## 三、计划行为理论

计划行为理论（Theory of planned behavior，TPB）是社会心理学领域中解释和预测人类行为的经典理论，是在多属性态度理论和理性行为理论的基础上发展起来的，费舍贝恩（Fishbein，1963）的多属性态度理论（Theory of multi-attribute attitude，TMA）是其理论源头。多属性态度理论认为行为主体的行为意向由行为态度决定，行为态度则由行为主体的预期和评价决定。费舍贝恩（Fishbein）和亚琛（Ajzen）共同发展了多属性态度理论，提出了理性行为理论（Theory of reasoned action），认为行为主体的行为意向虽然属于心理活动，但却是决定实际行为的直接因素，决定着行为的产生，当然，行为意向同时也受到行为态度和主观规范的双重作用。该理论对行为主体行为的发生有较强的解释力，其缺陷主要表现为其假定个体行为受意志控制且行为主体在任何时候均能根据其所掌握的信息对自己的行为进行完全控制。显而易见，在现实生活中这是无法达到的。实际上很多变化或因素并非人的意志力所能决定和控制的，因此，该理论的应用和推广受到了很大的限制，为此，1985年亚琛（1985）在理性行为理论框架的基础上，引入了知觉行为变量，初步提出了计划行为理论。1991年亚琛发表了《计划行为理论》一文（Ajzen，1991），标志着计划行为理论的成熟（图2-3）。

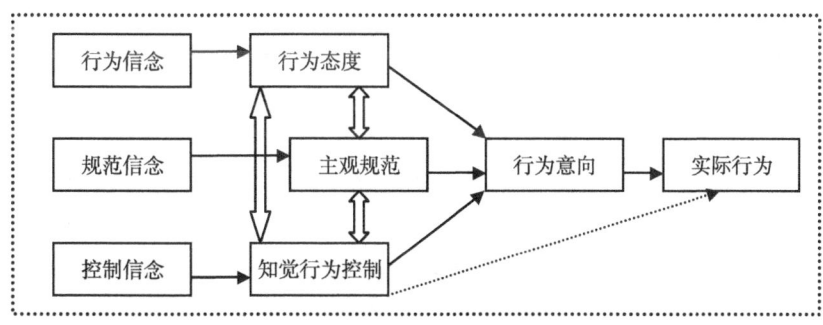

**图2-3 计划行为理论模型**

计划行为理论有以下几个主要观点：①有些行为是不受行为主体意志所决定和控制的，这些行为不仅要受到行为意向的影响和制约；同时，行为主体的个人能力以及所掌握的资源等因素对其亦会产生重要的影响，在这些因素充分时，实际产生的行为可由行为主体的行为意向直接决定；一般情况下，行为主体在进行决策时，其愿意付出的努力越多，那么他的行为意向就越明显，该行为主体进行行动的可能性越大,其产生实际行为的概率亦越大。②通常情况下,行为主体实际控制条件的优劣可通过知觉行为控制反映出来,一定程度上,知觉行为控制可以替代行为主体的实际控制条件,从而直接预测行为主体实际行为发生的可能性(图2-3虚线所示)。知觉行为控制的真实状况很大程度上决定了预测的准确性,二者之间呈正相关关系。③行为主体的行为意向主要由行为态度、主观规范和知觉行为控制等决定,它们与行为主体的行为意向呈正相关关系,如果行为主体的行为态度越积极、知觉行为控制越强,其产生的行为意向就越大,反之则越小。④行为主体拥有大量的行为信念,但只有很少一部分的行为信念能够在特定的时间及环境条件下被获取,这部分行为信念是行为态度、主观规范和知觉行为控制的认知与情绪基础。⑤个体以及社会文化等因素(如智力、年龄、性别、文化程度、社会经验丰富程度等)通过影响行为信念能间接影响到行为态度、主观规范和知觉行为控制,并对行为主体的行为意向和实际行为产生影响。⑥行为态度、主观规范和知觉行为控制三者虽从概念上可完全区分开来,但有时它们可能拥有共同的信念基础,故它们之间既彼此独立,又相互关联。

## 第四节 关系经济地理学及演化经济地理学理论

### 一、关系经济地理学理论

产生于20世纪90年代的关系经济地理学,近年来,已成为经济地理学界研究的一个重要领域,关系经济地理学并不关注空间类型、过程及规律的描述,其研究的重点是经济主体及其在空间中如何行动和相互作用,其目标主要是利用地理透镜,把与经济关系相联系的研究问题范式化(Bathelt等,2003)。

20世纪90年代中期开始,在"新区域地理学""制度转向"和"文化转向"研究的基础上,经济地理学逐渐实现了"关系转向"。关系转向的早期研究主要集中在3个方面(Yeung,2005):第一,地方与区域发展中的关系资产问题,研究领域主要涉及新产业空间、产业区、相关产业集群、学习型区域等方面。第二,社会行为者、企业和组织网络的关系根植性问题,主要研究领域包括全球—地方关系、组织空间的差别化生产、路径依赖、社会网络的关系杂合性与分化、空间行动的多元逻辑与多重轨迹等方面。第三,关系尺度的研究,涉及长期困扰地理学研究的地理尺度问题,关系经济地理学提出"地理尺度是一种关系建构""社会关系是一种尺度建构""尺度重组"和"尺度的关系化"等相关理论。

关系经济地理学建立的假设条件有（李小建等，2007）：①情境性。从结构视角看，经济行为主体总是处于特定的社会及制度环境中，并在其中进行相关的经济活动。因此，经济行为被关系经济地理学看作是根植于特殊社会背景中的产物，普遍的空间法则不能解释之。②路径依赖性。从动态视角看，情境化会导致"路径依赖"的产生，前期的经济决策、经济行为及它们之间的相互关系会影响和制约并在一定程度上直接导致后期的情境和经济发展路径的产生。③权变性。经济发展过程因受到经济主体的策略和行为与现存的发展路径不一致的影响，可能存在较大变数。在开放系统中，经济行为是不能被完全控制的，也并非能通过普遍空间法则来进行预测。

"主体—结构关系""尺度关系"和"社会—空间关系"是关系经济地理学所研究的主要关系类型。建立一个复杂且全面的系统分析框架来研究不同空间尺度上的行动者（经济行为主体）之间及行动者（经济行为主体）与结构之间的相互关系，以探讨经济活动的空间组织及其动态变化规律是关系经济地理学研究的主要目标，其主要关注的是行动者（经济主体）的"社会—空间"关系与不同空间尺度上的结构和经济过程有机融合在一起的作用机理（贺灿飞，2018）。

关系经济地理学理论对我国经济地理学的研究有重要启示：由于我国社会经济生活中传统而复杂的"人际关系"的存在，某种程度上，与我们所关注的企业和区位相比较，"关系资产"和"网络根植性"的作用显得更加重要，企业的网络关系如何在其参与的区域竞争中发挥作用应引起研究者的足够重视（李小建等，2007），同时要对不同企业在网络关系中的作用与地位进行分析。农户的宗族网络、亲情网络、地缘网络对于拓展其技术联系和经济联系起着十分重要的作用，加快了农业创新技术的模仿和扩散速度，起着"催化剂"的作用；与此同时，农户合作组织如农民专业合作社、农民行业协会等加强了农户间的联系，增强了其在市场拓展、品牌经营等方面的合作力量，有效减少了农户个体的经营风险。

论文基于关系经济地理学理论，对广东省（韶关）粤台农业合作试验区翁源核心区中兰花种植企业（农户）的社会—空间关系、网络关系及其各扩散主体（台商企业、本地企业、外地企业、农民合作组织、大学与科学机构等）在网络的地位和作用程度及变化情况进行探讨与分析。

## 二、演化经济地理学理论

演化转向是经济地理学研究的最新动态，20世纪90年代后期，为了探索区域经济活动本身的历史演化规律，经济地理学者开始将演化经济学的基础理论引入经济地理学研究之中，演化经济地理学的基本理论框架逐步形成并日益成为经济地理学专家、学者关注的重要研究领域。演化经济地理学融合了经济地理学和演化经济学的基本观点，将时空要素有机融合在一起；与经济地理学主要研究经济活动的空间分布问题有所差异，其侧重于分析经济活动空间分布的历史演进过程，其核心是从演化的视角对区域经济发展不平衡问题及其机制和过程进行解释，广大学者认为其是经济地理学研究的第三种方法。

演化经济地理学的相关理论主要建立在以下4个基本假设的基础上（贺灿飞，2018）：第一，支持"有限理性"学说，反对"完全理性"人假设；第二，动态变化但过程不可逆；第三，演化结果非最优化；第四，自我转型的终极原因是创新。广义达尔文主义、路径依赖理论以及复杂性理论是其理论的主要来源（图2-4）（让·博西玛、让·马丁主编，李小建等译，2016）。

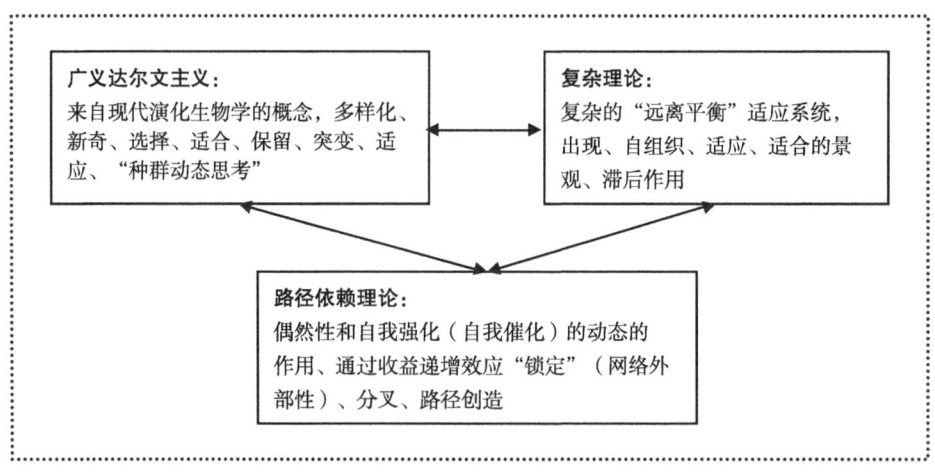

图2-4 演化经济地理学的主要理论

广义达尔文主义是目前演化经济地理学中应用最多的一种理论，其理论基础来源于达尔文进化论的3个主要原则即多样性、选择性与保留性原则（亦称为VSR原则）。多样化、选择等相关概念作为理解社会经济演化的核心定义被引入演化经济地理学理论中，对空间经济演化视角的建立起到了重要作用；基于广义达尔文主义的演化经济地理学，利用经济活动动态分析的演化方法，其所研究的内容主要包括以下几个方面：第一，基于特定区域的产业发展问题；第二，区域的作用发挥问题；第三，各种遗传机制对特定区域的发展模式进行锁定问题；最后，随着时间的推移，各种经济关系的空间网络和空间集聚形式的发展及变化等方面的问题。

路径依赖理论是演化经济地理学另外一个重要理论来源，路径依赖指的是人类社会中的科技演变或经济发展、制度变迁等具有一定惯性，社会经济和技术系统会沿着原来的方向不断自我强化（赵政原等，2019）。基于路径依赖的演化理论强调偶然性、自我强化和锁定的重要作用。演化经济地理学强调经济系统的发展路径是内生过程，认为经济系统是开放的，其并非单一均衡状态，它的演化依赖于系统原有的发展路径，新的发展路径一定程度上亦是源于原有路径之基础。区域自然资源条件、基础设施、经济与产业制度、地方经济发展水平及区域所拥有的技术与知识等都会导致区域的产业发展形成路径依赖，甚至有可能被锁定于某些特定的产业领域；不同产业背景下的各区域如何打破原有发展路径，以实现路径突破，从而创造出全新的产业发展路径同样是演化经济地理学研究的重要内容。区域外部知识的注入、企业家精神、国家及区域政策的引导及大学、科研机构等在内的非产业部门对区域发展的路径选择产生非常重要的作用，是区域实现路径突破、创造全新路径的重要力量。

相对于达尔文主义及路径依赖理论而言，复杂性理论在演化经济地理学的理论研究中，较少受到关注和重视。复杂性理论源于系统动力学，其认为系统演化的动力来源系统的内部特征，微观主体的相互作用会产生中观和宏观的复杂性现象。复杂系统是复杂理论最重要的概念，与其他系统相比，它具有以下特点（贺灿飞，2018；周灿等，2019）：第一，分布式性质和表现，具有多尺度特征；第二，开放性，其与外界环境之间不断互动和交换；第三，非线性动态，系统轨迹和行为上有不可逆和路径依赖特征；第四，功能分解有限性；第五，突现和自组织；第六，自适应特质；第七，非确定性和不易处理。借鉴复杂性理论，学者们将演化经济地理学的相关研究对象和研究内容看作是一个复杂适应系统，各要素的多尺度相互作用、系统自组织和适应过程等方面被纳入分析范畴之中，社会经济空间结构的演化可通过创新和新奇进行解释。

演化经济地理学引入时间和历史因素，从企业和产业动态切入，分析企业与产业的进入、增长、衰退、退出的过程，并研究其空间的重新配置情况，最终揭示出产业、网络等区域协同演化的机制及其对空间经济差异的作用，能很好地指导区域企业和产业的发展。但其对区域产业发展演变的研究还存在一定的不足：一方面，制度和社会能动性没有被演化经济地理学纳入理论分析的框架中，在相关的实证研究中，也常常忽视了产业演化的制度背景对经济发展所起的作用；另一方面，目前的研究对于技术的内生因素过于重视，而技术的外生因素常常被忽视。针对演化经济地理学研究的局限性与不足，德国学者哈森克等梳理了演化经济地理学与相邻学科的关系（贺灿飞，2018），并为演化经济地理学指出了发展方向（图2-5）。

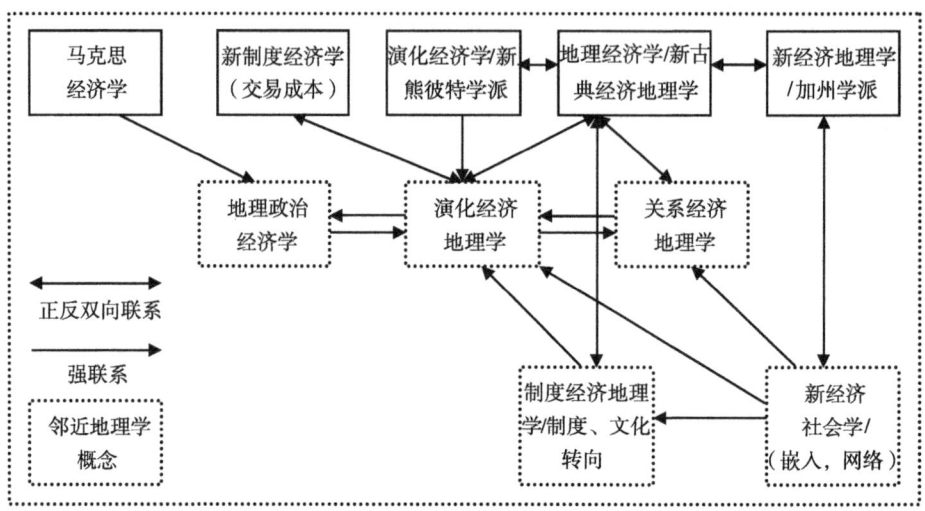

图2-5 演化经济地理学与相邻学科的关系

## 本章小结

本章主要从技术扩散理论（传播论、学习论、替代论、差距论、博弈论、周期论）、外商直接投资（FDI）理论（垄断优势理论、产品生命周期理论、边际产业扩张理论、内部化理论、国际生产折衷理论）及农户行为理论（理性行为理论、非理性行为理论、计划行为理论）、关系经济地理学理论、演化经济地理学理论等方面来建立本研究的理论基础与理论支撑，理论框架如图2-6。

与大陆大部分省（市、区）相比，台湾地区经济发展水平较高，可称其为发达地区，其对大陆农业直接投资基本上可用主流FDI理论中的垄断优势理论、边际产业扩张理论、国际生产折衷理论来进行解释：第一，相较于大陆地区，台湾农业在技术和经营管理方面具有一定程度的垄断优势，为其在大陆的农业投资提供了可能。第二，相对于其他国家或地区，对于台湾来说，大陆的

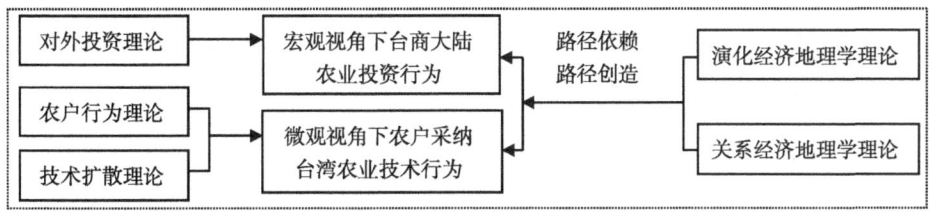

图 2-6　理论框架

区位条件较为优越，"五缘"优势明显，大陆与台湾一脉相承，地理距离较近、自然条件相似、语言相通；同时，大陆市场规模庞大、土地资源丰富、政策优惠、劳动力资源丰富且成本较低，这些区位优势条件是其他国家或地区无法比拟的；基于台湾农业的垄断优势及大陆的区位优势，台商开始向大陆输出农业资本，将其先进的农业技术在大陆进行扩散。第三，受到台湾当局相关政策的影响和限制，台商在向大陆农业投资或技术扩散、转移过程中，所输出的技术或产品基本上是岛内处于相对劣势或边际状态的农业产业（这些农业产业在大陆则具有相对优势或潜在优势），真正核心农业品种和技术并没有向大陆输出，而是"根留台湾"，是日本学者小岛清提出的 FDI "比较优势"（边际产业扩张理论）理论的现实实践。

虽然主流 FDI 理论能基本上解释台商对大陆的农业投资问题，但主流 FDI 理论研究的更多是国家与国家之间的对外投资问题，且这种投资更多的是以经济利益为基础，商业性投资意愿显著；而台湾与大陆本是同根生，一水相连，"五缘"即"地缘相近、血缘相亲、文缘相承、法缘相循、商缘相连"优势明显，其对大陆农业投资除考虑经济性、商业性因素外，两岸间的政治背景、文化背景、血缘背景、亲缘背景等也成为影响台商对大陆进行农业投资的重要因素，这一点有别于一般的对外直接投资（FDI），用主流 FDI 理论则难以解释。本书将基于两岸间特殊的政治、文化背景，探讨台商在大陆的农业投资问题。

农户是农业技术扩散的主要受体，其对新技术的采用与否直接决定了农业创新技术扩散的成败。现实生活中农户并不是完全理性的"经济人"；同时，其行为也并非完全不理性的，受到信息获取、能力水平等方面的限制，其所做出的决策只能是介于完全理性和完全非理性之间的有限理性决策。他们会根据自身实际情况如经济条件、知识水平、新技术掌握能力等，结合对新技术的了解程度，在进行投入成本与预期收益博弈后而决定对新技术的采用与否，尽可能地将采用新技术的风险降到最低。

台商的农业（兰花）种植技术（育苗、组培、施肥、病虫害防治及品种等方面）水平要高于研究对象——广东省（韶关）粤台农业合作试验区当地兰花种植农户，台商与当地农户在种植兰花方面存在一定程度的技术水平差距。台商在试验区种植兰花取得成功后，在利益驱动下，当地部分"能人"开始向台商学习兰花的种植技术，并通过他们的社会网络关系如亲缘关系、文缘关系、学缘关系、地缘关系等使兰花种植在当地逐步传播开来；由于采用农业（兰花）技术的风险性和不确定性，潜在农业技术采用者即兰花种植户并非获知兰花技术后马上做出种植兰花的决策，而是根据自身的条件，向兰花种植户先进行一段时间的学习，在其经过成本与收益博弈后，认为条件成熟时，方会做出种植兰花的决定；同时，兰花种植户还可以通过"干中学"的形式获取相关技术。物以稀为贵，兰花亦是如此，不同兰花品种也有其生命周期，某个品种大规模种植后，市场竞争力会逐渐下降，这就驱使兰花种植户特别是规模较大、技术较为先进的台商及当地领导型农户（企业）在原有兰花品种的基础上，不断培育新品种，并适时进行更换，替代原来兰花品种，以保证兰花产业的可持续发展。技术扩散的一般理论如学习论、替代论、博弈论等及农户行为理论一定程度上能较好地解释农业技术扩散问题，对试验区兰花技术扩散问题也能作出相应解释。

　　台湾农业在大陆的技术扩散是一个复杂系统，其扩散过程亦是一个时空演化过程，受区域自然资源、基础设施、制度环境、政府政策、社会文化、习俗等方面的影响和制约；同时，也受我国特殊的人际关系之影响和制约；农业技术扩散、区域农业发展受路径依赖影响的同时，在企业家精神、国家及区域政策战略引导，以及大学、科研机构等的影响和作用下，路径依赖完全有可能被打破，从而实现全新的发展路径；关系经济地理学及演化经济地理学理论能一定程度上较好地解释台湾农业在大陆技术扩散的演化特征、效应及机制问题。

# 第三章 宏观视角下台湾农业在大陆技术扩散特征及机制研究

本章基于数据包络分析方法（DEA）分析了大陆与台湾的农业生产效率及其变动问题，并以台商大陆农业投资为农业技术扩散变量，利用数理统计、区位熵、地理集中度指数、空间自相关分析、灰色关联分析等方法探讨台湾农业技术在大陆扩散的时空分布、演化特征、空间集聚特征及其驱动机制（影响因素）。

## 第一节 大陆与台湾农业技术生产效率分析

农业生产效率是某一时间（年份）某一区域农业技术水平的具体体现，同时，其变化情况也能直接反映出一段时期内该区域农业技术水平的变化。目前，关于我国农业生产效率的研究主要集中在对农业全要素生产率进行分析方面，研究成果较为丰富（李谷成等，2011；郭萍等，2013；高帆，2015；马晓冬等，2016；马巍等，2016；汪辉平等，2017；李文华，2018；何泽军等，2018），但已有文献在研究区域方面只考虑了大陆各省份农业生产效率的差异情况，没有将台湾纳入分析的区域范围，进而进行中国农业全要素生产率的区域差异分析，存在一定的不足。

本节基于数据包络分析的 BCC—DEA 模型和 DEA—Malmquist 模型来探讨 1998 年以来全国各省份（包括台湾，不包括香港和澳门）的农业生产率及其变动情况，以更好比较全国各省份（特别是大陆和台湾）农业生产率的区域差异情况。

### 一、数据包络分析（DEA）方法

运筹学家 Charnes 和 Cooper 等提出的数据包络分析（DEA）方法，主要用来测度所研究决策单元（Decision Making Unit，DMU）的绩效和相对效率

(Charnes，1978)；DEA 以决策单元的投入产出—指标的权重系数为优化变量，借助数学规划方程式将 DMU 投影到 DEA 前沿面上，通过比较 DMU 偏离 DEA 前沿面的程度来对 DMU 的相对有效程度进行评价（杨斌，2009）；在实证研究过程中不需假设具体的生产函数是该方法的突出优势，能有效避免由于错误的函数而造成的效率测度不准问题（颜鹏飞，2004）。其经济学原理是，基于一定投入、产出条件，对相关决策单元的生产曲面与 DEA 最佳前沿面间的距离进行计算以得出相关决策单元的效率值，并以此衡量决策单元是否有效（李晓梅等，2018）。

## （一）BCC—DEA 模型

数据包络分析法（成刚，2014）在对决策单元的相对效率进行评价时，可从投入和产出两个视角建立相关模型，其有规模报酬不变模型（CRS 模型）和规模报酬可变模型（VRS 模型）两类模型形式。CRS 模型又称为 CCR 模型，由 Charnes、Cooper、Rhodes 提出，是测度决策单元相对效率的最基本模型，但它只能测度决策单元的技术效率，不能反映决策单元规模收益的变动对效率的影响。Banker、Charnes、Cooper 等充分考虑了规模收益对相应决策单元技术效率的影响之后，对 CRS 模型进行了相应的改进，从而形成了 VRS 模型（根据 3 位学者的第一个英文字母，其又称为 BCC 模型）。VRS 模型（BCC 模型）基于规模报酬可变为前提条件，将技术效率进一步分解为两部分：纯技术效率和规模效率。该模型的数学表达式为：假设有 $n$ 个同类决策单元（$DMU_j$, $j=1, 2\cdots n$，本部分中所研究的决策单元为全国 32 个省份，$n$ 值为 32），每个 DMU 都有 $m$ 种类型的投入和 $q$ 种类型的产出，对于第 $j$ 个 DMU 分别用向量 $X_j$ 与 $Y_j$ 来表示：$X_j = (X_{1j}, X_{2j}\cdots X_{mj})^T$，$Y_j = (Y_{1j}, Y_{2j}\cdots Y_{qj})^T$，$j=1, 2\cdots n$。每个 DMU 效率值可以通过线性规划式即式（3-1）求得（投入导向 BCC/VRS 模型）：

$$\min \theta$$

$$\text{s.t.} \sum_{j=1}^{n} \lambda_j x_{ij} \leq \theta x_{ik},$$

$$\sum_{j=1}^{n} y_{rj} \lambda_j \geq y_{rk}, \quad (3-1)$$

$$\sum_{j=1}^{n} \lambda_j = 1,$$

$$\lambda \geq 0,$$

$$i = 1, 2, \cdots, m; \ r = 1, 2, \cdots, q; \ j = 1, 2, \cdots, n$$

式（3-1）中，$X_j$、$Y_j$ 为所研究决策单元（DMU）（本节的决策单元为包括台湾地区在内的全国 32 个省级行政区，不包括香港和澳门）的投入及产出向量；$\lambda$ 是相对于所研究单元（DMU）重新构建一个有效的 DMU 组合中 $n$ 个决策单元的组合比例，即权重向量；$\theta$ 为 DMU 的投入相对于产出的有效利用程度，即效率值，一般情况下其取值范围为：$0 \leq \theta \leq 1$。

在规模报酬可变模型中，技术效率、纯技术效率以及规模效率三者之间的相互关系可以用以下形式进行表达：TE = SE×PTE。通过 VRS 模型进行计算，从而可以获取每一个 DMU 的技术效率和纯技术效率之值，DMU 的规模效率则可根据它们之间的相互关系间接获得；所研究的 DMU 在规模收益方面可能表现出递增、不变或递减 3 种形式。

### （二）DEA—Malmquist 模型

相对于增长核算法、随机前沿法等方法而言，基于数据包络分析的 Malmquist 指数法由于事前不需对前沿生产函数或分布假设进行设定，同时亦无须对自变量和因变量间的函数关系进行设定，所以在实际使用中具有较强的适应性；同时，DEA—Malmquist 指数法能够将全要素生产率的变动分解为技术进步、技术效率等因素；所以用 DEA—Malmquist 指数法来研究我国各省份（包括台湾地区）农业 TFP 具有一定的"比较优势"。

Caves 等基于 $t$ 期及 $t+1$ 期的参考技术，对一个投入和一个产出生产率指数进行了定义，如式（3-2）。

$$M_0^t = \frac{D_0^t(x_{t+1}, y_{t+1})}{D_0^t(x_t, y_t)}; \quad M_0^{t+1} = \frac{D_0^{t+1}(x_{t+1}, y_{t+1})}{D_0^{t+1}(x_t, y_t)} \tag{3-2}$$

式（3-2）中：$x_t$ 及 $y_t$ 为 $t$ 时期的投入变量与产出变量，$D_0^t(x_t, y_t)$ 与 $D_0^{t+1}(x_t, y_t)$ 为在同一时期生产点同前沿面技术进行相比较而得出的距离输出函数；$D_0^t(x_{t+1}, y_{t+1})$ 与 $D_0^{t+1}(x_{t+1}, y_{t+1})$ 则是在混合期间生产点同前沿面技术进行比较所得出的距离输出函数。

基于上述工作，Fare 等用式（3-2）中的两个指数的几何平均值来计算 TFP 即 Malmquist 指数的变化情况，如式（3-3）。

$$\text{TFPC} = M_0(x_t, y_t, x_{t+1}, y_{t+1}) = \frac{D_0^t(x_{t+1}, y_{t+1})}{D_0^t(x_t, y_t)}$$

$$\sqrt{\frac{D_0^t(x_{t+1}, y_{t+1})}{D_0^{t+1}(x_{t+1}, y_{t+1})} \times \frac{D_0^t(x_t, y_t)}{D_0^{t+1}(x_t, y_t)}} = \text{TEC}(x^{t+1}, y^{t+1}; x^t, y^t) \times \text{TPC}(x^{t+1}, y^{t+1}; x^t, y^t) \tag{3-3}$$

式（3-3）中，TEC 为技术效率的变动，TPC 为技术进步变动；其中 TEC 还可以进一步分解为纯效率变化（PTEC）和规模效率变化（SEC），见式（3-4）。

$$\begin{aligned}
\text{TFPC} &= M_0(x_t, y_t, x_{t+1}, y_{t+1}) \\
&= \frac{S_0^t(x_{t+1}, y_{t+1})}{S_0^t(x_t, y_t)} \times \frac{D_0^t(x_{t+1}, y_{t+1}/VRS)}{D_0^t(x_t, y_t/VRS)} \times \\
&\quad \sqrt{\frac{D_0^t(x_{t+1}, y_{t+1})}{D_0^{t+1}(x_{t+1}, y_{t+1})} \times \frac{D_0^t(x_t, y_t)}{D_0^{t+1}(x_t, y_t)}} \\
&= \text{SEC} \times \text{PTEC} \times \text{TPC}
\end{aligned} \quad (3-4)$$

式（3-4）中：TFPC 即 Malmquist 生产率指数，用于表示综合生产率的变化情况，如其大于1，则表示综合生产率提高，生产条件得到了相应改善，反之，则下降；SEC 是规模效率变动情况，说明的是生产要素的投入是否达到最优规模效益，若大于1，则说明规模效率提高，反之下降；PTEC 是纯技术效率变动情况，用来说明资源配置与使用效率的改善程度，企业相关制度的改革、管理水平的提高等会引起 PTEC 的变动；TPC 指技术进步的变动情况，其值大于1，说明技术进步，反之则技术倒退。

## 二、数据来源与处理

根据数据的可操作性、可获取性等原则，参考已有研究成果（李谷成等，2011；郭萍等，2013；高帆，2015；马晓冬等，2016；马巍等，2016；汪辉平等，2017；何泽军等，2018；李文华，2018），论文选取的投入变量为：耕地灌溉面积、化肥施用量、农作物播种面积、农业从业人员；产出变量为：农业生产总值。各省份数据来自 1999—2017 年的《中国统计年鉴》，各省份（台湾）的统计年鉴（1999—2017），部分数据来自前瞻网（付费，https://d.qianzhan.com）。为了消除价格因素的影响，参考相关研究成果（胡春阳等，2011；李敬锁等，2015），利用居民消费价格指数对农业生产总值进行削平处理；同时，根据当年汇率情况，将新台币统一折算成人民币。

## 三、中国农业生产率区域差异实证分析

### （一）BCC-DEA 模型分析

基于 BCC-DEA 模型基本原理，利用 Deap2.1 软件计算出 1998—2016 年（缺 2006 年数据，下同）各年份全国各省份农业生产综合效率、纯技术效率

及规模效率的平均值,详见图 3-1、图 3-2、图 3-3 及图 3-4。

由图 3-1、图 3-2、图 3-3 及图 3-4 可知以下结论。

第一,台湾地区各年份的农业生产综合效率、纯技术效率及规模效率都为 1(3 条线重合在一起),说明其农业技术、农业规模相对于全国其他省份来说已处于最优状态且明显高于全国的平均值,没有出现投入冗余现象(图 3-1)。

第二,全国各省份农业生产综合效率、纯技术效率、规模效率的平均值在各年份均小于 1,就全国平均水平而言,农业的规模效率、纯技术效率及综合效率存在较大的提升空间(图 3-1)。

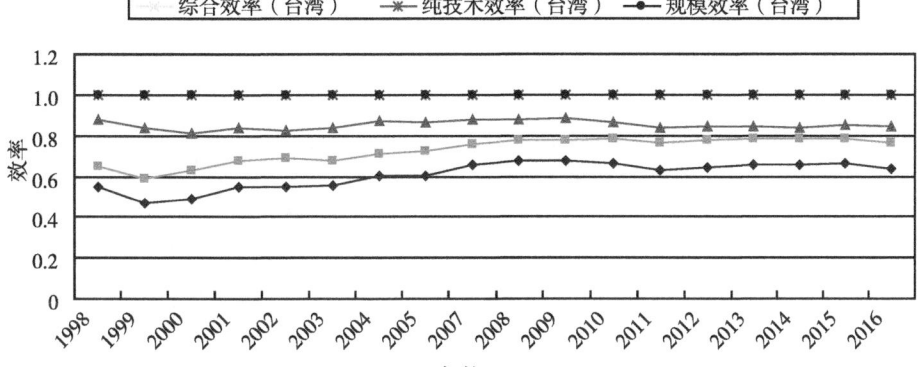

图 3-1 全国与台湾农业生产效率比较(1998—2016 年)

第三,在大陆 31 个省区市中,三种效率都达到最优状态(效率值为 1)的省份很少(图 3-2),1998—2016 年,大多数年份仅 2~3 个省份,最多的年份是 2010 和 2011 年,也仅 5 个,只占大陆省份总数的 16%,绝大部分省份的农业综合效率、纯技术效率及规模效率的优化空间较大。

第四,从东、中、西三大区域来看,东部地区的农业生产率要高于西部地区,西部地区的农业生产率则高于中部地区(图 3-3);三大区域中,东部地区的农业生产综合效率高于全国均值,中、西部地区的农业生产综合效率低于全国均值。

第五,整体而言,台湾农业生产效率要明显优于大陆,台湾农业人员的单位产出远高于大陆(图 3-4),1999 年台湾农业从业人员的单位产出是大陆的 41.14 倍,经过 40 多年的改革开放,随着大陆经济的快速发展,农业技术水

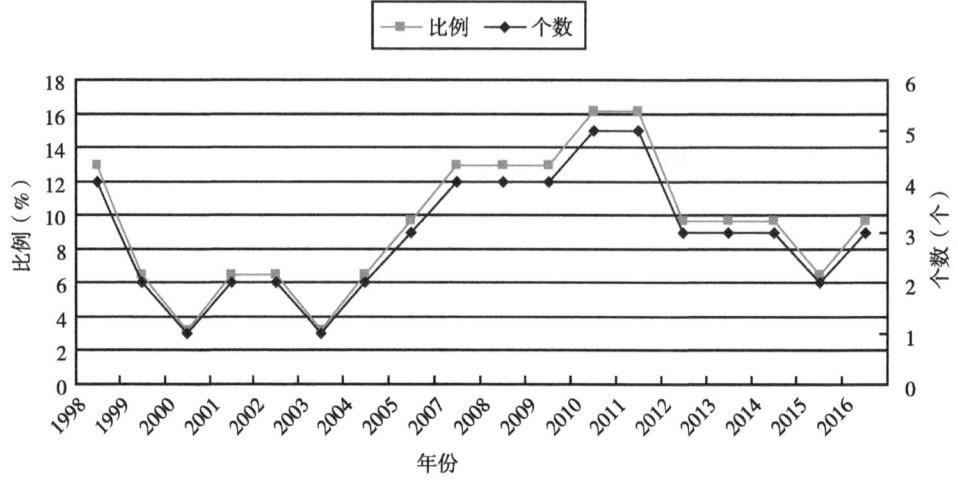

图 3-2　大陆农业生产效率处于最优状态的省份个数及比例（1998—2016 年）

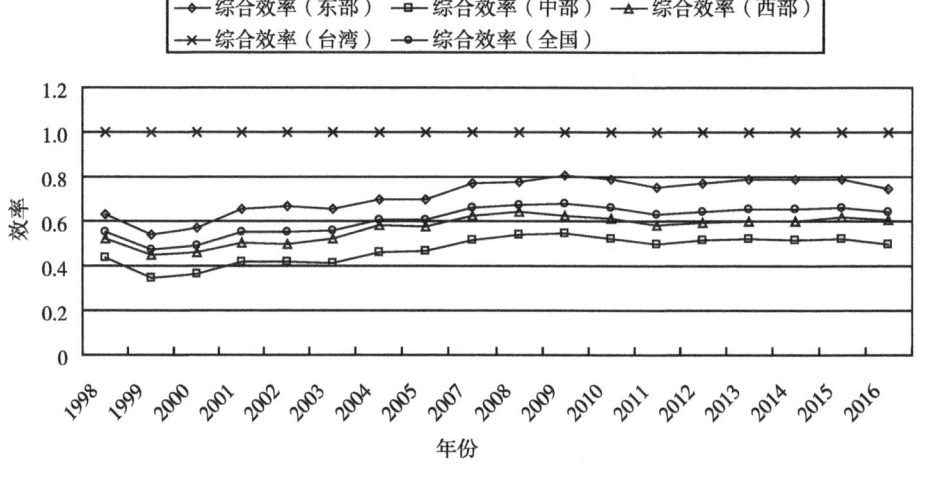

图 3-3　中国农业生产综合效率区域差异

平的不断提高，与台湾农业产出之间的差异呈不断缩小趋势，但还存在相当大的差距，2016 年台湾农业人员的单位产出是大陆的 17.77 倍。"农业 6 级化"概念（"生产+加工+行销"为 1+2+3 的关系）在台湾已成为共识，农业生产的产业链要尽可能地向后延伸，不仅要关注相关农产品的生产及其品质，更重要的是要关注农产品的加工环节，同时，营销环节在农业产业链中的作用更不能忽视，最终使农民的收益最大化。台湾农民收入远高于大陆，其人均年收入

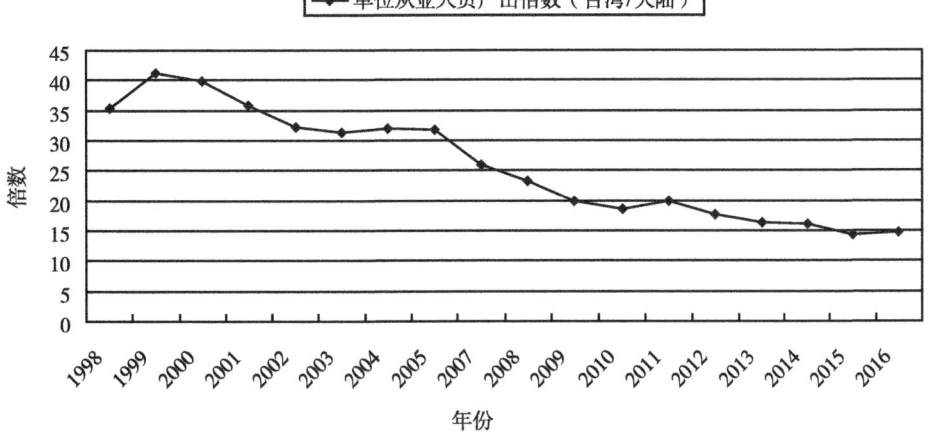

图3-4 农业从业人员单位产出倍数（台湾/大陆）

是大陆的25倍（https：//www.sohu.com/a/163007194_475927）。台湾农业生产的综合效率、纯技术效率、规模效率均高于大陆，为其在大陆的技术扩散提供了可能。

### （二）DEA-Malmquist模型分析

基于式（3-2）、式（3-3）、式（3-4）原理，同样利用Deap2.1软件对包括台湾在内的中国32个省（市、区）1998—2016年的农业投入—产出变量的面板数据进行Malmquist指数即全要素生产率（TFP）测算，测算结果见表3-1、表3-2。其中表3-1为全国农业全要素生产率的时序变化，表3-2为全国各省份农业全要素生产率（TFP）的变化情况，其空间分布见图3-5。

表3-1 全国农业全要素生产率及其分解（1998—2016年）

| 年份 | 技术效率<br>（EFFCH） | 技术进步率<br>（TECHCH） | 纯技术效率<br>（PECH） | 规模效率<br>（SECH） | 全要素生产率<br>（TFPCH） |
| --- | --- | --- | --- | --- | --- |
| 1998—1999 | 0.940 | 1.065 | 0.885 | 1.061 | 1.001 |
| 1999—2000 | 1.089 | 0.931 | 1.077 | 1.012 | 1.014 |
| 2000—2001 | 1.156 | 0.871 | 1.131 | 1.022 | 1.007 |
| 2001—2002 | 1.024 | 1.018 | 1.039 | 0.986 | 1.042 |
| 2002—2003 | 0.948 | 1.094 | 0.987 | 0.960 | 1.037 |
| 2003—2004 | 1.027 | 1.049 | 1.050 | 0.979 | 1.077 |

(续表)

| 年份 | 技术效率<br>（EFFCH） | 技术进步率<br>（TECHCH） | 纯技术效率<br>（PECH） | 规模效率<br>（SECH） | 全要素生产率<br>（TFPCH） |
| --- | --- | --- | --- | --- | --- |
| 2004—2005 | 1.002 | 1.042 | 1.030 | 0.973 | 1.044 |
| 2005—2007 | 1.191 | 0.906 | 1.128 | 1.056 | 1.080 |
| 2007—2008 | 0.967 | 1.105 | 1.008 | 0.959 | 1.069 |
| 2008—2009 | 1.143 | 0.896 | 1.077 | 1.061 | 1.024 |
| 2009—2010 | 0.994 | 1.088 | 1.015 | 0.980 | 1.082 |
| 2010—2011 | 0.940 | 1.150 | 0.992 | 0.948 | 1.082 |
| 2011—2012 | 1.097 | 0.955 | 1.046 | 1.049 | 1.048 |
| 2012—2013 | 1.032 | 0.988 | 1.016 | 1.016 | 1.020 |
| 2013—2014 | 0.965 | 1.069 | 0.992 | 0.973 | 1.032 |
| 2014—2015 | 1.055 | 0.960 | 1.026 | 1.028 | 1.013 |
| 2015—2016 | 0.975 | 1.066 | 0.985 | 0.990 | 1.040 |
| 均值 | 1.029 | 1.012 | 1.027 | 1.002 | 1.042 |

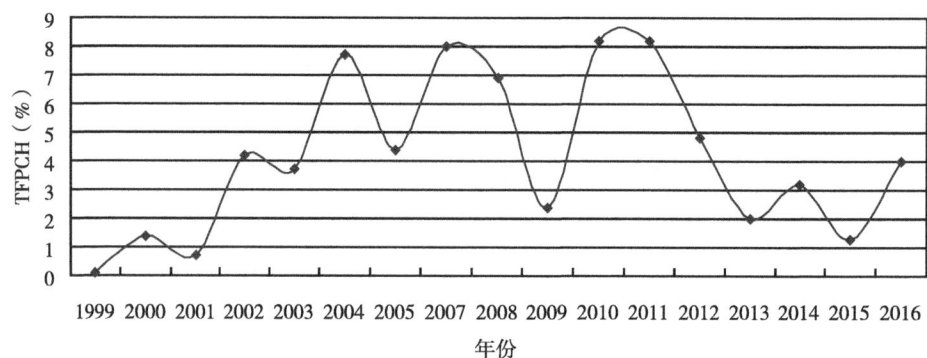

图 3-5 TFPCH 变化

**1. TFP 时序变化特征分析**

由表 3-1 及图 3-5 可知以下结论。

（1）我国整体农业全要素生产率（TFP）呈现持续增长的态势，1999—2016 年，各年份的 TFP 指数均大于 1；农业全要素生产率指数平均值为 1.042，年均增长率为 4.2%。

（2）TFP 增长中的农业技术效率指数和技术进步指数分别为 1.029 和 1.012，说明技术效率与技术进步对 TFP 增长的年均贡献分别为 2.9% 和

1.2%，我国农业出现了农业技术效率不断提高，技术不断进步的格局；在技术效率和技术进步的共同作用下，农业 TFP 得到了改善，但以技术效率为主；对技术效率进行分解可知，规模效率指数（1.002）要明显低于纯技术效率指数（1.027），经过对相关体制进行改革后，企业的管理水平得到了提高，极大地改善了资源配置和使用的效率；另外，规模效率指数的均值仅为 1.002，其对我国农业 TFP 增长的贡献不明显。

（3）我国农业 TFP 增长率并非稳定不变，随着时间的推移，1999—2016 年，其呈现出较为明显的波动特点（图 3-5）：1999—2011 年，我国农业 TFP 整体上呈增长态势，年均增长率由 1%上升到 8.2%；随着改革开放的不断推进，国家惠农政策的不断实施以及中国加入世界贸易组织（WTO），我国农产品受到了世界上其他国家和地区农产品的强烈冲击，为了适应日益增强的国际化市场，增强我国农产品的竞争力，政府、企业及农户都要不断学习和采用先进的农业技术及设备，以提高我国农业生产效率。随着党和政府对农业重视程度的提高，财政支农资金的逐年增加，极大调动了广大农民对农业生产的积极性。2004—2019 年，中央一号文件连续 16 次以"三农"问题为主题，在党和政府的大力支持下，农业生产条件得到极大的改善，在一系列惠农、支农及强农的政策实施后，我国农业 TFP 得到了快速的提高。

2008—2009，技术进步指数偏低于平均值 11.6 个百分点，技术倒退导致农业全要素生产率较低；发生于 2008 年的国际金融危机对世界各国（地区）经济产生不同程度的影响，各国（地区）为了应对金融危机，纷纷采取贸易保护措施，我国的农产品出口贸易受到极大的影响；同时，国内市场也遭受金融危机的影响（李文华，2018）。与此同时，2008—2009 年也是我国自然灾害灾情严重之年份，北方遭受特大干旱，南方则遭受雪灾，农作物大面积受灾，农业生产技术的推广应用程度也大为降低（何泽军等，2018）。受国内外宏观市场环境的变化及自然灾害的影响，2008—2009 年我国农业生产效率较前些年明显下降。

2011 年后，我国农业 TFP 的增长率开始逐渐下滑，2013 年降到 2.0%，这可能与我国经济发展动能转换有关（何泽军等，2018），2013 年开始，中国经济开始进入调结构、降增速、转动能的新常态发展，农业生产同样面临着结构性调整，短时间内，创新尚未成为有效促进农业发展的核心和主导力量，农业生产的技术条件面临更新改善，农业 TFP 有所下降。

**2. TFP 空间特征分析**

由表 3-2 可知，中国农业 TFP 增长区域间差异显著。

表 3-2 全国各省份农业 TFP 增长及其分解（1998—2016 年）

| 省份 | 技术效率（EFFCH） | 技术进步率（TECHCH） | 纯技术效率（PECH） | 规模效率（SECH） | 全要素生产率（TFPCH） |
|---|---|---|---|---|---|
| 北 京 | 1.040 | 1.012 | 1.000 | 1.040 | 1.052 |
| 天 津 | 1.013 | 1.012 | 0.982 | 1.032 | 1.025 |
| 河 北 | 1.042 | 1.013 | 1.026 | 1.016 | 1.056 |
| 山 西 | 1.021 | 1.013 | 1.024 | 0.996 | 1.033 |
| 内蒙古 | 0.989 | 1.012 | 1.013 | 0.976 | 1.000 |
| 辽 宁 | 1.037 | 1.012 | 1.047 | 0.991 | 1.049 |
| 吉 林 | 0.999 | 1.011 | 1.030 | 0.970 | 1.010 |
| 黑龙江 | 1.036 | 1.012 | 1.060 | 0.977 | 1.049 |
| 上 海 | 1.015 | 1.013 | 1.010 | 1.005 | 1.029 |
| 江 苏 | 1.052 | 1.012 | 1.021 | 1.030 | 1.065 |
| 浙 江 | 1.040 | 1.014 | 1.040 | 1.000 | 1.055 |
| 安 徽 | 1.026 | 1.013 | 1.013 | 1.013 | 1.039 |
| 福 建 | 1.047 | 1.011 | 1.051 | 0.997 | 1.059 |
| 江 西 | 1.039 | 1.013 | 1.048 | 0.991 | 1.053 |
| 山 东 | 1.044 | 1.012 | 1.012 | 1.032 | 1.057 |
| 河 南 | 1.012 | 1.011 | 1.009 | 1.003 | 1.023 |
| 湖 北 | 1.049 | 1.011 | 1.031 | 1.017 | 1.060 |
| 湖 南 | 1.034 | 1.013 | 1.031 | 1.004 | 1.048 |
| 广 东 | 1.023 | 1.011 | 1.023 | 1.000 | 1.034 |
| 广 西 | 1.030 | 1.010 | 1.038 | 0.992 | 1.041 |
| 海 南 | 1.026 | 1.010 | 1.006 | 1.020 | 1.036 |
| 重 庆 | 1.040 | 1.010 | 1.040 | 1.001 | 1.051 |
| 四 川 | 1.042 | 1.012 | 1.029 | 1.013 | 1.055 |
| 贵 州 | 1.054 | 1.012 | 1.054 | 0.999 | 1.066 |
| 云 南 | 1.021 | 1.011 | 1.039 | 0.982 | 1.032 |

(续表)

| 省份 | 技术效率<br>（EFFCH） | 技术进步率<br>（TECHCH） | 纯技术效率<br>（PECH） | 规模效率<br>（SECH） | 全要素生产率<br>（TFPCH） |
| --- | --- | --- | --- | --- | --- |
| 西 藏 | 1.020 | 1.015 | 1.000 | 1.020 | 1.035 |
| 陕 西 | 1.042 | 1.010 | 1.068 | 0.976 | 1.052 |
| 甘 肃 | 1.032 | 1.013 | 1.032 | 1.000 | 1.045 |
| 青 海 | 1.036 | 1.015 | 1.020 | 1.015 | 1.051 |
| 宁 夏 | 1.037 | 1.013 | 1.035 | 1.002 | 1.050 |
| 新 疆 | 1.005 | 1.011 | 1.034 | 0.972 | 1.016 |
| 台 湾 | 1.000 | 1.006 | 1.000 | 1.000 | 1.006 |
| 东部地区均值 | 1.034 | 1.012 | 1.020 | 1.001 | 1.047 |
| 中部地区均值 | 1.027 | 1.012 | 1.031 | 0.996 | 1.039 |
| 西部地区均值 | 1.029 | 1.012 | 1.034 | 0.996 | 1.041 |
| 全国均值 | 1.029 | 1.012 | 1.027 | 1.002 | 1.042 |

（1）中国32个省份（不包括香港和澳门）1998—2016年平均TFP指数变动范围在0~6.6%，其中内蒙古自治区最低，10多年来TFP没有变化；贵州省最高，农业TFP增长最快，增长了6.6%，与何泽军等（何泽军等，2018）的研究一致。近年来，贵州省的农业政策资金注入不断加大，且大多用于发展特色农业，开发基于多品种的农业产品适用技术，对农业技术的进步起到了极大的推动作用；与此同时，在技术推广和规模化生产的共同推动下，农业技术生产效率也不断提高。

（2）从区域分布看，全国各省份（内蒙古自治区、吉林省除外）的TFP增长都是来自技术进步和技术效率的共同作用，但以技术效率的带动作用为主，其中又以纯技术效率的提高为牵引，规模效率对各省份TFP的增长作用不明显，对部分省份甚至起到阻碍作用，与时间分布特征一致。由于纯技术效率提高的积极作用大于因规模效率恶化的消极作用，技术效率增长值都大于1；32个省份中除了内蒙古自治区外，其余省份的农业TFP增长率均大于1，东中西部三大区域的TFP增长率均大于1，这与全国整体农业全要素生产率（TFP）改善是耦合的。

（3）东部地区、西部地区、中部地区的农业TFP依次下降且西部地区和中部地区均低于全国平均值，三大板块的年均增长率分别为 4.7%、4.1% 和 3.9%，与李谷成等（李谷成等，2011）研究的结论一致。东部地区经济发展水平较高，对农业科技与研发的投入较多，农业生产条件在城镇化、二三产业的带动下，日益完善，农业 TFP 增长较快。西部地区 TFP 的提高一方面在于近年来其经济的快速发展，使农业研发投入得到增加，农业生产技术推广应用得到增强，其对农业研发的投入增长远高于中部地区（何泽军等，2018）；另一方面，在城镇化水平快速提升的作用下，西部地区的人力、资本和技术间的配置与相互组合变得更加合理，对其农业技术效率的提高起到了较快的促进作用。中部地区 TFP 的增长较东部、西部地区慢，主要受到其经营规模较小的影响（何泽军等，2018）。

（4）台湾地区的 TFP、技术效率和技术进步率的增长均低于全国平均水平，主要是源于其本身农业技术水平较高，农业生产率亦较高，劳动力、资本、资金等生产要素的配置较为合理；相对于大陆大部分省份而言，其农业发展已处于内涵式发展阶段，是 TFP 的溢出区域，其先进农业技术已逐渐向大陆及其他区域进行扩散。

**3. 农业生产效率问题省份识别**

将全国各省份的农业全要素生产率指数、技术效率指数及技术进步率指数分别与全国平均值进行比较，提取效率值低于全国平均值的省份，并进行叠加分析以识别农业效率的问题省份。结果发现，主要有以下 4 类问题省份。

（1）技术效率及技术进步滞后引发全要素生产率增长滞后型省份。这类省份的农业效率特征表现为技术效率和技术进步增长都低于全国平均值，全要素生产率的改善较为缓慢，低于全国平均值；主要涉及天津、内蒙古、吉林、河南、广东、海南、云南、西藏、新疆、台湾等省份。对于天津、广东、台湾等省份来说，一方面，其农业技术基础较好，导致增长较慢；另一方面，其经济发展水平、城镇化水平高，但在"城乡一体化发展""工农融合""区域融合"发展方面程度还不是很高，建议今后的发展应"以工促农、以城带乡、以点（线）带面"，以国家新型城镇化战略为契机，促进农业产业化发展，实现农业现代化。对于内蒙古、吉林、河南、云南、海南、西藏、新疆等地而言，其经济发展水平较低，农业地位较高，但龙头企业示范带动作用不明显、农民专业合作组织化水平低、农民文化素质较低，农业生产技术推广难度大，在以后的发展过程中，应对龙头企业进行培育和扶持，健全政府、科研机构、经销商、农民专业合作社等多渠道的农业技术推广服务体系，提升农业生产效率。

（2）技术进步滞后引发全要素生产率增长滞后型省份。这类省份的主要特征为技术进步指数低于全国平均值，技术效率指数却高于全国均值，但技术效率带来的正效应小于技术进步滞后的负效应，TFP 增长率低于全国均值，全国仅有广西壮族自治区。广西应该结合自身民族地区资源优势，突出发展特色农业和品牌战略，在全域旅游背景下，积极推进"农旅"结合；同时积极鼓励先进生产要素（如科技、人才、资本等）注入现代农业发展，为区域农业发展注入新的活力。

（3）技术效率滞后引发全要素生产率增长滞后型省份。这类省份主要包括山西、上海、安徽 3 省市，其技术效率滞后的负效应大于技术进步提升的正效应，TFP 指数滞后全国均值。晋、沪、皖 3 省市应基于目前实际情况，优化资源配置，创新农业发展模式，发展不同类型的适度规模经营，使农业发展的规模效率得到提升，从而促进农业全要素生产率的有效提升（马晓冬等，2016）；与此同时，政府相关部门应积极对农民进行职业培训，提高其科技文化素质，推进农民专业合作组织的建设，提高其经营组织化水平。

（4）技术进步滞后型省份。主要包括福建、湖北、重庆、陕西 4 省市，这部分省份技术进步改善的负效应小于技术效率改善的正效应，TFP 增长率高于全国均值，综合生产率提升较快。在今后的发展过程中，加快推动农业生产向产前及产后延伸，推进农业产业链标准化、品牌化建设；同时，加快推进社会化服务体系建设，夯实农业基础设施，确保农业生产健康持续发展。

## 四、小结

综合以上分析可知，基于投入导向的 BCC（VRS）模型结果表明，相对于大陆各省份而言，台湾各年份农业技术的综合效率、纯技术效率及规模效率都为 1，均达到了最优状态（大陆只有极少数省份在不同的年份达到最优状态），远高于大陆各省份的均值；大陆大部分省份的农业生产综合效率、纯技术效率及规模效率存在很大的提升空间。Malmquist 指数模型研究结果表明，受农业技术基础的影响，台湾农业全要素生产率（TFP）的增长速度要低于大陆均值，但其农民人均收入、单位农业从业人员的产出均远远高于大陆各省份，从 TFP 空间溢出效应看，台湾地区是 TFP 溢出区域。

台湾农业发展水平领先于大陆，农业生产效率整体上高于大陆，部分农业技术在国际市场上占有重要地位，为其农业技术、农业 TFP 的外溢提供了可能。同时，台湾农业经过几十年来快速发展后，由于受岛内土地资源、劳动力、市场及环境等方面的影响和制约，其亟须向岛外拓展市场；大陆与台湾本是同根生,一水相连,"五缘"优势明显;加之大陆对台的优惠政策,大陆自然成为台湾农业对外技术扩散的理想场所和平台。

## 第二节 台湾农业在大陆技术扩散的时空特征分析

### 一、台湾农业技术扩散指标选取

宏观尺度上的技术扩散主要表现为外商直接投资(FDI)、国际技术联盟和国际技术贸易3种主要形式(林兰,曾刚,2006)。外商直接投资(FDI)是发展中国家和地区间宏观技术扩散的主要方式,国际技术联盟和国际技术贸易则主要活跃于发达国家(地区)之间。学者Buckley界定了10种不同形式的技术扩散(Buckley,1976):外国独资企业、合资企业、股权递减协议、外国多数股权安排、专卖、许可、管理契约、契约合资、交钥匙工程、国际转包(分包),第一种(外国独资企业)即为传统意义上的外商直接投资(FDI),余下9种被称为新型的FDI或新型的国际工业合作。Kim认为FDI和技术贸易是积极的技术扩散方式(Kim,1987),FDI需要市场作为中介,与技术贸易相比,其发生的条件要严格些。国内学者杨先明等将技术转移分为5种形式,包括:①许可证交易,包括专利许可、专有技术许可和商标许可等;②管理合同;③技术协助,包括相关人员技术培训和技术咨询与服务等;④成套工程承包,包括"产品到手"式和"交钥匙"式等;⑤FDI,包括独资经营、合资经营、合作经营等;这种划分方法与Buckley有一定相似之处(曾刚等,2004)。海峡两岸农业合作(台湾农业技术扩散)的主要方式有产品贸易、台商投资(FDI)、学术交流及科技合作(邓启明,2014)。基于以上研究,本章以台商大陆涉农投资[①]作为台湾农业技术扩散变量,探讨其时空演化特征。

### 二、台商大陆农业投资时间演化特征分析

#### (一)投资阶段分析

台商大陆农业投资始于20世纪80年代,其投资经历了一个由隐蔽投资向公开投资,由短期试探性投资向长期稳定性投资,由单一小型投资向多元中大

---

① 根据已有研究,本章的台商大陆涉农投资数据包括农林牧渔业、食品及饲品制造业、饮料制造业、烟草制造业、皮革、毛皮及其制品制造业及木竹制品制造业6类涉农投资数据。下同。

型投资的发展过程（孙兆慧，2013）。有学者（任爱荣，2009）将台商大陆农业发展阶段划分为四个阶段，即 1987 年以前的试探起步阶段、1987—1996 年的兴起发展阶段、1997—2004 年的快速发展阶段及 2005 年以来的深入发展阶段；邓启明将两岸农业合作划为 3 个阶段即 1978—1991 年的探索起步阶段、1992—2000 年的加快发展阶段及 2001 年以来的全面发展阶段（邓启明，2014）。根据已有研究及台商在大陆农业投资情况（图 3-6）可知台商大陆农业投资的进程与两岸政治关系特别是台湾当局的政策因素密切相关：1992 年年底，台湾地区制定了《在大陆地区从事投资或技术合作许可办法》，并于 1993 年颁布实施，较大程度上促进了台商投资大陆农业的顺利发展；1996 年"两国论"后，台湾当局对两岸合作实施"戒急用忍"之政策，一定程度上阻碍了台商对大陆的农业投资；1997 年，为吸引和鼓励台商来大陆投资农业，农业部、外经贸部和国务院台湾办公室先后在福建、海南、山东、黑龙江等省设立"海峡两岸农业合作试验区"，大大促进了台商对祖国大陆的农业投资；2001 年 11 月，台湾当局通过对大陆采取"积极开放、有效管理"的投资政策，对台商赴大陆投资的项目范围有所放宽，2002 年，台湾地区以独立关税区加入世贸组织以后，对两岸交流政策也做出了适当的调整，对台商投资大陆农业起到了积极作用。2005 年中国国民党主席连战等先后访问祖国大陆，并在海峡两岸农业合作与交流、扩大台商在大陆农业投资领域等方面达成了广泛共识；此后，大陆单方面对台湾出台了一系列优惠政策如零关税进口台湾 15 种水果及部分水产品，建立台湾农民创业园等；从 2006 年开始，大陆陆续设立了 29 个国家级台湾农民创业园，为吸引台商农业投资提供了重要平台；2010 年《海峡两岸经济合作框架协议》的签订进一步促进了台商对大陆的农业投资；2015 年以来，受到"新南向政策"的影响，台商在祖国大陆的农业投资有所减少，但并不明显，基本上较为稳定。

台商对大陆农业投资的时间阶段即投资总规模的时间分布见图 3-6。

### （二）台商农业投资相对规模分析

**1. 台商大陆农业投资占比分析**

由图 3-7 和图 3-8 可知，虽然台商大陆农业投资（不管是投资金额还是投资件数）占其大陆总投资的比例非常低（1998 年以后都在 10% 以下）且呈减少趋势，但占其对外农业投资的比例却非常高（基本上在 80% 以上）且保持稳定态势。虽然受到两岸政治关系特别是台湾当局单方面的政策影响，但大陆与台湾本是同根生，"地缘相近、血缘相亲、文缘相承、法缘相循、商缘相

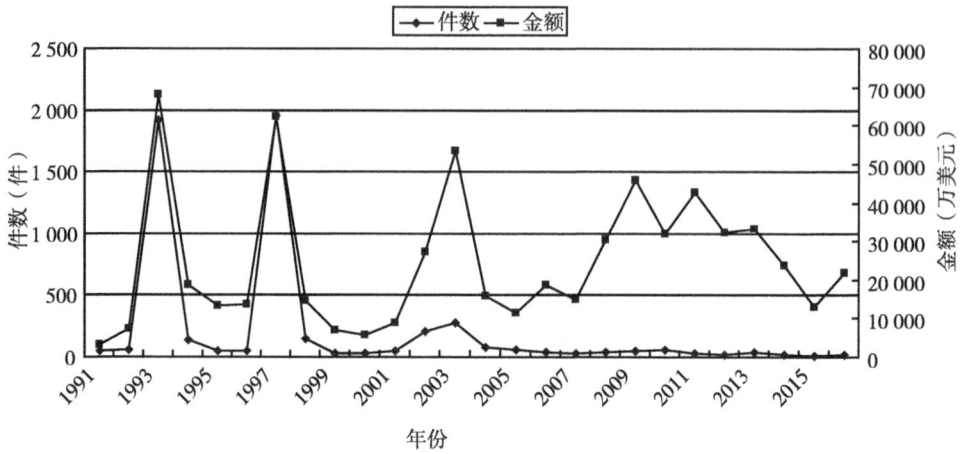

**图 3-6　1991—2016 年台商在大陆农业投资的年际变化**

注：有关台商对外投资数据来自台湾"经济部"投资审议委员会 1991—2016 年统计月报，经过整理所得，下同。

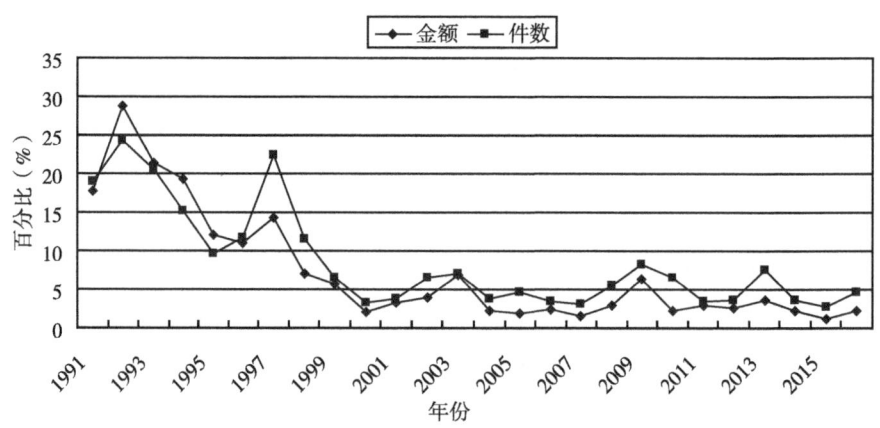

**图 3-7　台商大陆农业投资占其大陆总投资的比例**

连"等"五缘"优势明显；加之，改革开放之后，大陆经济的快速发展，农业技术水平不断提高，拥有强大的投资和消费市场；再有，为了吸引台商来大陆进行农业投资，中国政府及各地方政府都出台了一系列台商投资的优惠政策和措施，为台商在大陆提供了良好的农业投资环境；故台商在大陆的农业投资情况并未受到明显的影响，祖国大陆是台商农业投资的理想场所和首选之地，这是其他国家或地区无法替代的。

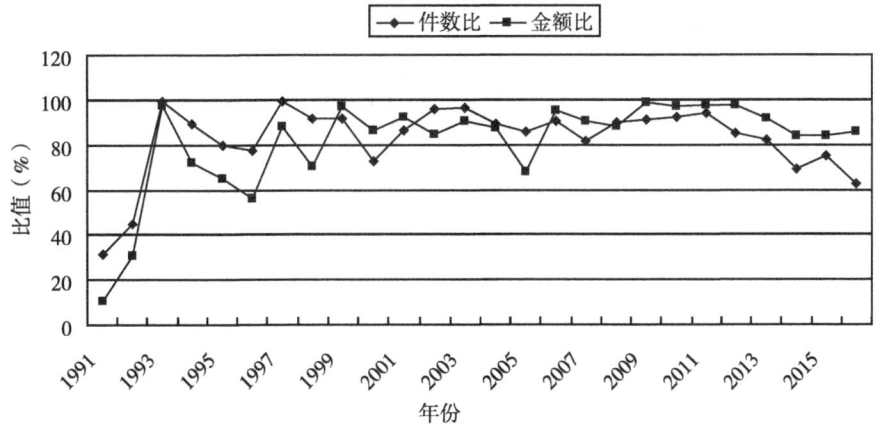

图 3-8　台商大陆农业投资占其对外农业投资的比例

**2. 台商对外农业投资占对外总投资比例分析**

由图 3-9 可知，1991 年以来，台湾对大陆农业投资占大陆总投资比例一直高于其对外农业投资占对外总投资的比例；与第二产业、第三产业相比，农业生产更多地受制于自然环境，自然条件如气温、降水、光照、土壤等对农业生产的影响至关重要，农业投资者在选择投资目的地时，会优先考虑与其所在地自然地理条件相似之区域。大陆特别是大陆沿海的浙江、福建、广东、海南等省份与台湾自然条件类似，农业品种也相似，基本是热带和亚热带类，相仿的自然条件为台商在大陆农业投资提供了先天土壤，促进了台湾先进农业在大

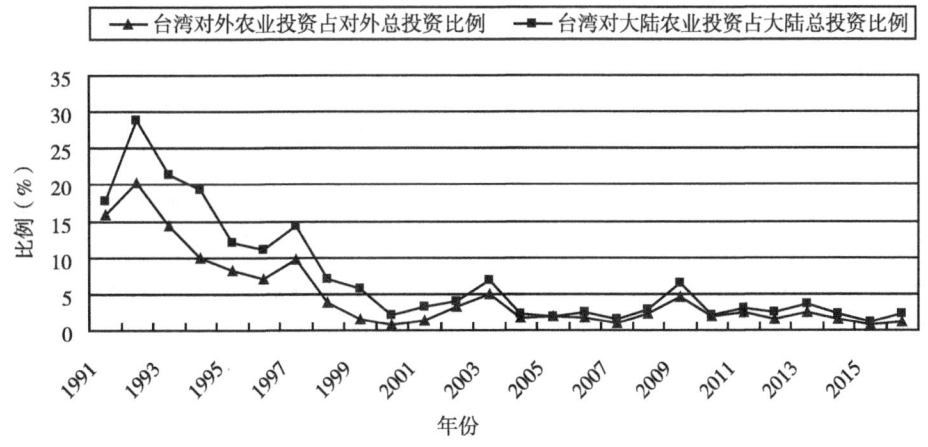

图 3-9　台商对外农业投资占对外总投资比例

陆的技术扩散。

**3. 台商大陆农业投资与非农业投资比较分析**

由图 3-10 可知,台商对大陆无论是非农投资还是农业投资,其单件投资金额整体上都呈增多趋势但增幅差异明显:对于非农业投资,由 1991 年的单件 74.604 万美元增加到 2016 年的 3 068.880 万美元,增加了 41.14 倍;对于农业投资,则由 1991 年的单件 687.09 千美元增加至 2016 年的 1 457.204 万美元,增加了 21.21 倍。从图 3-11 可知,台商对大陆的单件非农投资金额除了 1992—1995 年外,都要高于单件农业投资金额且差距越来越明显,整体呈上升趋势,由 1991 年的 1.09 倍增至 2016 年 2.11 倍,整体上,台商大陆非农业投资(单件)规模与农业投资(单件)规模的差距呈拉大态势。

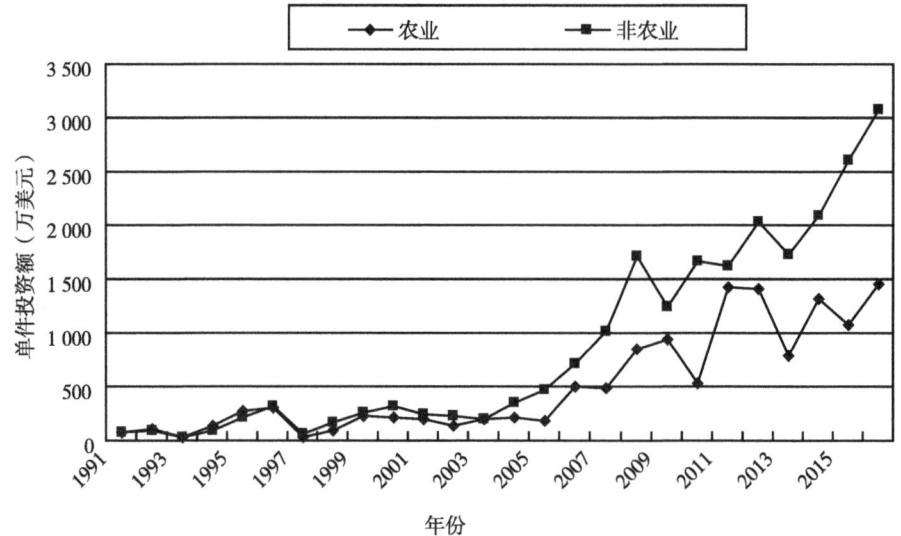

图 3-10　台商大陆单件投资额

台湾农业虽然规模较小,但其现代化程度却很高,突出表现为"小而精""小而美""小而特""小而暖"的特点。农会和农业合作组织在台湾的发育水平很高,农会组织是非营利性机构,其在农民权益的保障、农民生活的改善、农村经济的发展及农业现代化的推进等方面发挥着非常重要的作用。20 世纪 80—90 年代是农民专业合作社在台湾的快速发展时期;台湾农业生产活动以农户独立生产为基础,农户的生产过程则由合作社进行产销运联合,合作社不仅对生产资料进行统一采购,还大力推广先进农业技术;对于农产品,统一进行加工、运输与销售,贸工农、产供销一体化合作得以实现,大大降低了

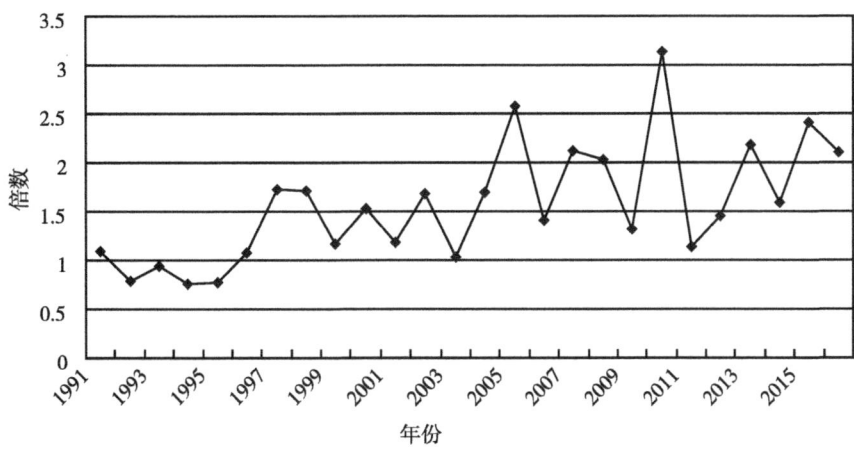

图 3-11 台商大陆单件投资金额比（非农业/农业）

农业生产成本，有效提高了农户的收益。台湾小规模农业在农会和农业合作组织的带领下，同第二和第三产业有机关联在一起，传统种养、精深加工、观光旅游深度融合，成功实现了多产业的融合发展；与此同时，台湾小规模农业亦与全球市场产生联系，在国际上拥有一定的地位。大陆农民合作经济组织产生于 20 世纪 80 年代初期，2005 年中央一号文件提出"支持农民专业合作组织发展，对专业合作组织及其所办加工、流通实体适当减免有关税费"，《中华人民共和国农民专业合作社法》于 2007 年 7 月 1 日起正式实施。大陆农民合作组织正逐步走向规范和完善，其对于促进大陆农业经济发展具有重要作用，并有利于承接台湾先进农业技术在大陆的扩散。

### （三）台商涉农投资行业分析

本书所研究的台商大陆涉农投资行业包括农林牧渔业、食品及饲品制造业、饮料制造业、烟草制造业、皮革、毛皮及其制品制造业及木竹制品制造业等 6 类行业。1991 年以来，台商各年份各行业在大陆的投资情况详见图 3-12。

由图 3-12 可知，台商农业投资行业间的差异巨大。台商在大陆的涉农投资主要集中分布在食品及饲品制造业、皮革、毛皮及其制品制造业及饮料制造业 3 个行业，大部分年份，其投资额度所占比例为 80%~90%，最高达 98.63%；农林牧渔业、木竹制品制造业 2 个行业的投资较少，大部分年份所占比例仅为 10%~20%；由于行业的特殊性，烟草业投资最少，仅在 1997 年和 2010 年分别在福建和重庆有 38 万美元和 1 350 万美元的投资。

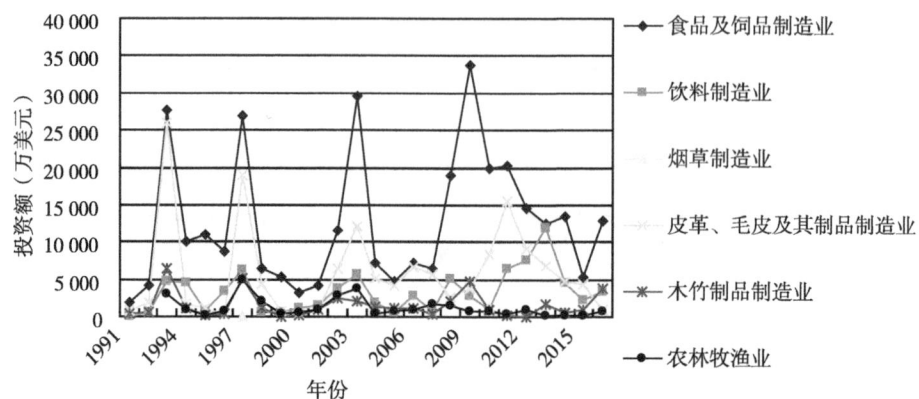

图 3-12　台湾在大陆农业投资行业分布（参见彩图 3-12）

## 三、台商大陆农业投资空间演化特征分析

### （一）东、中、西部地域差异分析

由图 3-13 至图 3-16 可知，台商涉农投资的区域差异非常明显。1991 年以来，台商对大陆农业投资无论是投资金额还是投资件数都集中分布在东部地

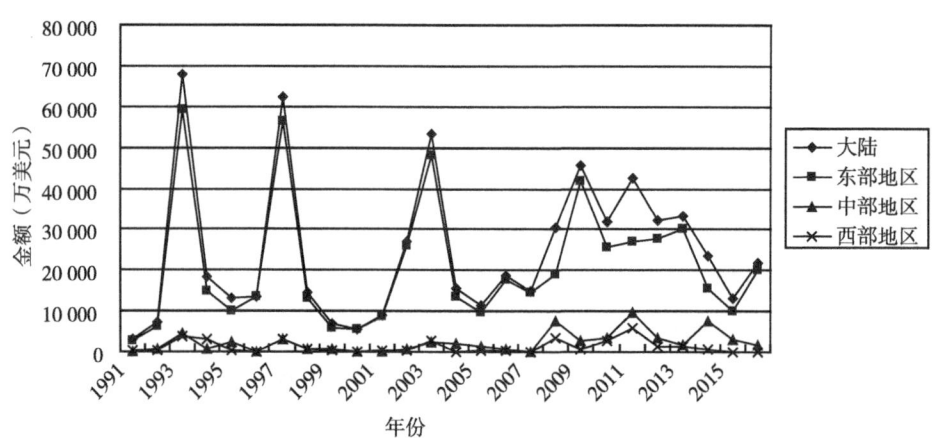

图 3-13　台商大陆农业投资金额区域分布①

---

① 大陆东部地区包括辽宁、河北、北京、天津、山东、江苏、上海、浙江、福建、广东、海南 11 个省（市）；中部地区包括黑龙江、吉林、山西、河南、湖北、安徽、湖南、江西 8 个省；西部地区包括内蒙古、陕西、宁夏、青海、甘肃、新疆、西藏、云南、贵州、重庆、四川、广西 12 个省（市、区）。

区,且远高于中西部地区,东部地区所占台商农业投资的份额基本上保持在80%以上,有些年份(如1996年、2000年及2007年)甚至高达100%;受到多种因素的影响和制约,中西部地区台商农业投资相对较少。

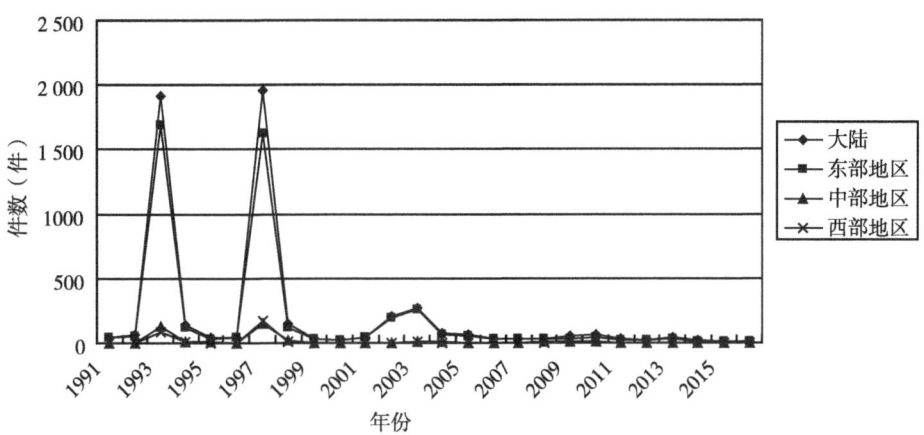

图3-14 台商大陆农业投资件数区域分布

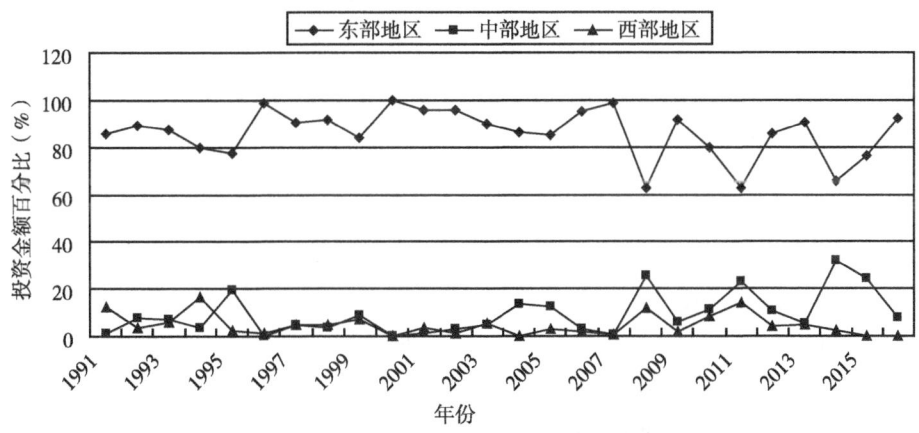

图3-15 台商大陆农业投资金额区域占比

### (二)省域差异分析

**1. 台商大陆农业投资地理集中度分析**

采用地理集中指数($I$)可以定量反映出不同年份台商对大陆农业投资的地域分布不均衡情况,地理集中指数的计算式为:

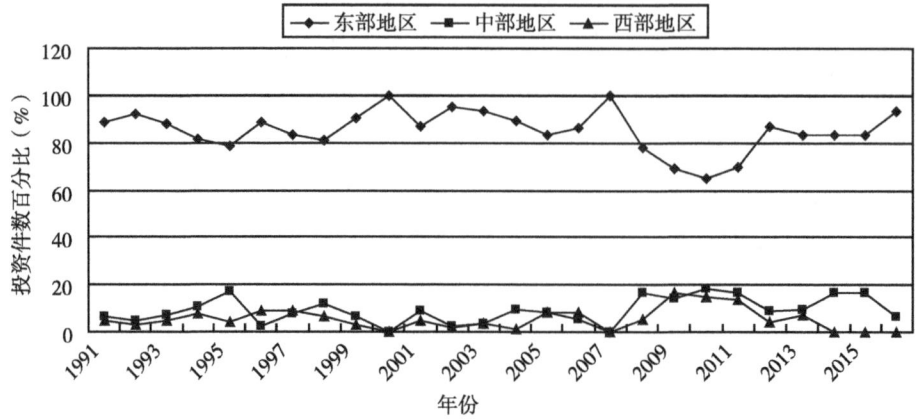

图 3-16 台商大陆农业投资件数区域占比

$$I = 100 \times \sqrt{\sum_{i=1}^{n} \left(\frac{Y_i}{Y}\right)^2} \ (i = 1, 2, 3, \cdots, n) \qquad (3-5)$$

式（3-5）中，$I$ 为地理集中指数；$Y_i$ 为台商对第 $i$ 个省份的农业投资；$Y$ 为台商对大陆总的农业投资；$n$ 取 31（香港、澳门特别行政区除外）。

如果由式（3-5）计算出的 $I$ 值越接近 100，说明台商对大陆农业投资的分布越不均衡，越趋于集中分布在大陆的某一个省份；$I$ 值越小，说明台商对大陆农业投资的省份分布越均衡，投资越分散。随着时间的变化，$I$ 值变大，则说明台商对大陆农业投资的空间分布向不均衡方向发展；反之，则向均衡方向发展。

由图 3-17 可知，1991—2016 年台商大陆农业投资的地理集中度指数基本上在 30~50 波动，仅 2012 年超过 50，相对较为稳定，2008 年之前基本在 40 以上，2009 年以后多数年份在 40 以下。说明：①台湾大陆农业投资并不集中在大陆某一省份，由后文的分析可知，广东、江苏、福建、上海、浙江等沿海省份和北京是最受台商青睐的农业投资区域；②从整体变化趋势上看，台商大陆农业投资集中度有降低趋势，但幅度不大，台商大陆农业投资分布有趋于均衡之态势，但不明显。

**2. 台商对大陆各省（市、区）农业投资累积额分析**

（1）台商对大陆各省（市、区）农业投资总额分析

图 3-18 为 1991—2016 年台商在大陆各省（市、区）农业投资的累积分布情况，由图 3-18 可知，1991—2016 年台商对大陆各省份农业投资总额存在明显的区域差异，集中分布在东部地区的广东、江苏、福建、上海、浙江、北

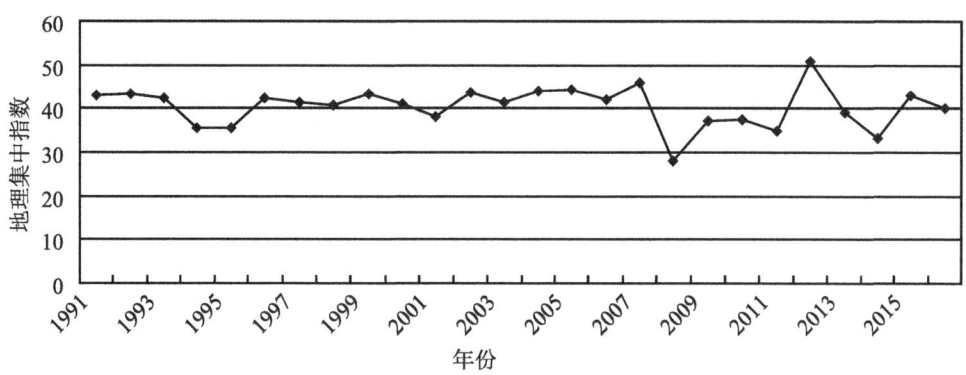

图 3-17 台商农业投资地理集中度指数

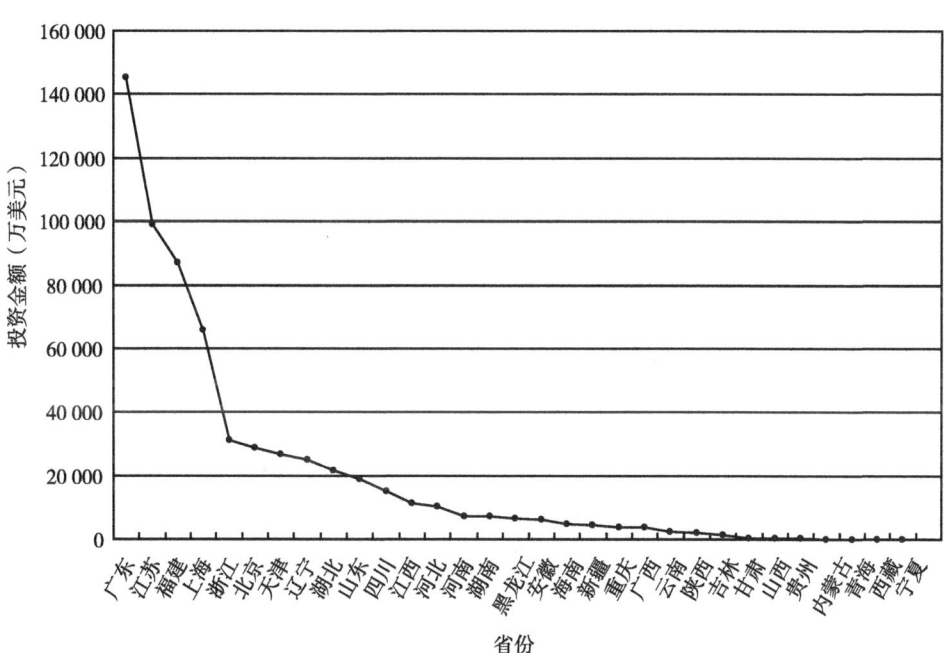

图 3-18 台商对大陆各省份农业投资总额（1991—2016 年）

京、天津、辽宁等 8 省（市），这些省、市的台商农业投资占其对大陆农业总投资的近 80%；而中西部地区大部分省份所占台商农业投资份额极少，西藏、宁夏没有来自台商的农业投资。

为进一步探讨台商对大陆各省份农业投资的特点，以台商对大陆各省（市、区）的农业投资额为因变量；将各省（市、区）台商农业投资额从高到低进行排序并辅以数字 1、2、3……31 表示，以其为自变量，通过 SPSS 软件进行回归分析，经过多种曲线拟合估计后，最后选定逆模型（倒数模型，反向模型）为估计模型，回归方程为 $y = \beta_0 + \beta_1/x$，变量变换后的线性方程为 $y = \beta_0 + \beta_1 x_1 (x_1 = 1/x)$；模型拟合图见图 3-19，模型拟合结果见表 3-3、表 3-4、表 3-5。

由表 3-3、表 3-4、表 3-5 可知，模型的整体拟合效果良好（调整后的 $R$ 平方为 0.917）；方程 $F$ 值为 333.087，$P$ 值为 0.000，通过显著性水平检验；回归系数的 $t$ 值为 18.251，通过显著性检验；说明模型在理论上是成立的。以上说明台商大陆农业投资的省域空间分布差异巨大，虽未集中分布在某一省份，但集中分布在部分省份，各省（市、区）台商农业投资额的空间分布符合倒数模型分布规律。

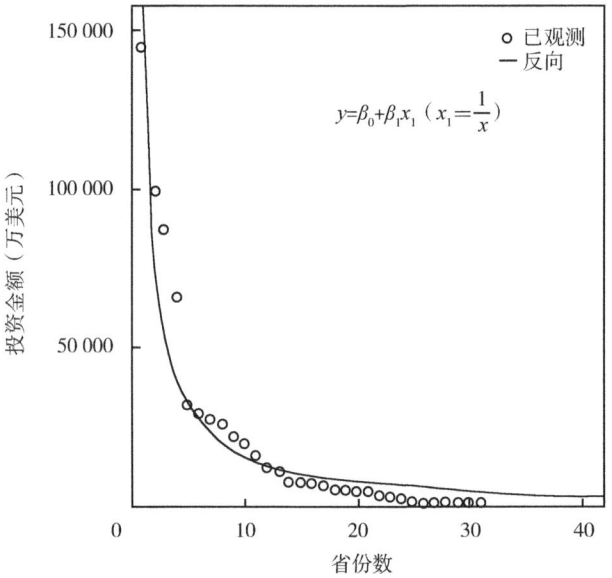

图 3-19　投资总金额分布拟合图

表 3-3　模型汇总

| $R$ | $R^2$ | 调整后的 $R^2$ | 估计值的标准误 |
| --- | --- | --- | --- |
| 0.959 | 0.920 | 0.917 | 97 458.714 |

表 3-4 ANOVA 分析

| 项目 | 平方和 | df | 均方 | F | Sig. |
| --- | --- | --- | --- | --- | --- |
| 回归 | 3.164E12 | 1 | 3.164E12 | 333.087 | 0.000 |
| 残差 | 2.754E11 | 29 | 9.498E9 | | |
| 总计 | 3.439E12 | 30 | | | |

表 3-5 系数表

| 项目 | 未标准化系数 | | 标准化系数 | t | Sig. |
| --- | --- | --- | --- | --- | --- |
| | B | 标准误 | | | |
| 1/省份 | 1 703 667.863 | 93 348.231 | 0.959 | 18.251 | 0.000 |
| （常数） | -15 855.915 | 21 294.532 | | -0.745 | 0.463 |

（2）台商对大陆各省（市、区）涉农行业投资分析

由图 3-20 可知，台商对大陆各省份涉农行业投资的空间分布呈现出以下特点：

第一，各行业投资分布区域（省域）差异巨大。与台商大陆农业总投资基本一致，台商大陆主要涉农行业投资集中分布在东南沿海地区的省份，中西部地区省份明显偏少。其中农林牧渔业投资主要分布在东部地区的广东、福建、江苏三省，海南、山东、北京三省（市）有部分分布，其他省份分布很少；食品及饲品制造业投资主要分布在东部地区的广东、福建、浙江、江苏、北京、天津等六省（市），四川、湖北、山东、辽宁四省有部分分布，其他省份分布很少；饮料制造业投资主要分布在东部地区的广东、福建、浙江、江苏、北京，中部地区的安徽及西部地区的四川等七省（市），中部地区的河南、湖北两省有部分分布，其他省份分布很少；皮革、毛皮及其制品制造业投资主要分布在东部地区的广东、福建、江苏三省，中部地区的江西、湖北有部分分布，其他省份分布很少；木竹制品制造业投资主要分布广东、福建、江苏、辽宁，中部地区的江西及西部地区的云南等六省，湖南、浙江、山东、天津、黑龙江等五省（市）有部分分布，其他省份分布很少。

第二，各省份台商涉农行业投资比例大同小异。由图 3-20 可知，在台商涉农投资中，大陆绝大部分（23 个）省、市、区的食品及饲品制造业占比最高；海南、内蒙古两省区农林牧渔业的投资占比最高；广东、江西两省皮革、毛皮及其制品制造业的投资占比最高；云南省则是木竹制品制造业的投资占比最高；安徽省的饮料制造业投资占比最高。

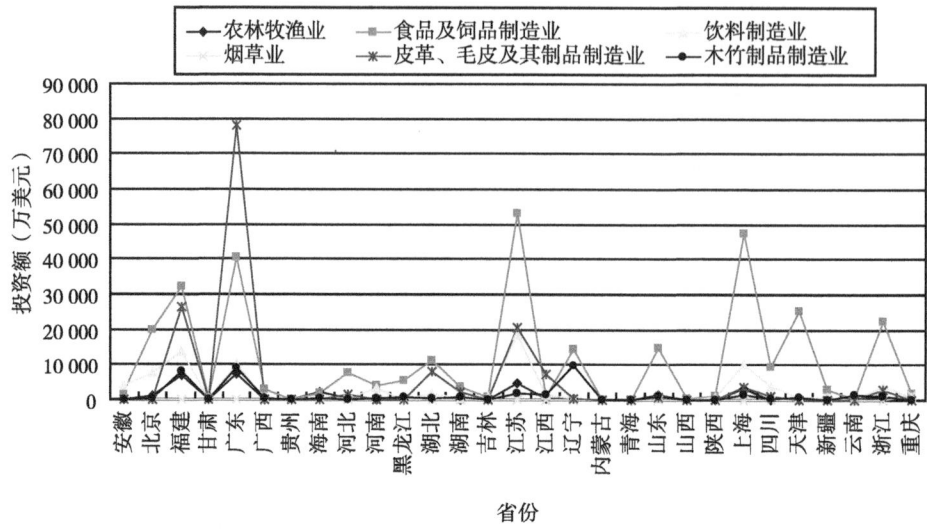

图3-20 大陆各省份台商农业投资行业分布（参见彩图3-20）

(3) 农业投资区位熵分析——相对区位分析

1991—2016年台商对大陆各省（市、区）农业投资额的空间分布情况，可以充分反映台商对大陆农业投资的区位偏好，但不能反映台商农业投资在大陆各省（市、区）中的相对地位；因此，本部分采用台商农业投资区位熵数来测度台商对大陆农业投资的相对区位差异。台商农业投资区位熵（LQ）的计算公式为：

$$LQ_i = (TDI_{ni}/TDI_i)/(TDI_n/TDI) \tag{3-6}$$

式（3-6）中，$LQ_i$表示台商对大陆$i$省（市、区）农业直接投资的区位熵数；$TDI_{ni}$表示台商对$i$省（市、区）农业直接投资总额；$TDI_i$表示台商对$i$省（市、区）直接投资总额；$TDI_n$表示台商对大陆农业的直接投资总额；$TDI$表示台商对大陆的直接投资总额。如$LQ_i$大于1，表示台商对该省（市、区）农业投资相对较多，聚集性相对较高；如$LQ_i$小于1，则说明台商对该省（市、区）农业投资相对较少，聚集性相对较低。台商农业投资区位熵反映的是台商在大陆农业投资区域的相对衡量，故称之为相对区位分异。

由图3-21可知，①大部分省份的农业投资区位熵大于1，说明台商在大陆这些省份的农业投资地位相对重要。②大陆台商农业直接投资的区位熵基本呈东北地区和西北地区相对较高，中部地区及东南沿海地区相对较低的空间分布格局。③绝对区位中地位相对较高的广东、上海、江苏、浙江等省

(市) 的台商农业投资区位熵相对较低；由此可见，尽管这些省（市）的台商农业投资额在台商对大陆各省（市、区）农业投资总额中的占比非常大，但是台商对大陆的总投资也主要集中在这些省份。相比之下，其相对地位不如中西部部分省份（如黑龙江、新疆、甘肃、云南、辽宁、湖北等）。

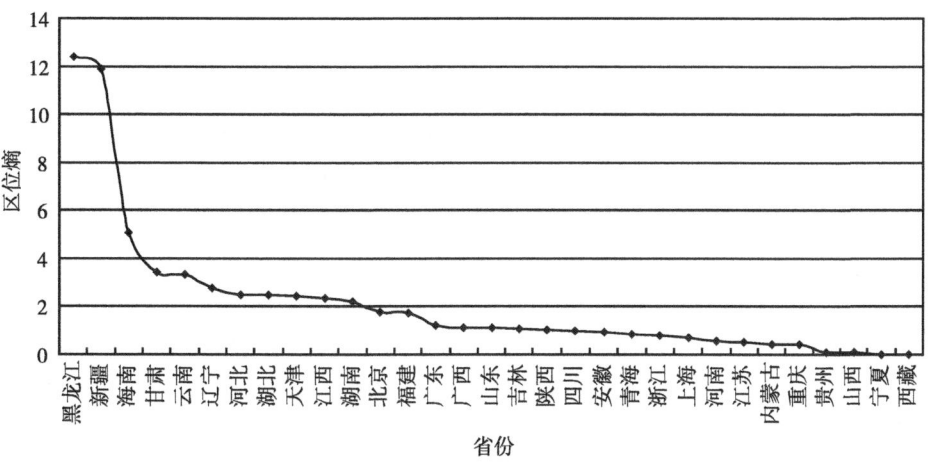

图 3-21　农业投资区位熵

## 第三节　台商大陆农业投资空间集聚特征分析

地理学家托布勒提出了地理学第一定律（赵永，2018）即"任何事物都与其周围事物存在联系，但与之相近的事物与其联系更紧密"，其认为任何空间数据都具有空间依赖或空间自相关特征，空间自相关是空间统计学的基础，是构建空间模型的核心（赵永，2018）。传统的数理统计模型比如一元或多元统计分析，只注重相关数据之间的相关性；而地理信息系统（GIS）中的空间关系和空间叠加等分析方法，则只注重二维空间上的联系；科学的空间统计模型必须是二者兼顾，即在分析空间关系的基础上进行数值的相关性分析，此问题可通过空间自相关分析模型得到很好的解决（刘德钦等，2002）。利用空间自相关分析方法对自然、人口、经济和社会问题进行研究的文献愈来愈多；本章在已有研究（Anselin，1995；孟斌等，2005；陈彦光，2009；潘少奇等，2015；丁玥等，2017；李陈等，2018；张春梅等，2018；张珂等，2018）基础上探讨台商在大陆农业投资的空间自相关特征。

## 一、空间自相关的基本理论

空间自相关（Spatial autocorrelation）是指一个变量的观测值之间因观测点在空间上邻近而形成的相关性（李航飞，2008；陈彦光，2009）。空间自相关分析则是在所研究的区域空间中，就某单元与周围单元之间的某一特征值进行空间自相关程度的计算，从而分析这些单元的空间分布与组合特征。空间自相关可按空间范围的大小分为全局型空间自相关与区域型空间自相关两种类型，其研究对象有一定的差异。全局型空间自相关指研究范围内邻近位置同一属性相关性的综合水平，区域型空间自相关指研究范围内各空间单元与其周围邻近单元的同一属性的相关性；根据空间自相关的性质不同，可将其分为正空间自相关（Positive spatial autocorrelation，集聚格局）、负空间自相关（Negative spatial autocorrelation，离散格局）及无空间自相关（随机格局）3种类型。正空间自相关指邻近单元的同一变量观测值之间呈正相关，负空间自相关指邻近单元的同一变量观测值之间呈负相关。与传统统计学的变量相关性一样，正空间自相关或负空间自相关也有强弱之分，可依据空间自相关指数的大小进行衡量。

## 二、空间权重矩阵的构建

在进行空间自相关分析时，先要界定空间对象间的相互邻接关系即对空间权重进行定义，其是空间统计学与传统统计学的重要区别之一，可根据空间数据的拓扑属性如邻接性来构建，也可通过空间距离进行构建（李航飞，2008；陈彦光，2009）。一般情况下，定义一个二元对称空间权重矩阵 $W_{n \times n}$ 来表达 $n$ 个单元的空间邻近关系。矩阵如下式：

$$\begin{bmatrix} W_{11} & W_{12} & \cdots & W_{1n} \\ W_{21} & W_{22} & \cdots & W_{2n} \\ \cdots & \cdots & \cdots & \cdots \\ W_{n1} & W_{n2} & \cdots & W_{nn} \end{bmatrix}$$

本研究采用邻接性来构建空间权重矩阵，即如果两个省域在空间上相邻（直接接壤），则定义这两个省域的空间权重值（$W_{ij}$）为1，否则为0；由于海南省与其他省（市、区）在空间上没有直接接壤，所以本部分内容未将海南省考虑在内。

空间自相关反映了某区域某种地理现象（属性值）与其邻近区域上同一现象（属性值）的相关性程度，一般可以通过全局和局部两种等级指标进行度量。全局指标能够较好地反映出研究区域内邻近位置同一地理现象（属性）相关性的整体水平，但不能完全展现各单元间的空间相互联系和作用模式，特别是当空间过程在空间上出现非平稳状态时，进行局部空间自相关分析就很有必要。本研究利用全局 Moran's I 和局域型 Moran's I 对"台商对大陆各省（市、区）农业投资水平"进行空间自相关分析。

### 三、台商大陆农业投资全局空间自相关分析

#### （一）全局 Moran's I 的计算公式及检验方法

全局空间自相关是对属性值（台商对大陆各省、市、区的农业投资额）在整个区域的空间特征的描述，其 Moran's I 的计算如式（3-7）。

$$I = \frac{1}{\sum_{i=1}^{n}\sum_{j=1,j\neq i}^{n} W_{ij}} \times \frac{\sum_{i=1}^{n}\sum_{j=1}^{n} W_{ij}(x_i - \bar{x})(x_j - \bar{x})}{\frac{1}{n}\sum_{i=1}^{n}(x_i - \bar{x})^2} \quad (3-7)$$

I 的期望值为：

$$E(I) = -1/(n-1) \quad (3-8)$$

式（3-7）中，$X_i$、$X_j$ 为 $i$ 省域和 $j$ 省域的观察值即台商对 $i$ 省域和 $j$ 省域的农业投资额（单位为千美元）；$W_{ij}$ 为空间权重矩阵（两个省域在空间上接壤则为 1，反之为 0，海南省没有包括在研究范围内）。由式（3-7）计算出的 Moran's I 值介于 [-1, 1]，大于 0 为正相关，小于 0 为负相关（李航飞，2008），值越大空间分布越具相关性，即空间聚集现象越明显（图 3-22）。反之，空间分布的相关性越弱；若值趋于 0，则为呈随机状态。通常情况下，采用 Z 检验法（李航飞，2008）来检验 Moran's I 值的显著性。检验的零假设：台商农业投资呈随机分布，表达式为 $H_0$：Global Moran's I = -1/ (n-1)；备择假设：台商农业投资呈非随机分布，表达式为 $H_1$：Global Moran's I ≠ -1/ (n-1)；式（3-9）为检验公式。

$$Z(I) = [I - E(I)] / \sqrt{Var(I)} \quad (3-9)$$

式（3-9）中：$I$ 为全局莫兰指数值；$E(I)$ 为全局莫兰指数的期望值，见式（3-8）；$Var(I)$ 为全局莫兰指数的方差。检验标准为：在 95% 的置信区间内，$Z(I) \geqslant 1.96$ 时，说明台商农业投资在大陆的空间分布有显著的关联性；$-1.96 \leqslant Z(I) \leqslant 1.96$ 时，说明台商农业投资在大陆空间分布的关联性不明显，空间自相关性亦较弱。此外，若 $Z(I)$ 值 $\leqslant -1.96$ 时，则表示台商农业投资在大陆的空间分布呈现明显的负的空间自相关性；当然，也可在

90%或99%的置信区间内检验。

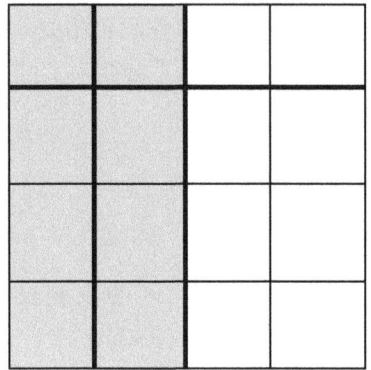
Moran's I>0（正相关，集聚分布）

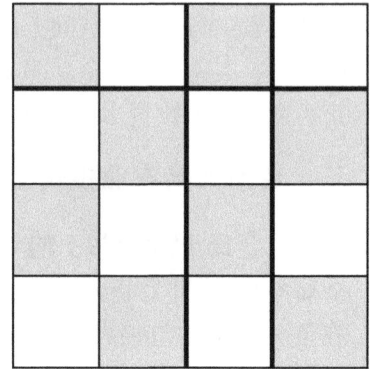
Moran's I<0（负相关，离散分布）

图 3-22　空间自相关正负结果示意图

## （二）全局自相关结果分析

根据式（3-7）计算出 1992—2016 年台商对大陆各省（市、区）农业投资的全局 Moran's I 值（表 3-6）。

表 3-6　台商对大陆农业投资全局自相关分析

| 年份 | Moran's I 值 | $E(I)$ | 均值 | 标准差 | $P$ 值 |
| --- | --- | --- | --- | --- | --- |
| 1992 | 0.1802 | −0.0345 | −0.0410 | 0.0849 | 0.02 |
| 1994 | 0.1659 | −0.0345 | −0.0336 | 0.1059 | 0.05 |
| 1996 | 0.1802 | −0.0345 | −0.0366 | 0.1057 | 0.04 |
| 1998 | 0.2251 | −0.0345 | −0.0352 | 0.1039 | 0.02 |
| 2000 | 0.3173 | −0.0345 | −0.0351 | 0.1119 | 0.01 |
| 2002 | 0.2841 | −0.0345 | −0.0360 | 0.0983 | 0.01 |
| 2004 | 0.0848 | −0.0345 | −0.0388 | 0.0801 | 0.07 |
| 2006 | 0.1346 | −0.0345 | −0.0415 | 0.0964 | 0.05 |
| 2008 | 0.1196 | −0.0345 | −0.0421 | 0.1103 | 0.08 |
| 2010 | 0.2448 | −0.0345 | −0.0306 | 0.0955 | 0.01 |
| 2012 | 0.2672 | −0.0345 | −0.0366 | 0.0813 | 0.01 |
| 2014 | 0.2388 | −0.0345 | −0.0369 | 0.0896 | 0.01 |
| 2016 | 0.2402 | −0.0345 | −0.0350 | 0.1012 | 0.01 |

由表3-6可知，各年份Moran's I的$P$值在0.1的水平下均通过显著性检验（大部分年份的$P$值小于0.05），表明台商对大陆各省（市、区）的农业投资在空间上呈现出较为明显的全局空间自相关性，空间邻近效应较为显著，台商农业投资额多（多与少是相对于各省（市、区）的平均值而言）的省（市、区）与投资额少的省（市、区）分别在地理空间上集聚分布，集聚效应明显，新进的台商农业投资会因为这种集聚效应而继续定位于这些省（市、区）：一方面，可以减少由于信息缺乏可能给台商农业投资决策带来的风险，先前台商农业投资者的"示范效应"一定程度上能有效弥补信息缺乏可能造成的损失（贺灿飞等，2001；徐康宁等，2006）；另一方面，前期台商的进入会在当地进行员工培训、市场开拓及创造专业化服务等活动，从而为后续台商降低进入成本，吸引其进行投资（Markusen，1990）。随着时间的推移，由于因果循环的作用，台商农业投资存量越大的地区，会吸引越多的台商农业投资；反之，缺乏台商农业投资存量的省（市、区），更难以吸引台商农业投资的后续流入。同时，台商在对某省（市、区）进行投资时也会关注其周边省（市、区）台商农业投资的情况，在一定程度上形成了"强强结合""弱弱组合"的空间分布特征，类似于路径依赖效应，台商农业投资存量与新增投资之间的"自强化效应"，导致了台商农业投资分布的区域差异增大。

由图3-23可知，1992—2016年，台商对大陆农业投资的Moran's I值呈现出一定的波动变化趋势，整体上空间自相关强度变化不大，台商对大陆各省（市、区）农业投资的空间差异变化不大；2004年之后开始逐渐出现收敛趋势，台商对大陆各省份农业投资分布的空间集聚效应趋于稳定。

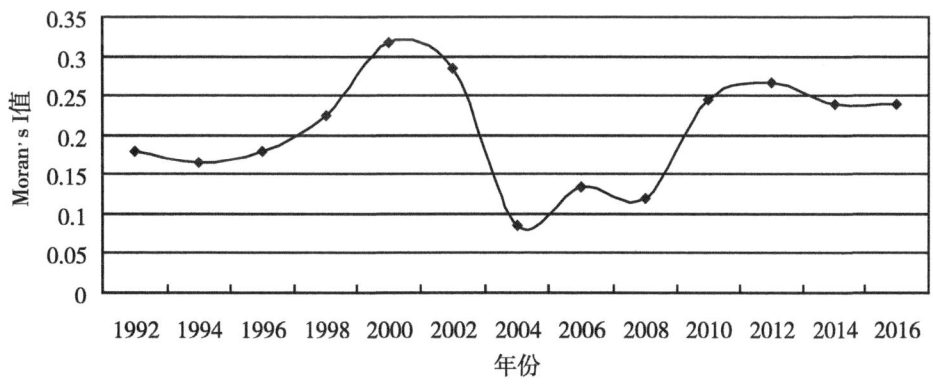

图3-23　Moran's I值变化曲线

## 四、局域空间自相关分析

Global Moran's I 统计量是一种总体统计指标，其反映的是大陆所有省（市、区）的台商农业投资与周边省（市、区）的台商农业投资差异的平均程度。在省域总体空间差异较小的情况下，局部空间差异有可能较大，为了全面反映台商对大陆农业投资的空间差异情况，有必要在全局自相关分析的基础上，对台商大陆农业投资进行局域自相关分析。

### （一）台商对大陆农业投资水平散点图

将变量 $Z$（台商对中心省域农业投资金额的标准化值）与其空间滞后向量 $Wz$（台商对中心省域周边省域农业投资平均额的标准化值）之间的相关关系，以散点图的形式进行描述，即可形成 Moran's I 散点图，图中纵轴表示 $Wz$ 的全部取值，横轴表示 $Z$ 的全部取值。每个省、市、区观测值的空间滞后值为该省、市、区周边省、市、区观测值进行标准化后的加权平均。根据需要，可将 Moran's I 散点图划为 4 个部分（象限），每个象限对应 1 种不同的台商农业投资空间差异类型（表 3-7），表 3-7 同时给出了所对应的局域统计量（Local Moran's $I_i$），见式（3-10）的分析情况。表 3-7 中，高（H）和低（L）是相对于台商对各省域农业投资金额的平均水平（算术平均值）而言，"高高"和"低低"说明台商对各省域农业投资的空间正相关性较强；"高低"和"低高"则表示台商对各省域农业投资存在较强的空间负相关，区域异质性较强（李航飞，2008；陈彦光，2009）。基于以上原理，利用 GeoDa 软件作出台商对大陆各省（市、区）农业投资额的散点图（图 3-24）。全国各省（市、区）对应的象限位置见表 3-8。

表 3-7 Moran's I 散点图特点

| 象限 | 特点 | 对应的 Local Moran's $I_i$ 统计量 |
| --- | --- | --- |
| 右上象限（HH） | 台商对省域自身和其周边省域的农业投资均较多，二者的空间差异程度较小；台商对省域自身及其周边省域的农业投资额呈现整体高原形状，"凸"字形特征明显 | $I_i>0$，$Z_i>0$ |
| 左上象限（LH） | 台商对省域自身的农业投资额较少，但对其周边省域的农业投资额较多，二者的空间差异程度较大；省域自身与其周边省域比较，呈波谷极值状况，"V"字形特征明显 | $I_i<0$，$Z_i<0$ |
| 左下象限（LL） | 台商对省域自身及其周边省域的农业投资均较少，二者的空间差异程度较小；台商对中心省域与其周边省域的农业投资呈现整体盆地形状，"凹"字形特征明显 | $I_i>0$，$Z_i<0$ |

(续表)

| 象限 | 特点 | 对应的 Local Moran's $I_i$ 统计量 |
|---|---|---|
| 右下象限（HL） | 台商对省域自身的农业投资额较多，对其周边省域的农业投资额则较少，二者的空间差异程度较大；台商对中心省域和其周边省域的农业投资呈波峰极值状况，"A"字形特征明显 | $I_i<0$，$Z_i>0$ |

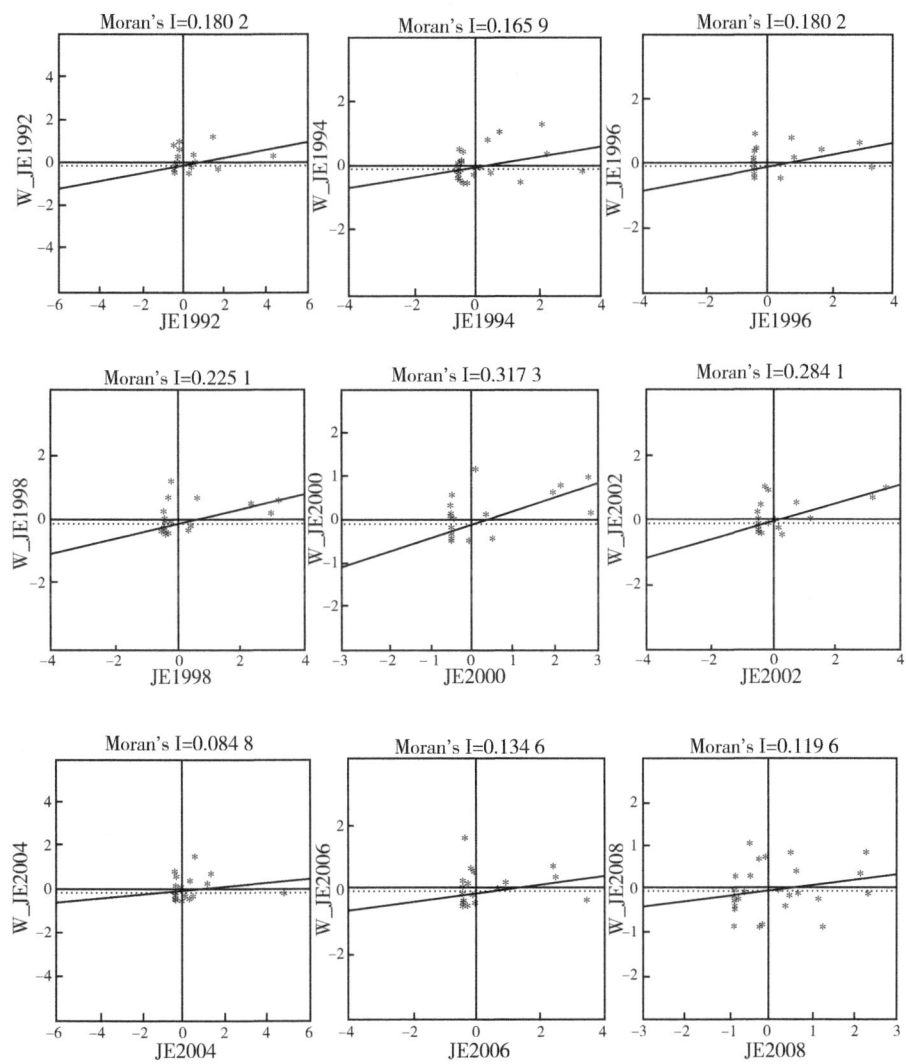

图 3-24 台商农业投资散点图

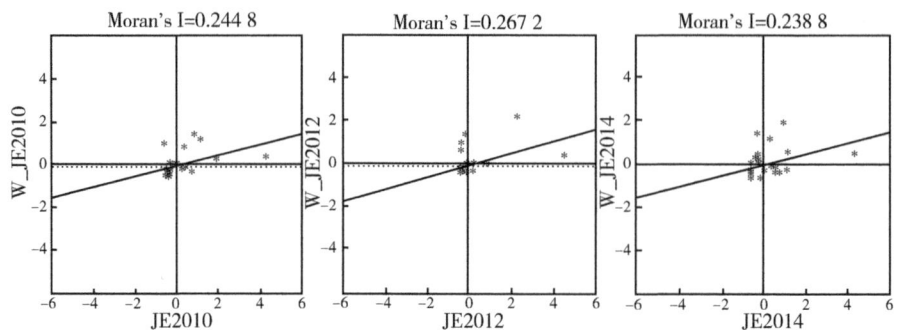

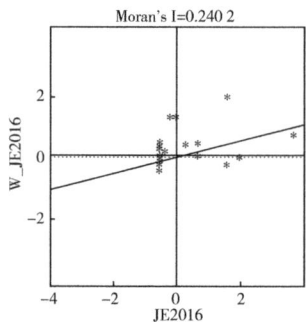

**图 3-24 台商农业投资散点图（续）**

**表 3-8 各省份象限分布**

| 年份 | HH 象限省域 | HL 象限省域 | LL 象限省域 | LH 象限省域 |
|---|---|---|---|---|
| 1992 | 湘、粤、闽、沪 | 津、辽、苏 | 藏、新、甘、青、川、云、贵、宁、陕、晋、蒙、黑、吉、豫、渝、鲁、鄂、皖 | 冀、京、浙、赣、桂 |
| 1994 | 苏、沪、浙 | 粤、京、津、川 | 藏、新、甘、青、云、贵、宁、陕、晋、蒙、黑、吉、辽、豫、冀、渝、鄂 | 鲁、皖、湘、赣、桂 |
| 1996 | 苏、沪、京、津、闽 | 辽、粤 | 藏、新、甘、青、川、云、贵、宁、陕、晋、蒙、黑、吉、豫、渝、鄂、皖 | 冀、鲁、浙、湘、赣、桂 |
| 1998 | 苏、沪、闽、粤 | 京、津、鲁 | 藏、新、甘、青、川、云、贵、宁、陕、晋、蒙、黑、吉、辽、豫、冀、渝、鄂、皖 | 浙、湘、赣、桂 |

(续表)

| 年份 | HH 象限省域 | HL 象限省域 | LL 象限省域 | LH 象限省域 |
|---|---|---|---|---|
| 2000 | 苏、沪、鲁、闽、浙、粤 | 津 | 藏、新、甘、青、川、云、贵、宁、陕、晋、蒙、黑、吉、辽、豫、冀、渝、鄂 | 京、皖、湘、赣、桂 |
| 2002 | 苏、沪、闽、粤 | 京、辽、鲁 | 藏、新、甘、青、川、云、贵、宁、陕、晋、蒙、黑、吉、津、豫、冀、渝、鄂 | 皖、湘、赣、桂、浙 |
| 2004 | 苏、沪、闽、浙 | 粤、鄂、豫、京 | 藏、新、甘、青、川、云、贵、宁、陕、晋、蒙、黑、吉、辽、津、冀、渝 | 皖、湘、赣、桂、鲁 |
| 2006 | 苏、沪、闽、粤 | 京 | 藏、新、甘、青、川、云、贵、宁、陕、晋、蒙、黑、吉、辽、豫、渝、鄂、皖、鲁 | 津、冀、湘、赣、桂、浙 |
| 2008 | 苏、沪、闽、赣 | 京、辽、冀、粤、豫、鄂、川 | 藏、新、甘、青、云、贵、宁、陕、晋、蒙、黑、吉、渝、桂 | 津、鲁、湘、浙、皖 |
| 2010 | 京、苏、沪、闽、粤、浙 | 津、鄂、渝 | 藏、新、甘、青、川、云、贵、宁、陕、晋、蒙、黑、吉、辽、豫、冀、桂 | 鲁、皖、湘、赣 |
| 2012 | 苏、沪、闽、粤 | 豫 | 藏、新、甘、青、川、云、贵、宁、陕、晋、蒙、黑、吉、辽、津、冀、鄂、渝、京、湘、桂 | 皖、赣、鲁、浙 |
| 2014 | 苏、沪、皖、鲁 | 闽、津、黑、辽、冀、鄂 | 藏、新、甘、青、川、云、贵、宁、陕、晋、蒙、渝、桂、湘 | 京、浙、豫、赣、粤、吉 |
| 2016 | 苏、沪、闽、皖、鲁 | 辽、冀、粤 | 藏、新、甘、青、川、云、贵、宁、陕、晋、蒙、渝、鄂、黑、湘、吉、豫 | 津、京、浙、赣、桂 |

由台商农业投资散点图（图3-24）和各省（市、区）象限分布情况（表3-8）可知台商大陆农业投资的空间集聚具有以下特点。

（1）空间自相关性较强，但聚集水平较低。1991—2016 年大部分省（市、区）位于 HH 象限和 LL 象限，说明台商对大陆各省（市、区）农业投资具有较强的空间自相关性，与全局自相关分析的结果一致；但位于 LL 象限的省份明显多于 HH 象限，台商对大陆大部分省（市、区）的农业投资低于平均值，位于 HH 象限的省（市、区）并不多，众多省（市、区）位于 LL 象限，为低水平的集聚状态。

（2）较为明显的核心—边缘结构。位于 HH 象限的江苏、上海、福建、广东等省的台商农业投资额高于全国各省（市、区）平均值，其周边省（市、区）的台商农业投资的平均值也高于全国各省（市、区）平均值，这些省份处于台商大陆农业投资的核心区;而藏、新、甘、青、川、云、贵、宁、陕、晋、蒙等中西部省(区)基本处于 LL 象限,台商对其农业投资额低于全国各省(市、区)平均值,对其周边省(市、区)的农业投资的平均值也低于全国各省(市、区)平均值,受到地理位置、经济发展水平、农业技术水平、人力资本水平、市场化水平、农业基础等方面的影响和制约,这些省(市、区)一直处于台商大陆农业投资的边缘区,台商对其农业投资额度很小,为台商农业投资的"洼地"。

(3)局域空间差异时间变化不大。在 HH 和 LL 象限集聚的省(市、区)虽明显多于 HL 和 LH 象限省(市、区),但从时间来看,变化不大,表明台商对大陆不同省(市、区)的农业投资相互间的空间差异基本不变,形成了较为明显的台商农业投资"马太效应","锦上添花"效应明显,与全局自相关分析结论一致。

### (二)台商对大陆农业投资水平局域统计量(LISA)

Local Moran's $I_i$ 是 Global Moran's I 的分解形式,可用来进一步度量省域 $i$ 与其周边省域之间台商农业投资的空间差异程度及其显著性。对第 $i$ 个省域而言,该统计量的公式为式(3-10)(陈彦光,2009;李航飞,2008)。

$$I_i = Z_i \sum_{j=1}^{n} W_{ij} Z_j \qquad (3\text{-}10)$$

对 $I_i$ 的解释见表 3-7,式(3-10)中 $Z_i$、$Z_j$ 分别为台商对中心省域 $i$ 和与其相邻省域 $j$ 的农业投资额的标准化值,表示台商对各省域农业投资与均值的偏差程度。

$$Z_i = (X_i - \bar{X})/S \qquad (3\text{-}11)$$

$$S^2 = \frac{1}{n} \sum_{i=1}^{n} (X_i - \bar{X})^2 \qquad (3\text{-}12)$$

LISA 的 Z 检验为:

$$Z(I_i) = [I_i - E(I_i)]/S(I_i) \qquad (3\text{-}13)$$

式(3-13)中,$S(I_i) = \sqrt{Var(I_i)}$,局域自相关的检验方法与全局自相关检验类似。

对于 LISA 分析的结论是,基于空间邻接位置,探测到的显著局部高值(正值)集聚省(市、区),可以认为其在某种程度上代表着台商对大陆农业投资的核心区域。因此,LISA 实际上可解释为空间相互作用模式,运用 LISA 探测到的空间分布特征与中心—外围或核心—边缘理论相一致(李航飞,2008)。

根据 GeoDa 软件计算出的 1992—2016 年所有省(市、区)的局域自相关系数，根据计算结果（在 0.05 的显著性水平下通过检验）及图 3-24、表 3-8 可知（李航飞，2008；陈彦光，2009）：

（1）台商对大陆各省（市、区）农业投资的局部关联性较弱。虽然大部分省（市、区）位于 HH 或 LL 象限，具有较为明显的空间自相关特征，但能够通过显著性水平（$a = 0.05$）检验的省（市、区）并不多，如 1992 年、2000 年、2008、2016 年通过显著性检验的省（市、区）的比例仅分别为 26.7%、10%、16.7%、16.7%，一定程度上表明台商对大陆各省（市、区）农业投资的局域自相关性还比较弱，局部差异较大，相邻省（市、区）之间在利用台商农业投资发展农业经济方面的相互联系和合作还有待加强，相邻省（市、区）之间可就如何有效吸引台商农业投资，促进农业发展，提高农业生产效率等方面进行交流与沟通。

（2）显著的象限集聚中心变化。整体上台商大陆农业投资核心区域有北移趋势，显著的 HH 象限集聚中心由广东省向福建省、浙江省、上海市、江苏省、山东省北移；显著的 LL 集聚中心则主要集中在四川省、陕西省、甘肃省、新疆维吾尔自治区、内蒙古自治区等中西部省（区），变化趋势并不显著，由于受到区位条件等因素的影响，大部分年份，台商对这些省区的农业投资偏少，对其周边省（市、区）的农业投资亦偏少，导致这些省（区）形成较为明显的低值聚集中心；显著的 HL 和 LH 集聚中心较少，主要分布在浙江省、江西省等省份；显著的 HL 和 LH 集聚中心较少说明台商对大陆农业投资的整体空间差异较小，与全局自相关分析结论一致。

## 第四节 台商大陆农业投资驱动机制分析

台商在大陆各省（市、区）的农业投资分布空间差异巨大，除个别年份外，东部地区省（市）集中了台商大陆农业投资的 80% 以上，中西部地区省（市、区）所占台商农业投资份额非常少；东部地区的广东、福建、浙江、江苏、上海等省（市）备受台商青睐，是台商农业投资的重点区域。本节探讨导致台商大陆农业投资产生省域差异的因素，以及随着时间推移，这些因素的影响作用的变化规律。

### 一、研究方法

#### （一）灰色关联分析相关理论

台商大陆农业投资与其区位选择之间是一个复杂的灰色系统。灰色关联分析（Grey Relation Analysis，GRA）提供一个相对客观的指标权重测度方法，基于"贫信息""小样本"的灰色系统理论较好地弥补了使用计量统计方法对系统进行分析的不足，可以适用于只有少量观测数据的研究项目（彭继增，2015）；不确定性系统（"部分信息已知，部分信息未知"）是灰色分析的研究对象，其能有效避免主观因素对于测度结果所造成的误差。影响台商大陆农业投资的因素众多，有自然条件方面的，同时，也有社会经济条件方面的。某些因素与台商农业投资之间可能存在某方面的典型联系，其他因素则可能与台商农业投资之间根本不存在某种典型分布。在测度台商农业投资影响因素时，如只根据实际情况选取一些主要的变量来进行分析会使研究结果与实际有较大偏差，台商农业投资影响系统具有典型的信息不完备的灰色性。

现实生活中，很多研究数据属于"小样本""贫信息"状态，其会造成相关研究结果的不确定性问题。一般情况下，灰色关联分析对数据的要求较低，数据可以任意分布（彭继增等，2015；徐辉等，2016；贺祥等，2016）。灰色分析对于"贫信息""小样本"系统的研究具有较为明显的理论优势，在灰色关联分析过程中，因素之间的关联程度可按其发展态势的相似或相异程度来进行测度，各影响因素间的关联程度的衡量是灰色关联分析的核心和关键（彭继增等，2015；徐辉等，2016；贺祥等，2016）。灰色关联分析主要通过时间或空间序列数据推断样本间的联系程度，其反映的是各影响因素序列对参考序列的接近次序也就是各影响因素对主行为的贡献程度（彭继增等，2015；徐辉等，2016；贺祥等，2016）。如果两个因素（特征序列和影响因素序列）在发展过程中的相对变化态势一致性高，则两者的灰色关联度大；反之，灰色关联度就小。

灰色关联分析法实质上是对各关联系数之分析，较经典的数学方法要优，由于灰色关联模型对样本数量要求不高，且能描述各影响因素间的动态变化过程，因此较适用于台商农业投资影响因素系统的相关性分析。

## （二）灰色关联分析相关步骤

### 1. 确定母序列和子序列

进行灰色关系分析，首先要确定资料变换的母序列（参考序列，特征序列，本文为台商对大陆各省份当年的农业投资额）和子序列（比较序列，因素序列，本文为影响台商大陆农业投资的各因子）。一般母序列记为$\{X_0(t)\}$，共采集$m$个数据；子序列常记为$\{X_i(t)\}$，其中共有$n$个子序列，则有：

$$X_0(t) = \{X_0(1), X_0(2), \cdots, X_0(m)\}, t = 1, 2, \cdots, m \quad (3-14)$$

$$X_i(t) = \{X_i(1), X_i(2), \cdots, X_i(m)\}, i = 1, 2, \cdots, n \quad (3-15)$$

**2. 数据标准化处理**

为了对相关数据进行比较，要对系统中各要素数据进行标准化处理，统一量纲。

**3. 求关联系数**

在时刻 $t=k$ 时，定义 $\{X_0(t)\}$ 与 $\{X_i(t)\}$ 的灰色关联系数：

$$\xi_{0i}(k) = \frac{\min_i \min_k |X_0(k) - X_i(k)| + \xi \max_i \max_k |X_0(k) - X_i(k)|}{|X_0(k) - X_i(k)| + \xi \max_i \max_k |X_0(k) - X_i(k)|} \quad (3-16)$$

式（3-16）中，$\xi_{0i}(k)$ 是第 $k$ 个时刻参考序列 [母序列，$X_0(t)$，本书为台商当年对大陆各省、市、区的农业投资额] 和比较序列 [子序列，$X_i(t)$，本论文为影响台商对大陆各省、市、区农业投资的因子] 的关联系数，即比较序列 $X_i(t)$ 对应的曲线与参考序列 $X_0(t)$ 对应曲线的相对差值；$\xi$ 是灰数的白化值，又称之为分辨系数，其作用在于提高关联系数之间的差异显著性，取值为 $\xi \in (0, 1)$，在实际应用中，一般情况下取值为 $[0.1, 0.5]$；$\min_i \min_k |X_0(k) - X_i(k)|$ 为极差最小值，$\max_i \max_k |X_0(k) - X_i(k)|$ 为极差最大值。

**4. 求关联度**

定义灰色关联度为：

$$R_{0i} = \frac{1}{N}\sum_{k=1}^{n}\xi_{0i}(k) = \frac{1}{N}[\xi_{0i}(1) + \xi_{0i}(2) + \cdots + \xi_{0i}(N)] \quad (3-17)$$

式（3-17）中，$R_{0i}$ 为子序列 $X_i(t)$（$i=1, 2, \cdots, n$）与母序列 $X_0(t)$ 的关联度，$n$ 为子序列长度，即影响因子数量，$N$ 为研究单元个数，论文为大陆 31 个省（市、区）。

## 二、指标选择和数据来源

### （一）指标选择

在已有研究基础（杨晔，2007；李郇等，2007；臧新等，2009；张彩霞，2010；吴凤娇等，2010；王宏，2012；王宏，2013；陈嘉等，2014；熊广勤等，2014；吴凤娇，2014）上，根据指标的综合性、可操作性及数据的可获取性等原则，构建台商农业投资影响因素的相关指标体系，详见表3-9。

表 3-9 台商大陆农业投资灰色关联分析指标体系

| 序列 | 一级指标 | 具体指标及量化说明 |
| --- | --- | --- |
| 母序列 | 台商农业投资 | $X_0$：台商对各省（市、区）当年农业投资额 |
| 子序列 | 集聚水平 | $X_1$：前一年台商农业投资存量 |
| | 政策因素 | $X_2$：政策优惠（国家级海峡两岸农业合作试验区及台湾农民创业园数量） |
| | | $X_3$：政策优惠（对台农业合作试验区及台湾农民创业园的有无） |
| | 地理因素 | $X_4$：地理距离（各省域省会或首府与台北之距离） |
| | 劳动力因素 | $X_5$：劳动力素质（初中及以上教育人口占 6 岁及以上人口比例） |
| | | $X_6$：劳动力数量（第一产业从业人员数量） |
| | | $X_7$：劳动力成本（农村居民消费水平） |
| | 市场规模 | $X_8$：各省（市、区）GDP |
| | | $X_9$：各省（市、区）农业 GDP |
| | 市场开放程度 | $X_{10}$：外资依存度（实际利用外资/全社会固定资产投资） |
| | | $X_{11}$：贸易依存度（进出口总额/GDP） |
| | 农业比较优势 | $X_{12}$：农业区位熵（各省域农业比例/大陆农业比例） |
| | 农业基础设施 | $X_{13}$：各省（市、区）地均公路里程 |
| | | $X_{14}$：各省（市、区）农业机械总动力 |
| | 自然资源 | $X_{15}$：各省（市、区）耕地面积 |
| | 农业科技水平 | $X_{16}$：各省（市、区）农业从业人员产出 |
| | | $X_{17}$：各省（市、区）农业 TFP |

**1. 集聚因素**

台商前期农业投资额可产生明显的空间集聚效应，后续的台商农业投资会被这种空间集聚效应所吸引，从而继续定位于这些区域：一方面，在已有台商投资区进行投资可以减少由于信息缺乏带来的决策风险，先前台商农业投资者的"示范效应"一定程度上能有效减少因信息缺乏而给后续投资者造成的损失（贺灿飞等，2001；徐康宁等，2006）；另一方面，前期台商进入后，会在当地培训员工、开拓市场并创造相关专业化服务，从而为后续台商的进入降低成本，吸引其进行投资（Markusen，1990）。随着台商大陆农业投资的深入，受"因果循环"的影响，台商农业投资存量越大的省（市、区），会进一步吸引更多的台商前来农业投资；而缺乏台商农业投资存量的省（市、区），就更加难以吸引台商农业投资的流入，类似于路径依赖效应，台商农业投资存量与新增投资之间的"自强化效应"，导致了台商农业投资分布的区域差异增大。

赵一夫等的研究表明，受到朋友、地理条件、信息共享、融资互动及大陆政策影响，台商农业投资趋于集聚（赵一夫，2010）。本研究用台商农业投资存量来衡量集聚因素。

**2. 市场规模**

寻求海外市场（寻求市场型投资）是 FDI 投资的重要动机，因此市场规模是企业进行海外投资选择投资地点的重要因素。在市场规模大的区域，投资者更能充分地利用规模经济，获取更高的利润（Krugman，1980）；企业在市场规模较大的区域进行生产，存在本地市场效应；市场接近因素（Dunning，1980）和市场潜能因素（Blonigen 等，2005）是 FDI 在选择区位时主要考虑的因素，由于更加接近市场潜能大的地区，存在较为明显的价格指数效应，即消费者可以获取较高的福利条件但无须支付费用高昂的交易成本；受价格指数效应的驱动，消费者会逐渐向本区域集聚；这样一来，本地市场效应和价格指数效应形成了循环累积因果关系（Krugman，1991）。

农产品消费具有明显的地域性，选择市场规模较大的省（市、区）进行农业投资，有利于台商及时把握市场需求的变化趋势，减少农产品在销售过程中的运输环节和运输成本，增加投资收益，陆云（2001）的研究表明利用当地市场进行产品销售是台商赴大陆进行农业投资的主要动机之一，台资农企产品当地化销售比例达 65%，远高于制造业 38.3%的当地化销售比例。本研究采用 GDP 和农业 GDP 来衡量各省（市、区）市场规模的大小。

**3. 市场开放程度**

一般来说，市场开放程度高的区域，市场秩序较好，管理水平较高，经济体制较为健全，贸易壁垒相对较低，法律体系较为完善，投资者利益较容易得到保障，进行投资的风险相对较小，因此对 FDI 更具有吸引力。本研究利用贸易依存度（进出口总额与 GDP 的比值）和外资依存度（实际利用外资与全社会固定资产投资的比值）来衡量各省（市、区）的市场开放程度。

**4. 劳动力因素**

（1）劳动力数量

劳动力的多少对于农业 FDI 的进入产生重要影响，丰富的劳动力资源是农业生产持续稳定进行的重要保障。一般来说，劳动力数量越多，劳动力资源就越丰富，外商进行直接投资时所受到的约束就越小。在祖国大陆，农业仍属于劳动密集型产业，故论文用第一产业就业人数来衡量劳动力数量。

（2）劳动力成本

劳动力成本是生产成本的重要组成部分，其对农业外资的进入会产生重要影响。劳动力成本是 FDI 在选择投资地点时的重要考虑因素。本书用农村居民消费水平来衡量劳动力成本。

(3) 劳动力素质

寻求市场型 FDI，看重的是劳动力的文化素质；相反，节约成本型 FDI，其投资的主要目的是利用中国廉价的劳动力生产劳动密集型产品，对劳动力的素质要求不会像寻求市场型 FDI 那么高。由于目前大陆农业很大程度上仍属于劳动密集型产业，所以用初中以上人口比例来衡量劳动力素质。

**5. 地理因素**

哈格斯特朗认为，技术扩散的强度有随空间距离的增加而衰减的趋势，在地理空间上产生"近邻效应"，与新技术扩散源地越接近，越容易接受新技术，从而产生扩散效应。大陆各省份与台湾距离越近，自然条件则越相仿，农业品种亦愈相似；同时，距离越近，语言文化方面也越能融入当地，这些为台商投资创业提供了便利，亦为台湾农业技术扩散提供了先天条件。本研究用大陆各省（市、区）省会或首府与台北之间的空间距离来衡量影响台商农业投资的地理距离因素。

**6. 政策因素**

作为弱势产业的农业，其发展离不开政府的支持，政府的优惠政策及财政支持对农业发展起到非常重要的支撑作用。除了经济因素外，各省（市、区）农业招商引资政策的优惠程度也会对台商农业投资产生重大影响，如1997 年福建省被国家率先列为海峡两岸农业合作试验区，获得了税费、土地、金融等多方面的优惠政策，有效吸引了台商前来进行农业投资。海峡两岸农业合作试验区及台湾农民创业园是台湾农业投资及技术扩散的重要平台，本研究以大陆各省（市、区）所拥有的国家级海峡两岸农业合作试验区及台湾农民创业园的数量来量化各省（市、区）对台商农业投资的政策优惠程度；另外，为了充分考虑政策因素对台商大陆农业投资的影响，如果大陆省（市、区）有对台农业合作试验区（包括省级）或台湾农民创业园（包括省级），则将其属性设为 1，反之设为 0，从而进行虚拟变量分析。

**7. 基础设施**

基础设施的优劣决定着台商企业能否正常生产，特别是交通运输设施的完善程度直接决定着农业投资者能否方便地将其产品快捷地运往目标市场进行销售；同时，很多农产品特别是水果、蔬菜等需要保证新鲜程度，这就更加增强了农业投资对于交通运输条件的依赖性。本研究用农业机械总动力及地均公路里程来衡量各省（市、区）的农业基础设施。

**8. 自然资源**

跨国公司有不同的海外扩张形式如出口、直接投资等。但不管是哪种扩张形式，其目的都是去开发一些被低度利用的资源，只不过开发的模式有所差异罢了。跨国公司获得资源的能力是其保持竞争优势、获得超额收益的关键（Wolf，1977），对这些资源的开发和利用一定程度上体现了其未来的发展方向。农业生产的基础是自然资源，如果当地自然资源条件不符合，农业生产活动将无法正常开展。论文用耕地数量来衡量各省（市、区）的农业自然资源状况。

**9. 农业比较优势**

农业比较优势一定程度上可以反映出一个区域中农业的相对地位，也可反映出当地政府对农业的扶持与重视程度，本研究用农业区位熵（各省、市、区农业 GDP 比例/大陆农业 GDP 比例）来衡量各省（市、区）农业的比较优势即相对地位。

**10. 农业技术水平**

由技术转移梯度理论可知，区域间的技术水平差异过大，技术是很难转移的。台湾农业技术一定程度上领先大陆 10 多年，农业基础较好，农业技术水平较高的大陆省份，更容易承接来自台湾的农业技术扩散。全要素生产率（Total Factor Productivity，TFP）与要素投入共同构成了驱动经济增长的动力源泉；对于农业生产而言，全要素生产率度量了要素投入以外，由于技术进步、组织创新等方面而实现的增长，其反映出区域农业生产率的变动情况即动态变化；行业从业人员的劳动产出（各省、市、区的农业 GDP 与各省、市、区农业就业人数的比值）一定程度上能反映出区域农业产业技术水平的静态特征；本书用 TFP（数据来源于第一节基于 DEA-Malmquist 指数法所计算出来的各省、市、区的农业 TFP）及行业从业人员的劳动产出来表示各省、市、区农业技术水平的差异。

### （二）数据来源

台商对大陆各省（市、区）农业投资数据：来自台湾"经济部"投资审议委员会"对中国大陆投资分区分业月资料统计"资料（1991—2016 年）并进行整理。

各影响因素（指标体系）数据：来自《中国统计年鉴》（2017 年、2009 年、2001 年）及各省（市、区）相关年份统计年鉴及相关统计网站。

## 三、台商农业投资影响因素分析

选取 2000、2008、2016 年 3 个时间节点，构建母序列（台商当年对大陆各省、市、区农业投资额,表3-9: $X_0$) 和子序列(共17个,即影响台商农业投资的大陆各省、市、区的17个指标因子,表3-9: $X_1$-$X_{17}$),以探讨各子序列(影响因素)对母序列影响作用的强度及变化情况。利用DPS软件分别计算出3个时间节点下各指标因子与台商农业投资之间的关联度值①及关联序(结果见表3-10、表3-11)。灰色关联度($R_{0i}$)的值越大,表示影响因素对台商农业投资的影响作用越强,贡献作用越显著,反之则越弱。通常,当$0<R \leqslant 0.30$,关联度为轻度;当$0.30<R \leqslant 0.60$,关联度为中度;当$0.60<R \leqslant 1.0$,关联度为强度(贺祥等,2016)。同时,可依据关联度值大小对影响台商农业投资变化的各指标因子按强弱程度进行排序。

对各指标因子与台商农业投资的关联度值及关联序(表3-10、表3-11)进行分析可知以下结论。

### (一)各因子均为强度关联

3个时间节点下,各指标因子与台商农业投资的关联度值均较大(关联度值最低的为0.73082,即地理空间距离对台商农业投资的影响),其关联度为强度,充分显示了各指标因子对台商农业投资变化具有重要影响,同时也表明各指标因子的选取较为合理(贺祥等,2016)。

表3-10 关联度表

| 指标因子 | 2000年 | | 2008年 | | 2016年 | |
|---|---|---|---|---|---|---|
| | 关联度($R$) | 排序 | 关联度($R$) | 排序 | 关联度($R$) | 排序 |
| $X_1$ | 0.883 87 | 5 | 0.836 97 | 2 | 0.858 41 | 1 |
| $X_2$ | 0.894 75 | 2 | 0.775 38 | 11 | 0.832 80 | 4 |
| $X_3$ | 0.884 44 | 4 | 0.789 62 | 7 | 0.799 46 | 6 |
| $X_4$ | 0.843 71 | 17 | 0.730 82 | 17 | 0.748 59 | 17 |
| $X_5$ | 0.864 37 | 11 | 0.775 14 | 12 | 0.774 95 | 13 |
| $X_6$ | 0.856 80 | 15 | 0.779 75 | 10 | 0.781 96 | 12 |
| $X_7$ | 0.881 25 | 7 | 0.787 65 | 8 | 0.784 52 | 10 |
| $X_8$ | 0.884 63 | 3 | 0.841 74 | 1 | 0.813 35 | 5 |
| $X_9$ | 0.871 24 | 10 | 0.808 45 | 5 | 0.793 77 | 7 |
| $X_{10}$ | 0.881 88 | 6 | 0.818 85 | 4 | 0.835 15 | 3 |

---

① 注:①统一量纲方法。均值化变换,即先分别求出各个序列的平均值,然后用平均值去除对应序列中的各个原始数据,这样得到的新数据序列即为标准化序列。②$\xi$取值为0.5。③参数$\triangle$min的取值由各个数据序列各个时刻绝对差值的比较来确定。

(续表)

| 指标因子 | 2000 年 | | 2008 年 | | 2016 年 | |
| --- | --- | --- | --- | --- | --- | --- |
| | 关联度（$R$） | 排序 | 关联度（$R$） | 排序 | 关联度（$R$） | 排序 |
| $X_{11}$ | 0.915 34 | 1 | 0.831 03 | 3 | 0.850 52 | 2 |
| $X_{12}$ | 0.860 99 | 13 | 0.742 88 | 16 | 0.753 80 | 16 |
| $X_{13}$ | 0.878 72 | 8 | 0.786 49 | 9 | 0.789 63 | 9 |
| $X_{14}$ | 0.862 80 | 12 | 0.760 67 | 15 | 0.793 27 | 8 |
| $X_{15}$ | 0.848 91 | 16 | 0.763 26 | 14 | 0.769 86 | 15 |
| $X_{16}$ | 0.872 77 | 9 | 0.796 68 | 6 | 0.784 38 | 11 |
| $X_{17}$ | 0.858 39 | 14 | 0.764 25 | 13 | 0.770 11 | 14 |

表 3-11　各指标因子关联序

| 年份 | 关联序 |
| --- | --- |
| 2000 | $X_{11}>X_2>X_8>X_3>X_1>X_{10}>X_7>X_{13}>X_{16}>X_9>X_5>X_{14}>X_{12}>X_{17}>X_6>X_{15}>X_4$ |
| 2008 | $X_8>X_1>X_{11}>X_{10}>X_9>X_{16}>X_3>X_7>X_{13}>X_6>X_2>X_5>X_{17}>X_{15}>X_{14}>X_{12}>X_4$ |
| 2016 | $X_1>X_{11}>X_{10}>X_2>X_8>X_3>X_9>X_{14}>X_{13}>X_7>X_{16}>X_6>X_5>X_{17}>X_{15}>X_{12}>X_4$ |

## （二）各指标因子影响程度的强弱差异

2000 年，台商对大陆农业投资的主要驱动因素排在前列的主要是贸易依存度（进出口总额占地区 GDP 比例）、政策因素、市场规模（地区生产总值）、台商集聚水平、外资依存度（实际利用外资占全社会固定资产投资比例）、劳动力成本（农村居民消费水平）、农业基础设施（地均公路里程）、科技水平（农业人员产出）。2008 年，台商对大陆农业投资的主要驱动因素排在前列的主要是市场规模（地区生产总值）、台商集聚水平、贸易依存度（进出口总额占地区 GDP 比例）、外资依存度（实际利用外资占全社会固定资产投资比例）、农业市场规模（农业 GDP）、农业技术水平（农业人员产出）、政策因素（对台农业合作平台的有无）、劳动力成本（农村居民消费水平）。2016 年，台商对大陆农业投资的主要驱动因素排在前列的主要为台商集聚水平、贸易依存度（进出口总额占地区 GDP 比例）、外资依存度（实际利用外资占全社会固定资产投资比例）、政策因素、市场规模（地区生产总值）、政策因素、农业市场潜力（农业 GDP）、农业基础设施（地均公路里程）。

综合来看，台资集聚水平、市场规模（地区生产总值、农业 GDP）、政策因素、经济对外开放程度（贸易依存度、外资依存度）、劳动力成本、农业基础设施（地均公路里程）等指标因子对台商大陆农业投资的影响较强；而劳动力素质、劳动力数量、基础设施（农业机械总动力）、农业比较优势、农业技术水平、地理空间距离等因素对台商农业投资的影响相对较小。

**（三）各指标因子影响强弱变化的差异**

台资集聚水平（$X_1$：前期台资存量）对台商农业投资的影响强度增强，至2016年，其取代其他指标因子，成为影响台商大陆农业投资的首要因子，关联度都在0.83以上。台资经过前期大量集聚之后，表现出非常明显的路径依赖效应，台商农业投资存量与新增投资之间的自强化效应较为显著，由于受各种原因（如先前台商投资区的投资政策、环境、人文关系等都较为成熟）的影响和制约，台商更愿意在台资集聚区进行投资，导致台商大陆农业投资"强者越强、弱者越弱"的投资马太效应产生，空间分布差异增大。

受海峡两岸特殊政治关系的影响，政策因素对台商农业投资的吸引力减弱。可能的原因有：一方面，试验区、台创园的发展成效欠佳，台商在大陆投资的大型农业项目很少是在试验区或园区内实现的，如福建省最大的农业投资与合作项目——天福茗茶集团、四川成都台湾钧乔农业科技公司等（邓启明，2014）；另一方面，大陆一些省（市、区）为了加强和推进对台合作，吸引台资，纷纷出台更多、更优惠的政策措施，造成严重的省域间的恶性竞争，不利于两岸农业间的交流与合作，相关部门应进行政策规范，引导甚至统一管理。

外资依存度（$X_{10}$：实际利用外资/全社会固定资产投资）对台商大陆农业投资的影响逐渐增强，由2000年的第五位上升到2008年的第四位、2016年的第三位。外资依存度越高，说明该省、市、区利用外资的比例越高，越需要外资的注入，为台商农业投资提供了很好的切入点，有利于台商农业投资的进入。

贸易依存度（$X_{11}$：进出口总额/GDP）的总体影响力基本不变，3个时间节点都排在前3，说明台商在大陆进行农业投资时，非常看重大陆各省（市、区）市场开放程度、管理水平、法律体系、市场秩序、贸易壁垒等方面。为了更好地吸引外商投资，各省（市、区）要根据实际情况加强法律体系、市场秩序等方面的建设，营造良好的对外开放环境。

综合来看，市场规模（地区生产总值、农业GDP）对台商农业投资的影响程度先增强后有减弱趋势，说明台商占领大陆地区市场的农业投资动机先增强，然后减弱；其对劳动力素质的要求不断提高，低素质的劳动力对其投资影响逐渐减弱。

农业比较优势（农业区位熵）、自然资源（耕地面积）对台商农业投资的影响程度在3个时间节点基本上不变，且处于较低水平。可能是由于台商农业投资多为食品加工业（占整个农业类投资项目与金额的一半以上），而纯粹的农业投资（用于粮食等种植业经营）较少所引起（邓启明，2014）；另外，花卉、水果等经济作物是台商对大陆农业投资的重点，并且很多台商经营的重点并不是农业本身，而是租赁大量的土地从事观光休闲农场经营（邓启明，2014）；这些导致台商对农业区位熵特别是耕地面积的需求并不明显。

相比其他指标因子，距离因素与台商农业投资的关联度最低，在3个时间节点关联序中都位于最后，说明空间距离对台商大陆农业投资的影响较弱。

各省、市、区的农业科技水平对台商农业投资的影响呈先加强后减弱之态势，说明台商大陆农业投资前期，其较为看重农业科技水平，海峡两岸间技术水平差距过大，不利于相互间的技术交流，对台湾农业在大陆技术扩散有阻碍作用。随着大陆经济发展水平的不断提高，各省份农业科技水平也逐渐提高，整体上大陆农业技术水平与台湾之间差距逐渐减小，农业技术水平对台商投资的吸引力有所减弱。另外，台商农业投资更看重区域的农业技术水平基础，技术进步（动态变化）对其投资的影响作用相对较小。

综合以上可知，在台商大陆农业投资的前期，由于台湾岛内市场较为有限，而大陆则有广阔的市场，所以占领大陆市场是台商重要的投资目的。经过改革开放，东部沿海地区，特别是广东、福建、浙江、江苏等省份经济发展水平较高，拥有较大规模的消费市场，得到了台商的青睐。台商大陆农业投资的中后期（2008年以后），台资集聚水平、经济对外开放程度的影响日益增强；经过改革开放的洗礼，东部沿海省（市）的对外开放水平、经济市场化水平都要明显高于中西部省（市、区）；加之，台商农业投资前期的累积；在多重影响因素作用下，受循环累积因果效应之影响，东部沿海省（市）成为台商农业投资的重点区域，而中西部省（市、区）的台商农业投资则很少，一定程度上形成了"强者愈强、弱者愈弱"的马太效应。

## 本章小结

本章基于数据包络分析（DEA）方法探讨了大陆各省份与台湾之间的农业技术效率差异情况，并以台商大陆农业投资为农业技术扩散指标变量，利用数理统计、区位熵、地理集中度指数、空间自相关分析、灰色关联分析等方法探讨了台湾农业技术在大陆扩散的时空分布、演化特征、空间集聚特征及其驱动机制（影响因素），主要结论如下。

(1) 相对于大陆各省份而言，台湾各年份农业技术的综合效率、纯技术效率及规模效率都为1，均达到了最优状态（而大陆只有极少数省份在不同的年份达到最优状态），远高于大陆各省份的均值；大陆各省份的农业生产综合效率、纯技术效率及规模效率存在很大的提升空间。Malmquist指数模型研究结果表明，受农业技术基础的影响，台湾农业全要素生产率（TFP）的增长速度要低于大陆均值；但其农民人均收入、单位农业从业人员的产出均远远高于大陆各省份，从TFP空间溢出效应看，台湾地区是TFP溢出区域。将台湾作为省域单元纳入，进行全国农业生产效率分析，相对已有研究，能够更好地展示全国各区域特别是大陆与台湾之间农业技术生产效率的差异情况；研究结论更加全面，更符合全国农业生产效率区域差异的实际情况。

(2) 受两岸特殊的政治背景特别是台湾当局政策的影响，1991年来，台商在大陆的农业投资波动变化特征明显，与海峡两岸的政策关系密切；台商大陆农业投资虽占其大陆总投资的比例较低，但占其对外农业投资的比例却相当高，大陆与台湾"地缘相近、血缘相亲、文缘相承、法缘相循、商缘相连"，祖国大陆是台商农业投资的理想之地，首选之地。在"一带一路"倡议背景下，台湾当局应逐步放宽或取消台商赴大陆进行农业投资的各种限制条件，鼓励台商将岛内具有比较优势的农业品种和农业技术扩散到大陆各省（市、区），加强两岸农业交流与合作，实现双赢。

(3) 台商大陆农业投资区域差异明显。从大陆东、中、西部地区3个区域来看，长期以来，台商农业投资无论是金额还是件数都集中分布在东部沿海地区（基本上占80%以上），中西部地区台商农业投资则很少。从大陆各省（市、区）的分布来看，台商农业投资分布符合逆模型（倒数）曲线分布，集中分布在广东、江苏、福建、上海、浙江、北京、天津、辽宁8省（市），有北移之趋势。地理集中度指标显示台商对大陆各省（市、区）农业投资的空间分布差异较为稳定，投资额没有集中分布于某一省（市、区）之现象。

(4) 台商农业投资在大陆各省（市、区）的分布具有明显的空间集聚特征（空间自相关特征），台商农业投资多的省（市、区）及台商农业投资少的省（市、区）分别在地理空间上集聚；显著的HH象限集聚中心由广东向福建、浙江、上海、江苏、山东北移；显著的LL集聚中心主要集中在四川、陕西、甘肃、新疆、内蒙古等中西部省（区），且变化趋势并不显著。整体上台商大陆农业投资有沿沿海地区北移趋势，但西进之态势并不明显，与台商投资北移西进态势有一定异同，一定程度上说明台商农业投资更看重区域自然条件的相似性及交通的便捷性。

(5) 灰色关联分析表明，台资集聚水平（前期台资存量）、市场规模（GDP、农业GDP）、经济对外开放程度（贸易依存度、外资依存度）、政策因素、劳动力成本等指标因子与台商农业投资的关联度较大，对台商大陆农业投资的影响较强；而劳动力数量、劳动力素质、耕地面积、农业产业地位、空间距离等指标因子与台商农业投资的关联度相对较小，对台商大陆农业投资的影响相对较弱。在台商大陆农业投资前期，由于岛内市场较为有限，占领大陆广阔的市场是其重要的投资目的；经过改革开放的发展，东部沿海地区，特别是广东、福建、浙江、江苏等省份经济发展水平较高，拥有规模较大的消费市场，得到了台商农业投资的青睐。台商大陆农业投资的中后期，台资集聚水平、经济对外开放程度的影响日益增强；经过改革开放的洗礼，东部沿海省（市）的对外开放水平、经济市场化水平都要明显高于中西部省（市、区）；加之，台商农业投资前期的累积；在多重影响因素作用下，受循环累积因果效应之影响，东部沿海省（市）成为台商农业投资的重点区域，而中西部省（市、区）的台商农业投资则很少，一定程度上形成了"强者愈强、弱者愈弱"的马太效应。

台商大陆农业投资是一个时空演化过程，同时亦是一复杂系统，演化经济地理学及关系经济地理学理论能较好地对其进行解释。受各区域自然条件、社会经济条件及台商前期农业投资的影响，台商后期农业投资存在较强的路径依赖特征，很大程度上台商基于原有路径对大陆及其各区域进行农业投资，使得长期以来，台商农业投资集中分布在东南沿海地区及少数省份；与此同时，台商大陆农业投资亦是一个开放的经济系统，存在一定的"权变性"，台商农业投资行为不能完全被已有路径控制，在大陆及各区域政策战略、企业家精神及大学与科研机构、"关系资产"等作用下，台商大陆农业投资的路径发生一定的改变，虽集中在东部沿海地区，但呈现出"北移"之态势。

作为"经济人"的台商与其他投资者一样，经济利益是其最主要的投资动机，其会利用在农业技术方面所掌握的垄断优势，在大陆选择较为理想的投资区域进行农业投资；同时，受台湾当局政策及利益保护的影响，台商向大陆输出的农业技术并非台湾农业之核心技术，核心技术"根留台湾"或"根留台商"之态势较难改变；台商大陆农业投资行为很大程度上能用主流对外投资（FDI）理论如垄断优势理论、边际产业扩张论、国际生产折衷理论等进行解释。但大陆与台湾本是同根生，一水相连，两岸间特殊的政治文化背景同样影响着台商大陆农业投资行为：一方面，大陆对台商大陆投资行为一直处于开放、欢迎且优惠之态势，但台湾当局政策波动变化较大，导致台商大陆农业投资存在明显的波动变化特点；另一方面，虽受台湾当局特别是近年来"新南向政策"之影响，但两岸间特殊的文化背景、亲缘情结等使得台商农业投资并没有大规模向"南向国家"或其他地区转移，长期以来，台商大陆农业投资占其对外农业总投资的比例一直保持在80%以上，充分说明文化背景、乡土情结等对台商对外农业投资产生的重要影响。特殊的政治、文化背景，乡土情结等一定程度上对主流对外直接投资（FDI）理论起到修正作用。

虽然本章分析了台商农业投资在大陆分布的一般性规律及驱动机制，但对台商农业投资的分析还欠深入，如台商农业投资中不同行业的投资效应、其他影响台商农业投资的指标因子如文化距离等还有待进一步深入研究。

# 第四章 宏观视角下台湾农业在大陆技术扩散效应分析

受多种因素的影响和制约，FDI 对东道国（地区）经济发展的作用可能显著为正，也可能显著为负，同时也有可能为不显著。受两岸特殊政治背景和政治关系的影响，台商直接投资有别于一般的 FDI，目前关于台湾对大陆农业投资的研究主要集中在台商农业投资在大陆的时空分布特点及影响因素等方面；虽然有部分学者开始针对台商大陆农业投资的溢出效应进行研究，但研究多为定性分析，定量研究较少且只证实了扩散的溢出效应，并没有分析其溢出效应随投资时期变化而变动的情况及后续之影响；针对台商大陆农业投资效应区域差异进行对比分析的研究则更少，大陆各区域自然条件、社会经济发展水平差异巨大，台商农业投资产生的技术溢出效应及对农业经济发展之影响必然有所差异。

本章基于 1996—2016 年台商农业投资数据①、大陆农业固定资产投资数据及农业增加值数据，构建时间序列变量，利用向量自回归（VAR）和向量误差修正（VEC）模型，利用 EViews7.0 统计分析软件，探讨台商农业投资、大陆农业固定资产投资对大陆及其东、中、西部地区农业经济发展之影响。

## 第一节 研究方法及数据来源与处理

### 一、研究方法

向量自回归（VAR）模型是目前对宏观经济进行研究的主流模型，其是

---

① 台商农业投资包括农林牧渔业、食品及饲品制造业、饮料制造业、烟草制造业、皮革、毛皮及其制品制造业及木竹制品制造业 6 类涉农投资；为了与农业 GDP 相匹配，本章数据为台商农林牧渔业投资额。

一种多变量数据分析方法（丁正良等，2014）。该模型在实证分析过程中，直接对各经济指标或变量间的相互关系进行分析并通过多个方程联立的形式，对所建模型中的所有内生变量的动态关系进行估计与预测。在实际问题研究中，向量自回归（VAR）模型具有较强的技术优势，目前广泛应用于宏观经济的研究当中。模型的一般形式为式（4-1）。

$$Y_t = \sum_1^p \beta_i Y_{t-i} + \varepsilon_t \qquad (4-1)$$

式（4-1）中：$E(\varepsilon_t) = 0$，$E(\varepsilon_t, Y_{t-i}) = 0$，$i = 1, 2, \cdots, p$，$p$ 为滞后阶数；$Y_t$ 是（$n \times 1$）向量组成的同方差平稳的线性随机过程，$\beta_i$ 是（$n \times n$）的系数矩阵，$Y_{t-i}$ 是 $Y_t$ 向量的 $i$ 阶滞后变量，$\varepsilon_t$ 是随机扰动项。

向量误差修正（VEC）是对向量自回归（VAR）施加了协整约束条件的模型，在 VAR 模型的基础上，其可以进一步探讨经济变量间短期相互关系。当变量之间是协整关系时，通过 VEC 模型能分析系统中各个变量之间短期不均衡关系的动态结构等，可有效弥补长期静态模型的不足（王伟光等，2016）。误差修正模型的一般形式为式（4-2）。

$$DY_t = \alpha \cdot ecm_{t-1} + \sum_{i=1}^{p-1} \Gamma_i \cdot DY_{t-1} + \varepsilon_t, \ t = p + 2, \cdots\cdots, T \qquad (4-2)$$

式（4-2）中：$DY_t$ 是由一阶差分序列组成的 $k$ 维向量；$ecm_{t-1}$ 是误差修正项；$\Gamma_i$ 是解释变量一阶差分项的系数，反映各变量短期波动的彼此影响。

本章基于台商农业投资数据、大陆及其东、中、西部地区农业增加值数据，在建立 VAR 模型探讨台商农业投资对大陆及其东、中、西部地区农业发展长期影响基础上，再构建 VEC 模型，以探讨台商农业投资对大陆及其东、中、西部地区农业经济发展的短期影响；并与大陆农业固定资产投资进行比较。

## 二、数据来源与处理

### （一）研究区域划分

大陆东部地区包括辽宁、河北、北京、天津、山东、江苏、上海、浙江、福建、广东、海南 11 个省（市）；中部地区包括黑龙江、吉林、山西、河南、湖北、安徽、湖南、江西 8 个省份；西部地区包括内蒙古、陕西、宁夏、青海、甘肃、新疆、西藏、云南、贵州、重庆、四川、广西 12 个省（市、区）。

### （二）数据来源与处理

台商大陆农业投资（农林牧渔业投资）数据来源于台湾"经济部"投

资审议委员会"对中国大陆投资分区分业月资料统计"资料并进行整理；用第一产业增加值（GDP）代表农业经济发展变量，大陆第一产业增加值数据、农业固定资产投资数据来源于《中国统计年鉴》（1997—2017年）、《中国固定资产统计年鉴》（1997—2017年）及各省（市、区）统计年鉴（1997—2017年）。由于台商农业投资数据单位为千美元，依据当年美元与人民币的汇率将其折算成人民币；为了消除物价因素的影响，参考相关研究（朱智洺等，2018；刘耀彬等，2015；屠年松等，2015；钟晓君等，2016；李敬锁等，2015；胡春阳等，2011；何骏，2012），用居民消费物价指数将台商农业投资数据及大陆第一产业增加值数据统一进行削平处理；同时，为了降低异方差的影响，对削平后的时间序列数据进行对数化处理（取自然对数）。

## 第二节 台商农业投资对大陆农业发展影响研究

外商直接投资（FDI）对东道国（地区）经济增长的影响问题受到国内外学者的广泛关注，学者们主要依据经济增长理论对FDI和经济增长的关系进行了探讨。传统经济增长理论认为，资本和劳动力投入增加是经济增长的原因。外资流入，会增加资本，扩大供给规模；同时，外资企业可利用其广泛的海外联系，有效地推动进出口贸易的发展，从而使海外需求增加；需求增长与供给规模扩张相对应，促进经济增长。新经济增长理论认为，经济增长不能全部由资本和劳动力投入增加解释，技术进步和经济结构升级是经济增长的内生变量。外资企业的增加会使国内市场的竞争加剧；而技术进步的根本动力源于竞争，在竞争和技术进步的基础上，产品结构、产业结构得以提升和升级，经济增长得以实现。新制度经济学认为，制度变迁是经济增长的函数，良好的制度环境是资本和劳动力投入增加、科技创新与产业结构得以升级的重要保证；某种程度上，制度创新对经济增长所起的作用比技术创新更为重要，即使没有技术创新，劳动生产率的提高、经济的快速增长也可通过高效率的制度创新实现。因此，外商直接投资（FDI）可使东道国（地区）的资本积累增加、资本形成率得到提高；通过FDI可引进入先进技术，有效提高东道国（地区）的技术水平；同时，亦可改善东道国（地区）的产品性能，提高东道国（地区）的资本产出比；FDI的引入会促使东道国（地区）对宏观、微观经济环境、市场环境等进行相应的改善，进而提高其资源配置率、促进东道国（地区）的经济增长。

以台商对大陆农业投资累计金额值表示台商大陆农业投资量（农业投资对农业经济发展的促进作用具有周期较长、相对滞后等特点），用大陆第一产业 GDP 表示大陆农业经济发展状况；并用 LNDL、LNTW 分别代表取自然对数后的大陆农业 GDP、台商对大陆农业投资量；构建 LNDL 与 LNTW 之间的向量自回归模型（VAR）、向量误差修正模型（VEC），探讨台商大陆农业投资对大陆农业发展的影响。

## 一、数据平稳性检验

运用 ADF 方法对时间序列数据 LNDL 及 LNTW 进行平稳性检验（单位根检验）。结果表明在 0.05 的显著性水平下，LNDL 及 LNTW 两个时间序列数据均不平稳；经过二阶差分后，LNDL 及 LNTW 在 0.01 的显著性水平下均是平稳的，达到协整检验的条件和要求，平稳性检验结果见表 4-1。

表 4-1 变量的平稳性检验

| 项目 | 检验形式 $(c, t, p)$ | ADF 统计量 | 临界值 (1%) | 临界值 (5%) | 临界值 (10%) | 检验结论 |
| --- | --- | --- | --- | --- | --- | --- |
| $D$ (LNDL, 2) | $(c, 0, 1)$ | -6.067 798 | -3.886 751 | -3.052 169 | -2.666 593 | 平稳 |
| $D$ (LNTW, 2) | $(c, 0, 3)$ | -5.544 045 | -3.959 148 | -3.081 002 | -2.681 330 | 平稳 |

注：$D$ (LNDL, 2)、$D$ (LNTW, 2) 分别为 LNDL、LNTW 的二阶差分；检验形式中，$c$ 为截距项，$t$ 为时间趋势项，$p$ 为滞后阶数。

## 二、协整分析

由平稳性检验可知，LNDL 与 LNTW 两个时间序列数据达到协整检验要求，可对其进行协整检验。检验结果表明，大陆农业经济增长和台商大陆农业投资之间的线性组合是平稳的（特征根迹检验和最大特征值检验结果一致，即在 95% 置信区间内拒绝无协整关系的原假设，表明 LNDL、LNTW 在 0.05 的显著性水平存在协整关系），LNDL 与 LNTW 之间存在长期稳定均衡关系（表 4-2、表 4-3）。

表 4-2 变量的协整检验（特征根迹）

| 假设 No. of CE（s） | 特征值 | 最大特征值检验 | 0.05 临界值 | Prob.** |
| --- | --- | --- | --- | --- |
| None* | 0.542 989 | 21.279 91 | 15.494 71 | 0.006 0 |
| At most 1* | 0.286 053 | 6.401 980 | 3.841 466 | 0.011 4 |

表 4-3 协整检验 (最大特征值)

| 假设<br>No. of CE (s) | 特征值 | 迹统计量 | 0.05<br>临界值 | Prob. ** |
|---|---|---|---|---|
| None* | 0.542 989 | 14.877 93 | 14.264 60 | 0.039 9 |
| At most 1* | 0.286 053 | 6.401 980 | 3.841 466 | 0.011 4 |

### 三、格兰杰因果关系分析

协整检验分析只能说明台商大陆农业投资与大陆农业经济增长之间存在长期均衡关系，但这种均衡关系是否构成因果关系要通过格兰杰因果关系检验来证实。由表 4-4 可知：在 0.05 的显著性水平下，LNDL 与 LNTW 之间互为格兰杰因果关系，说明台商农业投资从一定程度上弥补了大陆农业发展的资本不足问题，能在一定程度上促进大陆农业 GDP 的增长；同时，大陆农业经济的快速增长，使之与台湾农业的技术水平差距不断缩小，能够更加有效地承接来自台湾地区的农业技术扩散，促进台商对大陆的农业投资；这些结论与协整分析结果一致。

表 4-4 格兰杰检验

| 原假设 | 滞后长度 | $F$ 统计量 | 概率 $P$ 值 | 检验结果 |
|---|---|---|---|---|
| LNDL does not Granger Cause LNTW | 1 | 18.119 0 | 0.000 5 | 拒绝原假设 |
| LNTW does not Granger Cause LNDL | 1 | 5.019 79 | 0.038 7 | 拒绝原假设 |
| LNDL does not Granger Cause LNTW | 2 | 0.328 46 | 0.725 4 | 接受原假设 |
| LNTW does not Granger Cause LNDL | 2 | 8.338 94 | 0.004 1 | 拒绝原假设 |
| LNDL does not Granger Cause LNTW | 3 | 0.610 89 | 0.604 4 | 接受原假设 |
| LNTW does not Granger Cause LNDL | 3 | 5.591 16 | 0.014 1 | 拒绝原假设 |

### 四、VAR 模型分析

在利用差分序列建立向量自回归（VAR）模型对相关变量进行分析时，一定程度上损失了数据原有的信息；同时，原有变量亦无法对模型结果进行解释与分析（刘磊等，2017）。非平稳的时间序列只要是协整的也可以直接建立 VAR 模型进行相关分析（沃尔特·恩德斯，2017；沈悦等，2012；汪行等，2017；刘妍等，2018；王泽宇等，2017；周启清等，2018），由前文分析可知，台商大陆农业投资（LNTW）与大陆农业经济发展（LNDL）时间序列数据达到协整分析的条件和要求,在相关研究基础上,构建 VAR 模型来探讨台商大陆农业投资（LNTW）对大陆农业经济发展（LNDL）的影响。

## （一）滞后期选择及稳定性检验

滞后期的选择对于 VAR 模型来说非常重要,用滞后结构中的滞后长度标准确定模型的最佳滞后期数为 1 期,VAR 方程见式（4-3）。

$$LNDL = 0.967\ 04 \times LNDL(-1) + 0.0360\ 66 \times LNTW(-1) + 0.287\ 053 \quad (4-3)$$

VAR 方程即式（4-3）中,调整后的 $R^2$ 值为 0.99,$F$ 值为 968.58,在 0.01 的水平下通过显著性检验,说明 VAR 模型拟合较好;方程回归系数在 0.05 的显著性水平均通过检验,说明 VAR 模型在理论上是成立的。由 VAR 方程可知,大陆农业 GDP 的增长主要受其滞后 1 期 [$LNDL(-1)$] 的影响,同时滞后 1 期的台商投资 [$LNTW(-1)$] 对大陆农业经济的发展产生正向显著影响。确定 VAR 模型的滞后期后,还需对其进行稳定性检验,如 VAR 模型是稳定的,就能对其进行脉冲响应及方差分解分析。由图 4-1 可知,VAR 模型的所有特征根都在单位圆内（两个特征根的值分别为 0.992 594 和 0.311 714,均小于 1）,因此 VAR 模型是稳定的,可以进一步进行脉冲响应及方差分解分析。

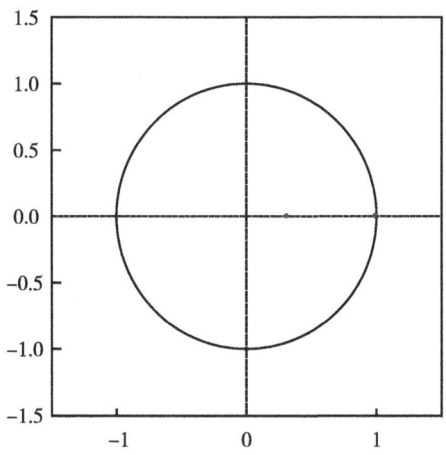

图 4-1 VAR 模型稳定性（AR 根）检验

## （二）脉冲响应函数分析

由于 VAR 模型在实证分析过程中不需要以相关理论为基础,在使用上具有较大优势。论文利用软件 EViews7.0 进行脉冲响应分析,大陆农业增加值对来自台商农业投资的冲击响应程度如图4-2。图4-2中横轴为响应时间即滞后期数（单位：年），论文设定为20年，纵轴为变量LNDL受到台商农业投资（LNTW）相应冲击后的响应程度，实线为脉冲响应函数曲线，虚线为正负两倍标准差偏离带。

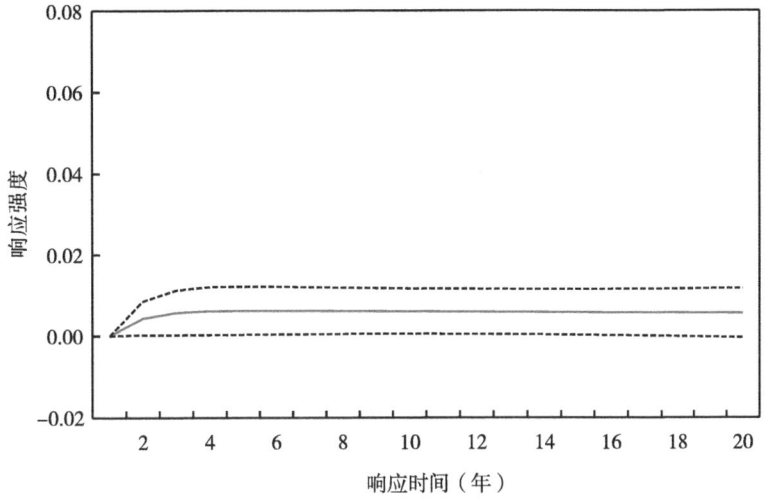

图4-2 LNDL对LNTW的脉冲响应函数曲线

由图4-2可知，本期给台商大陆农业投资（LNTW）一个标准差冲击后，其对大陆农业GDP表现出一定的正向冲击效应，这种正向效应在冲击后的第二年开始出现，到第三年（期）达到峰值（0.6%），随后维持稳定状态。说明台商大陆农业投资对大陆农业GDP的增长有一定的促进作用，与前文协整分析和格兰杰检验结果基本一致。

### （三）方差分解分析

基于已经建立的大陆农业GDP（LNDL）和台商大陆农业投资（LNTW）之间的向量自回归（VAR）模型，对大陆农业GDP（LNDL）进行方差分解分析，结果如图4-3。

由图4-3可知：台商农业投资对大陆农业经济发展的方差贡献率由第一期的0逐渐增长到第六期的2%，随后保持稳定；台商农业投资可以解释大陆农业GDP波动的0~2%（其余98%~100%由大陆农业GDP自身的波动解释），说明台商农业投资对大陆农业经济的发展具有持续性，但影响强度不大，台湾农业投资一定程度上弥补了大陆农业发展的资金不足问题，某种程度上促进了大陆农业GDP的增长，但效应并不强。

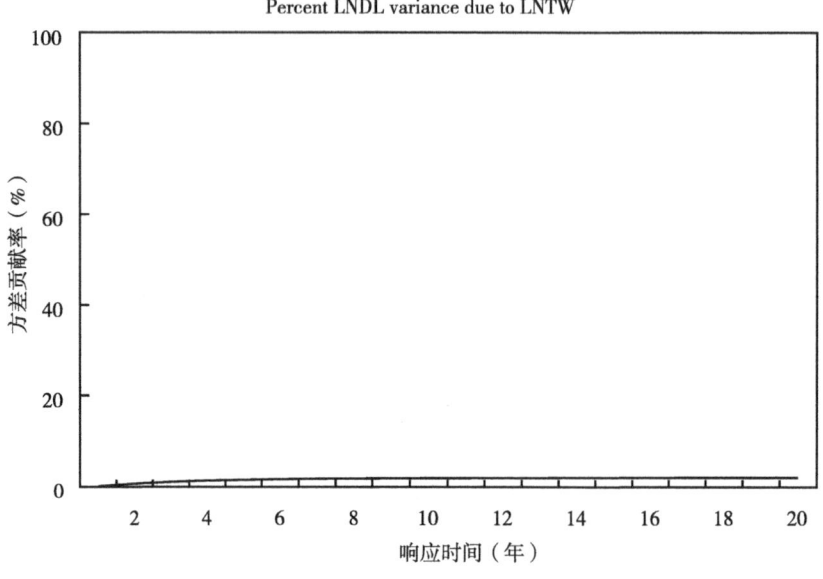

图 4-3 LNDL 方差分解图

## 五、向量误差修正（VEC）分析

大陆农业经济增长和台商农业投资之间存在长期均衡关系，然而这种均衡关系在现实中可能出现偏离，即在短期内，大陆农业经济增长和台商农业投资间的关系可能是不均衡的，可通过误差修正（VEC）模型对这种短期不均衡关系进行分析。在 VAR 模型的基础上，构建误差修正（VEC）模型进一步对大陆农业经济增长和台商大陆农业投资之间的短期动态关系进行分析，模型构建如下：

$$D(LNDL_t) = a_0 + a_1 LNTW_{t-1} + \lambda ECM_t + \varepsilon_t \tag{4-4}$$

式（4-4）中：$D(LNDL_t)$、$D(LNTW_t)$ 分别为 $LNDL_t$、$LNTW_t$ 的差分算子；$LNDL_t = k_0 + k_1 LNTW_t$，表示 $LNDL_t$、$LNTW_t$ 的长期关系；$k_0$、$k_1$ 是长期参数；$\lambda ECM_{t-1}$ 为误差修正项，$\lambda$ 为误差修正系数，表示误差修正项对 $D(LNDL_t)$ 的修正速度；$a_0$、$a_1$ 是短期参数。

利用软件 EViews7.0 进行计算可以得到台商农业投资与大陆农业发展之间的向量误差修正模型，VEC 模型的所有单位根小于或等于 1（图 4-4），模型稳定（陈其安等，2017），模型的具体方程式如下（$ECM_t$ 为误差修正项）：

$$D(LNDL_t) = -0.164\,098 \times ECM_t - 0.216\,481 \times D(LNDL_{(t-1)}) +$$

$0.042522 \times D(\text{LNTW}_{t-1}) + 0.065270$      (4-5)

对于台湾农业投资对大陆农业发展的影响而言[式(4-5)],误差修正项 $\text{ECM}_t$ 的系数为负数(通过显著性检验),表明误差修正机制是一个负反馈过程。大陆农业经济发展(LNDL)在短期具有向长期均衡水平调整的动态调节机制,且其会以 16.41% 的修正速度向均衡状态进行调整,调整幅度较小。模型中,$R^2=0.56$,$F=6.32$(在 0.05 的显著性水平下通过检验),$DW=2.1$,表明模型的拟合度较好;但 $D(\text{LNTW}_{t-1})$ 的系数(0.042552)在 0.05 的显著性水平下未通过检验,说明短期内,误差修正效果不明显,前 1 期的台商农业投资对大陆农业发展的正向促进作用不显著。

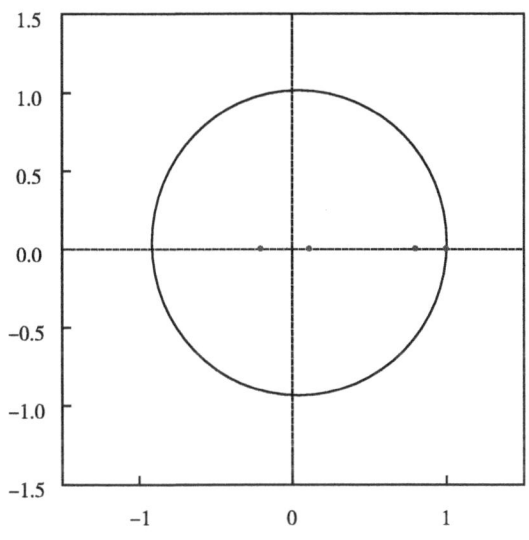

图 4-4  VEC 模型稳定性(AR 根)检验

## 第三节 台商农业投资对大陆东、中、西部农业发展影响研究

由于农业投资转化为经济效益具有周期较长、相对滞后等特点,故台商大陆农业投资以累积值表示,并用 LNDBTW、LNZBTW、LNXBTW 分别代表取对数后的台商对大陆东、中、西部地区农业投资的累积值;LNDB、LNZB、LNXB 分别表示取对数后大陆东、中、西部地区的农业 GDP。分别构建 LNDB 与 LNDBTW(数据年份为 1996—2016)、LNZB 与 LNZBTW(数据年份为 1996—2016)、LNXB 与 LNXBTW(数据年份为 1996—2016)之间

的协整检验模型、格兰杰检验模型、向量自回归（VAR）模型、向量误差修正（VEC）模型，探讨台商大陆农业投资对大陆东、中、西部地区农业发展之影响。

## 一、变量平稳性检验

运用 Dickey-Fuller 提出的 ADF 方法对 LNDB 和 LNDBTW、LNZB 和 LNZBTW、LNXB 和 LNXBTW 共 6 个变量进行单位根检验。检验发现在 0.05 的显著性水平下，6 个时间序列数据都是非平稳的；LNDB、LNDBTW、LNZB、LNZBTW 经过二阶差分，LNXB、LNXBTW 经过一阶差分后，在 0.05 的显著性水平下都是平稳数据，为二阶单整或一阶单整序列，满足协整检验的要求和条件，平稳性检验结果见表 4-5。

表 4-5　变量的单位根检验

| 变量 | 检验形式 $(c, t, p)$ | ADF 统计量 | 临界值（1%） | 临界值（5%） | 临界值（10%） | 检验结论 |
| --- | --- | --- | --- | --- | --- | --- |
| $D^2$ LNDB | $(c, 0, 1)$ | -5.237 591 | -3.886 751 | -3.052 169 | -2.666 593 | 平稳 |
| $D^2$ LNDBTW | $(c, 0, 3)$ | -6.143 969 | -3.959 147 | -3.081 002 | -2.681 330 | 平稳 |
| D LNZB | $(c, 0, 0)$ | -3.157 265 | -3.831 551 | -3.029970 | -2.655 194 | 平稳 |
| D LNZBTW | $(c, 0, 0)$ | -5.007 377 | -3.831 511 | -3.029970 | -2.655 194 | 平稳 |
| $D^2$ LNXB | $(c, 0, 1)$ | -5.713 921 | -3.886 751 | -3.040 391 | -2.660 551 | 平稳 |
| $D^2$ LNXBTW | $(0, 0, 3)$ | -2.785 871 | -2.728 252 | -1.966 2702 | -1.605 026 | 平稳 |

注：① $D^2$ LNDB、$D^2$ LNDBTW、$D^2$ LNXB、$D^2$ LNXBTW 分别为 LNDB、LNDBTW、LNXB、LNXBTW 的二阶差分，DLNZB、DLNZBTW 分别为 LNZB、LNZBTW 的一阶差分；②检验形式中，$c$ 为截距项，$t$ 为时间趋势项，$p$ 为滞后阶数。

## 二、协整分析

由数据平稳性检验结果可知，LNDB 和 LNDBTW，LNXB 和 LNXBTW 4 个序列都是二阶单整的，LNZB 和 LNZBTW 两个序列是一阶单整的，可进一步对数据序列进行协整检验，由迹检验（Trace Test）及最大单位根（Max-eigenvalue Test）检验可知，大陆东部、中部、西部地区农业增长和台商农业投资之间的线性组合都是平稳的，通过协整检验，存在长期协整关系。

## 三、格兰杰因果关系分析

协整分析表明大陆东、中、西部地区农业经济增长与台商农业投资之间存在长期均衡关系,但这种均衡关系是否构成因果关系,需通过格兰杰因果关系来检验。由表 4-6 可知:在 0.05 的显著性水平下,LNDBTW 是 LNDB 的格兰杰原因,LNZBTW 是 LNZB 的格兰杰原因,说明台商农业投资能一定程度上促进大陆东部及中部地区农业 GDP 的增长,与协整分析结果一致;检验结果表明 LNXBTW 不是 LNXB 的格兰杰原因,说明台商农业投资不能有效地促进大陆西部地区农业 GDP 的增长,与协整分析结果不一致。

表 4-6 格兰杰因果关系检验

| 原假设 | 滞后长度 | $F$ 统计量 | 概率 $P$ 值 | 检验结果 |
| --- | --- | --- | --- | --- |
| LNDBTW does not Granger Cause LNDB | 2 | 8.120 89 | 0.004 6 | 拒绝原假设 |
| LNZBTW does not Granger Cause LNZB | 2 | 4.092 02 | 0.039 9 | 拒绝原假设 |
| LNXBTW does not Granger Cause LNXB | 2 | 0.277 34 | 0.761 9 | 接受原假设 |
| LNXBTW does not Granger Cause LNXB | 3 | 0.844 83 | 0.497 6 | 接受原假设 |

## 四、向量自回归(VAR)分析

传统理论中利用差分序列建立起来的向量自回归(VAR)模型,会使数据的原有信息有不同程度的损失;同时,模型的估计结果也不能用原有变量进行解释。已有研究表明可以直接建立 VAR 模型对非平稳但是协整的时间序列进行分析(沃尔特·恩德斯,2017;沈悦等,2012),由前文分析可知,台商对大陆东、中、西部地区的农业投资(LNDBTW、LNZBTW、LNXBTW)与大陆东、中、西部地区农业经济发展(LNDB、LNZB、LNXB)时间序列数据符合协整分析的条件和要求,在相关研究基础上,构建 VAR 模型来探讨台商农业投资对大陆东、中、西部地区农业经济发展之影响。

### (一)模型滞后期选择

构建 LNDB 与 LNDBTW、LNZB 与 LNZBTW、LNXB 与 LNXBTW 之间的 3 个 VAR 模型,用滞后结构中的滞后长度标准确定 3 个模型的最佳滞后期数。LNDB 与 LNDBTW 之间 VAR 模型的滞后期数如表 4-7,模型的最佳滞后期数为 1 期。同理,得出 LNZB 与 LNZBTW 之间 VAR 模型的最佳滞后期数为 1 期;考虑到模型的稳定性问题,LNXB 与 LNXBTW 之间 VAR 模型的滞后期选为 2 期。

表 4-7 VAR 模型滞后期选择标准

| Lag | LogL | LR | FPE | AIC | SC | HQ |
| --- | --- | --- | --- | --- | --- | --- |
| 0 | 0.911 209 | NA | 0.003 870 | 0.120 977 | 0.219 907 | 0.134 618 |
| 1 | 70.722 93 | 116.352 9* | 2.60e-06* | -7.191 436* | -6.894 646* | -7.150 513* |
| 2 | 70.979 11 | 0.370 043 | 4.03e-06 | -6.775 457 | -6.280 806 | -6.707 251 |
| 3 | 77.869 14 | 8.421 152 | 3.09e-06 | -7.096 572 | -6.404 060 | -7.001 084 |

注：*号为根据相应准则所选择的模型滞后阶数。

### (二) 模型稳定性检验

确定 VAR 模型的滞后期后，需对模型的稳定性进行检验，只有稳定的模型才能进行脉冲响应及方差分解分析。由检验结果及图 4-5 可知，LNDB 与 LNDBTW、LNZB 与 LNZBTW、LNXB 与 LNXBTW 之间 3 个 VAR 模型的所有特征根都在单位圆内（值小于 1），因此 3 个 VAR 模型即 VAR（1）、VAR（1）及 VAR（2）都是稳定的，在理论上符合脉冲响应及方差分解分析的要求。LNDB、LNZB、LNXB 的 VAR 方程如式（4-6）、式（4-7）、式（4-8）。

LNDB = 0.953 169×LNDB（-1）+0.032 874×LNDBTW（-1）+0.469 132 (4-6)

LNZB = 0.969 744×LNZB（-1）+0.027 678×LNZBTW（-1）+0.380 143 (4-7)

LNXB = 1.403 869×LNXB（-1）-0.434 512×LNXB（-2）+0.059 829×LNXBTW（-1）+0.006 648×LNXBTW（-2）+0.005 671 (4-8)

式（4-6）中，$R^2$ 为 0.994，调整后的 $R^2$ 为 0.993，$F$ 值为 1424.211，回归方程拟合效果理想，通过显著性检验。同时，LNDBTW（-1）的回归系数 0.032 874 通过显著性检验（$P$ 值为 0.014 6），LNDB（-1）的回归系数 0.953 169 的显著性水平为 0.000，说明从长期来看，滞后一期的台商农业投资对大陆东部地区农业经济发展具有一定的促进作用，但这种作用远远小于东部农业 GDP 的自身滞后作用。

式（4-7）中，$R^2$ 为 0.988，调整后的 $R^2$ 为 0.986，$F$ 值为 705.484，回归方程拟合效果理想，通过显著性检验。同时，LNZBTW（-1）的回归系数 0.027 678 在 0.1 的显著性水平下通过检验（$P$ 值为 0.099 6），LNZB（-1）的回归系数 0.969 744 的显著性水平为 0.000；说明从长期来看，滞后一期的台商农业投资对大陆中部地区农业经济发展具有一定的促进作用，但这种作用远远小于中部农业 GDP 的自身滞后作用。

式（4-8）中，$R^2$为0.993，调整后的$R^2$为0.991，$F$值为487.992，回归方程拟合效果理想，通过显著性检验。同时，LNXBTW（-1）的回归系数0.059 829通不过显著性水平检验（$P$值为0.7326），LNXBTW（-2）的回归系数0.006 648亦未通过显著性检验（$P$值为0.577 4）；LNXB（-1）的回归系数1.403 869的显著性水平为0.000，$LNDB$（-2）的回归系数的显著性水平为0.099 8；以上说明大陆西部地区农业经济发展主要受自身滞后一期的影响，从长期来看，台商农业投资对大陆西部地区农业发展基本没有促进作用。

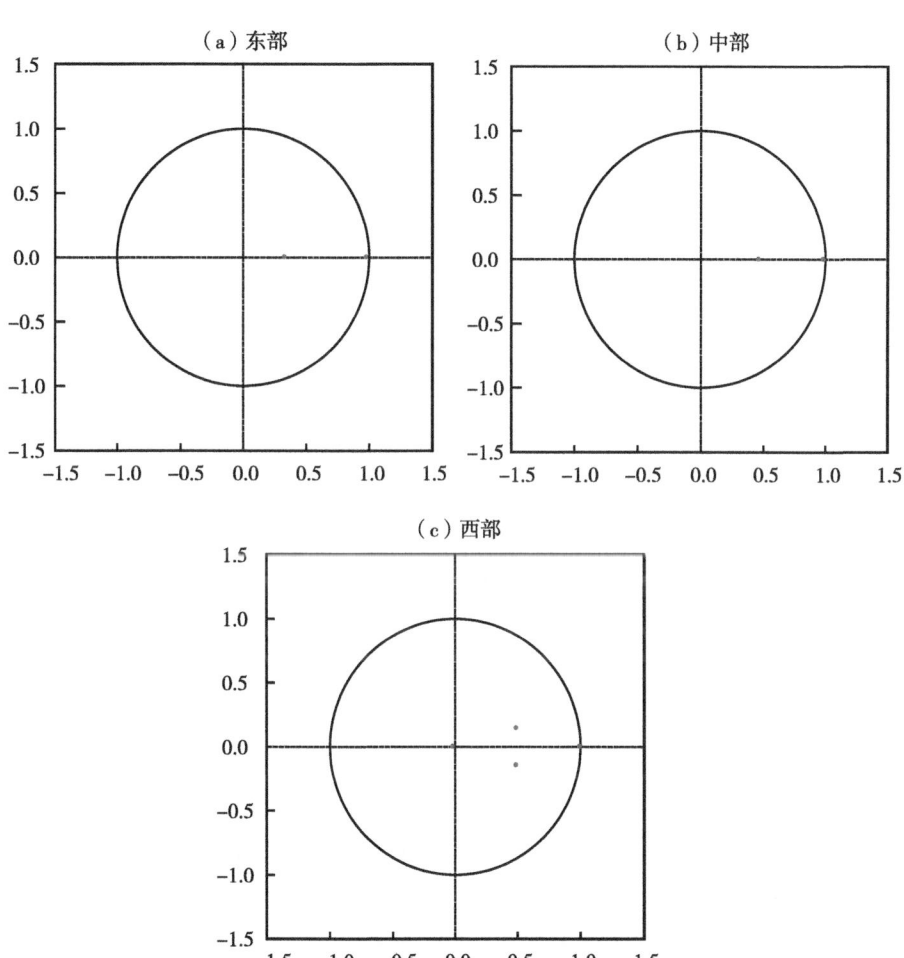

图4-5 VAR模型稳定性（AR根）检验

## (三) 脉冲响应函数分析

由于 VAR 模型在实证分析过程中不需要以相关理论为基础（丁正良等，2014），在实际应用中具有较大优势。论文利用软件 EViews7.0 对大陆东部、中部及西部地区的农业增加值进行脉冲响应分析，结果如图 4-6。图 4-6 中横轴为响应时间即滞后期数（单位：年），论文设定为 20 年，纵轴为大陆东、中、西部地区农业 GDP 对台商农业投资冲击的响应程度，实线为脉冲响应函数曲线，虚线为正负两倍标准差偏离带。

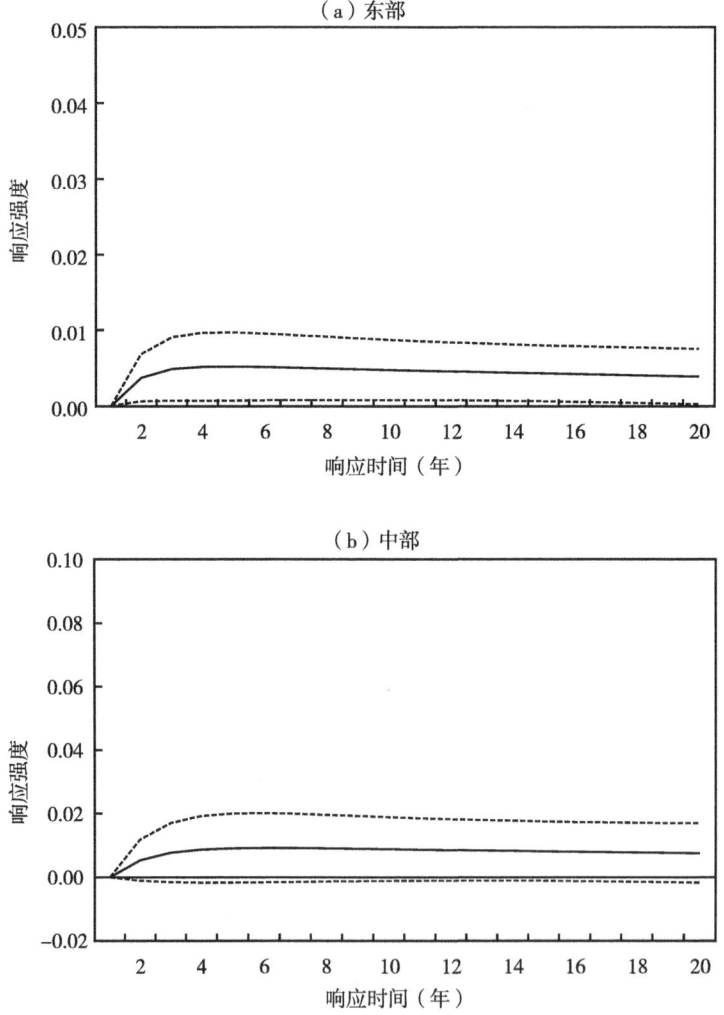

图 4-6 LNDB、LNZB、LNXB 对台商农业投资单位冲击的响应程度曲线

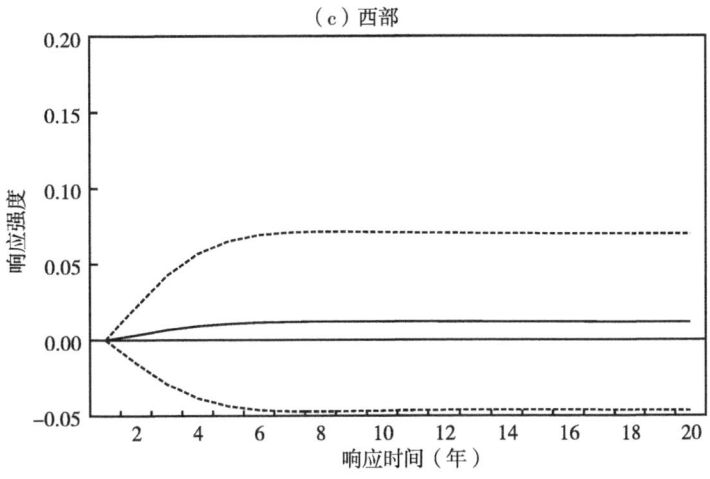

（c）西部

**图 4-6　LNDB、LNZB、LNXB 对台商农业投资单位冲击的响应程度曲线（续）**

由图 4-6 可知，大陆东、中、西部地区农业 GDP 对来自台商农业投资冲击的响应程度差异较小。本期给台商对大陆东、中、西部地区的农业投资一个标准差冲击后，大陆西部地区农业 GDP 对来自台商农业投资一个单位标准差冲击的响应程度最强，与前面格兰杰检验、VAR 方程所分析的结果存在一定的差异；东部及中部地区农业 GDP 对来自台商农业投资一个单位标准差冲击的响应强度基本一致，但均较弱，介于 0.005~0.009，台商农业投资对大陆东部及中部地区农业经济增长具有一定促进作用，与前面协整分析、格兰杰检验、VAR 方程及下文方差分析（图 4-7）结果基本一致。

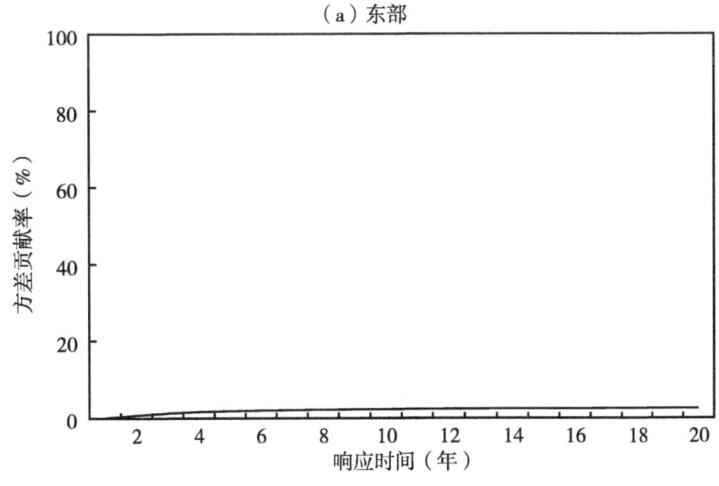

（a）东部

**图 4-7　LNDB、LNZB、LNXB 方差分解图**

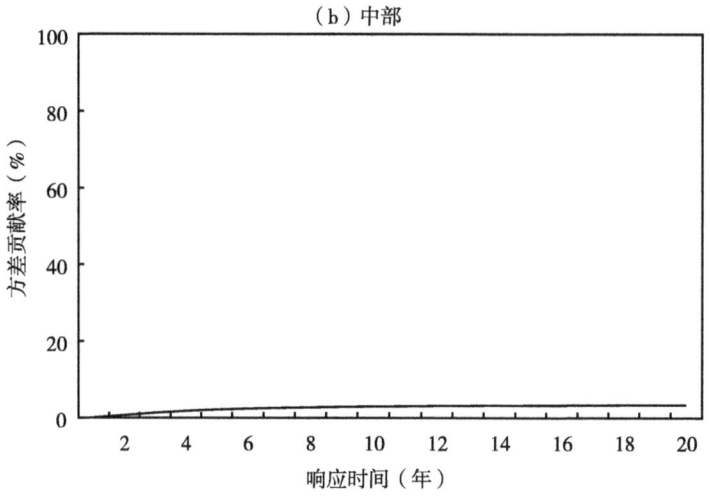

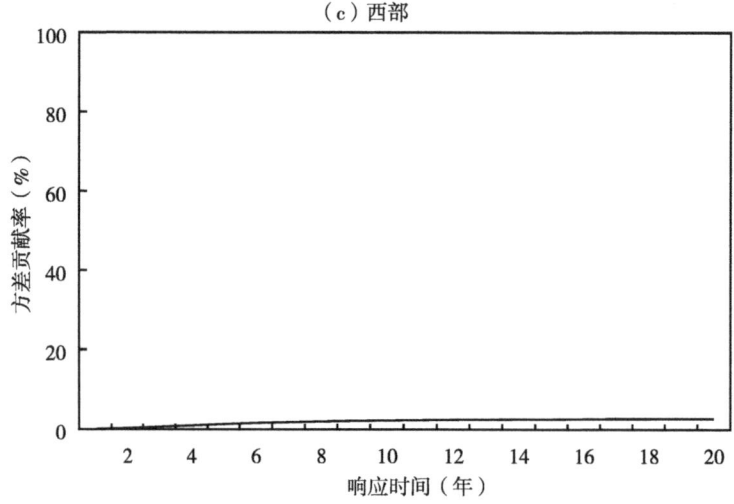

图 4-7 LNDB、LNZB、LNXB 方差分解图（续）

## （四）方差分解分析

基于已建立的 3 个向量自回归 VAR 模型，分别对大陆东部地区农业 GDP（LNDB）、大陆中部地区农业 GDP（LNZB）及大陆西部地区农业 GDP（LNXB）进行方差分解分析，以进一步探讨台商农业投资对大陆东、中、西部地区农业发展的相对作用大小。图 4-7 中横轴表示响应时间即滞后期数

(单位：年)，纵轴表示方差比例，小图分别表示大陆东部（LNDB）、中部（LNZB）及西部（LNXB）地区农业 GDP 的方差分解图。

由图 4-7 可知：①台商农业投资对大陆东部、中部及西部地区农业 GDP 的方差有一定的贡献，但均非常微弱（0~3%），表明台商农业投资对大陆东部、中部及西部地区农业经济增长有一定的影响但作用微弱；②大陆东部、中部及西部地区农业 GDP 的波动主要受其自身波动所影响（97%~100%），与台商农业投资波动的关系不大。这些结果与前文协整分析、格兰杰检验、VAR 方程分析及脉冲响应函数分析的结论基本一致。

### 五、向量误差修正（VEC）模型分析

大陆东、中、西部地区农业增长和台商农业投资之间存在长期的均衡关系，然而这种均衡关系在现实中可能出现偏离，即在短期内，大陆东、中、西部地区农业经济增长和台商农业投资间的关系可能是不均衡的，可通过误差修正（VEC）模型对这种短期不均衡关系进行分析。论文在 VAR 模型分析的基础上，构建误差修正（VEC）模型，进一步探讨大陆东、中、西部地区农业经济增长和台商农业投资之间的短期动态关系。研究结果表明，VEC 模型的单位根小于或等于 1（陈其安等，2017），模型稳定，其回归方程如下（$ECM$ 为误差修正项）：

（1）东部地区

$D(LNDB) = -0.150\,397 \times ECM + 0.134\,713 \times D[LNDB(-1)] + 0.029\,675 \times D[LNDBTW(-1)] + 0.041\,963$

$R^2 = 0.650\,678 \quad F = 9.313\,431 \quad DW = 1.998\,141$ (4-9)

（2）中部地区

$D(LNZB) = -0.062\,349 \times ECM + 0.052\,613 \times D[LNZB(-1)] + 0.039\,808 \times D[LNZBTW(-1)] + 0.047\,537$

$R^2 = 0.396\,815 \quad F = 3.289\,322 \quad DW = 2.064\,091$ (4-10)

（3）西部地区

$D(LNXB) = -0.028\,854 \times ECM + 0.428\,197 \times D[LNXB(-1)] - 0.006\,342 \times D[LNXBTW(-1)] + 0.040\,381$

$R^2 = 0.207\,107 \quad F = 1.306\,020 \quad DW = 2.029\,568$ (4-11)

对于东部地区而言（式 4-9），误差修正项 $ECM$ 的系数为负数（通过显著性检验），表明误差修正机制是一个负反馈过程。大陆东部地区农业 GDP（LNDB）在短期具有向长期均衡水平调整的动态调节机制，并将以 15.04% 的

修正速度向均衡状态进行调整，调整幅度较小；从回归系数来看，滞后1期的台商农业投资 LNDBTW（-1）通过显著性检验（P 值为 0.042 1），说明其对 LNDB 的短期波动产生一定影响。此外，$R^2 = 0.650\ 678$，$F = 9.313\ 431$，$DW = 1.998\ 141$，表明模型的拟合度较好，说明短期内，误差修正效果较为明显，台商农业投资对大陆东部地区农业经济发展具有一定的正向作用。

对于中部地区而言（式4-10），误差修正项 ECM 的系数为负数（通过显著性检验），表明误差修正机制是一个负反馈过程。大陆中部地区农业 GDP（LNZB）在短期具有向长期均衡水平调整的动态调节机制，并将以 6.23% 的修正速度向均衡状态进行调整，调整幅度小。但由于 VEC 方程及各回归系数在 0.05 的水平下没能通过显著性检验，说明短期内，误差修正效果并不明显，台商农业投资对大陆中部地区农业经济发展的正向作用不显著。

对于西部地区而言（式4-11），误差修正项 ECM 的系数为负数（通过显著性检验），表明误差修正机制是一个负反馈过程。大陆西部地区农业 GDP（LNXB）在短期具有向长期均衡水平调整的动态调节机制，并将以 2.89% 的修正速度向均衡状态进行调整，调整幅度小。由于 VEC 方程及各回归系数在 0.05 的水平下均未通过显著性检验，说明短期内，误差修正效果并不明显，台商农业投资对大陆西部地区农业经济发展的正向作用不显著。

## 第四节　大陆农业固定资产投资对农业发展影响研究

为了与台商农业投资效应进行对比分析，本节基于大陆及其东、中、西部地区的农业固定资产投资与农业 GDP 数据，同样利用 VAR 及 VEC 模型，探讨农业固定资产投资的效应问题，从而探讨不同农业投资类型对大陆及其东、中、西部地区农业发展的影响。

用 LNDL、LNDB、LNZB、LNXB 分别表示取自然对数后的大陆及其东、中、西部地区的农业增加值（农业 GDP）；用 LNDLGT、LNDBGT、LNZBGT、LNXBGT 分别表示取自然对数后的大陆及其东、中、西部地区的农业固定资产投资。

### 一、数据平稳性检验

根据 Dickey–Fuller 提出的 ADF 检验方法对 LNDL、LNDLGT、LNDB、LNDBGT、LNZB、LNZBGT、LNXB、LNXBGT 共 8 个变量进行单位根检验。经过 1 阶差分或 2 阶差分处理后，8 个时间序列数据都是平稳的，符合协整检验条件，平稳性检验结果见表 4-8。

表 4-8 变量的单位根检验

| 区域 | 数据序列 | 平稳性检验 | 区域 | 数据序列 | 平稳性检验 |
| --- | --- | --- | --- | --- | --- |
| 大陆 | LNDL | 1 阶差分平稳 | 东部地区 | LNDB | 2 阶差分平稳 |
|  | LNDLGT | 1 阶差分平稳 |  | LNDBGT | 2 阶差分平稳 |
| 中部地区 | LNZB | 1 阶差分平稳 | 西部地区 | LNXB | 2 阶差分平稳 |
|  | LNZBGT | 1 阶差分平稳 |  | LNXBGT | 2 阶差分平稳 |

## 二、协整检验

根据单位根检验（表 4-8）可知，LNDL 和 LNDLGT，LNDB 和 LNDBGT，LNZB 和 LNZBGT，LNXB 和 LNXBGT 等 8 对数据序列都是 2 阶单整或 1 阶单整，可进一步对数据序列进行协整检验。在软件 EViews7.0 中利用 Johansen 方法进行检验，由迹检验（Trace test）及最大单位根（Max-Eigen value test）检验结果可知，大陆及其东、中、西部地区的农业增长和农业固定资产投资之间的线性组合都是平稳的，均通过协整检验，大陆农业固定资产投资对大陆及其东、中、西部地区的农业经济发展均有不同程度的促进作用。

## 三、格兰杰检验

协整分析表明大陆及其东、中、西部地区农业经济增长与农业固定资产投资之间均存在长期均衡关系，但这种均衡关系是否构成因果关系，需通过格兰杰因果关系来检验。格兰杰因果关系检验结果表明：在 0.05 的显著性水平下，LNDLGT 是 LNDL 的格兰杰原因，LNDBGT 是 LNDB 的格兰杰原因，LNZBGT 是 LNZB 的格兰杰原因，LNXBGT 是 LNXB 的格兰杰原因；说明农业固定资产投资能一定程度上促进大陆及其东、中、西部地区农业 GDP 的增长，与协整分析结果一致。

## 四、VAR 模型分析

### （一）滞后期选择及模型稳定性检验

只要是协整的非平稳时间序列的也可以直接建立 VAR 模型（沃尔特·恩德斯，2017；沈悦等，2012）。在协整检验之基础上，构建 LNDL 与 LNDLGT、LNDB 与 LNDBGT、LNZB 与 LNZBGT、LNXB 与 LNXBGT 之间的 4 个 VAR 模型，用滞后结构中的滞后长度标准确定各模型的最佳滞后期数（均为滞后1期），然后进行VAR模型的稳定性检验，4个模型的单位根都位于单位圆内，即小于1（图4-8），说明所构建的4个VAR模型都是稳定的，可以进行脉冲函数响应分析和方差分解分析。LNDL、LNDB、LNZB、LNXB的VAR方程如式（4-12）、式（4-13）、式（4-14）及式（4-15）。

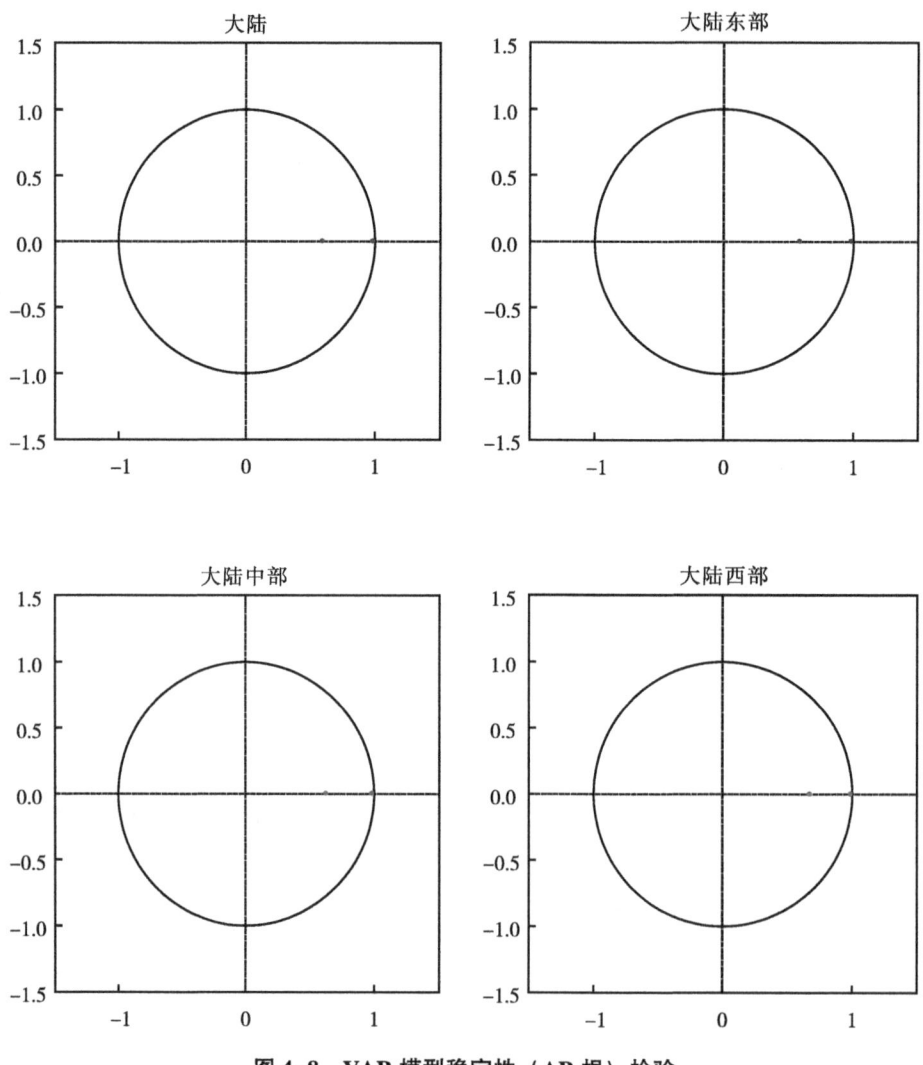

图4-8 VAR模型稳定性（AR根）检验

LNDL=0.755 208×LNDL（-1）+0.079 824×LNDLGT（-1）+2.530 492
$$(4-12)$$
LNDB=0.762 972×LNDB（-1）+0.072 706×LNDBGT（-1）+2.370 581
$$(4-13)$$
LNZB=0.746 422×LNZB（-1）+0.077 711×LNZBGT（-1）+2.502 959
$$(4-14)$$
LNXB=0.861 736×LNXB（-1）+0.050 935×LNXBGT（-1）+1.661 985
$$(4-15)$$

式（4-12）中，$R^2=0.993$，$F=1136.152$，$DW=1.841524$，回归方程拟合效果理想，通过显著性检验。同时，所有回归系数在0.05的显著性水平下均通过检验；说明从长期来看，滞后一期的农业固定资产投资对大陆农业经济发展具有一定的促进作用，但这种作用远远小于大陆农业GDP的自身滞后作用。

式（4-13）中，$R^2=0.994$，$F=1435.400$，$DW=1.029924$，回归方程拟合效果理想，通过显著性检验。同时，所有回归系数在0.05的显著性水平下均通过检验；说明从长期来看，滞后一期的农业固定资产投资对大陆东部地区农业经济发展具有一定的促进作用，但这种作用远远小于大陆东部地区农业GDP的自身滞后作用。

式（4-14）中，$R^2=0.990$，$F=805.6706$，$DW=1.612733$，回归方程拟合效果理想，通过显著性检验。同时，所有回归系数在0.05的显著性水平下均通过检验；说明从长期来看，滞后一期的农业固定资产投资对大陆中部地区农业经济发展具有一定的促进作用，但这种作用远远小于大陆中部地区农业GDP的自身滞后作用。

式（4-15）中，$R^2=0.993$，$F=1323.095$，$DW=1.353261$，回归方程拟合效果理想，通过显著性检验。同时，所有回归系数在0.05的显著性水平下均通过检验；说明从长期来看，滞后一期的农业固定资产投资对大陆西部地区农业经济发展具有一定的促进作用，但这种作用远远小于大陆西部地区农业GDP的自身滞后作用。

从长期来看，农业固定资产投资对大陆及其东、中、西部地区农业经济发展均具有一定程度的促进作用，但作用强度远小于农业GDP的自身效应。

**（二）脉冲函数响应分析**

利用软件EViews7.0进行脉冲函数响应分析，大陆及其东、中、西部地区的农业增加值（农业 GDP）对来自农业固定资产投资的一个单位标准差冲击后的响应程度如图 4-9。

图 4-9 中，横轴表示的是响应时间即滞后期数（单位：年），设定为 20 年，纵轴所代表的是响应程度（强度），实线为脉冲响应函数曲线，虚线为正负两倍标准差偏离带。由图 4-9 可知，大陆及其东、中、西部地区农业 GDP

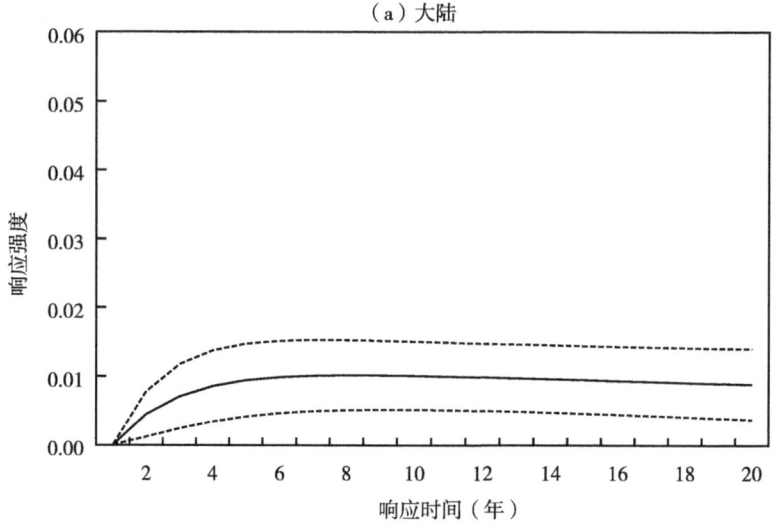

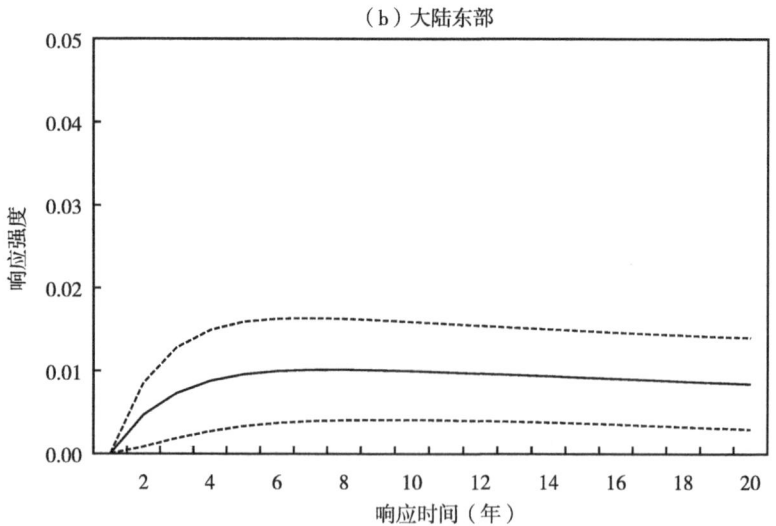

图 4-9 农业 GDP 对农业固定资产投资单位冲击的响应程度曲线

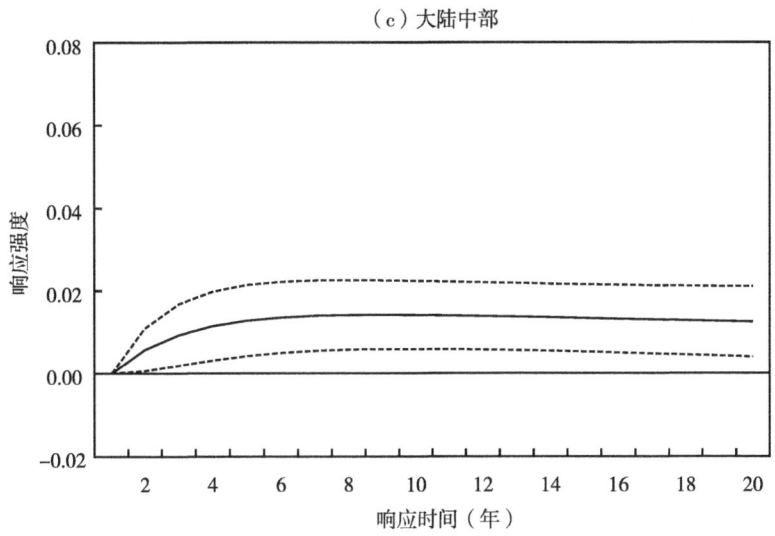

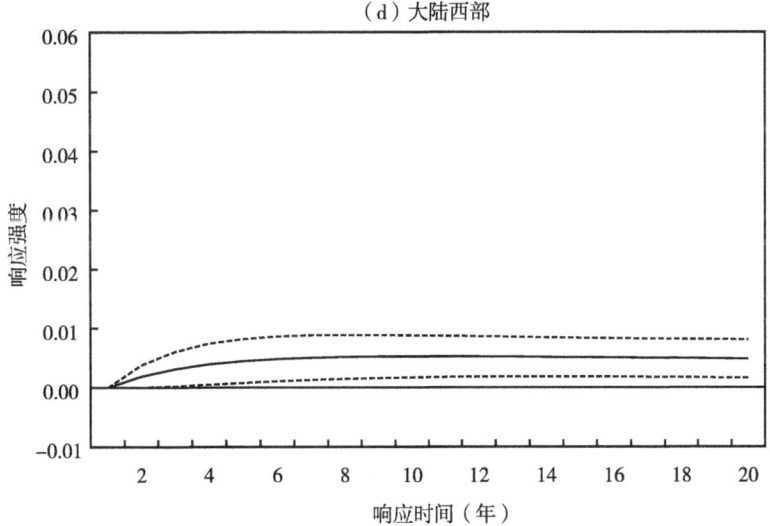

**图 4-9 农业 GDP 对农业固定资产投资单位冲击的响应程度曲线（续）**

对农业固定资产投资冲击的响应程度大同小异，整体上在 0~1.4%；其中，西部地区最弱，中部地区最强且略高于东部地区及大陆整体。

### (三) 方差分解分析

基于已建立的 LNDL 和 LNDLGT、LNDB 和 LNDBGT、LNZB 和 LNZBGT、

LNXB 和 LNXBGT 等 4 个向量自回归 VAR 模型，分别对 LNDL、LNDB、LNZB、LNXB 等进行方差分解分析，以进一步探讨农业固定资产投资对大陆及其东、中、西部地区农业发展波动的方差贡献率大小。图 4-10 中，横轴表示响应时间即滞后期数（20 年），纵轴为农业固定资产投资对大陆及其东、中、西部地区农业 GDP 的方差贡献比例（%）。

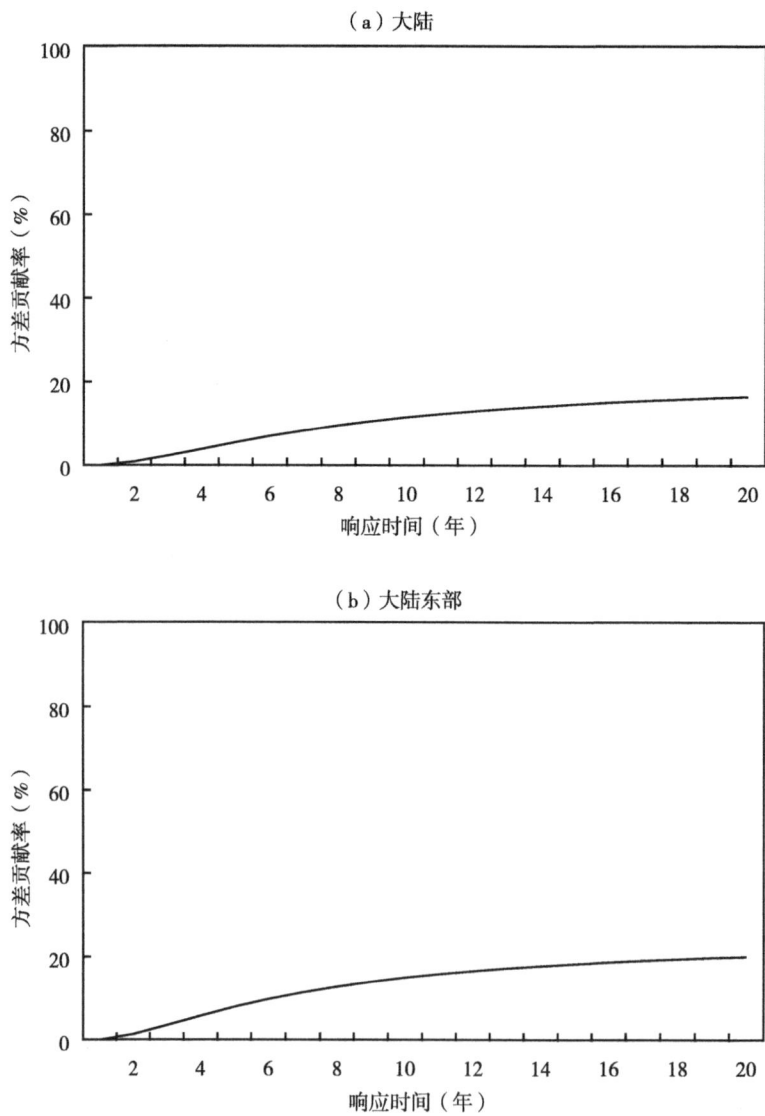

图 4-10 方差分解图

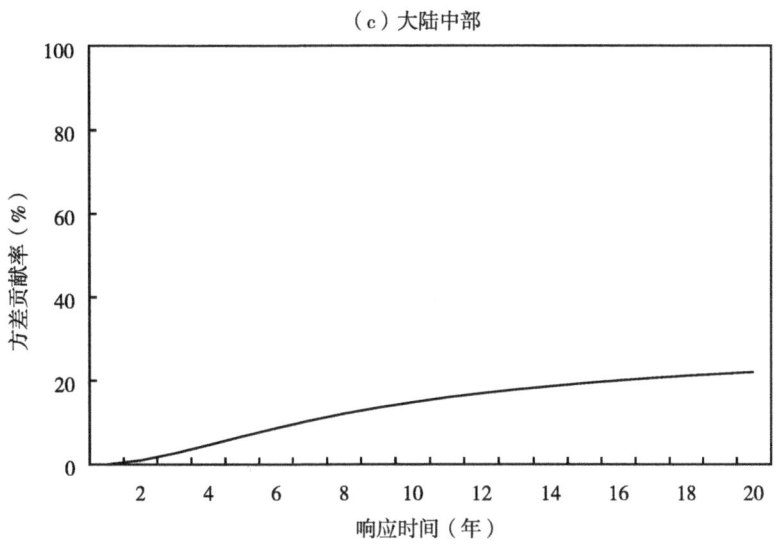

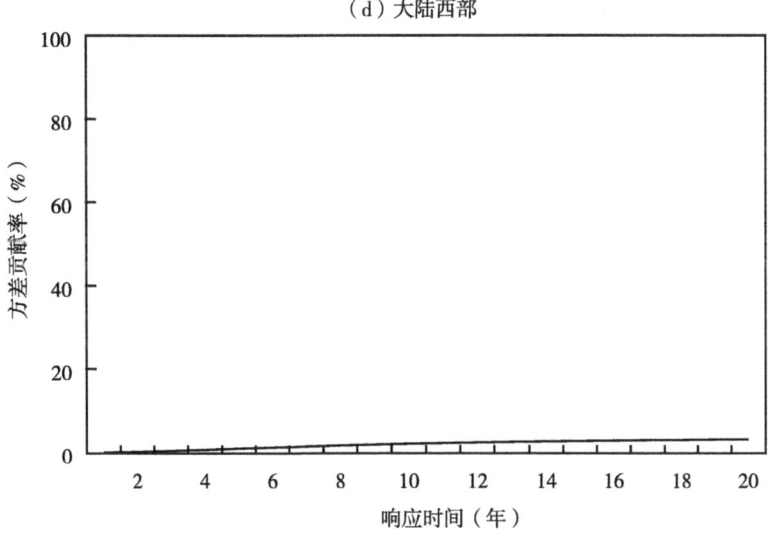

图 4-10　方差分解图（续）

由图 4-10 可知，大陆及其东、中、西部地区农业发展的波动情况受农业固定资产投资的影响差异较大：农业固定资产投资对大陆西部地区农业发展的方差贡献率最小，只能解释农业 GDP 波动的 0~3%；农业固定资产投资对大陆中部地区农业发展的方差贡献率最大，略大于大陆整体及大陆东部地区，其可以解释中部地区农业 GDP 波动的 0~22%。

## 五、VEC 模型分析

农业固定资产投资与大陆及其东、中、西部地区农业 GDP 之间存在长期协整关系，因此，有必要建立 VEC 模型进一步探讨农业固定资产投资对大陆及其东、中、西部地区农业发展之短期动态影响。为了便于横向比较及考虑小样本数据问题，差分变量取滞后一阶，大陆及其东、中、西部 VEC 模型设置中统一取滞后一期（王劲屹，2018）。农业固定资产投资与大陆及其东、中、西部地区农业发展之间的 VEC 模型（所有单位根小于或等于 1，见图 4-11，模型稳定）的相关指标见表 4-9。

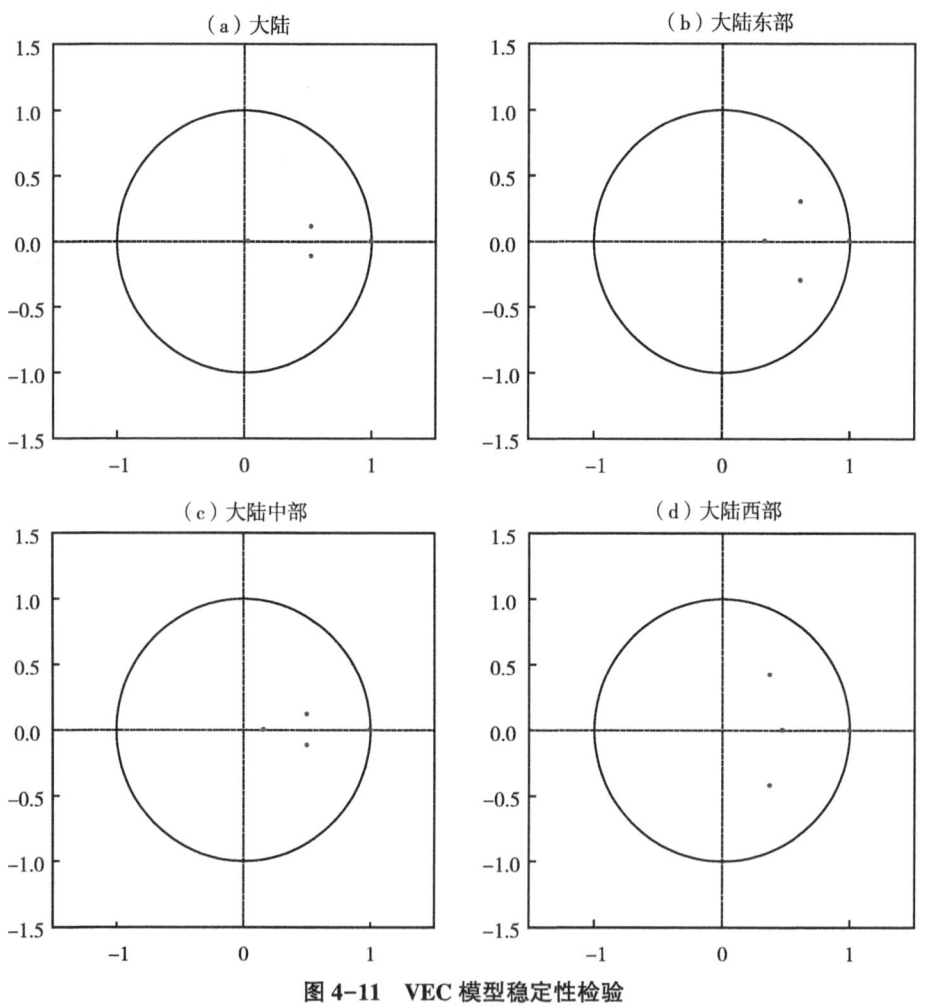

图 4-11　VEC 模型稳定性检验

表 4-9 向量误差修正模型相关指标

| 区域 | 大陆 | 大陆东部地区 | 大陆中部地区 | 大陆西部地区 |
| --- | --- | --- | --- | --- |
| | D (LNDL) | D (LNDB) | D (LNZB) | D (LNXB) |
| 方程 $F$ 值 | 4.186 275 | 4.816 379 | 3.986 994 | 10.156 40 |
| ECM 系数 | −0.459 819 [−3.391 68] | −0.317 871 [−2.550 85] | −0.450 036 [−3.201 28] | −0.511 949 [−4.543 74] |
| 前 1 期农业固定资产投资系数 | 0.197 831 [1.696 58] | 0.094 220 [1.317 79] | 0.102 920 [0.922 36] | 0.428 351 [3.277 72] |
| 短期动态关系 | 正向作用 | 正向作用 | 正向作用 | 正向作用 |
| 是否显著 | 不显著 | 不显著 | 不显著 | 显著 |

注：①前 1 期农业固定资产投资系数即 D［LNDLGT（-1）］、D［LNDBGT（-1）］、D［LNZBGT（-1）］、D［LNXBGT（-1）］的系数；②［ ］内为相关系数的 $t$ 值；③农业固定资产投资与大陆及其东、中、西部地区农业 GDP 之间都存在长期协整关系；④所有 VEC 模型均通过稳定性检验，即单位根小于或等于 1（陈其安等，2017）。

由表 4-9 可知，短期内，农业固定资产投资除对大陆西部地区的农业发展有一定的正向促进作用外，对大陆及其东、中部地区的农业发展的促进作用均不显著；说明农业投资（包括台商农业投资等）所产生的溢出效应具有长期性和滞后性，各地政府部门应根据实际情况，合理利用农业投资（包括台资），不能操之过急，盲目求快，不能只注重当前效益而忽视长远利益。

## 六、台商农业投资与大陆农业固定资产投资效应比较

### （一）长期效应比较

台商农业投资、大陆农业固定资产投资对大陆及其东、中、西部地区农业发展的效应比较分析（长期）见表 4-10。由表可知，长期来看，台商农业投资及农业固定资产投资对大陆及其东、中、西部农业经济发展的促进作用均较为显著（大陆西部地区略有差异）；台商农业投资对农业 GDP 的促进作用要远远小于大陆农业固定资产投资（一方面台商农业投资滞后 1 期的系数明显小于大陆农业固定资产投资滞后 1 期的系数，更为重要的是台商农业投资额要远远小于大陆农业固定资产投资额，造成投资效应的绝对差异非常明显）。

表 4-10　台商农业投资与农业固定资产投资效应比较（长期）

| 投资类型 | 投资效应 | 投资区域 | | | |
|---|---|---|---|---|---|
| | | 大陆 | 大陆东部 | 大陆中部 | 大陆西部 |
| 台商农业投资 | 是否显著 | 是 | 是 | 是 | 否 |
| | 滞后1期系数 | 0.036 066 | 0.032 874 | 0.027 678 | — |
| 农业固定资产投资 | 是否显著 | 是 | 是 | 是 | 是 |
| | 滞后1期系数 | 0.079 824 | 0.072 706 | 0.077 711 | 0.050 935 |

### （二）短期效应比较

台商农业投资、大陆农业固定资产投资对大陆及其东、中、西部地区农业发展的效应比较分析（短期）（表4-11）。由表可知，短期来看，台商农业投资及农业固定资产投资对大陆及其东、中、西部农业经济发展的促进作用基本上不显著；说明农业投资（包括台商农业投资等）所产生的溢出效应具有长期性和滞后性，各地政府部门应根据实际情况，合理利用农业投资（包括台资），不能操之过急，盲目求快，只看当前效益；对于台商农业投资，包括其他境外农业投资，要从长远利益进行考虑，制定相应招商引资政策，更好地为本地农业发展提供资金和技术服务。

表 4-11　台商农业投资与农业固定资产投资效应比较（短期）

| 投资类型 | 投资效应 | 投资区域 | | | |
|---|---|---|---|---|---|
| | | 大陆 | 大陆东部 | 大陆中部 | 大陆西部 |
| 台商农业投资 | 是否显著 | 否 | 是 | 否 | 否 |
| | 滞后1期系数 | — | 0.134 713 | — | — |
| 农业固定资产投资 | 是否显著 | 否 | 否 | 否 | 是 |
| | 滞后1期系数 | — | — | — | 0.428 351 |

## 本章小结

本章从大陆及其东、中、西部地区两个尺度，基于1996—2016年台商大陆农业投资、大陆农业固定资产投资及大陆农业增加值的时间序列数据，通过计量经济学软件EViews7.0，运用VAR模型和VEC模型，探讨了台商大陆农业投资、大陆农业固定资产投资对大陆及其东、中、西部地区农业发展之影响，得出如下结论。

**1. 台商农业投资对大陆及其东、中、西部地区农业发展影响**

（1）台商农业投资与大陆农业GDP之间存在长期均衡关系且互为格兰杰因果关系，台商农业投资对大陆农业发展具有一定的促进作用；VEC模型分析表明：短期内台商农业投资对大陆农业发展的促进作用并不显著；大陆农业经济快速发展后，农业技术水平不断提高，与发达国家、发达地区先进农业技术的差距日益缩小，有利于台湾先进农业技术在大陆进行扩散，加之大陆的惠台政策，很好地吸引了台商来大陆进行农业投资。

（2）台商农业投资与大陆东、中部地区农业发展之间存在长期均衡关系且是东、中部地区农业经济增长的格兰杰原因，长期来看，台商农业投资对大陆东、中部地区农业发展有不同程度的促进作用；台商农业投资与大陆西部地区农业GDP存在长期稳定协整关系，但其并不是西部地区农业GDP增长的格兰杰原因；VEC模型分析表明东部地区VEC方程能通过显著性检验，中、西部地区的VEC方程未能通过显著性检验，表明短期内，台商农业投资对大陆东部地区的农业发展具有一定的正向作用，对中西部地区农业发展的正向作用不显著。

**2. 大陆农业固定资产投资对大陆及其东、中、西部地区农业发展影响**

（1）长期来看，大陆农业固定资产投资与大陆及其东、中、西部地区农业增加值之间存在长期协整关系，且大陆农业固定资产投资对大陆及其东、中、西部地区农业发展均具有不同程度的促进作用。

（2）短期来看，大陆及其东、中、西部地区农业GDP都有由短期向长期动态平衡调节的机制，但差异较大。除西部地区外，农业固定资产投资在短期内对农业发展的促进作用均不显著。

（3）大陆农业固定资产投资对农业经济发展产生的影响要远远大于台商农业投资。

综合来看，农业投资（台商农业投资或农业固定资产投资）对农业发展的促进作用具有长期性、滞后性及区域差异性特点。地方政府在利用农业投资时应从长远利益出发，切忌操之过急、急于求成，要根据实际情况"因地制宜、因时制宜、因产制宜"，制定合理的招商引资政策，努力提高资本的技术扩散效应，增加农民收入。

台商农业投资及大陆农业固定资产投资对区域农业生产率的提高、农业经济的发展具有不同程度的促进作用，与农业FDI、FDI作用类似（孙致陆等，2014；阚放，2014；韦开蕾，2015；柏蓉等，2017；汪辉平等，2017）；同时又存在区域差异，应区别对待：台商农业投资对大陆东部地区农业发展的促进作用强于中部，对西部地区则基本无作用；韦开蕾的研究表明 FDI 对大陆中部地区的技术外溢效应最强，东部及西部地区则不明显；梁银锋等的研究发现 FDI 对我国中东部地区农业的影响要明显高于西部地区（梁银锋等，2018）；马巍等则认为大陆东部地区省份经济较为发达，农业 FDI 可提高其农业技术水平，从而促进农业发展；中西部地区省份经济发展水平较低，引进农业 FDI 需谨慎，不能盲目从之（马巍等，2016）。

虽然台商农业投资对大陆农业发展的效应要远远低于大陆农业固定资产投资，但这只是宏观尺度下分析所得出的结论；在微观尺度下，在小区域范围内，特别是具体到某个农业产业或农业品种时，台商农业投资的技术扩散效应可能非常强；在两岸特殊的政治背景下，要合理地利用台商农业投资。论文将从第五章开始探讨微观尺度下台湾农业在大陆的技术扩散时空特征、效应及机制问题。

# 第五章 微观视角下台湾农业技术扩散时空特征分析

台商对大陆农业直接投资是宏观尺度下台湾农业技术扩散的主要形式，"梯度扩散"及"扩展扩散"是其空间扩散的突出表现，即台湾农业技术从创新源地（台湾）开始，逐次向大陆东部各省（市、区）如福建、广东、浙江及中西部区进行转移。台湾农业（兰花）技术在试验区的扩散在宏观尺度上表现出较为典型的"跳跃式技术扩散"特征，受地区技术势能差、自然环境等因素的影响，兰花种植技术直接从台湾地区呈跳跃式传播到试验区（韶关翁源）。在微观尺度下即在试验区内部，兰花种植技术的扩散有何特征？扩散效率如何？影响其扩散效果的因素又有哪些呢？本章主要探讨微观视角下台湾农业技术在大陆扩散的时空特征。

## 第一节 研究区概况及数据来源与处理

### 一、广东省（韶关）粤台农业合作试验区翁源核心区概况

翁源县地处粤北山区，属中亚热带和南亚热带的过渡地带。气候温和，四季分明，冬短夏长，无霜期长达303天，年平均气温为20.3℃，年平均降水量1 787.3毫米，非常适合兰花的生长。翁源县兰花产业发展始于1998年，兰花种植经验丰富的台商张建邦先生利用当地得天独厚的自然条件开始在江尾镇仙北村试种兰花，获得成功后，众多外商（台商）陆续来到翁源种植兰花。2002年，台湾独资企业、大型花卉企业绿科环球有限公司进入翁源，创办了仙鹤花卉种植基地有限公司。其后，台湾九翁企业集团、长春兰蕙公司等30多家外资花卉企业接踵而来。在外商带动下，一大批当地农民开始投资种植兰花。为了将得天独厚的自然环境优势转化为产业优势，翁源县委县政府因势利导，把兰花产业作为该县农业主导产业来抓，出台了《关于加快花卉产业发

展的决定》和《翁源县兰花产业发展五年行动计划》等系列发展花卉产业的措施，提出把翁源建设成为珠三角花卉基地、红三角花卉交易中心的奋斗目标。同时专门成立了翁源县兰花协会，一方面通过行业协会与政府联动接轨，另一方面通过行业协会指导花卉种植和交易，努力为兰农解决资金、技术、销路问题，有效提高了农民收入。历年来，在国内外举办的兰花博览会上，翁源兰花荣获300多个特金奖、金奖、银奖等各类奖项。本地传统品种（如余蝴蝶、寒香梅）和新培育的品种（如韶关第一荷、北江荷、仙鹤锦等）享誉兰界，打造了中国兰花的翁源品牌。

广东省（韶关）粤台农业合作试验区翁源核心区是广东省第五个粤台农业合作园区，于2009年11月经广东省人民政府批准成立，2010年7月6日奠基，是集生态农业种植和养殖、高新技术研发、特色农产品展示和开发、农业物流、农业生态观光旅游于一体的现代农业发展平台。通过这个平台，引进台湾地区的优良品种、先进的农业技术和管理理念，丰富韶关市农业生产内涵，提升韶关市农业的科技含量和管理水平，推动韶关现代农业的发展。广东省（韶关）粤台农业合作试验区核心区设在韶关市翁源县（图5-1），规划总面

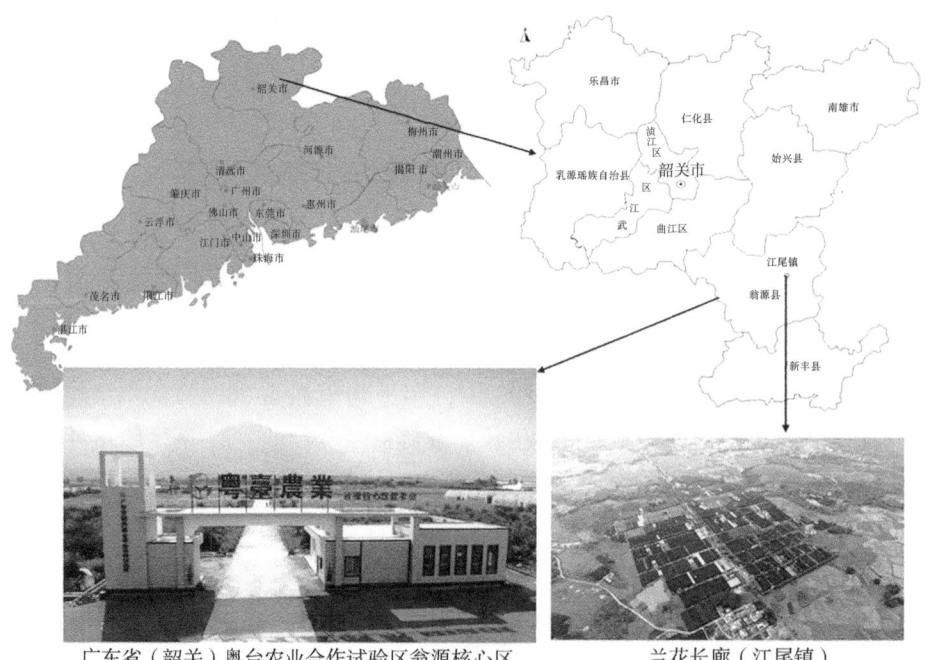

广东省（韶关）粤台农业合作试验区翁源核心区　　兰花长廊（江尾镇）

图5-1　研究区位置图（参见彩图5-1）

积5万亩,其总体规划(2012—2020年)见图5-2。在广东省、韶关市的关心支持下,翁源核心区经过多年来的发展,取得了明显的经济和社会效益。到2017年年底,翁源核心区的花卉种植面积达2.38万亩,其中兰花种植面积近1.5万亩,成为全国最大的兰花生产基地,被授予"中国兰花之乡""中国兰花第一县"等荣誉。2018年3月23日至4月7日,第28届中国(翁源)兰花博览会在翁源举行,全国兰花协会首次在县级城市召开全国性兰花博览会。翁源核心区兰花种植集中在江尾镇仙北、仙南、松塘及九仙4个村,2017年"江尾兰花"小镇被广东省发展与改革委员会确定为广东省首批特色小镇创建工作示范点;2018年翁源县兰花产业园被确定为广东省第一批省级现代农业产业园(共15个);2019年翁源兰花被认定为广东省第一批特色农产品优势区。

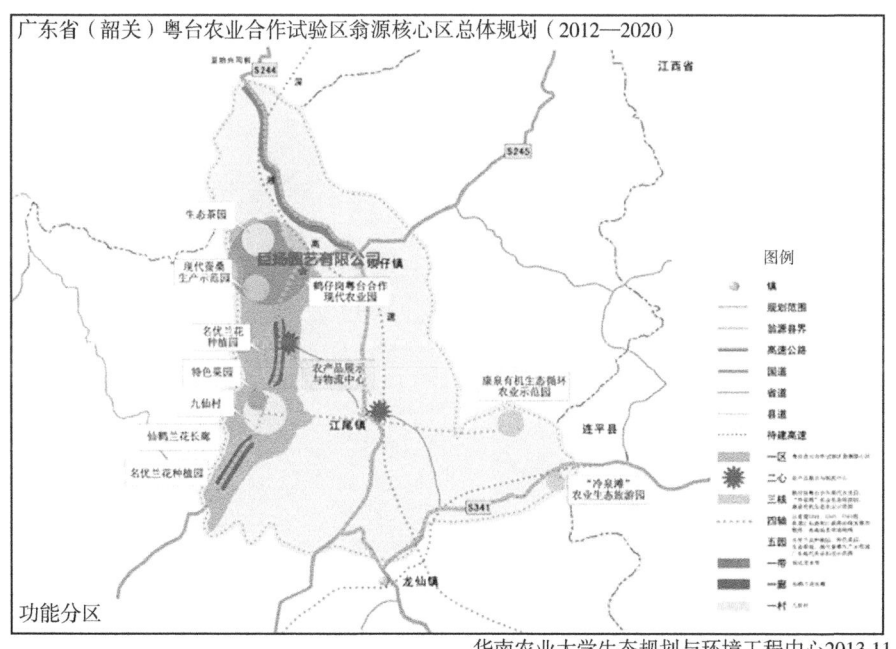

图5-2 翁源核心区总体规划图(参见彩图5-2)

翁源核心区结合扶贫工作,围绕企业发展和农民增收的目标,引导园区企业为15 000多名农村劳动力实现了家门口就业,农民劳务费从1998年的20元/天提高到现在的100~300元/天,核心区山坡地租金由20~50元/亩提高到现在的300~1 000元/亩,带动200多户农民种兰致富。

通过引进台湾地区企业的先进农业技术、优良品种和管理理念，合作试验区推动了翁源现代农业、规模农业的发展。多年来翁源核心区共流转土地 3.7 万亩，引进台资农业企业 40 余家，港资等外地企业 70 余家，辐射带动本地花卉企业 200 多家；核心区有省级以上农业龙头企业 4 家，农民专业合作社、家庭农场等新型农业经营主体 30 家，科技含量高的组培育种、育苗企业 8 家，搭建现代温控大棚 600 万平方米，累计投资总额达到 30 亿元。2017 年翁源核心区实现产值 10 亿元，成为翁源农业发展的品牌。

## 二、兰花长廊概况

仙鹤兰花长廊（图 5-3）位于广东省韶关市翁源县江尾镇境内省道 S245

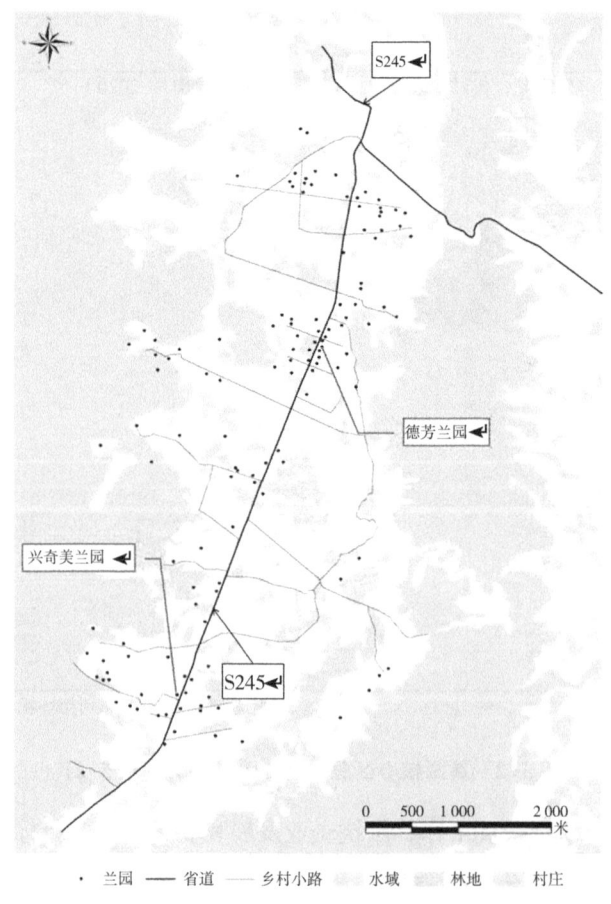

图 5-3　仙鹤兰花长廊示意图（2017 年）（参见彩图 5-3）

线旁的松塘、仙北、仙南、九仙4个村,长约8千米,种植兰花面积近13 000亩,现有种植兰花的大、小企业(农户)130多家①,占整个试验园区种植户数量的50%以上,形成了"国兰洋兰并进,科研生产并举,精品大众并存,外商农民并种"的生产格局,兰花种植产业成为地方特色产业,是全国最大的国兰生产基地。长廊内还建设有省级现代农业示范区——广东省现代农业示范区,建成了兰花栽培种植示范大棚、兰花生产技术培训中心、种苗组培基地、花卉产品展示大厅、高山催花场等花卉方面的现代化农业经营项目。形成了兰花种苗培育、技术研发、人才培训、栽培示范、产品展示和产业销售、物流等完整的产业链,是带动翁源兰花产业发展的辐射中心。

### 三、数据来源与处理

(1)广东省(韶关)粤台农业合作试验区翁源核心区及"兰花长廊"各年份兰园数量数据来自"国家企业信用信息公示系统(广东)"、翁源县工商行政管理局及实地调研。

(2)花卉及兰花种植面积数据来自翁源县年鉴及相关报道、工作报告。

(3)兰园(兰花长廊)空间分布数据:①底图处理,底图分辨率是0.5米,坐标系是WGS-1984,时间是2016年8月;②兰园位置及集聚特征,利用ARCGIS10.0软件,根据底图数据进行数字化提取道路、村庄、水域、林地等地物信息,根据翁源县工商局、国家企业信用信息公示系统(广东)和实地调研(2018年3—7月)获取的兰花长廊132个兰园相关数据,并根据其建立的年份,将其位置标注在地图上,形成不同年度的兰园分布图(2017年底为132个兰园),在此基础上利用ARCGIS空间分析功能分析兰园随时间集聚分布的特征,并以省道S245和台商企业(德芳兰园和兴奇美兰园)为中心进行缓冲区分析。

## 第二节 台湾农业技术扩散时空特征分析

### 一、台湾农业技术扩散时间特征分析

#### (一)兰花种植面积变化

在翁源县委、县政府的积极引导、市场的推动及台湾兰花企业、外地兰花

---

① 当地兰花种植农户绝大部分在翁源县工商局进行注册登记过,故称其为农户或企业,即农户(企业),下同。

企业、本地兰花企业与兰花专业合作社、兰花协会等的带动下,翁源核心区内花卉种植面积整体呈增加趋势,而兰花种植面积则逐年增加,由 2008 年的 7 000 亩增加到 2017 年的 15 000 亩,总体上变化较为平稳,每年递增的比例约 10%(图 5-4)。

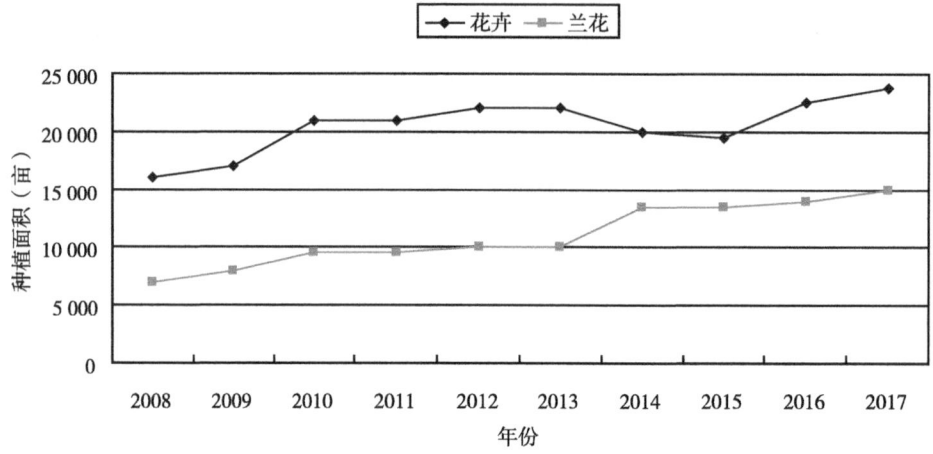

图 5-4　翁源核心区花卉及兰花种植面积

### (二)兰花种植户(兰园)数量变化

由图 5-5、图 5-6 可知,2006 年之前,翁源核心区兰花种植户(企业)数量非常有限,2010 年是翁源兰花产业发展的一个分水岭,主要得益于广东省(韶关)粤台农业合作试验区的建立(2010 年 7 月 6 日奠基),2010 年之后,在政府政策引导下,翁源当地种植兰花的农户(企业)的数量大幅度增加。

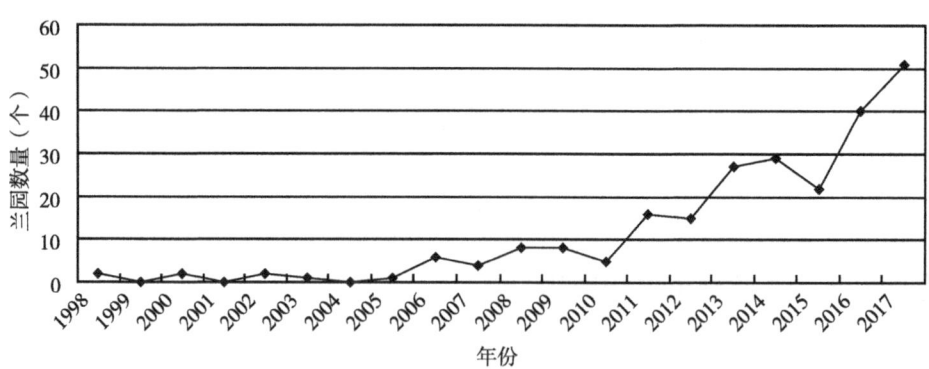

图 5-5　翁源核心区各年份成立的兰园数量

2010年前，兰花种植技术扩散主要是"家族宗族"及"市场"机制起作用，兰花农户（企业）看中的是市场形势良好，相比本地其他种植业如花生、玉米等，兰花种植收益要高很多，于是在村中部分"能人"的带动下，基于特殊的"血缘及亲缘关系"，部分村民开始尝试兰花种植，但由于初期兰花种植成本高，风险大，基于"生存理性"的需要及"安全第一"的原则，种植兰花的农户并不多，且分布较为分散；2010年广东省（韶关）粤台农业合作试验区成立后，兰花种植技术扩散主要是政府及市场机制起作用，为了促进试验区的发展，政府部门在财政、税收、项目、用地、用水、用电、规费等方面出台了许多优惠政策，吸引了众多外地商人（包括台商）来试验区进行投资，有效促进了试验区的发展，同时也促进了试验区的品牌——兰花产业的发展；加之，先前兰花种植者成功的"示范效应"影响，在政策效应及利益驱动下，种植兰花的当地农户迅速增加。

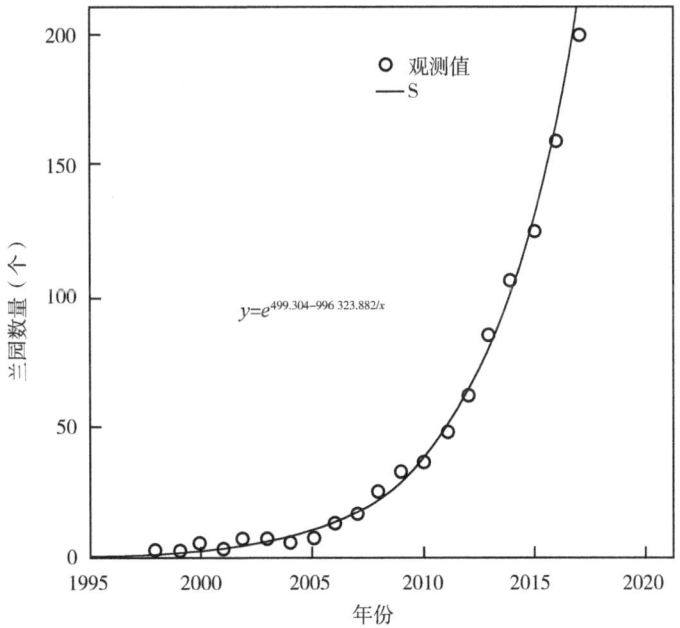

图 5-6　翁源核心区兰园累加数量

图 5-6 通过 SPSS 软件进行曲线拟合得出，拟合曲线为"S"形曲线，拟合方程式为：$y = e^{\beta_0 + \beta_1/x}$（其中，$\beta_0 = 499.304$，$\beta_1 = -996\,323.882$，调整后的 $R^2 = 0.992$；$F$ 值为 2 513.949，$p$ 值为 0.000；系数和常数项的 $t$ 值分别为

−50.139和50.442，$p$值都为0.000；说明方程拟合程度佳，通过显著性检验）。由图5-6可知，广东韶关粤台农业合作试验区（翁源核心区）各年份兰园累加数量符合经典的技术扩散"S"形曲线，目前基本上处于曲线的前半段，正处在兰花种植户快速增加的时间段，为罗杰斯的"早期大多数"阶段。按拟合曲线发展态势，今后一段时间内，试验区内兰花种植户的"后期大多数"阶段即将来临，种植户将快速增多，兰园数量将快速增长，进一步加快兰花种植技术在试验区的扩散，当地政府及试验区管委会应因势利导，有效推进翁源兰花产业的发展。

## 二、台湾农业技术扩散空间特征分析

### （一）翁源县各镇兰花种植户数变化分析

翁源县兰花种植户（企业）主要分布在江尾、坝仔、官渡、龙仙等镇，其中绝大部分兰花种植户（企业）分布在江尾镇（图5-7），空间分布极不均匀。江尾镇兰花种植户（兰园）数量占翁源县的近90%，其在2005年被广东省科技厅授予"兰花专业镇"称号，2017年江尾兰花小镇被广东省发展与改革委员会确定为广东省首批特色小镇创建工作示范点。

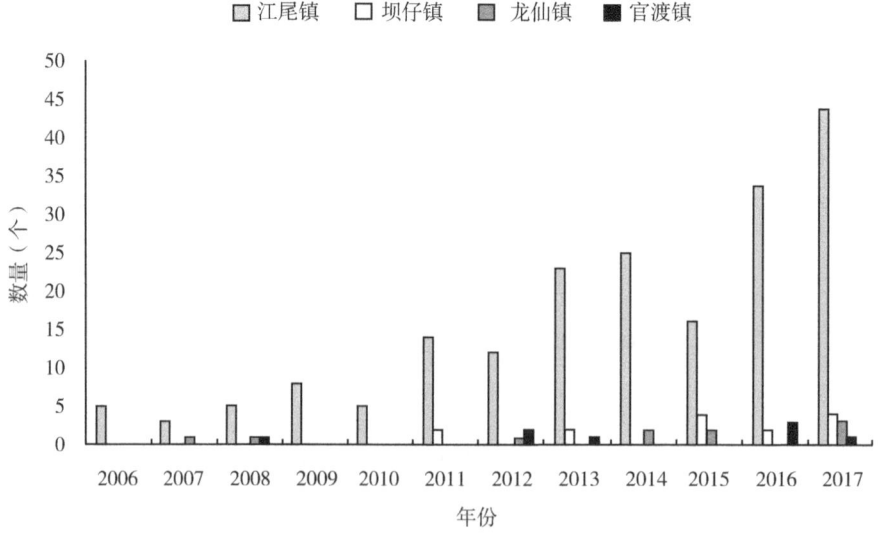

图5-7 翁源县各镇兰园数量

## (二) 兰花长廊兰园分布演化特征分析

**1. 集中分布在省道 S245 两侧**

为了更清晰地确定兰花长廊内兰园的分布与区内重要基础设施(省道 S245)的空间邻近性及邻近程度,基于 2017 年兰园空间分布情况(图 5-3、图 5-8),以省道 S245 为中心,采用渐变尺度的空间结构度量方法——变量集聚方法(Variable Clumping Method,VCM)建立缓冲区对兰园的分布进行分析。缓冲区建立的标准是:以省道 S245 为中心,依次向两侧建立半径为 200 米、400 米、600 米、800 米……2 000 米的缓冲区;根据计算结果,各缓冲区范围内的兰园个数见图 5-9。

由调研统计数据及图 5-9 可知,大部分兰园(108 个,占 81.82%)分布在省道 S245 两侧 800 米范围内,这些兰园可有效利用便利的交通设施为其服务。基于观测数据,利用 SPSS 软件对其进行曲线拟合,根据拟合结果,最终选定对数曲线拟合,拟合方程式为:$y = 36.383 - 140.223\ln(x)$(调整后的 $R^2 =$ 0.980;$F$ 值为 437.343,$p$ 值为 0.000;系数和常数项的 $t$ 值分别为 20.913 和 -11.776,$p$ 值都为 0.000;说明方程拟合程度佳,通过显著性检验)。

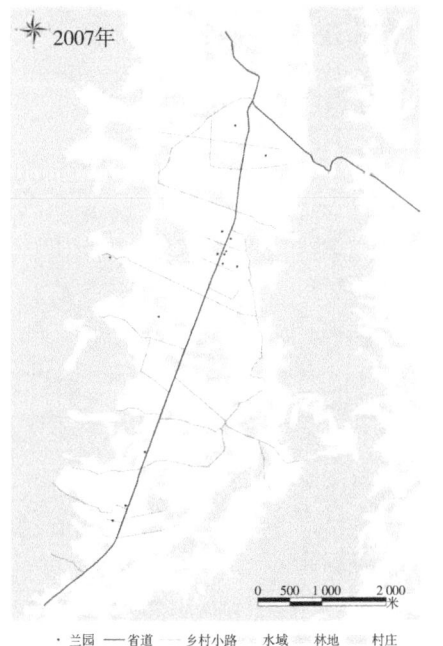
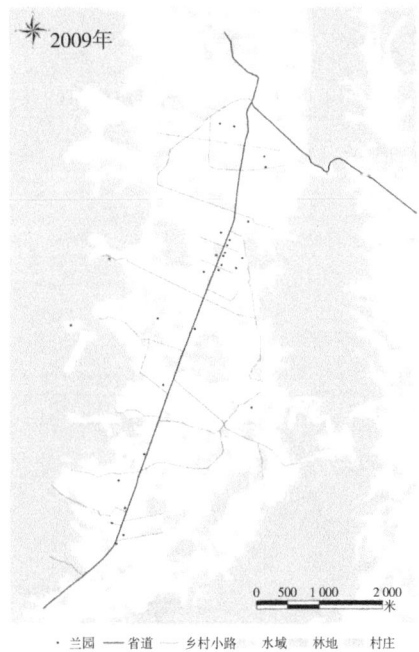

# 农业技术扩散特征、效应及机制研究

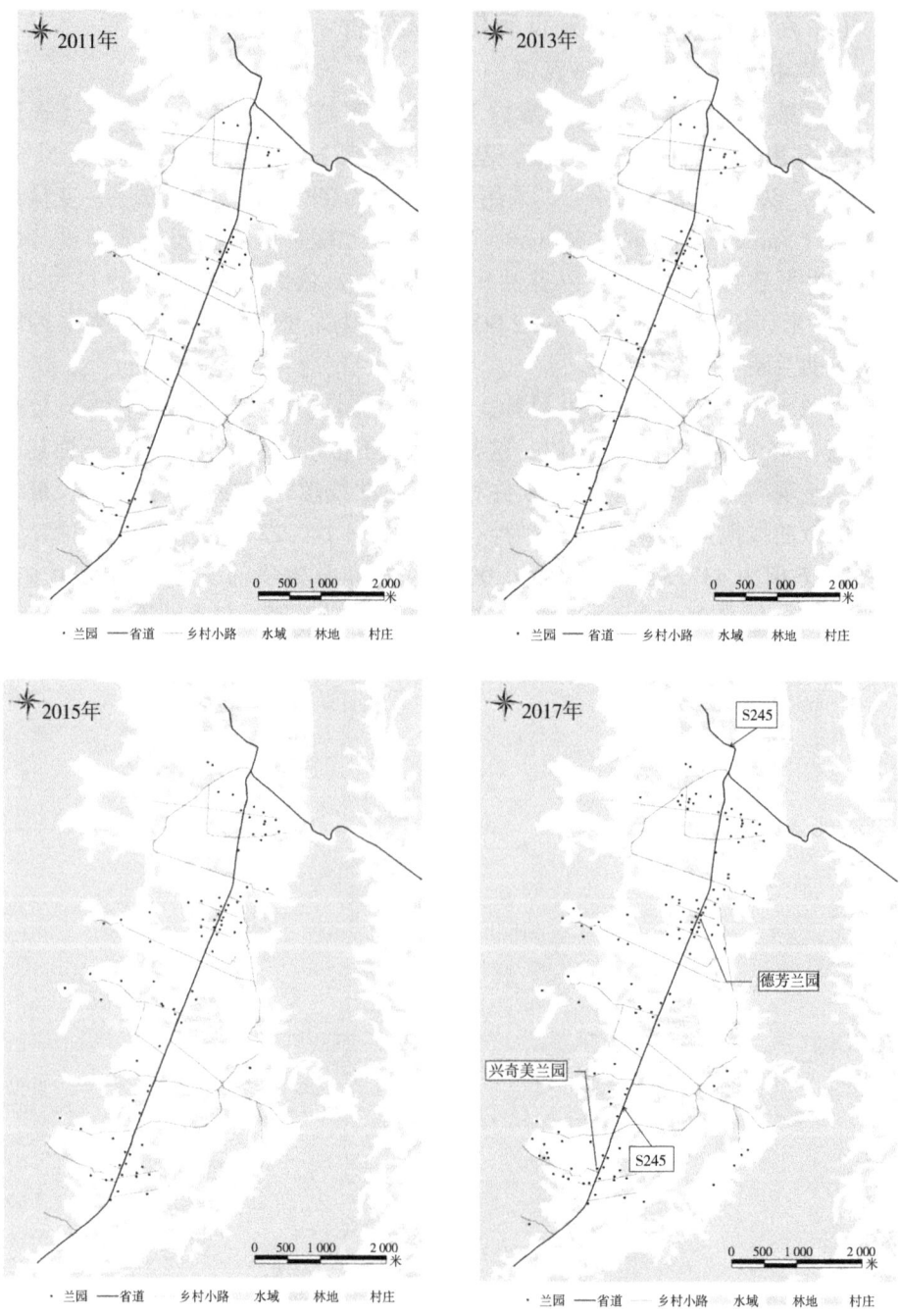

图 5-8 2007—2017 年兰花长廊兰园分布演化图（参见彩图 5-8）

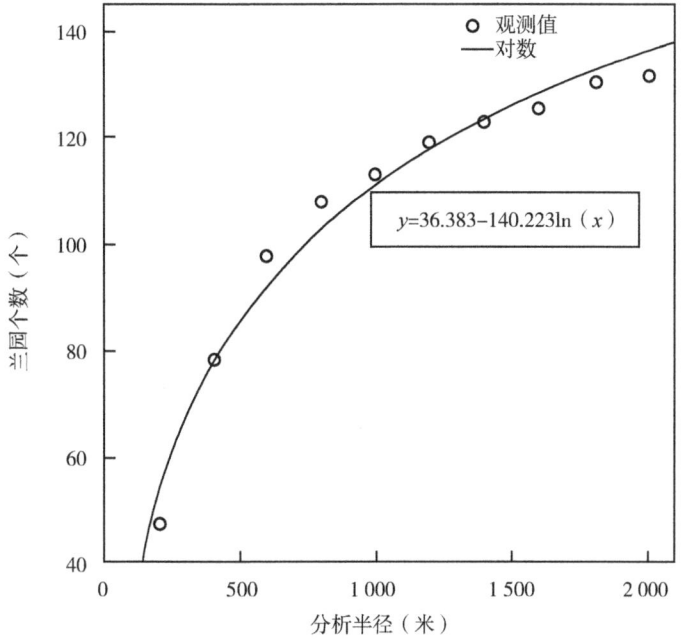

图 5-9 以省道 S245 建立的缓冲区

随着与省道 S245 距离的增加，兰园增加的数量明显减少，所有兰园与省道的距离不超过 2 000 米，体现了兰花种植对交通设施的要求，在调研中发现，兰花长廊内还有很多兰园的交通较为闭塞，通往兰园的道路还没有硬化（图 5-10），当地政府和试验区管委会应继续加大基础设施的投入，为兰花种植农户（企业）提供良好的基础设施环境，加快翁源兰花产业发展。

**2. 以台企为中心，向其外围呈同心圆分布**

台企德芳兰园和兴奇美经营时间较早，拥有自己技术研发中心，与当地农户的交流与联系较为密切，以这两家企业为例，分析确定兰花长廊内兰园的分布与区内扩散源的空间邻近性及邻近程度；采用渐变尺度的空间结构度量方法——变量集聚方法（Variable Clumping Method，VCM）建立缓冲区对兰园的空间分布情况进行分析，具体实现过程如下。

基于 2017 年兰园空间分布（图 5-3）情况，分别建立以德芳兰园及兴奇美兰园为中心的渐变尺度的缓冲区。缓冲区建立的标准是：以两个兰园为中心，依次向外围建立半径为 500 米、1 000 米、1 500 米、2 000 米……6 500 米的缓冲区；依据计算结果，各缓冲区内的兰园数量见图 5-11、图 5-12。

图 5-10　兰花长廊部分道路（参见彩图 5-10）

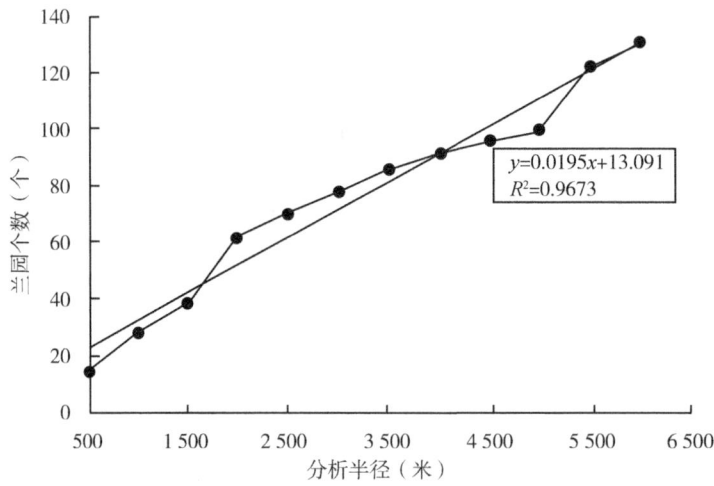

图 5-11　以德芳兰园为中心建立的缓冲区

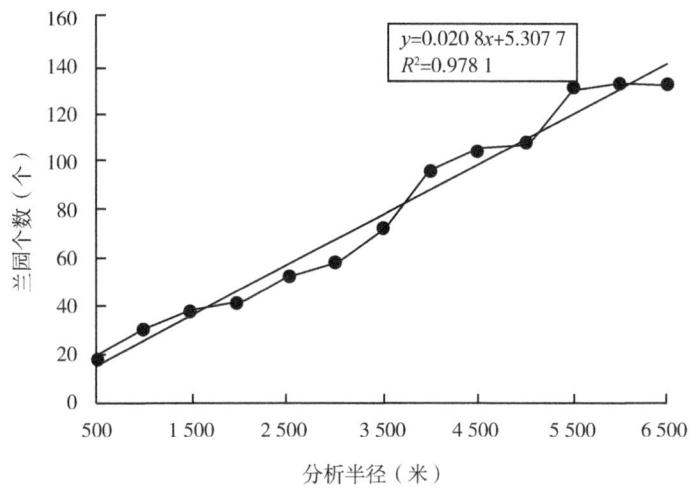

**图 5-12　以兴奇美兰园为中心建立的缓冲区**

由图 5-11 和图 5-12 可知，兰花长廊兰园的空间分布呈现出以台企（德芳和兴奇美）为中心，呈放射状向四周扩散的态势。根据拟合方程 $y=0.0195x+13.091$（$R^2=0.9673$，整个回归方程及系数都通过显著性检验，拟合效果很好），$y=0.0208x+5.3077$（$R^2=0.9781$，整个回归方程及系数都通过显著性检验，拟合效果很好）可知，与德芳兰园的距离每增加 100 米，兰园数量增加 1.95 个；而与兴奇美兰园的距离每增加 100 米，兰园数量增加 2.08 个。德芳兰园和兴奇美兰场是较早在粤台农业合作试验区进行兰花种植的台商企业，种植规模较大，拥有自己的组培育苗中心，兰花种植技术较为先进，经验较为丰富，在试验区种植兰花的农户（企业）中起领头羊作用。在实际调研中发现很多当地兰花种植户最早就是在德芳兰园或兴奇美兰园从事兰花种植或管理工作，积累了一定经验后，才建立自己的兰园；另外，调研中发现德芳兰园和兴奇美兰园负责人非常乐意向当地种植户传授兰花种植方面的技术，与当地兰花种植农户的关系非常融洽，当地种植兰花的农户（企业）对其评价相当高。经过 10 多年的发展，兰花长廊内的兰园分布形成了以台企（德芳兰园和兴奇美兰园）为中心，逐渐向外围呈放射状分布的空间格局；扩散效应随距离增加逐渐衰减，在空间上呈现"波浪式"扩散特征，形成"空间近邻效应"。

### 3. 集中分布在地势较为低平地区，并由山前冲积平原向山麓、山腰发展

根据图 5-8 及实地调研情况，发现兰花长廊内的兰园大部分分布在地势较为低平的省道 S245 两侧。一方面地势较为低平，便于兰园基础设施建设（通电、通水、兰棚搭建等）；另一方面地势低平处更接近省道 S245，交通便利，便于与外界交流。但由于受到土地使用政策的限制，大部分兰园并没有占用区位较好的农田，而是山岗地带；随着兰花种植户不断增多，兰花种植面积不断扩大，现有山岗地带已经不能满足种植兰花用地的需求，新建的兰园只能向远离省道 S245 的山麓及山腰地带发展，虽然土地租金较为便宜，但交通不便，基础建设投入成本高，短期内，兰花种植户的收益受到明显影响。为此，当地政府和试验区管委会应积极做好兰花种植的土地流转工作，特别是到 2022 年左右，很多台商租用的土地已经到期，如何解决其兰花种植用地问题已迫在眉睫。

## 三、兰花长廊兰园随时间集聚分布分析

将兰花长廊内的兰园（企业）作为点状实体，利用 ArcGIS 软件中的平均邻近距离工具（The Average Nearest Neighbor Distance Tool）分析 1998—2017 年 20 年以来翁源兰花长廊内兰园空间分布模式的演变。

利用 ArcGIS 软件计算出最近邻指数 $R$ 及其显著性水平 $Z$ 值和置信度。最近邻指数 $R$ 为点群的平均最近邻距离与随机分布平均距离之比，$R$ 值大小可以反映点群的分布与随机分布的背离度，具体值及其含义见表 5-1。$Z$ 值和置信度都是最近邻指数 $R$ 的可靠程度的度量，当 $Z$ 值大于 1.96 或小于 $-1.96$ 时，所对应的 $R$ 的置信区间为 95%，当 $Z$ 值大于 2.58 或小于 $-2.58$ 时，所对应的 $R$ 的置信区间为 99%。

表 5-1　$R$ 值及其含义

| $R$ 值 | 含义 |
| --- | --- |
| $R=0$ | 完全集聚分布 |
| $0<R<1$ | 比随机分布更集聚的分布 |
| $R=1$ | 随机分布 |
| $1<R<2.419$ | 比完全随机分布较均匀的分布 |
| $R=2.419$ | 完全均匀分布 |

表 5-2　兰花长廊兰园最近邻指数 R 及其显著性水平 Z 值

| 年份 | R 值 | Z 值 | 年份 | R 值 | Z 值 |
| --- | --- | --- | --- | --- | --- |
| 2002 | 1.836 626 | 3.578 88 | 2010 | 0.896 471 | -1.137 76 |
| 2003 | 1.687 254 | 3.220 502 | 2011 | 0.843 073 | -1.898 71 |
| 2004 | 1.822 261 | 4.161 882 | 2012 | 0.822 603 | -2.251 15 |
| 2005 | 1.822 261 | 4.161 882 | 2013 | 0.822 159 | -4.031 32 |
| 2006 | 1.096 77 | 0.641 299 | 014 | 0.755 037 | -2.429 68 |
| 2007 | 0.957 73 | -0.302 57 | 2015 | 0.784 158 | -3.761 89 |
| 2008 | 1.036 904 | 0.323 528 | 2016 | 0.766 3 | -4.559 4 |
| 2009 | 0.906 461 | -0.946 9 | 2017 | 0.757 1 | -5.339 4 |

由表 5-2、图 5-13、图 5-14 可知，整体上兰花长廊内兰园的分布呈现出由均匀分布向集聚分布演变的趋势，并存在阶段性特征。

（1）2006 年之前，兰园分布较为分散，当时种植兰花的本地农户很少，兰花种植户主要是台商，基本上没有形成规模，是兰花长廊兰花产业发展的雏形阶段。

（2）2007—2010 年，在市场利益及宗族家族的影响下，当地种植兰花的农户逐渐增多，且兰园空间分布呈现出一定的集聚特征，但并不明显。

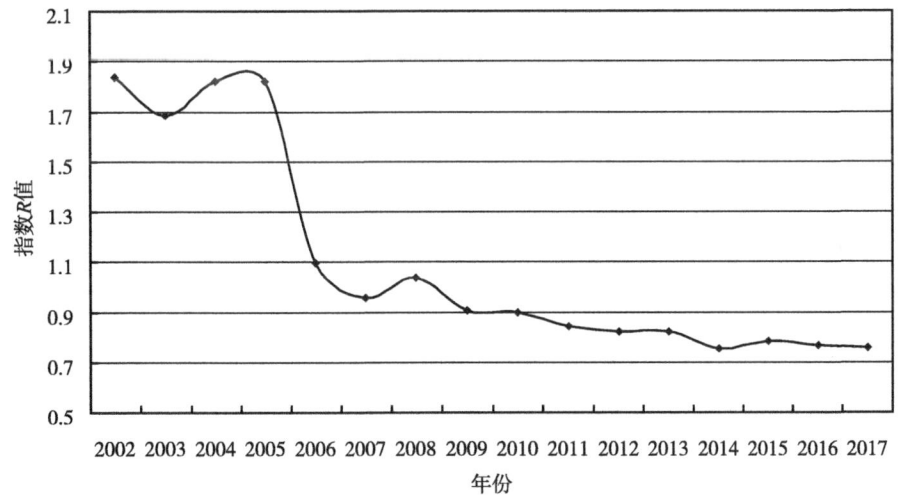

图 5-13　2002—2017 年兰园分布 R 值变化

（3）2010 年之后，兰园的空间分布呈现出明显的集聚特征，且集聚趋势越来越强。2010年是翁源兰花产业发展的一个分水岭，广东省（韶关）粤台农业合作试验区于2010年7月6日奠基，其核心区就设在翁源县，2010年之后，翁源特别是兰花长廊内的兰花种植户（企业）的数量大幅度增加（图5-5），试验区的成立在翁源兰花发展史上具有里程碑的意义。

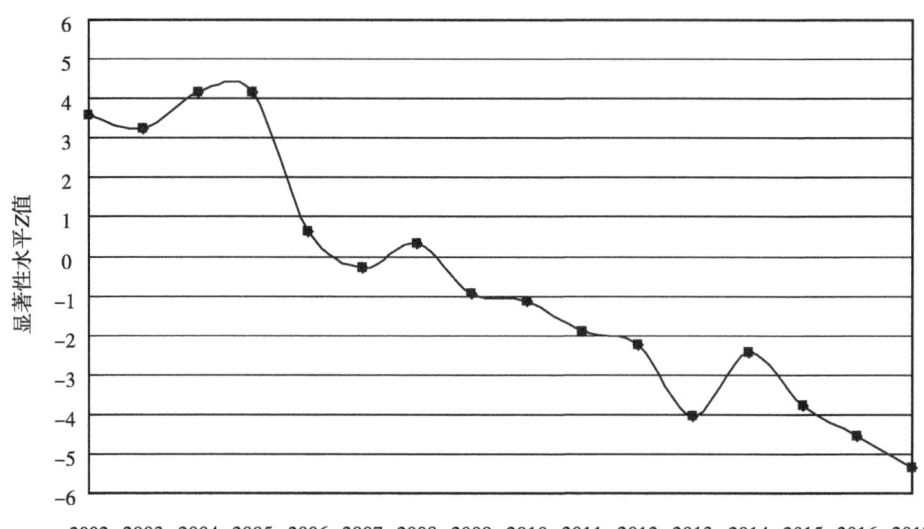

图5-14　2002—2017年兰园分布Z值变化

2010年前，兰花长廊内兰花种植技术扩散主要是"市场机制"和"台商示范效应""宗族家族社会网络"起作用。在台商的带动下，在家族宗族的影响及现实利益的驱动下，当地部分农户开始尝试兰花种植（部分自己开设兰场，部分则帮其他企业如台企、本地规模较大的企业等进行兰花的种植与管理），但由于受到兰花种植风险、种植技术及传统观念的影响，当地种植兰花的农户并不多，且分布较为分散，兰花种植技术处于扩散的初期阶段。

2010年，广东省（韶关）粤台农业合作试验区成立后，兰花种植技术扩散主要是"政府和市场机制"起作用，为了促进试验区的发展，翁源县政府部门在财政、税收、项目、用地、用水、用电、规费等方面出台了许多优惠政策，同时出台了与兰花种植密切相关的文件措施如《关于加快花卉产业发展的决定》《翁源县兰花产业发展五年行动计划》等，吸引了众多外地商人（包括台商）来试验区进行投资，有效促进了试验区的发展，同时也促进了试验区的品牌——兰花产业的发展。在"政策效应"及"从众效应"的利益驱动下,种植兰花的当地农户越来越多,集聚效应也越来越明显。

## 本章小结

在台湾兰花企业的带动下,广东省(韶关)粤台农业合作试验区翁源核心区兰花产业的发展取得了长足的进步,已初步形成规模化、专业化格局,其时空分布具有以下特征。

(1)从兰花种植技术扩散时间来看:2010年是重要转折点,2010年前,在台商的带动下,兰花产业有所发展,但较为缓慢,种植兰花的当地农户并不多;2010年试验区成立后,在政府的引导下,兰花产业迅速发展起来,当地种植兰花的农户快速增长;根据SPSS中"S"形曲线拟合结果,兰花种植户(企业)累计增加的数量处于经典技术扩散"S"形的前半阶段,为罗杰斯5阶段中的早期大多数阶段,按拟合曲线发展态势,试验区内兰花种植户的后期大多数阶段即将来临,今后发展潜力巨大,政府部门应及时做好后续工作,合理引导兰花产业发展。

根据ArcGIS软件计算出的最近邻指数$R$及其显著性水平$Z$值和置信度可知,兰花长廊内兰园的分布呈现出由均匀分布向集聚分布演变的趋势,并呈阶段性特征,2010年后集聚分布的趋势越来越明显。

(2)从兰花种植技术扩散的空间来看:兰花种植户(兰园)集中分布在翁源县江尾镇,其中以省道S245两侧的松塘、仙北、仙南、九仙4个村所形成的"兰花长廊"最为集中,其空间分布呈现以下区位特征:①交通条件。大部分兰园(108个,占81.82%)分布在省道S245两侧800米范围内,可有效利用便利的交通设施。②技术条件。兰花长廊兰园的空间分布呈现出以台企(德芳兰园和兴奇美兰园)为中心,呈放射状向四周扩散的态势,与德芳兰园的距离每增加100米,兰园数量增加1.95个;而与兴奇美兰园的距离每增加100米,兰园数量增加2.08个;技术源向四周呈放射状扩散,扩散效应随距离增加逐渐衰减,形成空间近邻效应,为波浪式空间技术扩散模式。③地形条件。大部分兰园分布在省道S245两侧的山前地势低平地带,兰花种植前期投入成本(通电、通水、平整土地等)较低,随着兰花种植户数量的不断增多,山前较为低平的土地无法满足需求,兰园开始向山麓及山腰发展。

(3)从兰花种植技术扩散的机制来看:早期在台商带动下,主要以宗族家族扩散及市场机制为主。中后期,特别是试验区翁源核心区管委会成立后,在政府的推动下,兰花种植技术扩散由宗族家族、市场机制为主逐渐演变为以政府、市场机制为主,政府为推动兰花特色产业的发展,出台了众多优惠政策及相关文件,特别是2018年中国第28届兰花博览会在试验区(翁源县)的举办,有效促进了兰花产业的发展,这与台湾"青枣"在大陆的种植扩散类似(陈嘉,2016),政府推广机制对台湾农业技术在大陆扩散的影响显著。

试验区兰花技术扩散的时间演化特征进一步证实了农业技术扩散具有"S"形曲线的特征(李普峰等,2010;李同昇等,2016;陈嘉,2016);其空间扩散特征也与农业技术扩散微观尺度上的就近扩散、漫延扩散特征一致,一定程度上体现出了"点—轴"系统特征(以台企等主要扩散源为点,以省道S245为轴)(李普峰等,2010;李同昇等,2016;陈嘉,2016)。但在扩散形成机制(动力)方面有差异,从技术属性来看,台湾农业(兰花)技术是一种商业性、经营性技术,就目前来看,其扩散的主要动力主要为政府(当然,市场也起到重要作用),与李同昇等(2016)的研究结论有所差异(其认为经营性技术扩散的主要动力为市场,公益性技术扩散的主要动力为政府),这可能与特殊的兰花技术扩散源——台商或台企有关,翁源兰花产业是由台商带动并逐步发展起来的,受两岸特殊政治背景的影响,台湾农业在大陆的技术扩散引起了大陆各级政府的高度重视,翁源县政府也不例外。

台湾农业(兰花)技术在试验区的扩散在宏观尺度上表现出较为典型的跳跃式技术扩散特征,受地区技术势能差、自然环境等因素的影响,兰花种植技术直接从台湾地区呈跳跃式传播到试验区(韶关翁源)。在微观尺度上却表现出较为明显的由近及远的波浪式扩散特征,当地兰园以台商德芳兰园及兴奇美兰园为中心,呈放射状在其周围分布。

另外,以村(松塘、仙北、仙南、九仙)为基本单元来探讨农业(兰花)技术扩散的时空演化特征,相对已有文献,尺度上更微观,研究结果可能更符合实际情况,一定程度上更能揭示农业技术扩散的时空演化特点。

# 第六章　微观视角下台湾农业技术扩散社会网络特征分析

本章主要探讨兰花种植的扩散与当地社会网络特征的关联，兰花种植扩散的社会网络联系特征，不同的扩散主体如大学与科研机构、台商企业、外地企业、本地企业、农民专业合作社、兰花协会等在扩散网络中起的作用，以及社会网络扩散的具体过程。

农村社会网络是农业技术信息共享的重要载体，通过社会网络关系可使各行为主体产生共同的价值观、社会认知等，同时也会促进农村地区村民之间的社会信任；村民间的信任和认同，能有效减少其从事农业生产的风险成本，便于农业创新技术的扩散（Bandiera 等，2006；Conley 等，2010）；乡土社会的信用并不是对契约的重视，而是发生于对一种行为的轨迹熟悉到不假思索时的可靠性（费孝通，2006）；社会网络关系可以增强这种信任感；能够促进农业技术的扩散（陈杰等，2011）。新技术在使用初期，很多农户并不知晓其相关特征（王格玲等，2015），农户在使用时会存在一定的"风险性"和"不确定性"，只有少部分愿意承担风险的农民先采用，然后通过这些农民口头传播、示范作用等，带动更多的农民学习和接受新技术，农户的社会网络对这些农业技术信息的传播效应发挥了重要作用（刘亚，2012）；农户的社会网络强度越大，越愿意和网络中其他农户共享技术信息，从而有效促进农业新技术的扩散；当然农户社会网络关系的强弱也会影响到其对农业创新技术的采用，从而影响到农业创新技术的扩散速度（胡海华，2016）。

农业技术扩散发生的场所在农村，其扩散模式、扩散特征必然与农村社会结构特征紧密相关，以血缘、亲缘、地缘、情缘和学缘关系为核心形成的差序有别的强关系网是中国农村社会的典型特征，社会网络是农户之间交往与联系的主要桥梁和纽带。在农村社会中，人际传播比大众传播等其他传播方式的可信度更高，社会关系网络促进了农户间的合作和信任，能够节省农业技术传播和扩散的时间和费用。与此同时，社会关系网络也是一张信息关系网络，农村社区内部特殊的社会网络关系使得农户之间的人情交往十分频繁,有利于农业技术信息、市场信息的传播和扩散,减少了农户搜寻信息时间,提高了农户搜寻信息的效率,极大地降低了信息费用,减少了信息交易成本。

## 第一节 研究方法和数据来源与处理

### 一、研究方法

社会网络分析（SNA）（刘军,2014）是一种描述网络整体形态、特性和结构的分析方法,其核心是基于"关系"视角来研究相关结构问题如社会结构、经济结构及政治结构等。本节主要利用社会网络分析方法来探讨广东省（韶关）粤台农业合作试验区兰花种植技术扩散的网络密度、中心性、E-I派系结构及核心-边缘结构,并分析其成因。

#### （一）网络密度（$D$）

$$D = \sum_{i=1}^{k} \sum_{j=1}^{k} r_{ij}/k(k-1) \tag{6-1}$$

式（6-1）中,$D$ 为网络密度,其值越大,说明节点（论文中节点为广东韶关粤台农业合作试验区兰花技术的各扩散主体,以下简称扩散主体,包括台商企业、外地企业或农户、本地企业或农户,大学与科研机构,兰花专业合作社,兰花协会等,下同）间的网络联系越密切,$r_{ij}$ 为节点 $i$ 与其他节点之间的有效联系数量,$k$ 为节点数,通过问卷调查,最终选定66家本地农户（企业）,8家台商企业,9家外地企业（负责人非本地人）及兰花专业合作社,大学与科研机构,兰花协会等。

#### （二）网络中心势（$C_{AD}$）

网络中心势可以用来判断扩散主体间技术联系和交流的不对称和不均衡程度,该值越接近1,网络联系越具有集中性（刘军,2014）。网络图的度数中心势的计算公式为：

$$C_{AD} = \sum_{i=1}^{n}(C_{ADmax} - C_{ADi})/\max\left[\sum_{i=1}^{n} C_{ADmax} - C_{ADi}\right] \tag{6-2}$$

式（6-2）中,$C_{ADi}$ 为扩散主体 $i$ 的绝对中心度,$C_{ADmax}$ 为网络图中扩散主体的绝对中心度最大值。

## （三）中心性

$$C_D(c_i) = \sum_{j=1}^{n} r_{ij}, \quad C_B(c_i) = \sum_{j}^{n} \sum_{k}^{n} g_{jk}(i)/g_{jk}, \quad C_A(c_i) = \sum_{j=1}^{n} d_{ij} \qquad (6-3)$$

式（6-3）中，$C_D(c_i)$ 为点度中心度，$C_B(c_i)$ 为中间中心度，$C_A(c_i)$ 为接近中心度，$n$ 指与扩散主体 $i$ 发生联系的其他扩散主体个数，$r_{ij}$ 是扩散主体 $i$ 与其他扩散主体之间的有效联系数量，$g_{jk}$ 为扩散主体 $j$ 和扩散主体 $k$ 间存在的捷径数目；$g_{jk}(i)/g_{jk}$ 表示扩散主体 $i$ 处于扩散主体 $j$ 和扩散主体 $k$ 间捷径上的概率（李航飞等，2017），$d_{ij}$ 是扩散主体 $i$ 与扩散主体 $j$ 之间的捷径距离。

点度中心度是用来描述扩散主体之间网络联系水平的指标；扩散主体的中间中心度测度的是某扩散主体在多大程度上控制其他扩散主体间的交往，扩散主体的中间中心度越大，说明该扩散主体拥有越大的权力，越能够控制其他扩散主体而处于网络的核心（刘军，2014）；扩散主体的接近中心度是该扩散主体与网络结构图中其他扩散主体的捷径距离之和，接近中心度的值越大，越说明该扩散主体不是网络的核心，一个扩散主体与其他扩散主体愈接近，越可能居于网络的中心，在网络中的权力亦越大。

另外，特征向量中心度是从扩散主体技术联系网络整体的角度来测量一个扩散主体是否处于影响力中心的指标，可将其视为以邻近扩散主体的影响力为权重的权重中心度（张勤等，2012）。

## （四）聚类系数

聚类系数用来描述一个扩散主体的邻接扩散主体间相互连接程度，近邻间关联越紧密，该扩散主体的聚类系数就越高。其可分为扩散主体聚类系数和网络聚类系数。扩散主体聚类系数是指它所有相邻扩散主体之间实际连边的数目占可能最大连边数目的比例。在无权网络中，对于有 $k_i$ 条边的扩散主体 $i$，其网络聚类系数为：

$$c_i = 2n_i/k_i(k_i - 1) \qquad (6-4)$$

式（6-4）中，$n_i$ 是扩散主体 $i$ 的 $k$ 个邻居间边的数量。如果 $c_i = 0$，表示扩散主体 $i$ 的邻接扩散主体间没有连通；如果 $c_i = 1$，扩散主体 $i$ 的所有邻接扩散主体间都连通。整个网络聚类系数的值等于所有扩散主体局部聚类系数的均值（Watts，1998）。

## （五）核心—边缘结构

核心—边缘模型能区分出网络结构的核心区和边缘区，核心区扩散主体间联系紧密，构成凝聚子群，在网络结构中处于优势地位；边缘区扩散主体相间存在较少的关系或不存在关系，在网络结构中处于不利地位；核心区扩散主体与边缘区扩散主体间也会存在相应的技术联系（刘军，2014；李航飞等，2017）。

### （六）E-I 派系结构

扩散主体间的关系可分为派别间关系和派别内关系，通常用 E-I 指数进行描述，E-I Index =（EL-IL）/（EL+IL），其中，EL 代表"子群之间的关系数"；IL 代表"子群内部的关系数"。UCINET 软件计算出来的 E-I 指数的取值范围为 [-1,+1]，该值越接近于1，表明派系林立的程度越小，子群越开放；该值越接近于-1，表明派系林立的程度越大，子群越封闭（刘军，2014；李航飞等，2017）。

### （七）结构洞分析

结构洞用来表示非冗余的联系，一个结构洞是两个扩散主体之间的非冗余的联系，其能为占据者提供获取"信息利益"和"控制利益"的机会，从而比其他位置的扩散主体具有更强的竞争力；衡量结构洞的主要指标有4个：①有效规模（Effective size）；②效率（Efficiency）；③限制度（Constraint）；④等级度（Hierarchy）。其中最重要的指标是限制度，扩散主体受到的"限制度"越低，其运用结构洞的能力就越强，在网络中越具有竞争力（张勤等，2012）。

### （八）MDS 分析

多维尺度（Multidimensional scaling，简称 MDS）分析是以空间分布的形式来表现对象之间相关性的一种多元统计分析方法。通过 MDS 图可以在较低维空间中直观观测到一些高维样本点相互关系的近似图像，从而提供各网络扩散主体在技术联系网络中的相对位置信息和相互关系的亲疏程度（张勤等，2012；李航飞等，2017）。MDS 图的中心点表示网络的中心位置，越接近这个中心点，表明越接近网络的中心位置，在网络中的相对地位越高。

## 二、数据来源与处理

在问卷调查表中设置"您在种植兰花过程中，主要与哪些企业（兰场、农户）、机构等有技术交流、咨询或联系？（其中，台商兰场有哪些？外地兰场有哪些？本地兰场有哪些？大学、科研机构有哪些？）是否加入兰花专业合作社？是否加入兰花协会？"，详见附录1问卷调查，根据调研问卷共整理出台商企业8家（其相互之间的联系，通过实地访谈直接获取），外地（负责人非本地人）企业9家，本地企业（农户）66家。基于调研问卷数据，为了进行对比分析，论文构建 3 类兰花技术扩散网络：第一类为无台企业网络（网络中仅含有 9 家外地企业和 66 家本地企业或农户），为 75×75 矩阵数据；第二类为全企业网络（网络中包含 8 家台商企业、9 家外地企业和 66 家本地企业或农户），为 83×83 数据矩阵；第三类为整体网络，根据与兰花技术扩散联系程度的不同，将大学与科研机构、兰花专业合作社、兰花协会、台商企业作为 4 个独立的关系主体，与试验区 75 家兰花种植企业（农户）进行社会网络分析，为 79×79 数据矩阵。大学与科研机构、兰花专业合作社、兰花协会、台商企业分别用 DK、HZ、LX、TQ 表示，农户（企业）则用 X 加阿拉伯数字进行编号。

在数据矩阵构建中，根据相关联系数据直接进行二值化处理，如在问卷中 A 企业填了与 B 企业有技术合作方面的交流（即使 B 企业没有填与 A 企业有技术交流），则 AB 企业之间的联系设为 1，否则设为 0。

## 第二节　台湾农业技术扩散社会网络特征分析

### 一、网络紧密度和中心性分析

根据式（6-1）、式（6-2）、式（6-3）、式（6-4）计算出网络密度、凝聚力指数、聚类系数、网络中心势（度数）、中心度等指标值，结果见表 6-1、表 6-2。利用 UCINET 中的 NETSTRAW 功能绘制出 3 类网络的网络联系图（图 6-1、图 6-2 和图 6-3），本节仅以点度中心度网络联系图进行分析，中间中心度、接近中心度、特征向量中心度的网络联系图与之类似。

表 6-1　网络紧密度情况表

| 紧密度指标 | 无台企业（农户）网<br>（75×75 矩阵） | 全企业（农户）网<br>（83×83 矩阵） | 整体网<br>（79×79 矩阵） |
| --- | --- | --- | --- |
| 网络密度 | 0.122 9 | 0.132 8 | 0.189 5 |
| 凝聚力指数 | 0.500 | 0.515 | 0.595 |
| 平均聚类系数 | 0.337 | 0.364 | 0.521 |
| 加权聚类系数 | 0.249 | 0.271 | 0.275 |
| 网络中心势（%） | 27.64 | 32.63 | 79.20 |

由表 6-1 及图 6-1、图 6-2、图 6-3 可知以下结论。

## （一）台商企业加入网络

台商企业加入兰花技术扩散联系网络后：①网络密度、网络凝聚力指数、网络聚类系数均有不同程度的提升。表明台商企业在翁源兰花技术扩散中处于非常重要之地位，加强了各兰花技术扩散主体之间的相互联系，网络紧密度得到提高；增强了扩散主体周围邻接扩散主体间的连通性，凝聚力得到加强；由网络联系图可知，台商企业 X69、X71、X74 基本处于网络的核心位置，相对于本地企业（农户），台商企业种植兰花的时间较长，经验较为丰富，技术较为成熟且较为先进，对于兰花产业的发展及技术扩散具有引领作用；同时，绝大部分农业技术信息资源具有公共品属性，其正向外部性容易使很多兰花种植户不用付费而通过"搭便车"方式免费获得相关技术或服务；当地企业（农户）易于向台商企业学习先进的兰花种植技术及成熟的管理经验，很多企业负责人或农户原来就是在台商兰场中做事，通过"干中学""看中学"（亲身实践），逐渐掌握了兰花的种植技术，然后自己种植兰花，并带动亲朋好友及同村人等种植兰花。②网络中心势有一定程度的提升，网络内企业核心节点集聚现象增多，但整体网络的中心势仍不高（32.63%），网络图中（图 6-1、图 6-2、图 6-3），除 X69、X74、X71 三个台企外（其中心度分别为 37、29、20），X2、X3、X6、X9、X14、X20、X78 等企业（农户）的中心度也较高（其中心度分别为 22、26、29、29、29、22、25），这些企业（农户）在无台企业网中的中心度同样处于前列，且中心度值差别不大，位于网络核心位置，说明兰花技术扩散网络并不是向某个或某几个点高度集中，网络分布较为均衡。③根据技术扩散的学习效应，一项新的农业创新技术出现以后，部分潜在采纳者会在较短的时间内获得该创新的相关信息，并可能会采纳该创新技术，他们是农业技术扩散过程中的观念领导者，或称为领导型农户（蔡霞等，2017），在网络关系结构中，如果观念领导者在网络中的数量比例达到 3%，那么新技术的最终扩散程度将会超过 90%（Aral，2013）。当然，并非观念领导者的数量越多越好，过多会导致网络信息重叠，其创新的边际贡献价值就会越小（Zubcsek 等，2011），其数量在网络总人数的 9% 以下是比较合理的（Hinz 等，2011），且在网络中分布越分散，越有利于创新的扩散（陈锟等，2010）；观念领导者的采纳行为通过人际交往、传播和干预等方式刺激其他网络成员实行采纳决策。X2、X3、X6、X9、X14、X20、X78 等企业（农户）可是看成是翁源兰花技术扩散网络中的观念领导者，且与网络中企业（农户）数量比基本符合 Hinz 等的观点。与其他企业（农户）相比较，他们在农村中拥有较高的社会地位和较强的经济实力及创新精神，如 X3 是广东省农业龙头企业；X6、X9、X78 是翁源兰花协会副会长单位；X2、X14 是兰花专业合作社负责企业；这些企业规模较大，创新意识强，在集群创新中具有很强的带动作用，其他企业与之联系较为紧密。

## （二）DK、HZ、LX、TQ 加入网络

将大学与科研机构（DK）、兰花专业合作社（HZ）、兰花协会（LX）、台商企业（TQ）作为 4 个独立的关系主体加入网络后：①网络密度、凝聚力指数、聚类系数进一步得到提升。表明大学与科研机构、兰花专业合作社、兰花协会在翁源兰花技术扩散中处于非常重要之地位，加强了节点——企业（农户）之间的相互联系，网络紧密度得到提高；增强了节点周围邻接点之间的连通性，凝聚力得到加强。②网络中心势提升的幅度非常之大（由 27.64% 提升到 79.20%），网络内企业核心节点集聚现象明显增强，由计算结果和网络图（图 6-3）可知，DK、HZ、LX 三个节点处于网络的绝对核心位置，其中心度分别为 75、69、69，标准化中心度为 96.154、88.462、88.462，远远高于处于第四位的 X9（中心度为 32，标准化中心度为 41.026）；相比较而言，台企在技术扩散网络的地位有所下降（中心度为 30，标准化中心度为 38.462），在点度中心度排名中处于第七位。

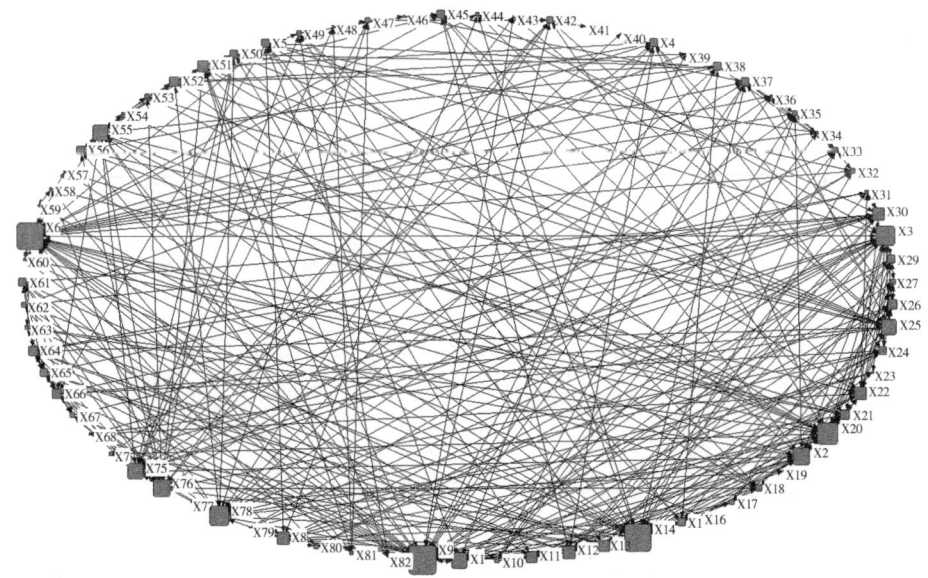

**图 6-1　点度中心度网络联系图（无台企业网络）（参见彩图 6-1）**

注：中心度值越大，其中心性越强，在网络中的地位越高，在图中的方框越大。图 6-2、图 6-3 同。

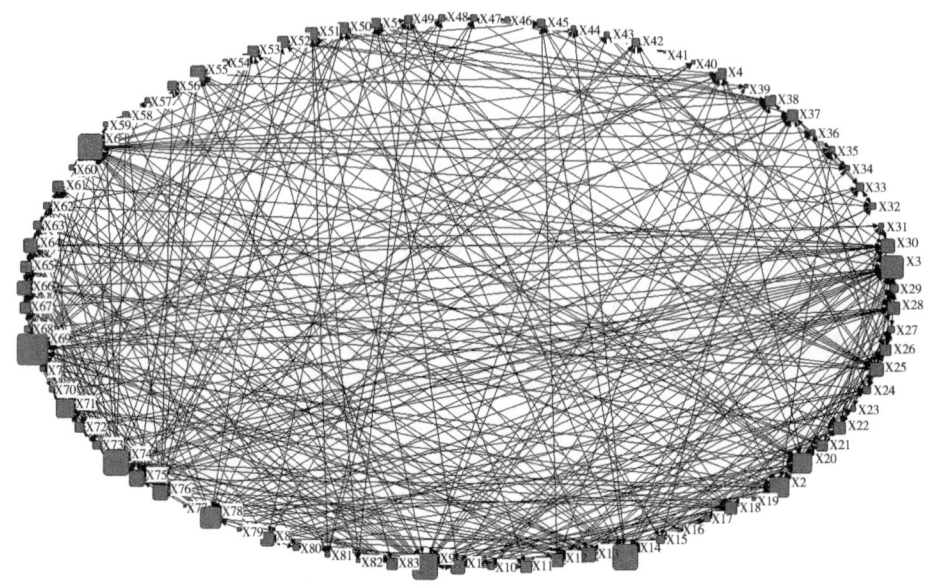

图 6-2 点度中心度网络联系图（全企业网络）（参见彩图 6-2）

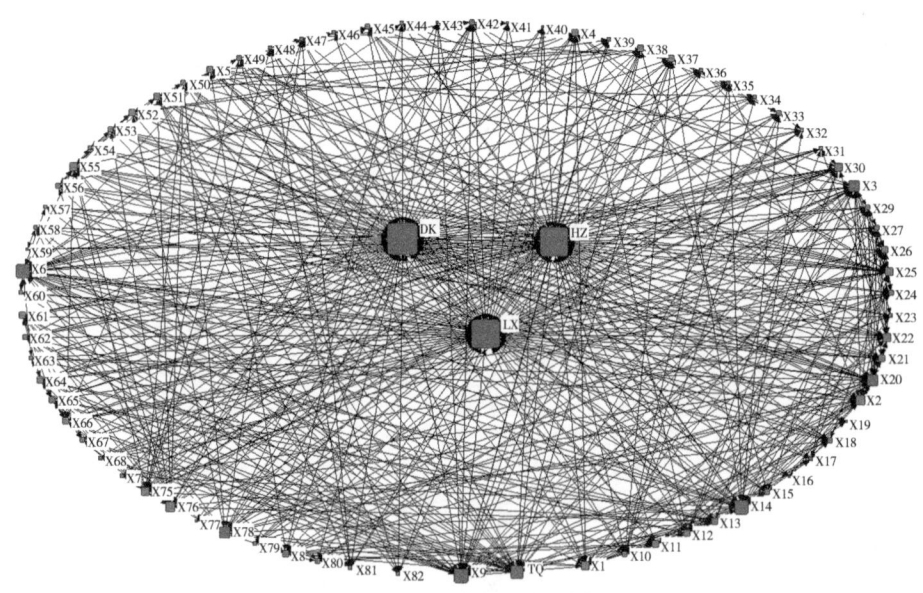

图 6-3 点度中心度网络联系图（整体网络）（参见彩图 6-3）

表 6-2　中心度前 10 的各节点

| 项目 | 无台企业网 | 全企业网 | 整体网 |
| --- | --- | --- | --- |
| 点度中心度 | X9、X6、X14、X20、X3、X78、X76、X 2、X75、X55、X1、X25 | X69、X14、X6、X74、X9、X3、X78、X20、X2、X71 | DK、HZ、LX、X9、X14、X6、TQ、X20、X78、X3 |
| 中间中心度 | X9、X14、X6、X75、X20、X11、X78、X3、X76、X2 | X69、X9、X14、X6、X3、X11、X 78、X74、X20、X2 | DK、HZ、LX、X9、X14、X6、TQ、X20、X78、X3 |
| 接近中心度 | X9、X6、X14、X20、X2、X3、X78、X55、X25、X75 | X69、X14、X6、X74、X9、X78、X3、X2、X20、X55 | DK、HZ、LX、TQ、X9、X14、X6、X78、X20、X3 |
| 特征向量中心度 | X9、X6、X14、X20、X3、X2、X78、X1、X55、X25 | X69、X74、X6、X3、X78、X9、X14、X2、X71、X20 | DK、LX、HZ、X9、X14、X6、X3、X20、TQ、X78 |

由表 6-2 可知，农户（企业）X9、X6、X14、X20、X3、X78、X2 等在网络中地位非常稳定，在 3 个网络、4 种中心度测度中都处于核心位置，地位稳固且较高；台商企业 X69、X74 在企业网络 4 种中心度测度中均处于核心位置，特别是 X69 高居榜首；DK、HZ、LX、TQ 4 个独立扩散主体在整体网络 4 种中心测度中均处于核心地位，且 DK、HZ、LX 3 个独立扩散主体均处于前三位，其在翁源兰花技术扩散网络中地位牢固且相当高。

## 二、节点结构洞分析

根据 UCINET 计算出 3 类网络各扩散主体的限制度（图 6-4、图 6-5、图 6-6）。扩散主体受到的"限制度"越低，其运用结构洞的能力就越强，在网络中越具有竞争力。在无台企业网络中，企业 X9 所受网络限制度最低，从 X9 开始沿逆时针方向，节点所受网络限制度依次升高，越往后，其运用结构洞的能力越低，在网络中越没有竞争力；同理，全企业网络和整体网络中，分别从扩散主体 X9 和 DK 开始，沿逆时针方向，扩散主体所受网络限制度依次升高，越往后，其运用结构洞的能力越低，在网络中越没有竞争力。结合图 6-1、图 6-2 和图 6-3、表 6-2 可知，扩散主体中心性强度和限制度成反比关系，即扩散主体点度中心度越高，其限制度越低。

## 三、核心—边缘分析

为了准确识别兰花技术扩散网络的核心区及边缘区即哪些扩散主体（大学科研究机构、兰花专业合作社、兰花协会、台企、外地企业、本地企业

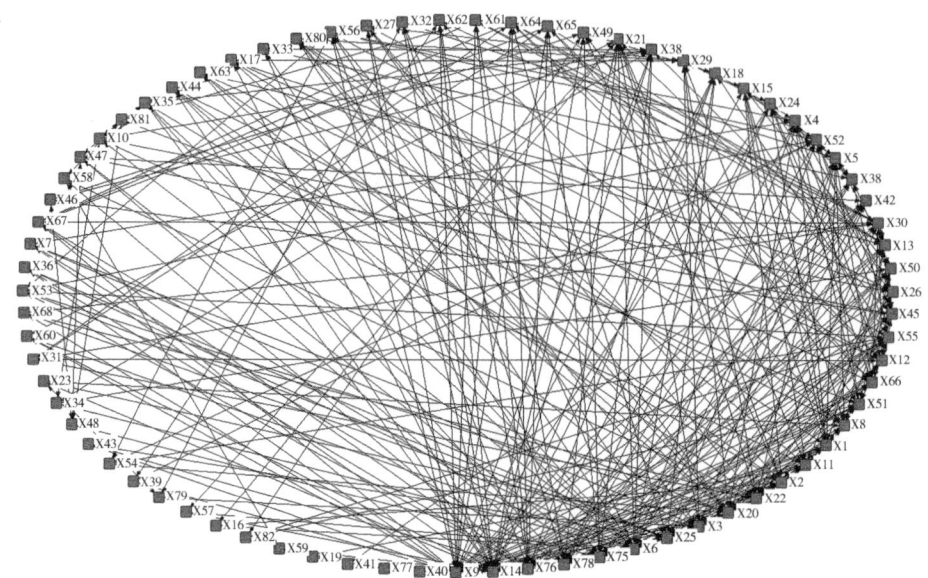

图 6-4 无台企业网络限制度

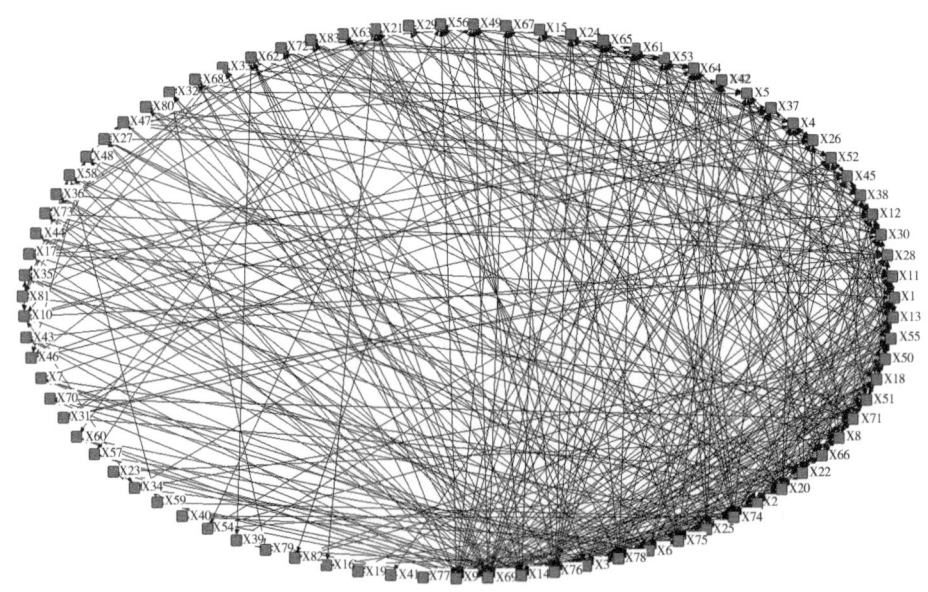

图 6-5 全企业网络限制度

等)处于网络的核心区,哪些扩散主体位于网络的边缘区,采用 UNINET 软件

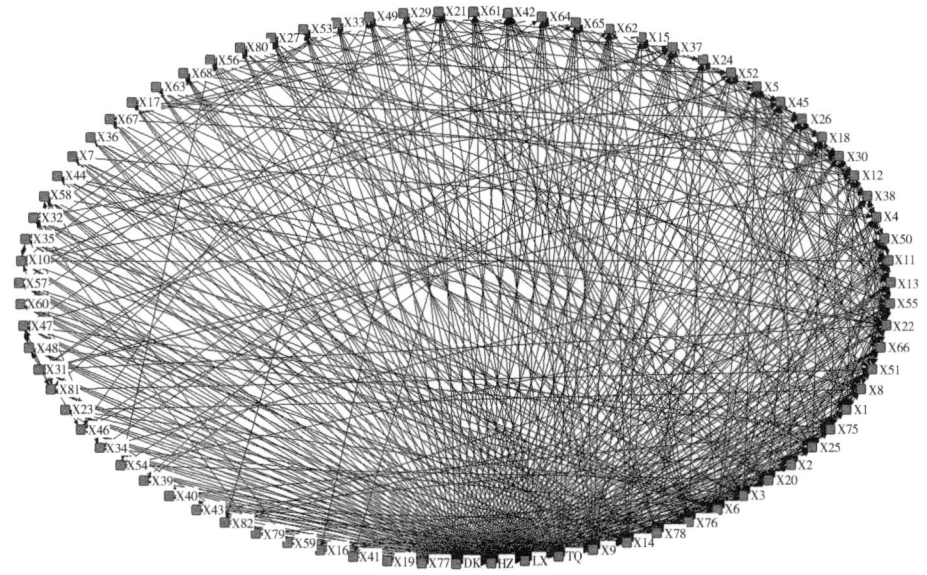

图 6-6 整体网络限制度

中的核心—边缘（Core/Periphery）模型对试验区兰花种植技术联系网络结构进行分析，核心区和边缘区的密度矩阵和像矩阵见表 6-3 和表 6-4，无台企业网络、全企业网络、整体网络模型的拟合度分别为 0.396、0.409、0.504，兰花技术扩散社会网络联系表现出较为明显的核心—边缘网络结构。

（1）台商企业的加入不仅加强了核心区企业之间的技术交流，同时也加强了核心区与边缘区之间企业及边缘区企业间的技术交流，增强了网络联系的紧密度；大学与科研机构、兰花专业合作社及兰花协会的加入进一步强化了核心—边缘结构，同时也加强了技术扩散网络中各企业（农户）之间的相互联系。

（2）三类网络中，核心区和边缘区的企业变化不大，X1、X2、X3、X6、X8、X9、X11、X12、X13、X14、X15、X20、X21、X22、X25、X26、X30、X51、X55、X75、X76、X78 等企业（农户）一直位于核心区；台商企业加入后，台企 X28、X69、X71、X74 进入核心区；大学与科研机构加入后，DK、TQ、HZ、LX 等扩散主体加入核心区。另外，核心区的企业或农户基本上为中心度靠前的企业（农户）；这些企业或农户与其他农户（企业）之间的技术联系较为密切。

表 6-3　核心—边缘结构密度矩阵表

| 区域 | 无台企业网 | | 全企业网 | | 整体网络 | |
| --- | --- | --- | --- | --- | --- | --- |
| | 核心区 | 边缘区 | 核心区 | 边缘区 | 核心区 | 边缘区 |
| 核心区 | 0.323 | 0.135 | 0.339 | 0.143 | 0.445 | 0.227 |
| 边缘区 | 0.135 | 0.038 | 0.143 | 0.039 | 0.227 | 0.044 |
| 拟合度 | 0.396 | | 0.409 | | 0.504 | |

表 6-4　核心—边缘结构像矩阵表

| 区域 | 无台企业网（0.122 9） | | 全企业网（0.132 8） | | 整体网络（0.189 5） | |
| --- | --- | --- | --- | --- | --- | --- |
| | 核心区 | 边缘区 | 核心区 | 边缘区 | 核心区 | 边缘区 |
| 核心区 | 1 | 1 | 1 | 1 | 1 | 1 |
| 边缘区 | 1 | 0 | 1 | 0 | 1 | 0 |

注：像矩阵是基于派系密度矩阵，以网络平均密度值（0.122 9、0.132 8、0.189 5）为标准，大于或等于网络平均密度值取 1，小于网络平均密度值则取 0 所形成的新矩阵。

## 四、E-I 派系分析

为了充分探讨派系结构对兰花技术扩散网络的影响，对无台企业网络和全企业网络进行 EI 派系结构分析。

### （一）无台企业网络

#### 1. 基于本地企业与外地企业的 E-I 派系分析

（1）属性矩阵的构建

要计算 E-I 指数，需要建立两个矩阵。一个是关系矩阵（无台企业关系 75×75 矩阵）；另外一个是属性矩阵，此矩阵界定了网络中的各个节点分属不同的子群，是有关分区信息的矩阵，根据 75 家企业（农户）的不同属性，将本地企业（农户）赋值为 1，外地企业（农户）赋值为 2，构建 75×2 属性矩阵。

（2）E-I 派系分析

利用 UCINET 软件中 E-I 派系功能进行分析，E-I 指数为 $-0.308$，Rescaled E-I 指数值为 $-0.308$；置换检验结果表明，E-I 指数大于 $-0.308$ 的概率为 0.02，这些指标说明扩散网络中各子群存在较为轻微的封闭性，即子群间企业或农户的联系强度要低于子群内企业或农户的联系强度，存在一定的派系结构，但并不明显。外地企业主要来自广东省内的汕头及浙江、江西、辽宁、山东等省份，经过多年的发展，这些外地企业与本地农户（企业）在兰花种植方面的技术交流越来越多，联系也越来越紧密，并没有与当地种植户、当地村民因兰花种植事项产生不快与矛盾，这与当地客家文化的"好客、善良、不排外"之特征不无关系。这一点在实地调研中通过与外地企业及台企负责人的访谈，得到了充分的证实，调研中发现兰花长廊内的九古农庄，位于省道S245边上，基本夜不闭户，仅用一根木头拴住农庄玻璃大门。

**2. 基于自然分派的 E-I 派系分析**

（1）属性矩阵的构建

首先，在 UCINET 软件中执行 NETDRAW 命令，绘制出网络联系图，在网络联系图中进行派系（Faction）分析，将 75 家兰花种植企业（农户）随机划分为 4 个子群（图 6-7），75 家企业或农户自动进入不同的子群当中，将位于左上角的企业或农户的属性值设为 1、左下角的企业或农户的属性值设为 2、右上角企业或农户的属性值设为 3、右下角企业或农户的属性值设为 4，构建 75×2 属性矩阵。

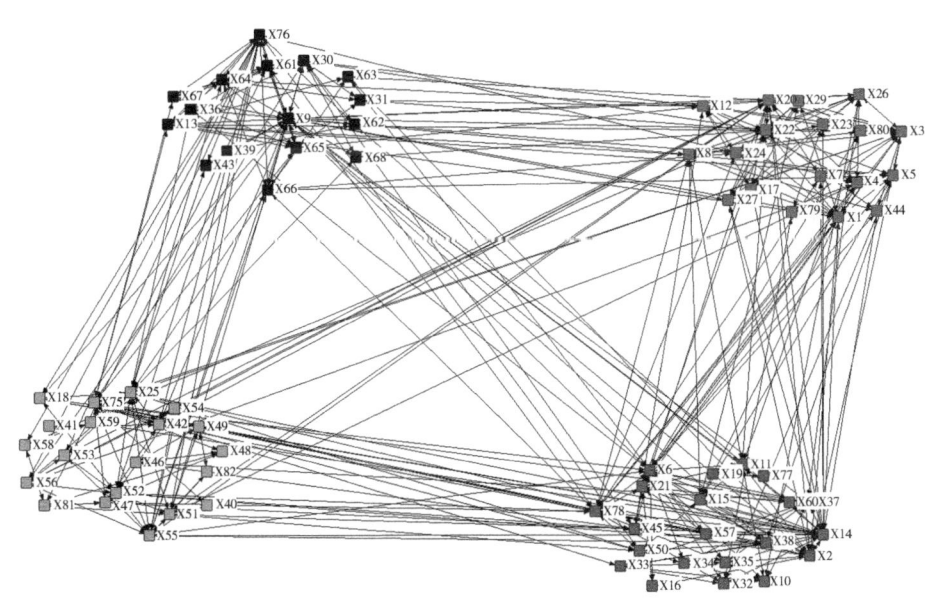

图 6-7 派系网络图（参见彩图 6-7）

（2）E-I 派系结果分析

根据计算结果及表 6-5 和表 6-6 可知，技术扩散网络中存在较为明显的派系结构，派系林立。

①网络的 E-I 指数小于 0 且通过显著性检验（$p < 0.05$），Re-scaled E-I index 为 -0.202，子群外部关系数小于子群内部关系数。

②密度矩阵中对角线上的值远大于非对角线上的值，子群内部联系强度明显大于外部联系强度。

表 6-5　E-I 派系密度矩阵

| | 原始密度矩阵（E-I Index: -0.202） | | | | 像矩阵 | | | |
|---|---|---|---|---|---|---|---|---|
| | 1 | 2 | 3 | 4 | 1 | 2 | 3 | 4 |
| 1 | 0.375 | 0.075 | 0.076 | 0.042 | 1 | 0 | 0 | 0 |
| 2 | 0.075 | 0.216 | 0.031 | 0.062 | 0 | 1 | 0 | 0 |
| 3 | 0.076 | 0.031 | 0.366 | 0.103 | 0 | 0 | 1 | 0 |
| 4 | 0.042 | 0.062 | 0.103 | 0.300 | 0 | 0 | 0 | 1 |

注：像矩阵是基于派系密度矩阵，以网络平均密度值（0.122 9）为标准，大于或等于平均网络密度值取 1，小于平均网络密度值则取 0 所形成的新矩阵。

（3）像矩阵中主对角线上都是 1（在位置层次上是自反式的关系），其余都是 0，说明兰花技术扩散网络中的 4 个子群（Subgroup），完全是自反性的（Self-reflexive）。4 子群内部成员间的技术扩散现象较强，而各子群之间的技术扩散现象非常之弱，"帮派性"表现得较为明显，"俱乐部现象"非常显著。另外，4 个派系都有各自的核心企业（农户）（中心度靠前的企业/农户）：派系 1 的核心企业（农户）为 X9、X76，都是外地企业；派系 2 的核心企业（农户）是 X25、X55、X75 都是外地企业；派系 3 的核心企业（农户）为 X1、X3，都是本地企业；派系 4 的核心企业（农户）是 X2、X6、X14、X78，都是本地企业；这些核心企业与子群内外的企业联系相对较多。之所以自然分派下会形成不同的子群，存在一定的派系，可能与特殊的地方文化——客家文化的重宗族、重家族的特征有关；同时，有 2 个子群中的核心企业为外地企业，进一步说明了当地客家文化特点——淳朴、善良、不排外。

表 6-6　各子群的 E-I 指数

| 子群 | 1 | 2 | 3 | 4 |
|---|---|---|---|---|
| E-I 指数 | -0.200 | -0.147 | -0.217 | -0.229 |

**3. 基于空间属性的 E-I 派系分析**

（1）属性矩阵的构建

根据企业或农户所属村，将其划分为 5 个子群，即松塘村子群（赋值为

1)、仙北村子群（赋值为2）、仙南村子群（赋值为3）、九仙村子群（赋值为4）、其他（赋值为5），构建75×2属性矩阵。

（2）E-I派系分析

根据计算结果及表6-7和表6-8可知：①网络的E-I指数（0.355）大于0，Re-scaled E-I index 为0.355，置换检验结果表明E-I指数大于0.355的概率为1，从整体上看5个子群外部关系数大于其内部关系数。②密度矩阵中对角线上的值与非对角线上的值有一定区分度，但差异不大。③从密度简化后的像矩阵中可以看出5个子群间的相互联系也较为紧密，并没有明显的"俱乐部"现象。④各子群的E-I指数都大于0。以上说明兰花技术扩散现象突破了空间地域上的限制，在空间分布上基本不存在派系林立的现象，社会网络已由技术扩散初期的先赋性强关系（家族宗族性社会网络）向生成性强关系（功能性社会网络）发展。

表6-7 E-I派系密度矩阵（分村）

| 地区 | 密度矩阵（E-I Index：0.355） | | | | | 像矩阵 | | | | |
|---|---|---|---|---|---|---|---|---|---|---|
| | 松塘 | 仙北 | 仙南 | 九仙 | 其他 | 松塘 | 仙北 | 仙南 | 九仙 | 其他 |
| 松塘 | 0.248 | 0.147 | 0.133 | 0.103 | 0.128 | 1 | 1 | 1 | 0 | 1 |
| 仙北 | 0.147 | 0.333 | 0.077 | 0.051 | 0.065 | 1 | 1 | 0 | 0 | 0 |
| 仙南 | 0.133 | 0.077 | 0.364 | 0.158 | 0.105 | 1 | 0 | 1 | 1 | 0 |
| 九仙 | 0.103 | 0.051 | 0.158 | 0.121 | 0.057 | 0 | 0 | 1 | 0 | 0 |
| 其他 | 0.128 | 0.065 | 0.105 | 0.057 | 0.041 | 1 | 0 | 0 | 0 | 0 |

注：像矩阵是基于派系密度矩阵，以网络平均密度值（0.1229）为标准，大于或等于平均网络密度值取1，小于平均网络密度值则取0所形成的新矩阵。

表6-8 各子群的E-I指数

| 子群 | 1（松塘村） | 2（仙北村） | 3（仙南村） | 4（九仙村） | 5（其他） |
|---|---|---|---|---|---|
| E-I指数 | 0.165 | 0.175 | 0.387 | 0.610 | 0.754 |

## （二）全企业网络

### 1. 基于台企和大陆企业的E-I派系分析

（1）属性矩阵的构建

将大陆企业的属性值赋为1，台商企业的属性值赋为2，构建83×2属性矩阵。

(2) E-I 派系结果分析

由表 6-9 可知，E-I 指数值为 -0.611，Re-scaled E-I index 为 -0.611，置换检验结果表明，E-I 指数值大于 -0.611 的概率为 0.302，台商企业子群内部间的技术交流频率要远高于大陆企业子群内部的技术交流频率，同时也远高于子群间的技术交流频率，台商企业内部间的技术交流非常频繁，处于网络的核心地位，大陆企业的技术交流相对较少。在调研中了解到，台商企业为了加强其凝聚力，专门成立了台商协会，负责协调和处理台商在种植兰花过程中出现的相关问题；一般情况下，台商们一个月会举行一次例会，在例会上进行兰花种植方面的技术交流，同时收集台商在兰花种植过程中遇到的问题（不仅包括技术问题、销售问题，同时还包括用地、用水、用电及基础设施建设问题），并适时呈报给当地政府，例如，兰花长廊的路灯就是台商张建邦 2017 年提出，翁源县政府 2018 年安装好的。

表 6-9 全企业 E-I 派系密度矩阵

| 企业 | 原始密度矩阵（E-I Index: -0.611） | | 像矩阵 | |
| --- | --- | --- | --- | --- |
| | 大陆企业 | 台湾企业 | 大陆企业 | 台湾企业 |
| 大陆企业 | 0.123 | 0.147 | 0 | 1 |
| 台商企业 | 0.147 | 0.821 | 1 | 1 |

注：像矩阵是基于派系密度矩阵，以网络平均密度值（0.132 8）为标准，大于或等于平均网络密度值取 1，小于平均网络密度值则取 0 所形成的新矩阵。

**2. 基于台企、外地企业、本地企业的 E-I 派系分析**

(1) 属性矩阵的构建

将本地企业的属性值赋为 1，台商企业的属性值赋为 2，外地企业属性设为 3，构建 83×2 属性矩阵。

(2) E-I 派系结果分析

由计算结果及表 6-10 可知：①E-I Index 值非常接近 0，Re-scaled E-I index 值同样非常接近 0，置换检验结果表明 E-I 指数值大于 -0.088 的概率为 0.009；②总体而言，子群内外联系基本相当，内部联系略多于外部联系，本地企业与台商企业、本地企业与外地企业、台商企业之间、外地企业之间联系较为频繁，而本地企业之间、台商企业与外地企业之间联系较少；③像矩阵并不存在完全自反式结构（对角上数值为 1，其他要素为 0）；④3 个子群的 E-I 指数值分别为 -0.357、0.313 和 0.741。综合以上可知，将企业或农户分成本地、外地及台商 3 类后进行技术扩散网络分析，并不存在明显的派系结构，基本上呈随机分布状态。

表 6-10 E-I 派系密度矩阵

| 企业 | 原始密度矩阵（E-I Index：-0.088） | | | 像矩阵 | | |
|---|---|---|---|---|---|---|
| | 本地企业 | 台商企业 | 外地企业 | 本地企业 | 台商企业 | 外地企业 |
| 本地企业 | 0.100 | 0.161 | 0.199 | 0 | 1 | 1 |
| 台商企业 | 0.161 | 0.821 | 0.042 | 1 | 1 | 0 |
| 外地企业 | 0.199 | 0.042 | 0.250 | 1 | 0 | 1 |

注：像矩阵是基于派系密度矩阵，以网络平均密度值（0.132 8）为标准，大于或等于平均网络密度值取 1，小于平均网络密度值则取 0 所形成的新矩阵。

**3. 基于空间属性的 E-I 派系分析**

（1）属性矩阵的构建

根据企业或农户所属村，将其划分为 5 个子群，即松塘村子群（赋值为 1）、仙北村子群（赋值为 2）、仙南村子群（赋值为 3）、九仙村子群（赋值为 4）、其他（赋值为 5），构建 83×2 属性矩阵。

（2）E-I 派系分析

由相关计算结果及表 6-11、表 6-12 可知：①网络 E-I 指数值为 0.416，Re-scaled E-I index 为 0.416，置换检验结果表明 E-I 指数值大于 0.416 的概率为 1，整体上，5 个子群的对外关系数要大于对内关系数；②密度矩阵中对角线上的值与非对角线上的值有一定区分度，但差异不大；③从密度简化后的像矩阵中可以看出 5 个子群间的相互联系也较为紧密，并没有明显的凝聚子群（俱乐部）现象；④各子群的 E-I 指数都大于 0，且值相对较高。以上说明兰花技术扩散现象突破了地域空间上的限制，基本不存在派系林立的现象，社会网络已由技术扩散初期的先赋性强关系（家族宗族性社会网络）向生成性强关系（功能性社会网络）发展；与前文分析的结果一致。

表 6-11 E-I 派系密度矩阵

| 地区 | 密度矩阵（E-I Index：0.416） | | | | | 像矩阵 | | | | |
|---|---|---|---|---|---|---|---|---|---|---|
| | 松塘 | 仙北 | 仙南 | 九仙 | 其他 | 松塘 | 仙北 | 仙南 | 九仙 | 其他 |
| 松塘 | 0.257 | 0.168 | 0.162 | 0.120 | 0.137 | 1 | 1 | 1 | 0 | 1 |
| 仙北 | 0.168 | 0.250 | 0.102 | 0.057 | 0.068 | 1 | 1 | 0 | 0 | 0 |
| 仙南 | 0.162 | 0.102 | 0.364 | 0.189 | 0.113 | 1 | 0 | 1 | 1 | 0 |
| 九仙 | 0.120 | 0.057 | 0.189 | 0.121 | 0.060 | 0 | 0 | 1 | 0 | 0 |

(续表)

| 地区 | 密度矩阵（E-I Index：0.416） | | | | | 像矩阵 | | | | |
|---|---|---|---|---|---|---|---|---|---|---|
| | 松塘 | 仙北 | 仙南 | 九仙 | 其他 | 松塘 | 仙北 | 仙南 | 九仙 | 其他 |
| 其他 | 0.137 | 0.068 | 0.113 | 0.060 | 0.043 | 1 | 0 | 0 | 0 | 0 |

注：像矩阵是基于派系密度矩阵，以网络平均密度值（0.132 8）为标准，大于或等于平均网络密度值取 1，小于平均网络密度值则取 0 所形成的新矩阵。

表 6-12　各子群的 E-I 指数

| 子群 | 1（松塘村） | 2（仙北村） | 3（仙南村） | 4（九仙村） | 5（其他） |
|---|---|---|---|---|---|
| E-I 指数 | 0.217 | 0.310 | 0.467 | 0.680 | 0.757 |

### 4. 基于自然分派的 E-I 派系分析

（1）属性矩阵的构建

首先，在软件 UCINET 中执行 NETDRAW 命令，绘制出网络联系图，在网络联系图中进行 Faction 分析，将 83 家兰花种植企业（农户）随机划分为 4 个子群（图 6-8），83 家企业或农户自动进入不同的子群当中，将位于左上角的

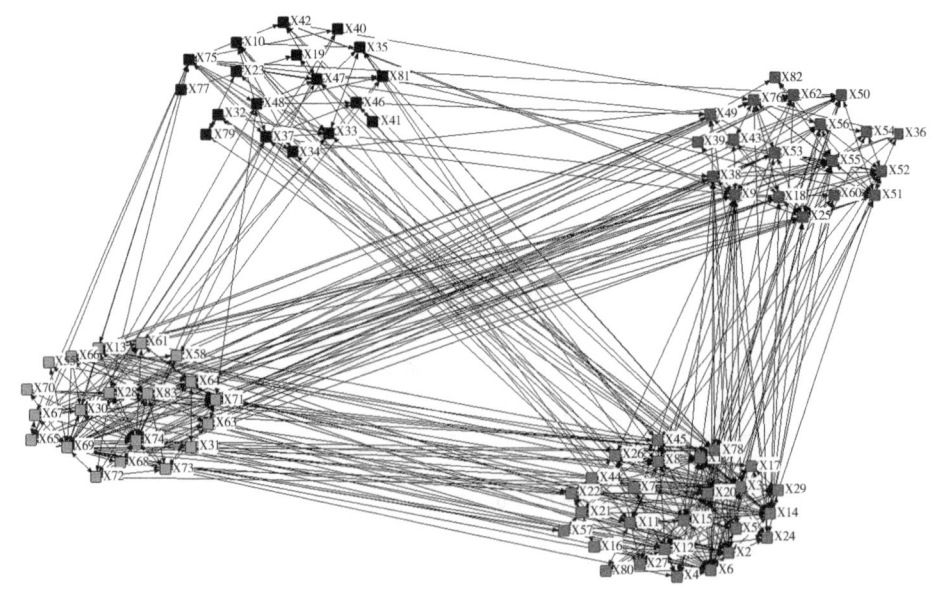

图 6-8　派系网络图（参见彩图 6-8）

企业或农户的属性值设为1、左下角的企业或农户的属性值设为2,右上角企业或农户的属性值设为3、右下角企业或农户的属性值设为4,构建83×2属性矩阵。

(2) E-I派系结果分析

根据计算结果及表6-13和6-14可知:①网络的E-I指数小于0且是显著的($p<0.05$),Re-scaled E-I index 为-0.168,子群外部关系数小于子群内部关系数。②密度矩阵中对角线上的值远大于非对角线上的值,子群内部联系强度明显大于外部联系强度。③像矩阵中主对角线上都是1(在位置层次上是自反式的关系),其余都是0,说明兰花技术扩散网络中的4个子群(Subgroup),完全是自反性的(self-reflexive),4子群内部成员间的技术扩散现象较强,而各子群之间的技术扩散现象非常之弱,"帮派性"表现得较为明显,"俱乐部现象"非常显著。以上说明,全企业技术扩散网络中存在较为明显的派系结构,派系林立现象较为严重。另外,4个派系都有各自的核心企业(农户):派系1的核心企业(农户)为X75,外地企业;派系2的核心企业(农户)是X69、X71、X74,都是台商企业;派系3的核心企业(农户)为X9、X55、X76,都是外地企业;派系4的核心企业(农户)是X2、X3、X6、X78,都是本地企业;这些核心企业与子群内外的企业联系相对较多。与无台企业网络相比较,台商企业加入后,其基本上都位于第二子群即派系2,并且多个台企居于核心地位,一方面说明台企之间的凝聚力较强,内部间的相互联系较多;同时也说明台企在整个翁源兰花技术扩散中具有非常重要的地位。

表6-13 E-I派系密度矩阵

| 子群 | 原始密度矩阵(E-I Index:-0.168) | | | | 像矩阵 | | | |
| --- | --- | --- | --- | --- | --- | --- | --- | --- |
| | 1 | 2 | 3 | 4 | 1 | 2 | 3 | 4 |
| 1 | 0.163 | 0.040 | 0.034 | 0.062 | 1 | 0 | 0 | 0 |
| 2 | 0.040 | 0.371 | 0.124 | 0.081 | 0 | 1 | 0 | 0 |
| 3 | 0.034 | 0.124 | 0.320 | 0.090 | 0 | 0 | 1 | 0 |
| 4 | 0.062 | 0.081 | 0.090 | 0.345 | 0 | 0 | 0 | 1 |

注:像矩阵是基于派系密度矩阵,以网络平均密度值(0.1328)为标准,大于或等于平均网络密度值取1,小于平均网络密度值则取0所形成的新矩阵。

表 6-14  各子群的 E-I 指数

| 子群 | 1 | 2 | 3 | 4 |
| --- | --- | --- | --- | --- |
| E-I 指数 | 0.048 | -0.191 | 0.010 | -0.322 |

## 五、MDS 分析

根据 MDS 分析原理，利用软件 UCINET 绘制出无台企业技术扩散网络、全企业技术扩散网络及整体技术扩散网络的 MDS 图（图 6-9、图 6-10、图 6-11）。

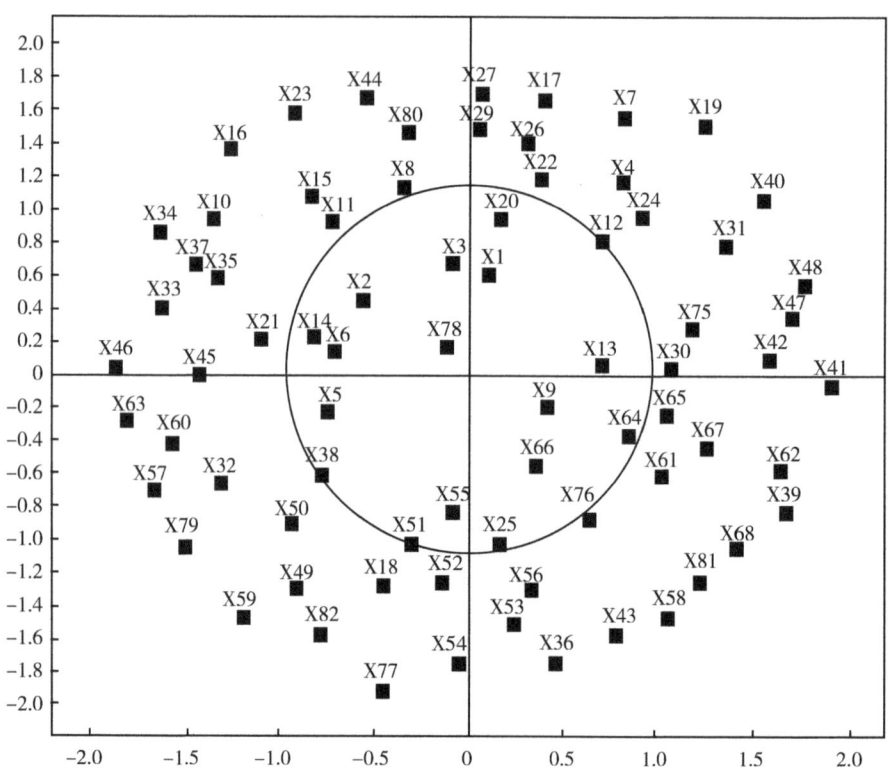

图 6-9  无台企业网 MDS 图

由图 6-9、图 6-10 及图 6-11 可知，在无台企业网络中，即台商企业没有加入网络前，位于核心圈的企业（农户）为 X1、X2、X3、X5、X6、

第六章 微观视角下台湾农业技术扩散社会网络特征分析

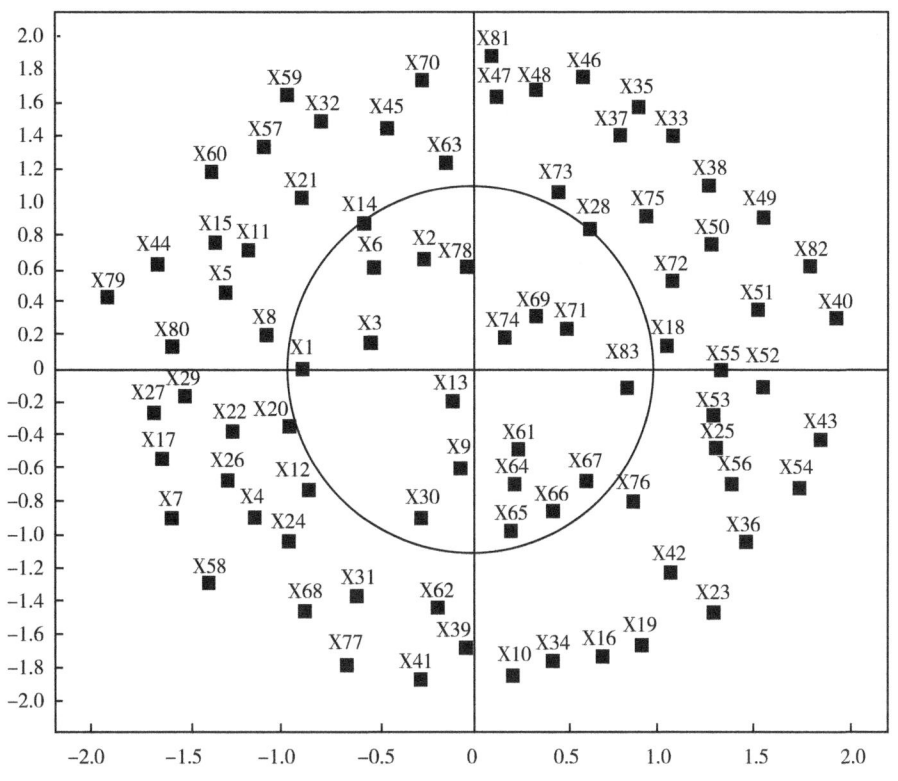

图 6-10　全企业网络 MDS 图

X9、X13、X14、X20、X25、X38、X51、X55、X64、X66、X78；在全企业网络中，即台企加入后，位于核心圈的企业（农户）为 X1、X2、X3、X6、X9、X13、X14、X30、X61、X64、X65、X66、X67、X69、X71、X74、X78、X83，8 个台商企业中有 4 个进入核心圈，且 X69、X74 离中心原点的位置较近，在网络中的地位相对较高；将大学与科研机构、兰花专业合作社、兰花协会、台湾企业作为独立节点加入网络后，位于核心圈的节点、企业（农户）为 DK、HZ、LX、TQ、X1、X2、X3、X6、X9、X13、X14、X20、X38、X51、X55、X75、X78。以上情况表明：翁源兰花种植技术扩散形成了多属性多中心网络结构：除了农民合作组织如兰花专业合作社及兰花协会外，还形成了以台企、外地企业、本地企业等为中心的扩散网络。

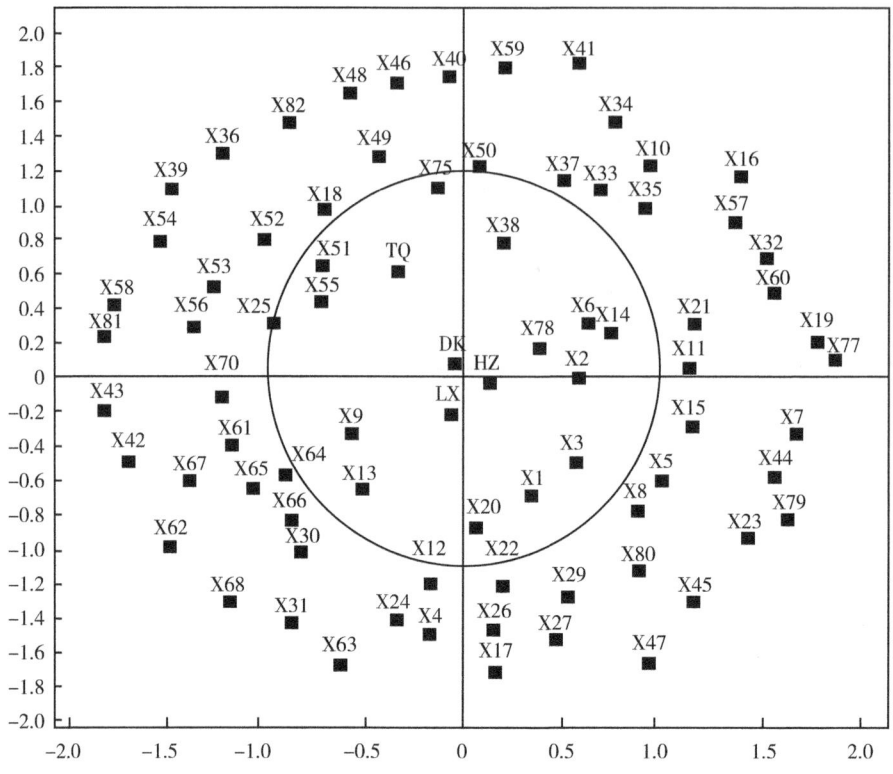

图 6-11 整体网络 MDS 图

## 第三节 兰花技术扩散社会网络机制探讨

### 一、农村社会网络关系分类

根据个体亲疏程度，社会网络关系分为强关系和弱关系两类（Granovetter M.，1973），根据社会网络关系形成的时间先后，可分为继承性（先赋性）关系和生成性（获得性）关系（程恩富等，2002），结合亲疏程度和形成时间可将农村社会网络关系划分为先赋性强关系、生成性强关系、先赋性弱关系和生成性弱关系 4 类；农村社会网络可按交往与联系的对象和性质的不同分为功能性网络、建构性网络（叶敬忠，2009）及家族宗族网络、象征性活动网络、一般人际网络关系（周红云，2005）。功能性网络主要指农户为达到某种功能、目标、特殊利益而与户外的机构或团体（如大学与科研机构等）之间进行的功能性联系与交往情况，村民们会自发设立某些功能性组织如农业专业合作社、专业协会等；建构性网络主要指村民个体之间因地缘业缘等而形成的个人之间的非正式的网络关系即农户与农户之间的联系与交往情况，也就是一般人际网络关系；由于血缘姻缘或者亲缘等关系所构成的农村社会网络称之为家族宗族网络；因宗教信仰、风俗习惯之原因所形成的网络关系称为象征性活动网络。

根据社会网络的度分布特征、聚类系数以及平均路径长度的不同，可将复杂社会网络分为规则网络、随机网络、小世界网络和无标度网络4类基本的网络拓扑结构（蔡霞等，2017）。农户间在地缘和血缘两大基础上，产生了相互联系和合作，形成了我国农村社会中特定的网络结构。这种网络结构既不属于无标度网络类型，也不属于完全的规则网络类型和完全的随机网络类型。根据前文中心性分析可知，翁源兰花种植技术扩散存在多中心扩散源，台企、外地企业、本地企业、大学与科研机构、专业合作社、兰花协会等都是技术扩散的核心，其网络分布不存在有很大度值的节点，平均路径长度较小，聚类系数较大，所以相对符合"小世界"网络的典型特征。

## 二、兰花种植技术各扩散主体地位分析

根据实地调研及网络特征分析结果，翁源兰花技术扩散的主体主要包括台商企业、外地企业（负责人非本地人）、本地企业（农户）、大学与科研机构、兰花专业合作社和兰花协会5个行为主体。

### （一）产学研结合是兰花技术扩散的关键引擎

中央一号文件多次提到要发挥高校及科研机构在农业科研和农技推广中的作用，推进农业科技创新。大学与科研机构拥有相应的科研平台和专业科研人员，并有国家相关政策的支持，这是其他农业技术扩散主体特别是农户无法比拟的优势。同时，大学与科研机构亦有为地方社会经济发展提供服务的职能和义务，他们可充分发挥其科技资源的优势，将理论研究应用到实践当中，促进农业创新技术的传播和扩散；另外，通过农业技术的创新和推广，又能实现教学、科研、实践的有机融合，真正做到"产学研"相结合，大学与科研机构在农业技术创新与扩散过程中有着不可替代的作用。由表6-2和图6-3可知，大学与科研机构在技术扩散整体网络中处于绝对核心地位，其中心度为75，标准化中介度为96.154，高居第一，说明通过与大学及科研机构的合作，有效促进了试验区兰花许多技术和知识创新的扩散。同时，作为技术知识核心载

体的大学与科研机构，也要将其理论型的研究成果转化为应用型成果以促进生产力的发展，故产学研结合是农业企业创新的关键来源，更是农业技术扩散的重要方式。在试验区管委会及当地镇政府的支持和统筹安排下，试验区每年都会邀请北京大学、华南农业大学、广东省农业科学研究院、仲凯农业工程学院、华南植物园、韶关学院等单位的相关专家、学者来试验区开展关于兰花种植技术方面的讲座，兰花种植企业（农户）都可以免费听取相关种植技术和管理经验。同时，翁源县委、县政府积极与国内相关高校及科研机构建立合作机制，以推动兰花种植技术的发展，如2018年与广东农业科学院共建广东（翁源）兰花研究院，与华南农业大学、仲凯农业工程学院、韶关学院共建实践教学基地等。

### （二）农民组织对兰花技术扩散起主导作用

改革开放以来，中国不断深化农村经济体制的改革，特别是2004年以来，中央一号文件连续以"'三农'问题"为主题，充分说明了国家对农业、农村、农民问题的重视。在政府的积极引导下，为适应农业生产的市场化、专业化、商品化及社会化，各地农民在平等互利、自愿互助、利益均沾、风险共担的基础上联合在一起，组建农民合作组织，从事相关农业生产经营和技术服务活动。农民专业合作社在农户生产成本、交易费用的降低，资金的互助、创收增收等方面发挥了非常重要的作用（邵喜武，2013）。我国农民合作经济组织始于20世纪80年代初，经过多年的发展，已经成为我国农业技术研究、开发特别是技术扩散、推广体系中的重要组成部分。就兰花产业而言，翁源县农民已组建了多家专业合作社，其中规模较大的有全好兰花专业合作社及仙台兰花专业合作社，2017年均被评为韶关市优秀农民专业合作社。当地兰花种植企业（农户）基本上都加入了不同的兰花专业合作社，同时加入翁源兰花协会，参加合作社组织和兰花协会举办的各种技术培训、专题讲座及经验交流。翁源县兰花专业合作社和兰花协会在扩散网络中的点度中心度都为69，标准化中介度为88.462，处于很高水平，对于兰花技术扩散起主导地位。这也说明了根植于地方社会文化的农村社会网络关系对农业技术扩散的重要作用：兰花协会、兰花专业合作社成员很多存在亲属关系如父子关系、兄弟关系、姻亲关系，在农村社会网络关系中，这些关系属于先赋性强关系，透过这些关系，缩小了企业（农户）之间的"信任半径"，一定程度上加快了兰花种植技术的扩散。

### （三）台商企业起重要作用但有减弱趋势

在全企业网络中，台企X69、X74、X71的点度中心度分别为37、29和

20，在网络中排名分别为第一、第二和第十，相对于本地企业（农户）而言，台湾兰花种植企业种植兰花的时间更长，技术更完善，经验更丰富，其在翁源兰花技术扩散中所起作用不容忽视，对当地种植企业（农户）的"传、帮、带"的作用非常明显，当地很多种植企业（农户）最早就是在台湾兰场帮台商种植兰花。相比较而言，在整体网络中，台湾企业（TQ）在网络中的地位有所下降，并不是很突出（点度中心度为30，排名第七），主要由于绝大部分农业技术信息资源具有公共品属性，使很多技术采用者不用付费而通过"搭便车"方式免费获得相关技术或服务；翁源兰花产业经过近20年的发展，兰花种植企业（农户）通过"干中学""看中学"已经掌握了基本的种植技术，台商企业"传、帮、带"的作用逐渐减弱，大学与科研机构、兰花专业合作社、兰花协会及龙头企业、领导型农户或观念领导者在兰花扩散过程中所起作用越来越大。在调研过程中了解到，翁源兰花产业扩散早期，政府部门对"产学研""农民合作组织"等重视不够，兰花种植技术主要来自台湾企业，台商对兰花种植的带动作用非常强，随着兰花产业市场化、商品化、产业化逐渐形成，在政府的引导下，当地兰花种植技术（包括育苗等尖端技术）有了长足的发展，台湾企业的技术带动作用逐渐减弱，逐渐由技术带动作用转向产业带动作用。

### （四）外地企业与本地企业两极化现象明显

在无台企业、全企业、整体网络3种技术扩散网络中，外地企业与本地企业作用相类似即异质性较强，核心企业扩散地位较高，小企业相对较低。X9（外地）、X6（本地）、X14（本地）、X20（外地）、X3（本地）、X78（本地）、X2（本地）等企业（农户）始终位于网络的核心位置，能有效地带动兰花技术扩散，这些企业在无台企业网络中的点度中心度排名前八位，在全企业网络中的排名分别为第五、第三、第二、第八、第六、第七和第九，在整体网络中的排名分别为第四、第六、第五、第八、第十、第九和第十二，网络地位很高。通过调研和访谈，处于核心地位的本地、外地企业具有以下方面的特点。

（1）相对于其他农户（企业）来说，其种植兰花的时间较长（如X14负责人可称为翁源兰花第一人，是本地最早种植兰花的农户），种植经验较为丰富，种植技术成熟且先进（如X3拥有自己的兰花组培实验室，完全可以培育出自己的兰花种苗），能够较为熟练地把握好不同兰花品种的生长习性，根据实际情况及时调整兰花的病虫害防治措施及施肥技术等；同时，这些企业兰花种植效率相对较高，由后文第七章的分析可知，这些企业的综合效率、纯技术效率及规模效率值基本上为1,处于最佳效率状态,基本上没有投入冗余现象。

(2) 企业负责人的创新创业精神较强,且在当地具有一定的威望。20世纪90年代末到21世纪初,翁源兰花处于种植初期,在没有政府政策支持,市场前景不明情况下,种植兰花的风险大,稍有不慎,可能血本无归;这些企业负责人敢为人先,率先在当地跟随台商种植兰花,在兰花销售低迷时期,始终坚定信念,没有放弃,而是想方设法走出困境;X6负责人曾驾驶自己的小货车装载自家种植的兰花到全国各地进行销售。另外,这些企业负责人多数曾经担任过村干部,甚至村支书,他们在当地的号召力相对较强,在兰花种植取得初步成效后,迎来了一批追随者,促进了兰花技术的扩散。

(3) 企业在当地兰花企业(农户)中的地位较高,与其他企业(农户)联系较为频繁。如X3是广东省农业龙头企业、翁源兰花协会的会长单位,X6、X78为副会长单位,X14是翁源最大的兰花专业合作社的领头单位,X2则是一直活跃于翁源兰花种植户之间的商贩(自己也种植兰花,更多的是从事兰花的收购、贩卖事项)。

(4) 企业与台企关系密切。在翁源兰花种植初期,台商拥有绝对的技术优势、经验优势及资金优势,很多当地企业的负责人曾在台企为台商种植兰花,台企兴奇美负责人陈逸明在接受记者采访时说"他们(当地兰花种植户)原来在我这工作,掌握了相关种植技术后,就自行开兰场,自己做老板";这些企业的负责人都曾在台湾兰场干过活,自己开兰场后,也一直与台企保持较为密切的联系。

同时,本地与外地的小企业在网络中的地位相对偏低,如在整体网络中,点度中心度最小的本地企业(农户)为4(标准化中心度为5.128);外地企业为6(标准化中心度为7.692)。说明外地、本地企业在兰花技术扩散网络中存在两极化现象。

## 三、翁源兰花种植技术扩散社会网络机制

农业技术扩散过程也是农村社区、农户社会网络不断重构的过程,伴随着农业技术的发展及其扩散,农村社会网络亦会随之发展和改变,并非一成不变。在农业技术扩散过程中,农村社会网络结构遵循一定的变化规律,并对农业技术扩散产生不同的影响。一般情况下,在一个农村内部同质性的网络当中,网络结构是从建构性网络向功能性网络扩散,家族宗族网络是发源,建构性网络是发展过程,功能性网络是发展方向。广东省(韶关)粤台农业合作

试验区（翁源核心区）位于岭南粤北山区，客家文化地域特色较为浓厚，重传统、重宗族、家族观念是客家文化的重要特点。随着经济的快速发展，对外交流的频繁，现代社会思想观念逐渐影响其生产、生活方式，翁源兰花种植技术扩散过程的网络机制变迁过程是独特的地域文化与社会发展共同作用的过程，是宗族家族、市场、政府共同作用的过程。其中，扩散前期主要以家族宗族作用为主，市场作用为辅；而扩散中后期则以政府、市场作用为主，家族宗族作用为辅。

**（一）兰花种植技术扩散初期：以家族宗族网络扩散机制为主，市场扩散机制为辅**

1998年，台商张建邦最早利用翁源县江尾镇优越自然条件（非常适合兰花种植）在仙北村试种兰花，在获得成功后，吸引了其他台商相继来到翁源县江尾镇种植兰花，翁源兰花产业处于起步阶段。但由于兰花种植成本较高，风险较大，当地只有极少部分村民（在当地具有较高的社会地位、经济地位，较具号召力且具有较强创新观念者，称为观念领导者）从事兰花种植，且基本上是在台商企业从事兰花种植及管理工作，很少形成自己的兰场。在看到种植兰花巨大的收益后，这些观念领导者（如陈现夫、陈求古等）纷纷离开台商企业，开办自己的兰花场，自己做老板。至此，通过生成性弱关系，在台商的带动下，兰花种植技术得到了初步的扩散。在这一过程中，这些观念领导者充当了"守门人"的角色，是当地第一批兰花种植户即台湾农业技术的早期采纳者。

虽然种植兰花收益相较于当地农业种植要高很多，但由于成本较高、风险较大且技术不易掌握（扩散初期，兰花病虫害较多，防治较为困难，种植的存活率较低），所以，一般情况下农户不会冒险种植兰花，兰花种植技术的采用率较低，较少当地农户种植兰花。这与斯科特等人提出"道义小农"观点一致，农户对新技术的采用行为更倾向于稳定，安全第一是重要原则，他们一般不会冒险追求利益最大化；相对于"舒尔茨—波普金"的农户"经济理性"（Popkin，1979），可称之为农户的"生存理性"。农户不愿意采用农业创新技术，不愿意种植兰花，其实质是源于种种原因对兰花种植技术的不信任，对观念领导者的不信任，他们不能确定种植兰花是否能给其带来收益，在求稳的心理下，只有较少农户愿意种植，且这部分农户与观念领导者存在不同程度的血缘姻缘或者亲缘等关系，由血缘姻缘或者亲缘等关系所构成的家族宗族网络或拟亲缘关系网络，因其信任半径狭窄，信任是建立在看得见的基础之上的，因而更能发挥作用，由此促进兰花种植技术的扩散。

**(二) 兰花种植技术扩散中、后期：以政府+市场扩散机制为主，家族宗族扩散机制为辅**

在兰花种植技术扩散的中后期，宗族家族扩散网络逐渐减弱，政府和市场的作用则逐步增强，"建构性网络"和"功能性网络"扩散占主导地位。作为个人联系的建构性社会网络，它主要体现为个体即农户和农户之间因地缘业缘等而形成的个人之间的非正式网络关系。当地村民是否进行兰花种植会受到乡邻的影响，特别是如果乡邻在种植兰花取得较好效果后，潜在兰花种植户在理性行为和从众效应的驱使下会主动种植兰花，从而加快兰花种植技术的扩散。潜在兰花种植户为了获取兰花种植的相关信息，在信息不发达时代，其可能更多地利用地缘关系，向其周边的兰花种植户咨询相关种植技术，在对成本、收益、风险进行博弈和综合分析后，才决定是否种植兰花；在种植兰花后，也会就兰花种植技术、注意事项等与就近的兰花种植户进行现场、面对面的交流，商讨技术问题，由"兰花长廊"中兰园分布情况（图6-12）可知，长廊内兰花呈集中分布的特点，从一定程度上可说明这一问题。这种建构性网络是兰花种植户之间在地缘与业缘关系基础上所建立的非正式的网络关系，稳定性较弱，且技术水平更多的是依靠种植户的个人经验。

在兰花种植技术扩散后期，兰花种植户（企业）为适应兰花种植的专业化、商品化、社会化、市场化需要，为了获取稳定的技术来源，提高抵御风险的能力，降低交易费用，增加收入，兰花种植户在自愿互助和平等互利的基础上联合起来，组建农民合作经济组织——兰花专业合作社，从事兰花的生产经营和技术服务活动，以实现和维护自身利益。目前在试验区已经成立的兰花专业合作社有全好兰花专业合作社，成立于2008年4月；仙台兰花专业合作社，成立于2010年5月；雅致兰花专业合作社，成立于2009年2月；新农人龙苹兰花专业合作社，成立于2018年5月。兰花专业合作社主要是以农民中的科技能人、兰花种植大户、科技示范户为核心建立起来的（如全好兰花专业合作社法人代表陈现夫被誉为翁源兰花种植第一人），这部分人在思想意识、知识见解、信息掌握量及技术运用等方面具有优势，在当地村民中具有较高的威望，他们的成功可对周边农民起到良好的示范作用，大大加快了兰花种植技术的扩散与推广。兰花专业合作社通过定期或不定期地举办各种层次和形式的培训班，向合作社成员提供技术咨询、技术服务，传播兰花科技知识和科技信息。同时，兰花专业合作社以合作社成员为主要服务对象，为其提供兰花种苗、兰花农药、兰花肥料等生产资料，也为成员的兰花销售提供服务。

与此同时，翁源县兰花种植户（包括外地企业、本地企业、部分台

**图 6-12　兰花长廊兰园分布图（2017 年）（参见彩图 6-12）**

企）为了更好地促进兰花产业的发展，在政府的指引下，专门成立了翁源兰花协会。近年来，兰花协会经常邀请省内外相关专家来试验区开展技术培训，同时组织会员外出参观学习和交流，对全县兰花的种植提供技术咨询和服务指导，并组织兰农参加各种类型的兰花展，第 28 届中国兰花博览会于 2018 年 3 月 23 日至 4 月 7 日在翁源县成功举办，翁源兰花协会付出了不少努力，兰花协会对试验区兰花种植的扩散起到了非常重要的促进作用。

　　农村社会网络结构与农业技术扩散效果相辅相成、相互影响、相互制约。社会网络特征一定程度上决定了农业技术扩散的形式、效果；同时，随着农业技术扩散的进行和深入，其对社会网络结构的优化和重组又产生促进作用，新的社会网络结构形式和特征不断形成。最初的社会网络特征直接影响到农业技术能否在当地扩散开来，重家族、宗族观念的客家文化对于试验区早期的兰花技术扩散无疑起到了催化剂的作用；在家族、宗族等社会网络关系的带动下，兰花种植形成了初步规模，同时也形成了扩散网络的关键节点（观念领导者）；但扩散效果不明显，扩散速度相对较慢。随着兰花生产的市场化、社会化及现代化，客家人小富即安的山地意识（黄晓锋等，2017），过分强调宗族家族观念等为现代市场发展所需的全要素自由流通设置了相应障碍，影响到了兰花技术的扩散；功能性网络结构、生成性强关系对兰花技术扩散所起作用较为稳定，且愈来愈强，翁源县委县政府、试验区管委会、江尾镇政府应该积极引导功能性网络的发展，农民专业合作组织（兰花专业合作社、兰花协会等）在政府引导下，应积极发挥其资源优势，促进兰花产业的快速、健康发展。

## 本章小结

本章主要基于社会网络分析方法，从网络密度、网络中心度、核心—边缘结构、E-I派系结构、多维量表分析（MDS）等方面分析了台湾农业（兰花）技术在广东韶关"粤台农业合作试验区"扩散的社会网络特征及形成机制，主要结论如下。

（1）试验区兰花种植形成了多核心技术扩散网络。台企、大学与科研机构、专业合作社、兰花协会、部分外地企业、部分本地企业等在扩散网络中处于核心地位，台企、大学与科研机构、专业合作社、兰花协会加入扩散网络后，网络密度、网络中心势得到提升，加强了兰农之间的网络联系。产学研结合是试验区兰花种植技术扩散的关键引擎，农民组织对兰花技术扩散起主导作用，台商企业在兰花种植技术扩散中起重要作用但有减弱趋势，外地企业与本地企业在扩散网络中两极化现象明显。

（2）试验区兰花种植技术扩散网络核心—边缘结构较为明显。核心区企业（农户）的中心度（点度中心度、中间中心度、接近中心度、特征向量中心度）较高且处于前列，核心区企业（农户）之间的技术合作与交流较为频繁；边缘区企业（农户）的中心度较低，且相互之间的技术交流与合作较少，明显低于其与核心区企业（农户）之间的交流，远低于核心区企业（农户）之间的技术交流。

（3）试验区兰花种植技术扩散网络的派系结构复杂。内地企业与台商企业间存在较为明显的派系结构，台企之间的技术交流与合作非常频繁；自然分派情况下，不同派系间的技术交流与派系内部的技术交流差异巨大，形成明显的 EI 派系结构；试验区兰花种植技术扩散突破了地域空间（村）的限制，兰花种植企业（农户）为了维护自身利益、获得较为稳定的技术支撑及兰花销售渠道，增加自身收益，打破了地域空间限制，在家族宗族网络结构基础上逐渐构建起了功能性网络结构。

（4）试验区兰花种植技术扩散网络结构演化过程与机制。在兰花种植技术扩散初期：以家族宗族网络进行扩散为主，通过生成性弱关系，兰花种植技术由台商传入当地村民中的观念领导者，然后通过观念领导者的家族宗族网络（先赋性强关系）进行扩散；在兰花种植技术扩散中后期：以建构性网络和功能性网络进行扩散为主，政府和市场的作用逐渐增强，为适应兰花种植产业的市场化、专业化、商品化及社会化，当地兰花种植企业（农户）在平等互利、自愿互助、利益均沾、风险共担的基础上联合在一起，组建农民合作组织——兰花专业合作社，从事兰花的生产经营和技术服务活动，通过生成性强关系促进兰花种植技术的扩散。同时，为了加快兰花产业的发展，在政府部门的组织下，翁源兰花种植户（包括外地企业、本地企业或农户、部分台企）还专门成立了翁源兰花协会。兰花专业合作社及兰花协会在兰花技术扩散过程中起到了非常重要的作用。

建立在血缘和地缘基础上的我国农村社会网络，对广大农户信息、资源的分享和配置产生重要作用，影响和制约着农业技术扩散的速率；已有专家学者对农业技术扩散中社会网络的研究多以定性分析为主，定量分析较少；在定量研究中，主要将社会网络关系作为影响农业技术扩散的一个因素，并选取单一指标如月话费支出、家庭送出礼金数额、春节来访的亲戚朋友数量等（李玉贝等，2017；杨志海，2018；倪浩等，2019）或多维指标（王格玲等，2015）作为社会网络的代理变量，与其他相关因素如农户个人特征、家庭特征等结合在一起，通过回归分析等方法来探讨社会网络对农业技术扩散或农户采纳农业创新技术的影响问题，研究结论基本表明社会网络对农业技术扩散或农户采纳农业创新技术具有显著正向影响（王格玲等，2015；李玉贝等，2017；乔丹等，2017a；杨志海，2018；倪浩等，2019）；鲜有文献将农业技术扩散作为一个网络整体，通过定量分析来研究各扩散主体、受体等在网络中的地位、作用及它们之间的派系（小团体）关系，史焱文等在这方面做了一定工作（史焱文等，2015）；本章通过社会网络分析方法，探讨了农业（兰花）技术扩散过程中各扩散主体如台商企业、外地企业、本地企业（农户）、大学与科研机构、兰花专业合作社、兰花协会等在不同扩散网络（无台企业网、全企业网、整体网)中的地位、作用及相互间的网络(派系)关系,能更全面地反映农业技术扩散过程中社会网络的相关特征,更符合农业技术扩散的实际情况,可更好地理解农业技术扩散的网络机制,一定程度上丰富了农业技术扩散的理论。

试验区兰花种植技术扩散网络随着时间推移是不断变化的,各扩散主体的社会—空间关系亦不断发生变化。一方面,网络的演变及各扩散主体在网络中的地位和作用、相互间的关系受先前社会网络关系(如血缘关系、亲缘关系、地缘关系及网络特征等)的影响,即存在一定的路径依赖性;另一方面,随着扩散网络中新的节点(企业或农户等)不断形成,原有节点地位与作用的增强与减弱,加之地方政府政策引导,在原有扩散网络基础上,新的扩散网络不断生成,并不断发生变化,一定程度上实现了兰花种植技术扩散网络新的路径创造。如数据可以获取,能连续多年观测兰花企业(农户)之间的社会网络关系,将更加能够解析农业技术扩散的网络演化过程与机制,更能分析出各扩散主体在兰花技术扩散网络中的地位、作用及其变化情况,更能从微观层面、企业(农户)个体视角丰富关系经济地理学及演化经济地理学相关理论。

# 第七章 微观视角下台湾农业技术生产效率分析

受到土地、人力等资源有限及环境污染问题加剧的影响,未来农业将更为注重以效率为主导的内涵式发展,农业的增产、增收要从依靠要素投入转到依靠农业生产效率的增长上来,农业生产技术效率的提高、环境污染的下降和农户生产能力的提升将是未来农业发展所关注的主要目标。本章在已有研究的基础上,基于产出 BCC-DEA 模型,利用软件 MaxDEA6.18 分析试验区兰花种植户(企业)的投入—产出效率(综合技术效率、纯技术效率及规模效率)和投入冗余及产出不足问题。

## 第一节 研究方法及数据来源与处理

### 一、研究方法

运筹学家 Charnes 和 Cooper 等提出的数据包络分析(DEA)方法,主要用来测评一组多投入、多产出决策单元(Decision Making Unit, DMU)的绩效和相对效率(Charnes, 1978),相关理论详见第三章第一节。本章主要利用数据包络分析方法,基于产出导向的规模效益递增模型即 BCC 或 VRS 模型来探讨试验区兰花种植户(企业)的投入—产出效率(综合技术效率、纯技术效率及规模效率)和投入冗余及产出不足问题。该模型数学表达为以下形式:假设有 $n$ 个同类决策单元($DMU_j$, $j=1, 2, \cdots, n$,所研究的决策单元为根据调研结果整理出的广东省韶关粤台农业合作试验区中 63 家兰花种植户或兰花种植企业,$n$ 值为 63),每个 DMU 都有 $m$ 种类型的投入(投入类型为兰花种植土地面积、种苗、农药、化肥及劳动力)和 $q$ 种类型的产出(产出类型为当年种植兰花总收入),对于第 $j$ 个 DMU 分别用向量 $X_j$ 与 $Y_j$ 来表示:$X_j = (X_{1j}, X_{2j}, \cdots, X_{mj})^T$, $Y_j = (Y_{1j}, Y_{2j}, \cdots, Y_{qj})^T$, $j=1$,

2,…,n。每个DMU效率值可以通过线性规划式即式（7-1）来求得（产出导向BCC/VRS模型）：

$$\max \varphi$$
$$\text{s.t.} \sum_{j=1}^{n} \lambda_j x_{ij} \leqslant x_{ik},$$
$$\sum_{j=1}^{n} y_{rj} \lambda_j \geqslant \varphi y_{rk}, \qquad (7-1)$$
$$\sum_{j=1}^{n} \lambda_j = 1,$$
$$\lambda_j \geqslant 0,$$
$$i = 1, 2, \cdots, m; r = 1, 2, \cdots, q; j = 1, 2, \cdots, n_{\circ}$$

式（7-1）中，$X_j$、$Y_j$为所考察决策单元DMU（试验区内63家兰花种植户，下同）的投入向量与产出向量；$\lambda$是相对于所考察单元DMU重新构建一个有效的DMU组合中n个决策单元的组合比例，即权重向量；$\phi$为DMU的投入相对于产生的有效利用程度，即效率值，一般情况下$0 \leqslant \phi \leqslant 1$。

产出导向BCC模型是在产出导向CCR模型的基础上增加了约束条件$\sum_{j=1}^{n} \lambda_j = 1$构成的，其对偶规划式为：

$$\min \sum_{i=1}^{m} v_i x_{ik} + v_0$$
$$\text{s.t.} \sum_{r=1}^{q} u_r y_{rj} - \sum_{i=1}^{m} v_i x_{ij} - v_0 \leqslant 0 \qquad (7-2)$$
$$\sum_{r=1}^{s} u_r y_{rk} = 1$$
$$v \geqslant 0; u \geqslant 0; v_0 \text{ 发 } free$$
$$i = 1, 2, \cdots, m; r = 1, 2, \cdots, q; j = 1, 2, \cdots, n$$

在规模报酬可变模型中，技术效率、纯技术效率以及规模效率3者的关系为：$TE = SE * PTE$。通过VRS模型进行计算，从而可以获取每一个DMU的技术效率和纯技术效率之值，DMU的规模效率则可根据它们之间的相互关系间接获得；所研究的DMU在规模收益方面可能表现出递增、不变或递减3种形式。

产出导向BCC/VRS的模型图解见图7-1（成刚，2014）。图中A、B、C、D为4个决策单元（DMU），均有1种投入（$x$，横坐标）和1种产出（$y$，纵坐标），在 CRS 模型中，产出导向与投入导向的前沿相同，都是 OB 射线，但是在 VRS 模型中，产出导向的前沿与投入导向的前沿并不完全相同，产出导向的生产前沿曲线为 ABD 及 D 点平行于 $x$ 轴的延长线。C 点在前沿上的投影则完全不同，其无效率体现为 CC′ov，而在 CRS 模型中其投入无效率体现为 CC′oc。

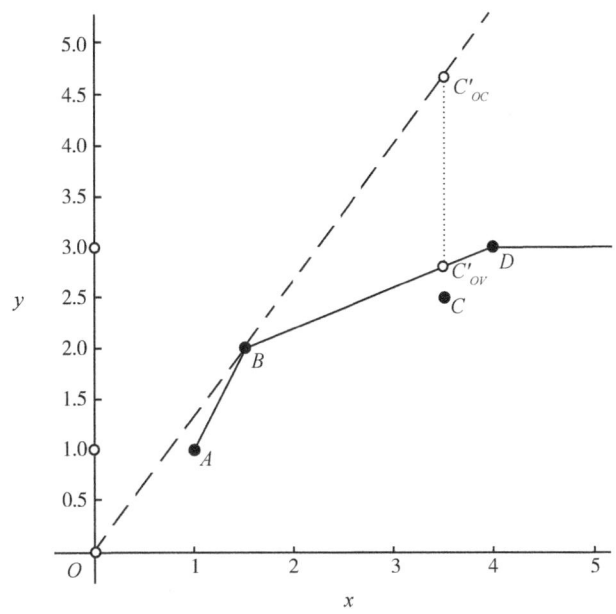

图 7-1　产出导向 BCC/VRS 模型基本原理图

本研究基于产出导向的 BCC/VRS 模型，探讨广东韶关粤台农业合作试验区农户（企业）在种植兰花过程中的投入产出情况（2017 年），投入指标为土地（种植面积，单位为亩）、劳动力（人）、资金（种苗费用、农药费用、化肥费用等，单位为万元），产出指标为种兰收入（单位为万元）；进而测算出各个 DMU 单元（农户）的综合技术效率、纯技术效率、规模效率，为分析农户采用台湾农业技术意愿提供技术效率基础；用到的数据包络分析软件为 MaxDEA6.18。

## 二、数据来源与处理

数据来源于问卷调查（附录 1）第 3 部分第 9 题，具体问卷题目为：
您 2017 年种植的兰花面积约_____亩，投入种苗约_____万元，化肥_____万元，农药_____万元，其他_____万元，劳动力（包括雇佣的长工）_____人，收入约_____万元。

根据农户（企业）填写的问卷数据，在咨询当地种植专家后，根据实际情况，最终整理出 63 份问卷作为本研究的样本，所研究的决策单元（DMU）为广东韶关粤台农业合作试验区中 63 家兰花种植户（企业），每个 DMU 的投入类型为种植面积（亩）、种苗（万元）、农药（万元）、化肥（万元）及劳动力（人），产出类型为种植兰花总收入（万元）。

## 第二节 兰花种植农户（企业）投入产出效率实证分析

### 一、投入产出效率分解

63 家样本兰花种植农户（企业）投入产出效率是综合技术效率、纯技术效率与规模效率的综合反映，当效率值水平达到 1 时，决策单元 DEA 有效，即该兰花种植户（企业）在生产前沿面上。由表 7-1 可知，2017 年 63 家样本兰花种植农户（企业）的综合技术效率均值为 0.659 248，纯技术效率均值为 0.763 363，规模效率均值为 0.877 996。

表 7-1 样本兰花种植农户（企业）投入产出效率分解（产出 BCC 模型）

| 决策单元 | 综合技术效率 | 纯技术效率 | 规模效率 | 规模报酬 |
| --- | --- | --- | --- | --- |
| 1 | 0.909 091 | 1 | 0.909 091 | Decreasing |
| 2 | 1 | 1 | 1 | Constant |
| 3 | 0.545 455 | 0.545 455 | 1 | Constant |
| 4 | 0.702 136 | 1 | 0.702 136 | Increasing |
| 5 | 0.396 858 | 0.412 916 | 0.961 111 | Decreasing |
| 6 | 0.837 696 | 0.882 67 | 0.949 048 | Decreasing |
| 7 | 0.794 913 | 0.799 087 | 0.994 776 | Increasing |
| 8 | 0.579 737 | 0.651 731 | 0.889 534 | Decreasing |
| 9 | 0.454 545 | 0.454 545 | 1 | Constant |
| 10 | 0.396 676 | 0.416 238 | 0.953 004 | Decreasing |
| 11 | 0.611 954 | 0.689 192 | 0.887 929 | Increasing |
| 12 | 1 | 1 | 1 | Constant |
| 13 | 1 | 1 | 1 | Constant |

（续表）

| 决策单元 | 综合技术效率 | 纯技术效率 | 规模效率 | 规模报酬 |
|---|---|---|---|---|
| 14 | 0.662 461 | 1 | 0.662 461 | Decreasing |
| 15 | 0.418 919 | 0.431 818 | 0.970 128 | Increasing |
| 16 | 0.397 456 | 0.442 938 | 0.897 318 | Decreasing |
| 17 | 0.456 522 | 0.5 | 0.913 043 | Increasing |
| 18 | 0.623 116 | 0.748 391 | 0.832 607 | Decreasing |
| 19 | 0.250 141 | 0.281 748 | 0.887 817 | Increasing |
| 20 | 0.416 831 | 0.933 333 | 0.446 605 | Decreasing |
| 21 | 0.563 737 | 0.636 943 | 0.885 067 | Increasing |
| 22 | 0.732 673 | 0.970 484 | 0.754 957 | Increasing |
| 23 | 0.504 273 | 0.679 024 | 0.742 644 | Decreasing |
| 24 | 1 | 1 | 1 | Constant |
| 25 | 0.8 | 0.920 354 | 0.869 231 | Increasing |
| 26 | 0.613 497 | 0.613 497 | 1 | Constant |
| 27 | 0.635 93 | 0.704 545 | 0.902 61 | Decreasing |
| 28 | 0.476 948 | 0.479 452 | 0.994 776 | Increasing |
| 29 | 0.790 419 | 1 | 0.790 419 | Increasing |
| 30 | 0.676 364 | 0.703 704 | 0.961 148 | Increasing |
| 31 | 1 | 1 | 1 | Constant |
| 32 | 1 | 1 | 1 | Constant |
| 33 | 0.625 352 | 0.704 37 | 0.887 817 | Increasing |
| 34 | 0.485 623 | 1 | 0.485 623 | Increasing |
| 35 | 0.821 168 | 1 | 0.821 168 | Decreasing |
| 36 | 0.416 901 | 0.469 58 | 0.887 817 | Increasing |
| 37 | 0.650 442 | 0.716 418 | 0.907 909 | Increasing |
| 38 | 1 | 1 | 1 | Constant |
| 39 | 0.616 667 | 0.698 386 | 0.882 989 | Increasing |
| 40 | 1 | 1 | 1 | Constant |
| 41 | 0.568 99 | 0.701 754 | 0.810 811 | Decreasing |
| 42 | 0.488 872 | 1 | 0.488 872 | Increasing |
| 43 | 0.558 491 | 0.622 788 | 0.896 758 | Decreasing |

（续表）

| 决策单元 | 综合技术效率 | 纯技术效率 | 规模效率 | 规模报酬 |
| --- | --- | --- | --- | --- |
| 44 | 0.727 273 | 0.727 273 | 1 | Constant |
| 45 | 0.697 425 | 0.866 667 | 0.804 721 | Decreasing |
| 46 | 0.920 245 | 1 | 0.920 245 | Decreasing |
| 47 | 0.718 85 | 1 | 0.718 85 | Increasing |
| 48 | 0.701 289 | 1 | 0.701 289 | Increasing |
| 49 | 0.736 196 | 1 | 0.736 196 | Decreasing |
| 50 | 0.831 767 | 1 | 0.831 767 | Increasing |
| 51 | 0.665 557 | 0.703 934 | 0.945 483 | Increasing |
| 52 | 0.639 551 | 0.639 551 | 1 | Constant |
| 53 | 0.782 167 | 1 | 0.782 167 | Increasing |
| 54 | 0.610 408 | 0.610 535 | 0.999 791 | Decreasing |
| 55 | 0.837 209 | 0.915 033 | 0.914 95 | Increasing |
| 56 | 0.688 889 | 1 | 0.688 889 | Increasing |
| 57 | 0.624 277 | 0.624 277 | 1 | Constant |
| 58 | 0.466 945 | 0.591 633 | 0.789 248 | Decreasing |
| 59 | 0.666 44 | 0.699 029 | 0.953 379 | Increasing |
| 60 | 0.425 624 | 0.437 811 | 0.972 165 | Decreasing |
| 61 | 0.534 192 | 0.631 579 | 0.845 804 | Increasing |
| 62 | 0.272 527 | 0.282 522 | 0.964 623 | Decreasing |
| 63 | 0.504 909 | 0.550 649 | 0.916 935 | Decreasing |
| 均值 | 0.659 248 | 0.763 363 | 0.877 996 | |

注：Decreasing 代表规模报酬递减；Constant 代表规模报酬不变；Increasing 代表规模报酬递增。

### （一）综合技术效率分析

综合技术效率表示的是试验区内兰花种植户（企业）整体上的生产效率情况，即农户在种植兰花过程中投入的各种要素如土地、兰花种苗、化肥、劳动力、农药等在效率上是否实现了最优，在既定的投入水平下产出是否最大，VRS 模型可以将其分解为纯技术效率和规模效率，其值等于两者的乘积。计算结果表明，试验区（63 个样本）兰花种植户（企业）的综合技术效率均值为 0.659 248，虽与最佳的效率值 1 还有一定差距，但从整体上来看，试验区兰花种植户（企业）的综合技术效率值不算太低。样本农户（企业）的综合技术效率分布如图 7-2 所示，效率值为 1 的兰花种植户（企业）只有 8 家，仅占总数的 12.70%，这些兰花种植户（企业）的兰花种植规模处于最优状态，其规模报酬不变，纯技术效率和规模效率都为 1。说明在现有技术水平条件下，这部分兰花种植户（企业）实现了投入要素（土地面积、种苗、化肥、农药及劳动力）的收益最大化，保持现有各要素的投入规模和比例组合是最优选择。结合第六章兰花技术扩散的社会网络特征分析结果，综合技术效率值为 1 的 8 家企业（农户）基本上是中心度位于前十位的企业，这些企业在扩散网络中的地位相对较高，处于核心位置。综合技术效率处于 0.8~1.0 的兰花种植户（企业）为 7 家，占样本总数的 11.11%，这部分兰花种植户（企业）的要素投入与组合较优，同时存在一定的优化空间。63 家样本农户（企业）中综合技术效率处于 0.6~0.8 的所占比例最高（39.68%），达 25 家，表明这部分兰花种植户（企业）在要素投入量及技术组合方面还存在较大的优化空间。综合技术效率在 0.4~0.6 的兰花种植户（企业）为 18 家，占样本总数的 28.57%，这部分农户（企业）的各要素投入存在很大优化空间。综合技术效率在 0.4 以下的农户（企业）为 5 家，占总数的和 7.94%，其要素投入及组合严重不合理，亟须加以改进和优化。

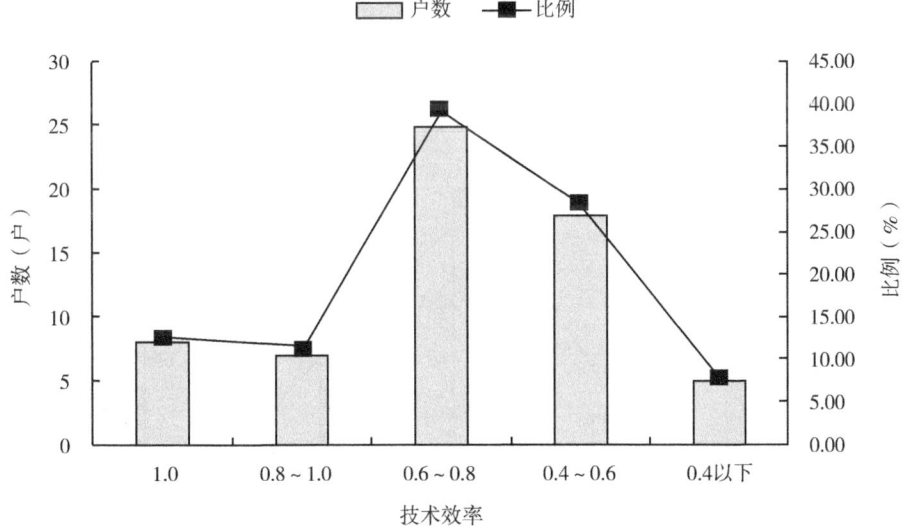

图 7-2　兰花种植户（样本）综合技术效率分布

总体来看，试验区兰花种植户（企业）的平均综合技术效率值为

0.659 248，63.49%的样本农户（企业）的综合技术效率值超过0.6，说明试验区大部分兰花种植户（企业）的要素投入与组合较为合理，但存在优化空间。

## （二）纯技术效率分析

纯技术效率=（综合技术效率）/（规模效率），指综合技术效率中除去规模因素的生产效率，是判断各兰花种植户（企业）的要素投入是否得当，是否存在冗余现象的指标，图7-3为样本农户（企业）的纯技术效率分布情况。表7-1的统计结果表明，样本兰花种植户（企业）纯技术效率的均值为0.763 363，高于综合技术效率值，某种程度上表明纯技术效率水平要优于综合技术效率，但整体水平并不是很高。根据统计结果，有22家样本兰花种植户（企业）的纯技术效率值为1，占总数的34.92%，这些兰花种植户（企业）在兰花种植过程中，各种要素（如土地、种苗、化肥等）的投入较为合理，种植兰花的能力得到了最大程度的发挥；但仍有很多（49家）兰花种植户（企业）处于规模报酬递减或递增阶段，并非全部处于规模报酬不变的阶段。纯技术效率处于0.8~1.0的兰花种植户（企业）有6家，占样本总数的9.52%，这部分兰花种植户（企业）的要素投入与组合较为合理，存在一定优化空间。纯技术效率在0.6~0.8的兰花种植户（企业）有21家，占样本总数的33.33%，其要素投入与组合欠合理，存在较大优化空间。处于0.4~0.6

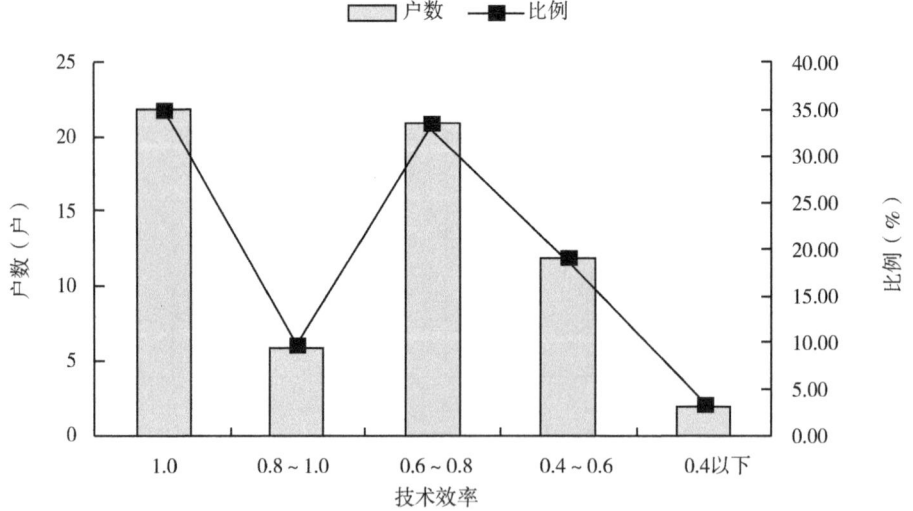

图7-3 兰花种植户（样本）纯技术效率分布

和 0.4 以下的兰花种植户（企业）分别有 12 家和 2 家，占样本总数的比值分别为 19.05% 和 3.17%，这部分兰花种植户（企业）的技术投入要素不尽合理，与其最大的生产潜力差距较大，存在很大优化空间。总体上，纯技术效率在 0.6 以上的兰花种植户（企业）总数为 49 家，占样本总数的 73.02%，进一步表明纯技术效率的总体水平要优于综合技术效率水平。

### （三）规模效率分析

规模效率代表生产规模的有效程度，用来衡量兰花种植户（企业）的种植面积是否达到最优状态；规模效率值为 1，则兰花种植户规模效率有效，其值小于 1，则兰花种植户（企业）的规模效率低效。对于处于规模报酬递减阶段的兰花种植户（企业），应当缩减种植面积，减少生产要素投入，以提高产出效率；对于处于规模报酬递增阶段的兰花种植户（企业），则应增加种植面积，促进规模效应，提高产出效率。图 7-4 展示了 63 家样本兰花农户（企业）兰花种植的规模效率分布情况，其均值为 0.877 996，表明整体上兰花农户（企业）的规模效率较高。规模效率值为 1 的兰花种植户（企业）14 家，占样本总数的 22.22%，在现有技术水平和要素投入组合下，这部分兰花种植户（企业）的种植规模处于有效阶段，其应保持目前的兰花种植面积不变。35 家兰花种植户（企业）的规模效率处于 0.8~1.0，占样本总数的 55.56%，

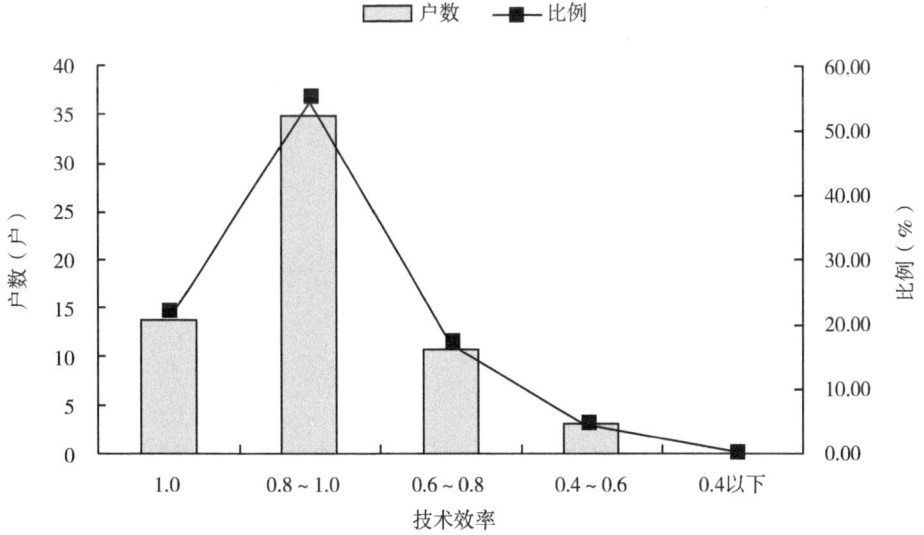

图 7-4 兰花种植户（样本）规模效率分布

进一步表明样本兰花种植户（企业）兰花种植规模效率整体水平较高。规模效率在 0.6~0.8 及 0.6 以下的兰花种植户（企业）分别为 11 家和 3 家，占样本总数的比例分别是 17.46% 和 4.76%，这部分兰花种植户（企业）种植规模效率相对较低，应结合纯技术效率的高低适当调整种植面积，从而提高综合技术效率。

由表 7-1 可知，有 15 家兰花农户（企业）处于规模报酬递增状态，占样本总数的 42.86%，处于规模报酬递减状态的兰花种植户（企业）有 22 家，占样本总数的 34.92%；以上表明大部分兰花农户（企业）的种植规模尚未达到最佳的状态。在现有的技术水平和要素投入组合下，处于规模报酬递增状态的兰花农户（企业）可通过扩大种植面积来提高生产效率；规模报酬递减状态的兰花农户（企业）需要通过减少种植规模获得更优的产出效率；处于规模报酬不变的兰花农户（企业）（14 家，占样本总数的 22.22%），其兰花种植面积处于有效状态，保持现有种植规模即可。

为了进一步分析 63 家兰花种植户（企业）的规模效率，对 63 家兰花农户（企业）的规模效率进行分类（表 7-2）。根据分类结果，仅有 8 家兰花种植户（企业）处于规模最优状态，处于容易改进状态的兰花农户（企业）为 3 家，有 12 家兰花种植户（企业）处于规模过大状态，18 家兰花农户（企业）处于规模过小状态，22 家兰花种植户（企业）处于技术无效率状态。

表 7-2 规模报酬递减性分析

| 项目 | 规模过大 | 最优规模 | 容易改进状态 | 技术无效率状态 | 规模过小 |
| --- | --- | --- | --- | --- | --- |
| 分类标准 | 规模效率≤0.9，规模报酬递减 | 技术效率=规模效率=1 | 0.9<规模效率≤1，纯技术效率>0.9 | 0.9<规模效率≤1，纯技术效率<0.9 | 规模效率≤0.9，规模报酬递增 |
| 农户/企业数量 | 12 家 | 8 家 | 3 家 | 22 家 | 18 家 |

注：分类标准参考文献（李晓梅等，2018）。

## 二、投入冗余与产出不足分析

MaxDEA6.18 在分析 DMU 综合技术效率、纯技术效率及规模效率的同时给出了投入和产出的松弛变量，分别表示试验区兰花种植户投入冗余和产出不足的数量，这是导致综合技术效率损失的直接原因，具体数值如表 7-3 所示，各投入要素存在冗余及产出要素不足农户（企业）的数量及比例情况见图 7-5。

表 7-3　农户（企业）兰花种植的投入和产出松弛变量

| 决策单元<br>(DMU) | 种植面积<br>（亩） | 种苗投入<br>（万元） | 化肥投入<br>（万元） | 农药投入<br>（万元） | 劳动力投入<br>（人） | 种兰收入<br>（万元） |
|---|---|---|---|---|---|---|
| 1 | -0 | -0 | -0 | -0 | -0 | 0 |
| 2 | -0 | -0 | -0 | -0 | -0 | 0 |
| 3 | -1 | -0 | -1 | -0 | -0 | 25 |
| 4 | -0 | -0 | -0 | -0 | -0 | 0 |
| 5 | -0 | -0 | -0 | -1.713 682 | -0 | 42.654 002 |
| 6 | -0 | -0 | -0.751 044 | -0 | -3.695 071 | 10.634 085 |
| 7 | -0 | -1.428 571 | -0.5 | -0.428 571 | -1 | 12.571 429 |
| 8 | -5.312 5 | -0 | -0 | -1.468 75 | -0.75 | 32.062 5 |
| 9 | -1 | -0 | -0 | -0 | -0 | 30 |
| 10 | -0 | -0 | -0 | -0.585 703 | -0 | 42.074 229 |
| 11 | -0.155 682 | -0 | -0.182 955 | -0 | -0 | 15.784 091 |
| 12 | -0 | -0 | -0 | -0 | -0 | 0 |
| 13 | -0 | -0 | -0 | -0 | -0 | 0 |
| 14 | -0 | -0 | -0 | -0 | -0 | 0 |
| 15 | -0 | -0 | -1.447 368 | -0.605 263 | -0.842 105 | 26.315 789 |
| 16 | -0 | -0 | -0 | -2.919 262 | -3.232 206 | 62.882 562 |
| 17 | -0 | -0 | -10.25 | -6.25 | -0 | 30 |
| 18 | -0 | -0 | -2.481 915 | -0 | -2.012 422 | 33.620 022 |
| 19 | -0 | -0 | -1.700 73 | -0.737 226 | -0 | 30.591 241 |
| 20 | -33.333 333 | -42.222 222 | -4.666 667 | -0 | -11.333 333 | 10 |
| 21 | -0.625 | -0 | -0.625 | -0 | -0 | 14.25 |
| 22 | -0 | -0 | -3.007 299 | -1.372 263 | -0 | 0.912 409 |
| 23 | -10.459 77 | -0 | -2.954 023 | -0 | -2.045 977 | 37.816 092 |
| 24 | -0 | -0 | -0 | -0 | -0 | 0 |
| 25 | -0.230 769 | -0 | -5.230 769 | -3.615 385 | -0 | 3.461 538 |
| 26 | -2.5 | -0 | -4 | -3.75 | -0 | 31.5 |
| 27 | -0 | -0 | -4.548 387 | -1.887 097 | -0.290 323 | 33.548 387 |
| 28 | -0 | -1.428 571 | -2 | -0.928 571 | -0 | 32.571 429 |
| 29 | -0 | -0 | -0 | -0 | -0 | 0 |
| 30 | -0 | -0 | -1.894 737 | -0.877 193 | -0.350 877 | 12.631 579 |

(续表)

| 决策单元<br>(DMU) | 种植面积<br>(亩) | 种苗投入<br>(万元) | 化肥投入<br>(万元) | 农药投入<br>(万元) | 劳动力投入<br>(人) | 种兰收入<br>(万元) |
|---|---|---|---|---|---|---|
| 31 | −0 | −0 | −0 | −0 | −0 | 0 |
| 32 | −0 | −0 | −0 | −0 | −0 | 0 |
| 33 | −0 | −0 | −1.700 73 | −0.737 226 | −0 | 12.591 241 |
| 34 | −0 | −0 | −0 | −0 | −0 | 0 |
| 35 | −0 | −20 | −6 | −4 | −0 | 0 |
| 36 | −0 | −0 | −1.700 73 | −0.737 226 | −0 | 22.591 241 |
| 37 | −0.687 5 | −0 | −0.687 5 | −0 | −0 | 11.875 |
| 38 | −0 | −0 | −0 | −0 | −0 | 0 |
| 39 | −0 | −0 | −2.503 65 | −1.686 131 | −0 | 12.956 204 |
| 40 | −0 | −0 | −0 | −0 | −0 | 0 |
| 41 | −7 | −10 | −0.5 | −0 | −0.5 | 34 |
| 42 | −0 | −0 | −0 | −0 | −0 | 0 |
| 43 | −30.090 909 | −0 | −2.518 182 | −0 | −0 | 48.454 545 |
| 44 | −1 | −0 | −2 | −1 | −0 | 15 |
| 45 | −0 | −20 | −1 | −2 | −1 | 20 |
| 46 | −0 | −0 | −0 | −0 | −0 | 0 |
| 47 | −0 | −0 | −0 | −0 | −0 | 0 |
| 48 | −0 | −0 | −0 | −0 | −0 | 0 |
| 49 | −0 | −0 | −0 | −0 | −0 | 0 |
| 50 | −0 | −0 | −0 | −0 | −0 | 0 |
| 51 | −0.470 588 | −0 | −1.852 941 | −0 | −1 | 16.823 529 |
| 52 | −0.416 667 | −0 | −9 | −0.958 333 | −0 | 21.416 667 |
| 53 | −0 | −0 | −0 | −0 | −0 | 0 |
| 54 | −0 | −0 | −1.324 257 | −0.324 257 | −0.153 465 | 22.326 733 |
| 55 | −4.942 857 | −0 | −0 | −0 | −0.657 143 | 3.714 286 |
| 56 | −0 | −0 | −0 | −0 | −0 | 0 |
| 57 | −5.722 222 | −0 | −0 | −1.444 444 | −1.722 222 | 18.055 556 |
| 58 | −8.323 81 | −0 | −2.447 619 | −0 | −0.866 667 | 55.219 048 |
| 59 | −0 | −0 | −1.402 778 | −1.569 444 | −0 | 17.222 222 |
| 60 | −0.272 727 | −0 | −5.454 545 | −0 | −0 | 51.363 636 |

（续表）

| 决策单元<br>(DMU) | 种植面积<br>（亩） | 种苗投入<br>（万元） | 化肥投入<br>（万元） | 农药投入<br>（万元） | 劳动力投入<br>（人） | 种兰收入<br>（万元） |
| --- | --- | --- | --- | --- | --- | --- |
| 61 | -0.333 333 | -0 | -0 | -0 | -0.333 333 | 11.666 667 |
| 62 | -0 | -0 | -6.708 127 | -0 | -0.889 601 | 50.790 853 |
| 63 | -0 | -0 | -4.225 564 | -0 | -0.135 338 | 48.962 406 |

从投入冗余来看，受相对效率测算方法的影响，种植面积、种苗、化肥、农药、劳动力等投入要素都存在不同程度的冗余值。其中冗余量最高的为化肥，有34家兰花种植农户（企业）存在化肥使用过量的问题，占样本总数的53.97%。此计算结果与在实地调研中所了解的情况基本一致，近年来农户（企业）对化肥增产的效果认同度越来越高，已经成为除兰花种苗之外农户（企业）投入最多的要素，经常有相关化肥公司或销售商向兰花种植户（企业）推销肥料产品，部分兰花种植户（企业）为了获得较高的兰花种植收益，甚至使用进口化肥，投入较大，成本较高。农药投入存在冗余量的农户也较多，有21家，占样本总数的33.33%，兰花受病虫害危害较为严重，稍有不慎，农户（企业）种出的兰花卖相就会不好，质量较差，甚至存在大规模死苗现象，为了保障兰花正常生长，在技术水平有限的条件下，很多农户（企业）在农药方面投入较多，出现了较为严重的冗余情况。土地投入存在冗余的农户为20户，占样本总数的31.75%，近1/3的农户对土地面积投入过多，很多农户由于技术水平有限，单位面积的收益相对较低，主要通过增加兰花种植面积来增加收入。劳动力投入要素存在冗余量的农户有19户，占总户数的30.16%，兰花种植在分苗、出货时需要较多劳动力，平常情况一个成人劳动力基本上可以管理10亩左右的兰场，而在调研过程中发现大部分兰花种植户是一家老少都参与，同时还要兼种其他作物（如九仙桃、台湾雪梨及水稻、花生等）。因此，如果仅仅考虑种植兰花的劳动力时，冗余的比例应该要偏低。6家农户的种苗投入存在冗余，占样本数的9.52%，由于兰花种苗投入成本高（一般情况下，非高端兰花品种，1亩兰园种苗的投入费用在3万~6万元，甚至更高），农户比较谨慎，在种植兰花过程中，很多时候是自己分苗以降低成本。

从产出（收入）方面来看，41户兰花种植户的产出不足，占样本总数的65.08%，说明很多兰花种植户的投入较多，但产出相对不足。这是导致综合技术效率值偏低的另一个重要因素。

为达到投入—产出 DEA 最优,大部分决策单元即兰花种植户(企业)需要对投入和产出的冗余值进行调整。以 DMU7 为例,种苗、化肥、农药、劳动力的松弛变量分别需要减少 1.43 万元、0.5 万元、0.43 万元、1 人,收入松弛变量需要增加 12.57 万元才能达到效率最优。其他非最优决策单元即兰花种植户(企业)的投入产出冗余分析类似。

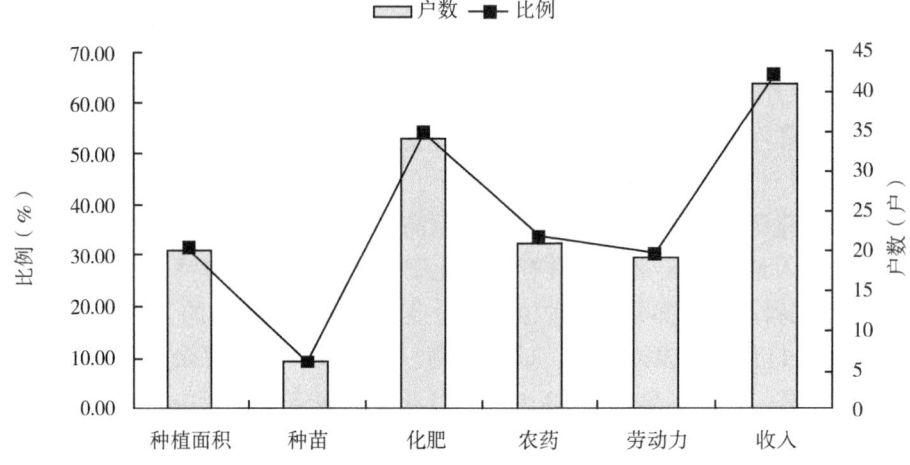

图 7-5 样本种植户(企业)投入产出松弛变量情况

## 本章小结

本章基于广东韶关粤台农业合作试验区兰花种植户(企业)2017 年的投入(土地面积、种苗、化肥、农药、劳动力)和产出(种兰收入)问卷调查数据,利用产出导向的 BCC-DEA 模型,通过软件 MaxDEA6.18 分析了兰花种植户(企业)的综合技术效率、纯技术效率及规模效率,并探讨了其投入冗余及产出不足问题。主要结论如下:

(1)样本种植户(企业)的平均综合技术效率值为 0.659 248,8 家农户(企业)的综合技术效率为 1,处于 DEA 最优状态;63.49% 的样本农户(企业)的综合技术效率值超过 0.6,说明试验区大部分兰花种植户(企业)的要素投入与组合较为合理,但存在改进和优化空间。极少部分(7.94%)兰花种植户(企业)的综合技术效率在 0.4 以下,各要素的投入与组合存在严重偏差,急需进行调整和优化,以提高生产效率。

（2）样本种植户（企业）的平均纯技术效率值为 0.763 363，比综合技术效率值高。22 家农户（企业）的纯技术效率为 1，其要素投入组合合理，生产能力得到了最大程度的发挥；其余农户（企业）技术投入要素不尽合理，与其最大的生产潜力之间存在一定差距，存在不同程度的优化空间。

（3）样本兰花种植户（企业）兰花种植的规模效率均值为 0.877 996，有 8 家兰花种植户（企业）处于规模最优状态，处于容易改进状态的兰花种植户（企业）为 3 家，有 12 家兰花种植户（企业）处于规模过大状态，18 家兰花种植户（企业）处于规模过小状态，22 家兰花种植户（企业）处于技术无效率状态。

（4）在现有技术水平条件下，大部分兰花种植户（企业）的要素投入存在或多或少的冗余现象，而产出则存在不足，各兰花种植户（企业）应该根据自己的实际情况，对投入要素进行合理调整，同时，加强对兰花种植技术的学习，提高综合技术效率，提高生产效率。

本章对兰花种植户（企业）的投入—产出情况进行了分析，得出的结论能为兰花种植户（企业）的下一步发展提供参考与借鉴，同时，也可为翁源县政府部门发展兰花产业提供参考与借鉴。但本章在以下方面还存在一定的不足，有待进一步改进和完善。

（1）样本数量问题，由于兰花种植户（企业）对投入要素和收入问题较为敏感，很多农户不愿意在问卷上填写相关投入和收入值；部分农户过分夸大了投入要素，对于产出要素（收入）则相反；经过当地兰花种植专家重新核实后，最终本问题的有效问卷为 63 份，虽然能基本上说明和解释试验区兰花种植户的投入产出效率问题，但存在一定不足，可能与实际情况存在一定偏差。

（2）兰花种植相对于普通农作物或花卉生产来说，是一种高投入、高产出，同时也是一种高风险的农业产业，特别是对于高端品种（如部分国兰和洋兰品种），种苗成本相当高，种植难度也很大，一旦出现滞销或市场不稳定情况，投入要素的冗余、产出不足现象可能较为严重。本章由于数据获取原因，只用 2017 年数据来进行分析，存在一定偏差，用多年的投入产出数据进行分析，结果应该更加接近现实情况，更能反映出随着时间的推移及兰花技术扩散的深入，当地农户（企业）兰花种植效率的变化情况，也更能反映出台商对当地农户种兰效率的影响。

# 第八章　微观视角下台湾农业技术扩散效果影响因素分析

本章将在已有研究成果基础上，基于农户视角，利用问卷调查数据，采用结构方程模型（SEM），对台湾农业（兰花）技术扩散效果的影响因素进行分析。

## 第一节　研究方法与数据来源

### 一、研究方法

#### （一）结构方程模型（SEM）简介

结构方程模型（SEM）是一种功能相当强大的数理统计分析方法，其将因子分析（Factor analysis）和路径分析（Path analysis）二者有机融合在一起。结构方程模型主要包括两部分即反映潜变量（外因潜变量、内因潜在变量）和可观察变量间关系的测量模型以及反映潜变量间结构关系的结构模型（图8-1）。在实证分析过程中，结构方程模型能够直接对多组方程间的互动干扰、非线性关系、残差相关、变量误差等进行有效处理；其亦可对难以直接度量和观测的潜在变量进行直接分析和处理，同时将主观误差也纳入分析的模型中（吴明隆，2009），在实际使用过程中具有较大优势。

结构方程模型（SEM）是检验"理论模型"与"实证数据"是否一致的分析程序。在实际研究过程中，研究者首先要针对相应的主题梳理与之相关的理论和文献，同时建立理论假设或模型；然后通过问卷调查、实地调研或其他方式获得研究所需要的数据；最后应用结构方程模型对所获得的数据进行分析，进而获取潜变量之间的相互关系，从而对先前的相关理论假设或模型进行验证。由于SEM基本上是一种验证性分析方法，所以在通常下，应有相关的理论或经验法则作为支撑，只有这样才能构建相关的理论假设或模型对相关问题进行分析。图 8-1 为结构方程模型示意图及分析的基本程序。

结构方程模型（SEM）并不是单纯意义上的统计方法（Hoyle，1995），其将研究方法和不同的统计技术进行了有机整合，是集方法和技术于一体的综合研究模型（方法）。邱皓政和林碧芳等学者对结构方程模型（SEM）的基本特点进行了归纳和总结，主要如下（吴明隆，2009）：①结构方程模型（SEM）拥有理论验证功能；②结构方程模型（SEM）重视多重统计指标的运用；③结构方程模型（SEM）包含多种统计技术；④结构方程模型（SEM）能有效整合处理"测量"与"分析"问题；⑤结构方程模型（SEM）以协方差的运用为核心；⑥结构方程模型（SEM）的分析需要大样本数据作为支撑。

在应用结构方程模型（SEM）进行实证分析时，基本上可按下面 4 个主要步骤进行。

（1）模型构建

此步骤的目标是根据已有理论及文献设计所需假设，同时构建相应的结构方程模型，从而进一步分析和探讨观察变量与因素间的关系以及各因素间的相关关系。

（2）模型拟合

一般情况下，通过最大似然法或广义最小二乘法对相关参数进行估计，从而对模型进行求解。

（3）模型评价

主要从外在质量和内在质量两方面进行。模型外在质量的评价主要用相关拟合指数来验证模型的拟合优度，即模型与数据之间的适配程度。在现有文献中，已有 40 多种拟合指数，如绝对适配度指数（如 $X^2$ 值、GFI 值、AGFI 值、RMR 值、SRMA 值等等）、增值适配值指数（如 NFI 值、RFI 值、IFI 值、CFI 值等）及简约适配度指数（如 PGFI 值、PNFI 值、CN 值等）。在参考与借鉴已有研究的基础上（李后建，2012；于正松，2014；林炳坤，2015），选取 GFI 值、RMR 值、NFI 值、IFI 值、CFI 值 5 个拟合指数来对模型的外在质量进行评价，评价标准（吴明隆，2009）详见表 8-1。模型的内在质量主要通过模型中的因素负荷量即路径系数是否达到显著（$P$ 值小于 0.05）、潜在变量的组合信度（也称为建构信度，其值大于 0.6，说明模型的内在质量较佳）、所有参数统计量的估计值是否达到显著性水平等指标进行评价。

另外，估计参数中不能存在负的误方差、所有误差变异必须达到显著水平、估计参数统计量彼此间相关的绝对值不能太接近于 1 等也是衡量模型质量优劣的重要指标。

表 8-1 常用拟合指数

| 拟合指数 | 适配标准或临界值 |
| --- | --- |
| RMR 值 | 小于 0.05 |
| GFI 值 | 大于 0.90 以上 |
| NFI 值 | 大于 0.90 以上 |
| IFI 值 | 大于 0.90 以上 |
| CFI 值 | 大于 0.90 以上 |

目前,对于结构方程模型的评价标准还未形成共识。在实证研究过程中,不能只根据临界值来判断模型拟合质量的优劣,尤其是如果拟合指数处于临界值附近,要通过多种方法来检验,不能机械地作出判断;必要时要对模型进行适当修正以综合评定模型的整体拟合质量。

(4) 模型修正

模型修正的依据是模型生成的修正指数;模型修正的前提是要以相关的理论和逻辑为基础,在修正的过程中不能违背相关理论和逻辑,否则,修正也就失去意义,结构方程模型也失去了意义。结构方程模型示意及分析的基本程序见图 8-1。

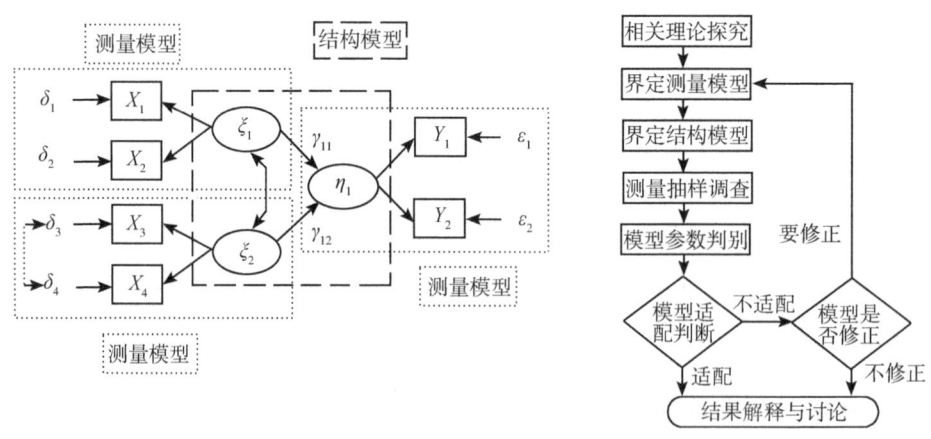

图 8-1 结构方程模型示意图及分析的基本程序

## (二) 研究假设

由计划行为理论可知行为态度决定行为意愿,行为意愿决定实际的采用行为，进而决定创新技术扩散的效果（Ajzen，1991）；农户对农业创新技术的行为态度越积极，其采用意愿就会越强，技术扩散的效果就会越好。在李后建（2012）、薛洲（2017）等学者研究行为意愿量表的基础上，结合试验区的实际情况，设置4个观察变量（表8-2）对台湾农业（兰花）技术扩散效果因素进行测量。

**1. 农户维度各因素与扩散效果关系假设**

（1）农户网络特征因素

社会网络是农户间信息资源共享的重要载体，通过相互间的协作与互惠关系，可有效促进农户之间的信任。在农业创新技术扩散过程中，农户间的信任和认同，能有效减少农业投资的风险和成本，对农户农业创新技术的采用具有显著正向作用（乔丹等，2017a），有利于农业创新技术的扩散。通过农业技术培训，可扩大农户的个人网络，对其采用农业技术行为具有积极影响（苟露峰等，2016）；与他人交流农业技术心得是农户网络学习的重要形式（王格玲等，2015），能有效促进农业创新技术的扩散（应瑞瑶等，2015）；同时，农户是否采用创新技术受到乡邻们采用行为的影响（李后建，2012）。基于以上研究，设置3个观察变量对影响兰花技术扩散效果的农户网络特征因素进行测量，并提出假设HA1（表8-2）。

（2）农户创业特征因素

创业是创建新的企业或组织的过程，是创造新组合的过程。相关研究表明农户的创业能力与其采用新技术的意愿及新技术的扩散速度呈正相关关系（姚文，2016）。农户的创业能力受创业精神的影响和制约，而地域文化会影响到创业精神的发挥，对区域创业活动产生重要作用（李坤等，2005）。试验区内具有"勤劳节俭、团结诚信、自强不息、开拓创新"等优良传统的客家文化有利于激发农户的创新创业精神、促进兰花技术的扩散。借鉴苏岚岚（2016）、周菁华（2012）、姚文（2016）等学者对农民创业能力进行度量时所选取的指标，结合试验区实际情况，设置3个观察变量对影响兰花技术扩散效果的农户创业特征因素进行测量，并提出假设HA2（表8-2）。

（3）农户对台湾农业的认知因素

农户对农业创新技术的认知是指农户在农业生产过程中根据直接经验或其他渠道所获得的关于农业技术的感知和印象；其对农业科技推广、农业技术扩散产生重要影响。一般情况下，农户对新技术的认知度越高，越容易产生实际的接受或采用行为（李楠楠等，2014）。试验区农户对台湾农业（兰花）的认知主要表现在对试验区、对兰花品种、对兰花技术的认知等方面，故设置3个观察变量对影响兰花技术扩散效果的农户对台湾农业的认知因素进行测量，并提出假设HA3（表8-2）。

**2. 台湾农业维度各因素与扩散效果关系假设**

（1）台湾农业特点因素

农业新技术、新产品的特点对农户的采用意愿产生重要影响，进而影响到农业创新技术扩散的效果。按照理性农户理论的观点，农户在采用农业新技术、新产品时，通常会将新技术、新产品的特性和原来的技术、产品进行对比，并通过其行为态度和主观规范判断新技术和新产品是否具有比较优势（如能否增加收入、能否减少生产成本等）；在"收益"和"成本"之间进行博弈之后，农户才会作出对农业新技术、新产品采取采用、暂不采用或不采用的决策。新技术的难易程度、获取的便捷性及成本的高低（Kosarek，2001；刘晓敏等，2015）等因素影响其扩散速率的快慢。基于以上研究，论文选取3个观察变量对影响兰花技术扩散效果的台湾农业特点因素进行测量，并提出假设HB1（表8-2）。

（2）台湾农业技术服务特点因素

农业技术服务特点主要包括技术服务来源、技术服务类型、技术推广方式、技术服务效果等方面，其会显著影响到农户对新技术的采用与否。一般来说，农业新技术服务来源越广、类型越多、效果越好，其越容易得到扩散。在石景洪（2015）、陈光燕等（2015）研究基础上，设置3个观察变量对影响兰花技术扩散效果的台湾农业技术服务特点因素进行测量，并提出假设HB2（表8-2）。

**3. 环境维度各因素与扩散效果关系假设**

（1）基础条件

农业基础条件主要包括农业用地、农田水利、道路交通、农资销售点等，完善的基础条件能为农业技术扩散提供重要的保障，促进其快速扩散。目前来看，影响试验区兰花技术扩散的基础条件主要有土地、水源及交通3个方面。故选取以上3个观察变量对影响兰花技术扩散效果的基础条件因素进行测量，并提出假设HC1（表8-2）。

（2）政策环境

与第二产业及第三产业相比，农业是弱势产业，农业的发展、农业创新技术的扩散离不开政府的支持。政府的优惠政策及财政支持等对农业发展、对农业科技创新及扩散起到非常重要的支撑作用，可有效诱导和鼓励农户采用农业创新技术，促进农业技术扩散（钱加荣等，2011）。石洪景的研究表明农业贷款的难易度会对农户是否采用台湾农业产生显著影响（石洪景，2015）；李楠楠等的研究发现政府政策如农业优惠、农业贷款等对于马铃薯种植技术的扩散产生重要影响，并认为应该建立"企业牵头、政府扶持、农户参与"的环形扩散模式（李楠楠等，2014）。在上述研究基础上，设置 3 个观察变量对影响兰花技术扩散效果的政策环境因素进行测量，并提出假设 HC2（表 8-2）。

表 8-2 研究假设

| 维度 | 潜变量 | 观察变量 | 研究假设 |
|---|---|---|---|
| 农户维度（A） | 农户网络特征（A1） | 您经常参加农业技术培训（A11）<br>您经常与他人交流农业技术心得（A12）<br>乡邻们种植兰花，您也愿意尝试一下（A13） | HA1：农户网络特征对兰花扩散效果具有正向影响 |
| | 农户创业特征（A2） | 您能够容易掌握新技术、新方法（A21）<br>您愿意尝试新东西（A22）<br>您总是能抓住刚出现的赚钱机会（A23） | HA2：农户创业特征对兰花扩散效果具有正向影响 |
| | 农户对台湾农业的认知（A3） | 您了解韶关粤台农业合作试验区（A31）<br>您了解本地台湾农业（兰花）品种（A32）<br>您了解本地台湾农业（兰花）技术（A33） | HA3：农户对台湾农业的认知对兰花扩散效果具有正向影响 |
| 台湾农业维度（B） | 台湾农业特点（B1） | 台湾农业（兰花）技术容易掌握（B11）<br>台湾农业（兰花）技术信息的获取容易（B12）<br>台湾农业（兰花）种植成本低（B13） | HB1：台湾农业特点对兰花扩散效果具有正向影响 |
| | 台湾农业技术服务特点（B2） | 台湾农业（兰花）技术服务来源广（B21）<br>台湾农业（兰花）技术服务类型多（B22）<br>台湾农业（兰花）技术服务效果好（B23） | HB2：农业技术服务特点对兰花扩散效果具有正向影响 |
| 环境维度（C） | 基础条件（C1） | 种植台湾农业品种（兰花）用地容易解决（C11）<br>本地土地用水方便（C12）<br>本地交通方便（C13） | HC1：基础条件对兰花扩散效果具有正向影响 |
| | 政策环境（C2） | 政府对台湾农业（兰花）的宣传到位（C21）<br>政府对台湾农业（兰花）的补贴到位（C22）<br>农业（兰花）生产贷款容易（C23） | HC2：政策环境对兰花扩散效果具有正向影响 |
| | 扩散效果（D） | 您对台湾农业（兰花）技术感兴趣（D1）<br>您会关注粤台农业合作试验区的发展（D2）<br>您会关注台湾农业（兰花）技术的动向（D3）<br>您会推荐亲友种植兰花（D4） | |

### (三) 研究模型

根据以上假设，通过软件 Amos17.0 构建相应研究理论模型（图 8-2、图 8-3、图 8-4），来探讨微观（农户）视角下台湾农业（兰花）技术扩散效果的影响因素。

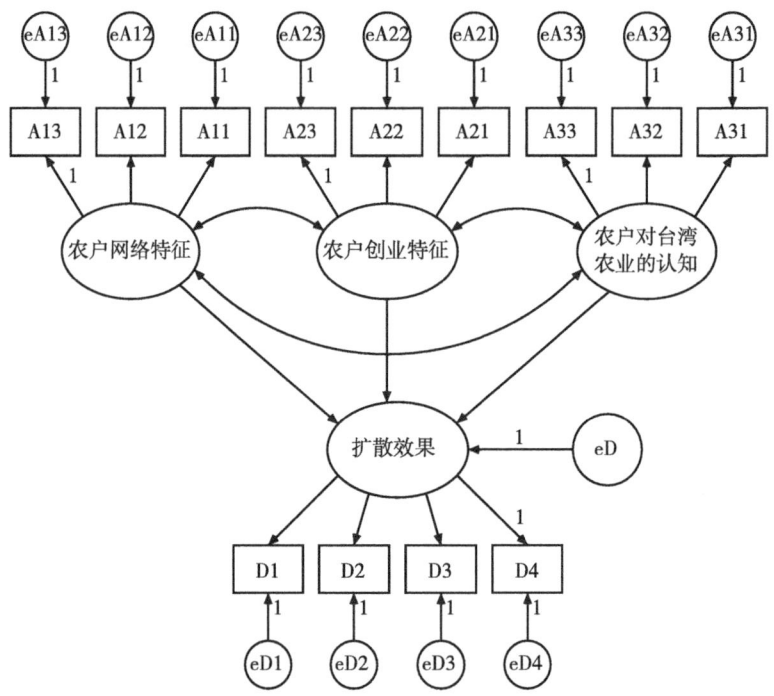

图 8-2 农户维度与兰花技术扩散效果理论模型

## 二、数据来源与处理

### (一) 数据来源

在参考相关研究成果基础上，基于农户感知视角，并咨询相关专家、进行预调研后，最终确定问卷调查表（详见附录 1，第一部分，由 3 个维度、8 个因素、25 个题项构成）。正式调研采用集中发放问卷和分散发放问卷相结合的形式，调研时间为 2018 年 3—7 月，共收回问卷 237 份（调查对象包括兰花种植户负责人、工人等），根据本章数据要求整理出 217 份有效问卷。一般而言，为追求稳定的 SEM 分析结果，样本数量最好在 200 以上，但较新的统计检验方法也允许样本数小于 60（Tabachnick & Fidell, 2007）；学者 Bentler 与

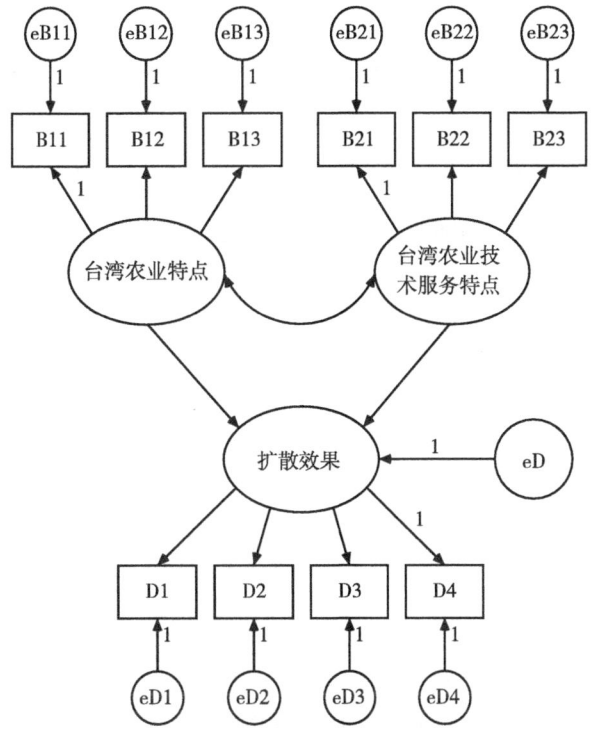

**图 8-3　台湾农业技术维度与兰花技术扩散效果理论模型**

Chou（1987）建议如果样本符合正态或椭圆分布，每个观察变量有 5 个样本就够了；Rigdon（2005）认为结构方程模型中，样本数最少也要达到 150 个，否则模型是不稳定的；综上，观察变量为 25 个，样本数量为 217，达到 SEM 要求。问卷调查表中的指标采取李克特的 5 分量化制，即非常不同意＝1，不同意＝2，基本同意＝3，同意＝4，非常同意＝5。

### （二）数据处理

#### 1. 正态分布检验

在使用结构方程模型对数据进行分析之前，需要检验各指标数据是否符合正态分布。一般情况下，用偏度与峰度 2 个指标来检验数据的正态分布状况，Kline（1998）认为如果指标的偏度系数绝对值大于 3，峰度系数绝对值大于 8，则说明样本非正态分布。由 SPSS19.0 计算出 25 个题项（指标）偏度及峰度值（表 8-3），由表 8-3 可知，所有题项（指标）的偏度系数绝对值小于 1，峰度系数的绝对值亦小于 1，表明调研样本数据符合正态分布。另外，众多研

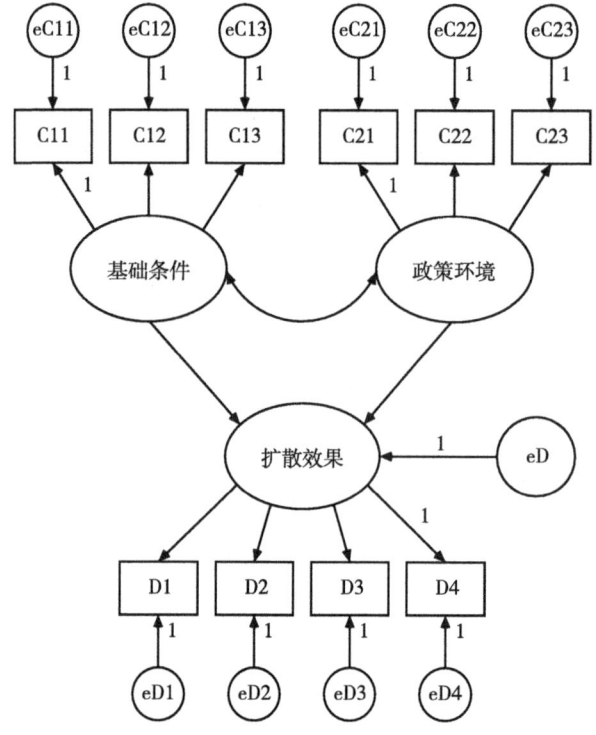

**图 8-4　环境维度与兰花技术扩散效果理论模型**

究表明：在多数情况下，采用最大似然法对非正态分布的数据进行估计也是可行的（Hau & Marsh，2004）。综上，本研究的变量数据适合采用最大似然估计法进行参数估计。

表 8-3　样本数据基本特征描述

| 题项 | N | 极小值 | 极大值 | 均值 | 标准差 | 偏度 | 峰度 |
| --- | --- | --- | --- | --- | --- | --- | --- |
| A11 | 217 | 1 | 5 | 3.82 | 0.918 | −0.795 | 0.571 |
| A12 | 217 | 1 | 5 | 3.73 | 0.925 | −0.600 | 0.042 |
| A13 | 217 | 1 | 5 | 3.50 | 0.867 | −0.337 | 0.156 |
| A21 | 217 | 1 | 5 | 3.68 | 0.870 | −0.473 | 0.415 |
| A22 | 217 | 1 | 5 | 3.40 | 0.928 | −0.601 | 0.246 |
| A23 | 217 | 1 | 5 | 3.36 | 0.923 | −0.169 | −0.058 |
| A31 | 217 | 1 | 5 | 3.39 | 0.907 | −0.068 | −0.178 |
| A32 | 217 | 1 | 5 | 3.20 | 0.864 | 0.074 | −0.255 |

(续表)

| 题项 | N | 极小值 | 极大值 | 均值 | 标准差 | 偏度 | 峰度 |
| --- | --- | --- | --- | --- | --- | --- | --- |
| A33 | 217 | 1 | 5 | 3.20 | 0.959 | 0.198 | -0.616 |
| B11 | 217 | 1 | 5 | 3.06 | 0.867 | -0.116 | -0.448 |
| B12 | 217 | 1 | 5 | 2.99 | 0.986 | -0.098 | -0.780 |
| B13 | 217 | 1 | 5 | 2.74 | 0.956 | 0.089 | -0.554 |
| B21 | 217 | 1 | 5 | 3.29 | 0.979 | -0.233 | -0.104 |
| B22 | 217 | 1 | 5 | 3.26 | 0.995 | -0.405 | -0.243 |
| B23 | 217 | 1 | 5 | 3.20 | 1.048 | -0.122 | -0.499 |
| C11 | 217 | 1 | 5 | 3.18 | 0.948 | 0.259 | -0.650 |
| C12 | 217 | 1 | 5 | 3.32 | 1.040 | -0.254 | -0.471 |
| C13 | 217 | 1 | 5 | 3.47 | 0.913 | -0.431 | -0.043 |
| C21 | 217 | 1 | 5 | 3.61 | 0.891 | -0.187 | -0.314 |
| C22 | 217 | 1 | 5 | 3.11 | 1.119 | -0.091 | -0.778 |
| C23 | 217 | 1 | 5 | 2.96 | 1.013 | -0.061 | -0.375 |
| D1 | 217 | 1 | 5 | 3.64 | 0.991 | -0.439 | -0.369 |
| D2 | 217 | 1 | 5 | 3.56 | 0.951 | -0.508 | 0.038 |
| D3 | 217 | 1 | 5 | 3.64 | 0.924 | -0.779 | 0.357 |
| D4 | 217 | 1 | 5 | 3.48 | 0.991 | -0.689 | 0.109 |

### 2. 信度与效度检验

（1）信度检验

调查数据只有满足信度的要求，才能做进一步分析，分析的结果才具有可靠性。内部一致性信度分析是信度分析常用方法，其中Cronbach's a系数用得最为广泛，一般认为信度系数a值大于0.9为优秀，在0.8以上为非常好，超过0.7则较为适中，0.5为临界值。用SPSS19.0软件的信度分析功能对各因素及整体数据进行信度分析（Cronbach's a系数），结果见表8-4。

表8-4 信度检验结果

| 检验因素 | Cronbach's a 系数值 |
| --- | --- |
| 农户网络特征 | 0.676 |
| 农户创业特征 | 0.706 |
| 农户对台湾农业的认知 | 0.788 |

(续表)

| 检验因素 | Cronbach's a 系数值 |
|---|---|
| 台湾农业特点 | 0.802 |
| 台湾农业技术服务特点 | 0.856 |
| 基础设施 | 0.708 |
| 政策环境 | 0.770 |
| 扩散效果 | 0.865 |
| 总体数据 | 0.936 |

由表 8-4 可知，8 个潜变量（7 个外因潜在变量和 1 个内因潜在变量）及总体数据，除农户网络特征的 Cronbach's a 值为 0.676 外，其余都大于 0.7，说明样本数据各个指标具有良好的内在一致性，信度检验满足要求，调查数据可以用来做进一步的分析。

（2）效度检验

用软件 SPSS19.0 对调查数据进行效度检验，结果见表 8-5。由表 8-5 可知，KMO 值为 0.907，大于 0.9，Bartlett 的球形度检验的显著性水平为 0.000，说明问卷调研所获取的数据效度良好，可以进行下一步的分析。

表 8-5 效度检验

| 取样足够度的 Kaiser-Meyer-Olkin 度量 | | 0.907 |
|---|---|---|
| Bartlett 的球形度检验 | 近似卡方 | 3 355.302 |
| | df | 300 |
| | Sig. | 0.000 |

**3. 多重共线性检验**

采用变量间的相关系数矩阵 R 诊断法进行样本数据的多元共线性检验，如所分析的变量间的相关系数大于 0.9，则表明它们之间存在较为严重的共线性问题，数据不适合进行下一步分析；如在 0.8 以上，则表明变量间可能存在共线性问题。用 SPSS19.0 对本研究所有变量做相关系数分析，结果表明，各变量间相关系数值在 0.064~0.650，且大部分变量间的相关系数小于 0.4，说明问卷中变量之间基本不存在多元共线性问题。另外，后文分析中各变量的路径系数及潜在变量间的相关系数都小于 1，也从一个侧面说明了变量间基本不存在多元共线性问题。

## 第二节　台湾农业（兰花）技术扩散效果影响因素实证分析

### 一、各因素（潜变量）测量模型检验

在各维度（农户维度、台湾农业维度、环境维度）模型验证性因子分析及各维度与扩散效果之间的关系检验之前，要对问卷中各因素（潜在变量）测量模型进行检验，以验证各个观察变量即指标因子是否能够组合为一个共同因子。

测量模型的验证主要从以下方面进行：第一，模型质量评估，主要选取相关拟合指标进行评价，选取的评价指标见表8-1。第二，判断潜在变量与观察变量指标间的因素负荷量（路径系数）的大小，对于因素负荷量的最小接受值，不同的学者有不同的标准，学界并未有统一的标准，Ford & MacCallumt等（1986）建议最小值为0.4，Brown（2006）则认为下限值为0.3；采用0.4的标准，对于小于0.4的路径系数给予删除。第三，各路径系数的显著性检验。

#### （一）农户维度下各因素测量模型检验

农户维度包括农户网络特征、农户创业特征及农户对台湾农业的认知3个因素（潜在变量）。

**1. 农户网络特征测量模型检验**

农户网络特征因素由"您经常参加农业技术培训（A11）""您经常与他人交流农业技术心得（A12）""乡邻们种植兰花，您也愿意尝试一下（A13）"3个观察指标组成，采用结构方程分析软件Amos17.0对潜变量农户网络特征因素测量模型进行检验。

农户网络特征的3个观察指标中，A13的路径系数（因素负荷量）最小，为0.46，但大于0.4，说明模型质量较好，农户网络特征能被各观察指标较好地聚敛起来（图8-5，图中0.61为观察变量的多元相关的平方，与复回归中的 $R^2$ 性质相同，表示观察变量被其潜在变量解释的变异量；下同）。模型拟合结果表明，RMR = 0.00 < 0.05，GFI = 1.00 > 0.90，NFI = 1.00 > 0.90，IFI = 1.00>0.90，CFI = 1.00>0.90，拟合指数说明模型拟合理想。另外，回归分析结果显示，除参照指标A13（乡邻们种植兰花，您也愿意尝试一下）的值设为1不予估计外，其余回归系数值均显著（显著性水平为0.001），表明模型的内在质量佳（吴明隆，2009）。以上表明模型可以接受，说明农户网络特征

因素的变异，可通过"您经常参加农业技术培训（A11）""您经常与他人交流农业技术心得（A12）""乡邻们种植兰花，您也愿意尝试一下（A13）"3个观察指标进行测量。

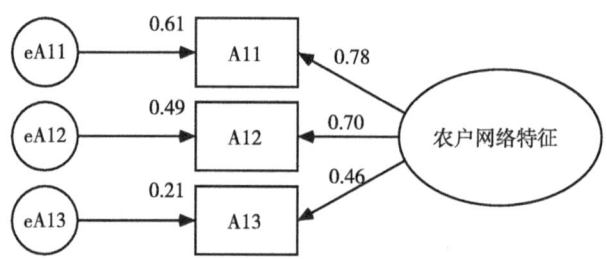

图8-5 农户网络特征因素测量模型标准化路径系数图

**2. 农户创业特征测量模型检验**

农户创业特征因素由"您能够容易掌握新技术、新方法（A21）""您愿意尝试新东西（A22）""您总是能抓住刚出现的赚钱机会（A23）"3个观察指标组成，采用结构方程分析软件Amos17.0对潜变量农户创业特征因素测量模型进行检验。

农户创业特征的3个观察指标中，A23的路径系数（因素负荷量）最小，为0.46，大于0.4，说明"农户创业特征"能被3个观察变量较好地聚敛在一起，模型质量较好（图8-6）。模型拟合结果表明，RMR=0.00<0.05，GFI=1.00>0.90，NFI=1.00>0.90，IFI=1.00>0.90，CFI=1.00>0.90，拟合指数说明模型拟合理想。另外，回归分析结果显示，除参照指标A23（您总是能抓住刚出现的赚钱机会）的值设为1不予估计外，其余回归系数值均显著（显著性水平为0.001），表明模型的内在质量佳（吴明隆，2009）。以上表明模型可以接受，说明农户创业特征因素的变异，可通过"您能够容易掌握新技术、新方法（A21）""您愿意尝试新东西（A22）""您总是能抓住刚出现的赚

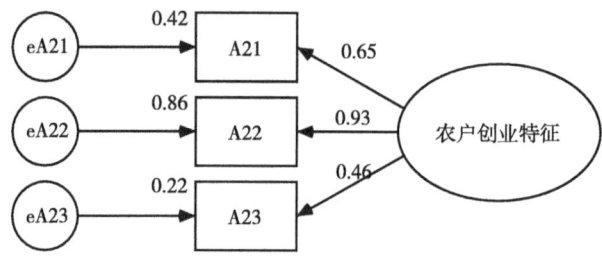

图8-6 农户创业特征因素测量模型标准化路径系数图

钱机会（A23）"3 个观察指标进行测量。

**3. 农户对台湾农业的认知测量模型检验**

农户对台湾农业的认知因素由"您了解韶关粤台农业合作试验区（A31）""您了解本地台湾农业（兰花）品种（A32）""您了解本地台湾农业（兰花）技术（A33）"3 个观察指标组成，采用结构方程分析软件Amos17.0 对潜变量农户对台湾农业的认知因素测量模型进行检验，其标准化路径系数图如图 8-7。

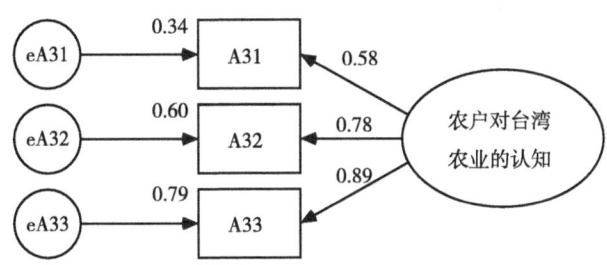

图 8-7 农户对台湾农业的认知因素测量模型标准化路径系数图

"农户对台湾农业的认知"因素 3 个观察指标中，A31 的路径系数（因素负荷量）最小，为 0.58，大于 0.4，说明模型效果较好，"农户对台湾农业的认知"能被各观察变量较好地聚敛在一起（图 8-7）。模型拟合结果表明，RMR=0.00<0.05，GFI=1.00>0.90，NFI=1.00>0.90，IFI=1.00>0.90，CFI=1.00>0.90，拟合指数说明模型拟合理想。另外，回归分析结果显示，除参照指标 A33 "您了解本地台湾农业（兰花）技术"的值设为 1 不予估计外，其余回归系数均显著（$P$ 为 0.001），表明模型的内在质量佳（吴明隆，2009）。以上表明模型可以接受，说明农户对台湾农业的认知因素的变异，可通过"您了解韶关粤台农业合作试验区（A31）""您了解本地台湾农业（兰花）品种（A32）""您了解本地台湾农业（兰花）技术（A33）"3 个观察指标进行测量。

**（二）台湾农业维度下各因素测量模型检验**

台湾农业维度主要包括台湾农业特点、台湾农业技术服务特点 2 个因素（潜在变量）。

**1. 台湾农业特点测量模型检验**

台湾农业特点因素由"台湾农业（兰花）技术容易掌握（B11）""台湾农业（兰花）技术信息的获取容易（B12）""台湾农业（兰花）种植成本低（B13）"3 个观察指标组成，采用结构方程分析软件 Amos17.0 对潜变量台湾农业特点因素测量模型进行检验,其标准化路径系数图如图8-8。

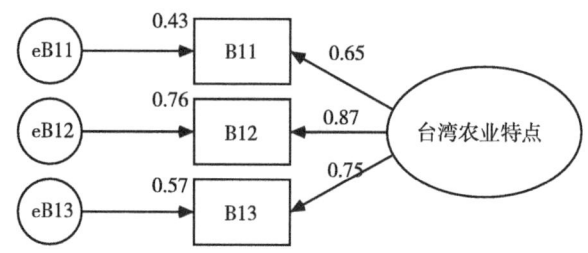

**图8-8 台湾农业特点因素测量模型标准化路径系数图**

台湾农业特点的3个观察指标中,B11的路径系数(因素负荷量)最小,为0.65,远大于0.4,说明模型质量好,"台湾农业特点"能被各观察变量很好地聚敛在一起(图8-8)。模型拟合结果表明,RMR=0.00<0.05,GFI=1.00>0.90,NFI=1.00>0.90,IFI=1.00>0.90,CFI=1.00>0.90,拟合指数说明模型拟合理想。另外,回归分析结果显示,除参照指标B13"台湾农业(兰花)种植成本低"的值设为1不予估计外,其余回归系数在0.001的水平下均显著,表明模型的内在质量佳(吴明隆,2009)。以上表明模型可以接受,说明台湾农业特点因素的变异,可通过"台湾农业(兰花)技术容易掌握(B11)""台湾农业(兰花)技术信息的获取容易(B12)""台湾农业(兰花)种植成本低(B13)"3个观察指标进行测量。

**2. 台湾农业技术服务特点测量模型检验**

台湾农业技术服务特点因素由"台湾农业(兰花)技术服务来源广(B21)""台湾农业(兰花)技术服务类型多(B22)""台湾农业(兰花)技术服务效果好(B23)"3个观察指标组成。采用结构方程分析软件Amos17.0对潜变量台湾农业技术服务特点因素测量模型进行检验,其标准化路径系数图如图8-9。

台湾农业技术服务特点的3个观察指标中,B23的路径系数(因素负荷量)最小,为0.76,远大于0.4,说明模型质量好,潜变量"台湾农业技术服务特点"能被各观察指标很好地聚敛起来。模型拟合结果表明,RMR=0.00<0.05,GFI=1.00>0.90,NFI=1.00>0.90,IFI=1.00>0.90,CFI=1.00>0.90,拟合指数说明模型拟合理想。另外,回归分析结果显示,除参照指标B23"台湾农业(兰花)技术服务效果好"的值设为1不予估计外,其余回归系数均通过检验($P$值为0.001),表明模型的内在质量佳(吴明隆,2009)。以上表明模型可以接受,说明台湾农业技术服务特点因素的变异,可通过"台湾农业（兰花）技术服务来源广（B21）""台湾农业（兰花）技术服务类型多（B22）""台湾农业（兰花）技术服务效果好（B23）"3个观察指标进行测量。

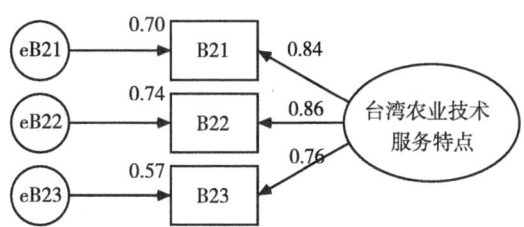

图 8-9　台湾农业技术服务特点因素测量模型标准化路径系数图

### （三）环境维度下各因素测量模型检验

环境维度包括基础条件、政策环境2个因素（潜在变量）。

**1. 基础条件测量模型检验**

问卷调查表中，基础条件因素由"兰花用地容易解决（C11）""本地土地用水方便（C12）""本地交通方便（C13）"3个观察指标组成，采用结构方程分析软件 Amos17.0 对潜变量基础条件因素测量模型进行检验，其标准化路径系数图如图8-10。

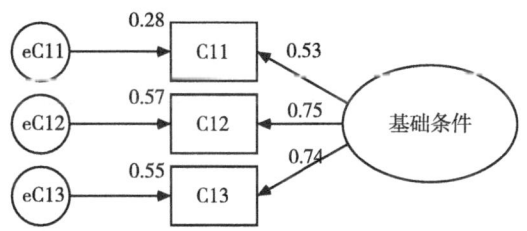

图 8-10　基础条件因素测量模型标准化路径系数图

基础条件的3个观察指标中，C11的路径系数（因素负荷量）最小，为0.53，大于0.4，说明各观察指标能够较好地把潜变量"基础条件"聚敛在一起，模型质量较好（图8-10）。模型拟合结果表明，RMR=0.00<0.05，GFI=1.00>0.90，NFI=1.00>0.90，IFI=1.00>0.90，CFI=1.00>0.90，拟合指数说明模型拟合理想。另外，以极大似然法进行回归分析的结果显示，除参照指标C13（本地交通方便）的值设为1不予估计外，其余回归系数均通过检验（$P$值为0.001），表明模型的内在质量佳（吴明隆，2009）。以上表明模型可以接受，说明基础条件因素的变异，可以通过"兰花用地容易解决（C11）"

"本地土地用水方便（C12）""本地交通方便（C13）"3个观察指标进行测量。

**2. 政策环境测量模型检验**

政策环境因素由"政府对台湾农业（兰花）的宣传到位（C21）""政府对台湾农业（兰花）的补贴到位（C22）""农业（兰花）生产贷款容易（C23）"3个观察指标组成，采用结构方程分析软件Amos17.0对潜变量政策环境因素测量模型进行检验，其标准化路径系数图如图8-11。

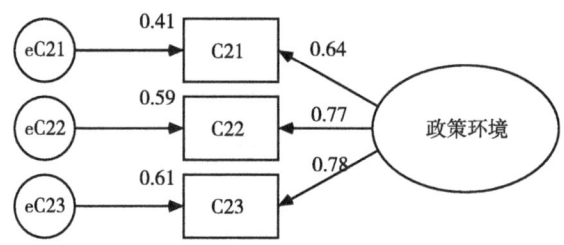

图8-11 政策环境因素测量模型标准化路径系数图

由图8-11可知，政策环境因素的3个观察指标中，C21的路径系数（因素负荷量）最小，为0.64，远大于0.4，说明各观察指标能够很好地把潜变量"政策环境"聚敛起来，模型质量好。模型拟合结果表明，RMR=0.00<0.05，GFI=1.00>0.90，NFI=1.00>0.90，IFI=1.00>0.90，CFI=1.00>0.90，拟合指数说明模型拟合理想。另外，回归分析结果显示，除参照指标C23"农业（兰花）生产贷款容易"的值设为1不予估计外，其余回归系数值均显著（显著性水平为0.001），表明模型的内在质量佳（吴明隆，2009）。以上表明模型可以接受，说明政策环境因素的变异，可通过"政府对台湾农业（兰花）的宣传到位（C21）""政府对台湾农业（兰花）的补贴到位（C22）""农业（兰花）生产贷款容易（C23）"3个观察指标进行测量。

**（四）扩散效果因素测量模型检验**

"扩散效果"因素由"您对台湾农业（兰花）技术感兴趣（D1）""您会关注粤台农业合作试验区的发展（D2）""您会关注台湾农业（兰花）技术的动向（D3）""您会推荐亲友种植兰花（D4）"4个观察指标组成，采用结构方程分析软件Amos17.0对潜变量扩散效果因素测量模型进行检验，其标准化路径系数图如图8-12。

由图8-12可知，扩散效果的4个观察指标中，D4的路径系数（因素负荷）最小，为0.69，远大于0.4，说明模型质量好，潜变量"扩散效果"

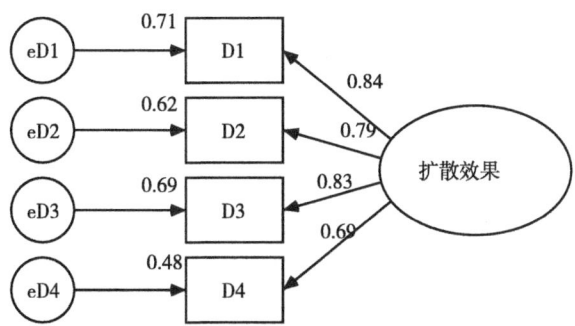

**图 8-12 扩散效果因素测量模型标准化路径系数图**

能被各观察指标很好地聚敛起来。模型拟合结果表明，RMR = 0.01 < 0.05，GFI = 1.00 > 0.90，NFI = 0.995 > 0.90，IFI = 1.00 > 0.90，CFI = 1.00 > 0.90，拟合指数说明模型拟合较为理想。另外，回归分析结果显示，除参照指标（D4）的值设为1不予估计外，其余回归系数在0.001的水平下均通过检验，表明模型的内在质量佳（吴明隆，2009）。以上表明模型可以接受，说明扩散效果因素的变异，可通过"您对台湾农业（兰花）技术感兴趣（D1）""您会关注粤台农业合作试验区的发展（D2）""您会关注台湾农业（兰花）技术的动向（D3）""您会推荐亲友种植兰花（D4）"4个观察指标进行测量。

## （五）测量模型检验结果汇总（表8-6）

**表 8-6 测量模型结果检验汇总**

| 维度 | 潜变量 | 观察变量 | 检验结果 |
|---|---|---|---|
| 农户维度（A） | 农户网络特征（A1） | 您经常参加农业技术培训（A11） | 通过 |
| | | 您经常与他人交流农业技术心得（A12） | |
| | | 乡邻们种植兰花，您也愿意尝试一下（A13） | |
| | 农户创业特征（A2） | 您能够容易掌握新技术、新方法（A21） | 通过 |
| | | 您愿意尝试新东西（A22） | |
| | | 您总是能抓住刚出现的赚钱机会（A23） | |
| | 农户对台湾农业的认知特征（A3） | 您了解韶关粤台农业合作试验区（A31） | 通过 |
| | | 您了解本地台湾农业（兰花）品种（A32） | |
| | | 您了解本地台湾农业（兰花）技术（A33） | |

(续表)

| 维度 | 潜变量 | 观察变量 | 检验结果 |
|---|---|---|---|
| 台湾农业维度（B） | 台湾农业特点（B1） | 台湾农业（兰花）技术容易掌握（B11）<br>台湾农业（兰花）技术信息的获取容易（B12）<br>台湾农业（兰花）种植成本低（B13） | 通过 |
| | 台湾农业技术服务特点（B2） | 台湾农业（兰花）技术服务来源广（B21）<br>台湾农业（兰花）技术服务类型多（B22）<br>台湾农业（兰花）技术服务效果好（B23） | 通过 |
| 环境维度（C） | 基础条件（C1） | 兰花用地容易解决（C11）<br>本地土地用水方便（C12）<br>本地交通方便（C13） | 通过 |
| | 政策环境（C2） | 政府对台湾农业（兰花）的宣传到位（C21）<br>政府对台湾农业（兰花）的补贴到位（C22）<br>农业（兰花）生产贷款容易（C23） | 通过 |
| | 扩散效果（D） | 您对台湾农业（兰花）技术感兴趣（D1）<br>您会关注粤台农业合作试验区的发展（D2）<br>您会关注台湾农业（兰花）技术的动向（D3）<br>您会推荐亲友种植兰花（D4） | 通过 |

## 二、验证性因素分析

对问卷调查所获取的数据进行验证性因素分析，以检验测量因素（潜变量）之间的关系是否与研究者所设计的理论模型相符。对台湾农业技术扩散效果影响因素中的农户、台湾农业、环境等3个维度进行验证性因素分析，能够检验之前的理论假设是否合理。本研究的验证性因素分析主要从以下几个方面进行。

第一，模型质量评价。首先，选取相关拟合指标进行评价，所选取的评价指标见表8-1；其次，观察各变量的路径系数及潜在变量间相关系数的显著性水平检验情况。

第二，检验因素（潜在变量）的信度。因素的信度即潜在变量的建构信度，也称之为组合信度。建构信度或组合信度主要用来评价一组潜在构念指标（Latent construct indicators）的一致性程度，也即所有观察指标或变量分享该因素构念的程度，组合信度越高，表明观察指标间内在关联性越强，因素

（潜在变量）所具有的聚敛程度越高。一般认为其值应该在 0.6 以上（吴明隆，2009），在结构方程分析软件 Amos17.0 的输出结果中，没有直接呈现因素（潜在变量）的组合信度，需根据式（8-1）求出：

$$\rho_c = \frac{(\sum \lambda)^2}{[(\sum \lambda)^2 + \sum \theta]} \tag{8-1}$$

式（8-1）中，$\rho_c$ 为组合信度；$\lambda$ 为观察变量在潜在变量上的标准化参数即指标因素负荷量（路径系数）；$\theta$ 为观察指标变量的误差变异量。

第三，因素（潜在变量）间区别效度的检验。区别效度指的是某构念所代表的潜在特质与其他构念所代表的潜在特质间相关性程度，一般要求低度相关或有显著差异，以此为依据对不同因素或潜在变量间能否有效分离进行判断。一般情况下，使用平均方差萃取量方法进行检验，即比较两个潜在变量的平均变异萃取量（$\rho_v$）是否大于其相关系数的平方，如果 $\rho_v$ 平均值较大，则说明潜在变量间具有较好的区别度。$\rho_v$ 的计算方法见式（8-2）。

$$\rho_v = \frac{(\sum \lambda^2)}{[(\sum \lambda^2) + \sum \theta]} \tag{8-2}$$

式（8-2）中，$\rho_v$ 为潜在变量的平均方差萃取量；$\lambda$ 为观察变量在潜在变量上的标准化参数即指标因素负荷量（路径系数）；$\theta$ 为观察指标变量的误差变异量。

## （一）农户维度的验证性因素分析

### 1. 模型质量评价

农户维度包括农户网络特征、农户创业特征、农户对台湾农业的认知 3 个因素（潜在变量），在前文测量模型检验中，3 个因素（潜在变量）都通过检验。运用软件 Amos17.0 对农户维度下的 3 个因素（潜在变量）的相关性进行验证性检验，模型的标准化路径系数图见图 8-13。

模型拟合结果表明，RMR = 0.053 > 0.05，GFI = 0.953 > 0.90，NFI = 0.915 > 0.90，IFI = 0.954 > 0.90，CFI = 0.953 > 0.90，拟合指数说明模型拟合较为理想。另外，以极大似然法进行回归分析的结果显示，除参照指标 A13、A23、A33 的值设为 1 不予估计外，其余回归系数均通过检验（$P$ 值为 0.001）；三个因素即农户网络特征、农户创业特征、农户对台湾农业的认知之间的相关系数（Correlations）分别为 0.58、0.41 和 0.44，均在 0.001 的显著性水平下通过显著性检验；表明模型的内在质量佳（吴明隆，2009）。以上说明模型可以接受。

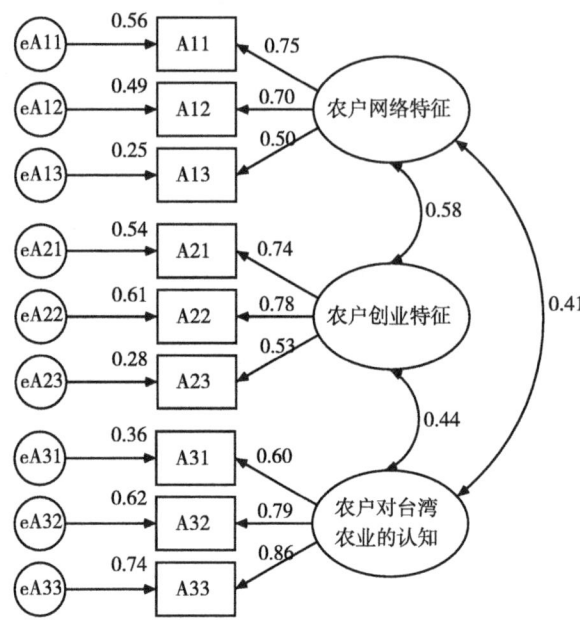

图 8-13　农户维度验证性因素分析模型标准化路径系数图

**2. 因素（潜在变量）的聚敛程度检验**

根据图 8-13 中各观察变量的路径系数值（A11 为 0.75，其他类似）及式（8-1）计算出的各因素（潜在变量）的组合信度 $\rho_c$ 值（分别为：农户网络特征，0.691 4；农户创业特征，0.728 9；农户对台湾农业的认知，0.798 7；各 $\rho_c$ 值均大于 0.6），可知各因素（潜在变量）具有较好的聚敛程度。

**3. 因素（潜在变量）的区别效度检验**

根据式（8-2）计算出各因素的平均变异萃取量 $\rho_v$，并计算出相互间的平均值，结合图 8-13 三个因素之间的相关系数值，可以对因素间的区别效度进行检验，结果见表 8-7。

表 8-7　农户维度下 3 个潜变量的区别效度检验

| 因素（潜在变量） | | 农户网络特征 | 农户创业特征 |
|---|---|---|---|
| 农户创业特征 | $r\ (r^2)$ | 0.58（0.35） | |
| | $(\rho_v)$ | (0.48, 0.43) | |
| | $\overline{\rho_v}$ | 0.46 | |

(续表)

| 因素（潜在变量） | | 农户网络特征 | 农户创业特征 |
|---|---|---|---|
| 农户对台湾农业的认知 | $r$ ($r^2$) | 0.41 (0.17) | 0.44 (0.19) |
| | ($\rho_v$) | (0.57, 0.43) | (0.57, 0.48) |
| | $\overline{\rho_v}$ | 0.50 | 0.53 |

注：$r$ 为因素间的相关系数，$r^2$ 为相关系数的平方，$\rho_v$ 为平均方差萃取量，$\overline{\rho_v}$ 为平均方差萃取量的平均值。

从表 8-7 可知，农户维度下的 3 个因素之间的相关性较弱，农户网络特征与农户创业特征之间的相关系数最大，为 0.58；从前文可知，三个因素间的相关系数在 0.001 的显著性水平下均通过检验；另外，各因素之间的 $\rho_v$ 平均值均大于其相关系数的平方；综上可知，农户维度下各因素（潜在变量）之间的区辨力非常理想。

### (二) 台湾农业维度的验证性因素分析

**1. 模型质量评价**

台湾农业维度包括台湾农业特点、台湾农业技术服务特点 2 个因素（潜在变量），在前文测量模型检验中，2 个因素（潜在变量）都通过检验。运用结构方程模型软件 Amos17.0 对台湾农业维度下的 2 个因素（潜在变量）的相关性进行验证性检验，模型的标准化路径系数图见图 8-14。

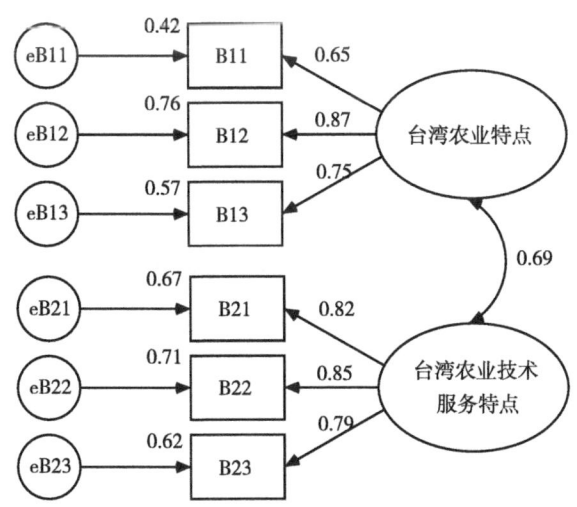

图 8-14 台湾农业维度验证性因素分析模型标准化路径系数图

模型拟合结果表明，RMR = 0.035 < 0.05，GFI = 0.976 > 0.90，NFI = 0.953>0.90，IFI=0.988>0.90，CFI=0.988>0.90，拟合指数说明模型拟合理想。另外，通过极大似然法进行回归分析的结果显示，除参照指标（B13、B23）的值设为1不予估计外，其余回归系数均通过显著性水平检验（P值为0.001）；2个因素即台湾农业特点、台湾农业技术服务特点之间的相关系数（Correlations）为0.69，在0.001的显著性水平下通过显著性检验；表明模型的内在质量佳（吴明隆，2009）。以上说明模型可以接受。

**2. 因素（潜在变量）的聚敛程度检验**

根据图8-14中各观察变量的路径系数值（B11为0.65，其他类似）及式（8-1）计算出的各因素（潜在变量）的组合信度$\rho_c$值（分别为：台湾农业特点，0.803 8；台湾农业技术服务特点，0.860 5；各$\rho_c$值均远大于0.6），可知各因素（潜在变量）具有很好的聚敛程度。

**3. 因素（潜在变量）的区别效度检验**

根据式（8-2）计算出各因素的平均变异萃取量$\rho_v$，并计算出相互间的平均值，结合图8-14两个因素之间的相关系数值，可以对因素间的区别效度进行检验，结果见表8-8。

表8-8 台湾农业维度下2个潜变量的区别效度检验

| 因素（潜在变量） | | 台湾农业技术服务特点 |
| --- | --- | --- |
| 台湾农业特点 | $r\ (r^2)$ | 0.69（0.48） |
| | $(\rho_v)$ | (0.58, 0.67) |
| | $\overline{\rho_v}$ | 0.63 |

注：$r$为因素间的相关系数，$r^2$为相关系数的平方，$\rho_v$为平均方差萃取量，$\overline{\rho_v}$为平均方差萃取量的平均值。

从表8-8可知，台湾农业维度下的2个因素之间的相关性较弱，台湾农业特点与台湾农业技术服务特点之间的相关系数为0.69；且在0.001的显著性水平下通过检验；另外，台湾农业维度下的2个因素（潜在变量）之间的$\rho_v$平均值大于其相关系数的平方；综上可知，台湾农业维度下各因素（潜在变量）之间的区辨力非常理想。

**（三）环境维度的验证性因素分析**

**1. 模型质量评价**

环境维度包括基础条件、政策环境2个因素（潜在变量），在前文测量模型检验中，2个因素（潜在变量）都通过检验。运用结构方程模型软件

Amos17.0对台湾农业维度下的 2 个因素（潜在变量）的相关性进行验证性检验，模型的标准化路径系数图见图 8-15。

模型拟合结果表明，RMR = 0.024 < 0.05，GFI = 0.987 > 0.90，NFI = 0.978>0.90，IFI=0.997>0.90，CFI=0.997>0.90，拟合指数说明模型拟合理想。另外，回归分析结果显示，除参照指标（C13、C23）的值设为 1 不予估计外，其余回归系数值均通过检验（$P$ 值为 0.001）；2 个因素即基础条件、政策环境之间的相关系数（Correlations）为 0.82，在 0.001 的显著性水平通过显著性检验；表明模型的内在质量佳（吴明隆，2009）。以上说明模型可以接受。

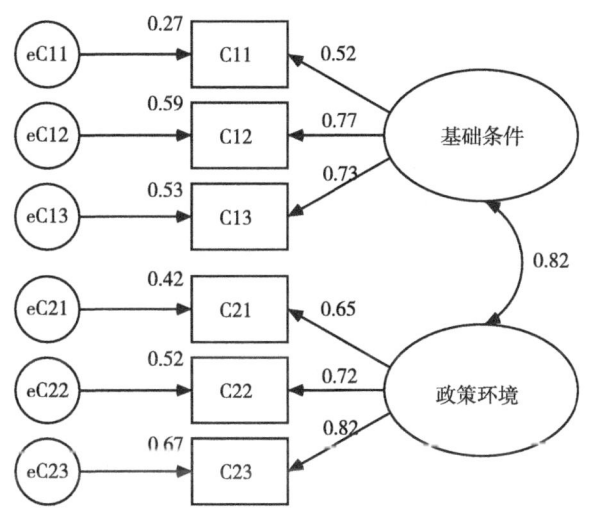

图 8-15 环境维度验证性因素分析模型标准化路径系数图

**2. 因素（潜在变量）的聚敛程度检验**

根据图 8-15 中各观察变量的路径系数值（C11 为 0.52，其他类似）及式（8-1）计算出的各因素（潜在变量）的组合信度 $\rho_c$ 值（分别为：基础条件，0.7178；政策环境，0.7757；各 $\rho_c$ 值均大于 0.6），可知各因素（潜在变量）具有很好的聚敛程度。

**3. 因素（潜在变量）的区别效度检验**

根据式（8-2）计算出各因素的平均变异萃取量 $\rho_v$，并计算出相互间的平均值，结合图 8-15 两个因素之间的相关系数值，可以对因素间的区别效度进行检验，结果见表 8-9。

从表 8-9 可知，环境维度下的 2 个因素之间的相关性较强，基础条件与政策环境之间的相关系数为 0.82；且 2 个因素间的相关系数在 0.001 的显著性水平下通过检验；另外，各因素之间的 $\rho_v$ 平均值略小于其相关系数的平方；总体上看，环境维度下各因素（潜在变量）之间的区辨力较为理想。

**表 8-9　环境维度下 2 个潜变量的区别效度检验**

| 因素（潜在变量） | | 政策环境 |
|---|---|---|
| 基础条件 | $r\ (r^2)$ | 0.82（0.67） |
| | $(\rho_v)$ | (0.47, 0.54) |
| | $\overline{\rho_v}$ | 0.51 |

注：$r$ 为因素间的相关系数，$r^2$ 为相关系数的平方，$\rho_v$ 为平均方差萃取量，$\overline{\rho_v}$ 为平均方差萃取量的平均值。

### （四）扩散效果的验证性因素分析

由本节可知，扩散效果的测量模型拟合较好，此处仅检验扩散效果的聚敛性程度。根据图 8-12 中各观察变量的路径系数值（C11 为 0.52，其他类似）及式（8-1）计算出的扩散效果因素（潜在变量）的组合信度 $\rho_c$ 值（0.868 3，远大于 0.6），可知扩散效果因素（潜在变量）具有很好的聚敛程度。

### （五）验证性因素分析效果汇总

验证性因素分析检验了台湾农业技术扩散效果影响因素中农户、台湾农业及环境 3 个维度模型的拟合情况及各变量的显著性情况；同时，根据观察变量与因素（潜在变量）之间的路径系数值及因素（潜在变量）之间的相关系数值，计算出各因素（潜在变量）的组合信度 $\rho_c$ 值及平均方差萃取量 $\rho_v$ 值，并根据相关法则检验了因素（潜在变量）间的区别效度。

检验结果表明：①农户、台湾农业及环境三个维度模型的拟合效果较为理想，相关拟合指数都达到了可以接受的标准；②各观察变量的路径系数及因素间的相关系数均在 0.001 的水平下通过显著性检验；③3 个维度下各因素（潜在变量）具有较强的聚敛性，各因素（潜在变量）的组合信度 $\rho_c$ 都大于 0.6；④除环境维度下"基础条件因素和政策环境因素"区别效度稍差之外，农户维度及台湾农业维度下各因素间的区别效度都非常理想。以上说明研究所构建的理论模型可以接受，即农户维度、台湾农业维度及环境维度下各测量因素间的关系符合本论文所设计的理论关系。

## 三、台湾农业技术扩散影响因素与扩散效果关系分析

为了验证前文的 7 条理论假设，在验证性因素分析的基础上，分别对农户

维度、台湾农业维度及环境维度下的因素与扩散效果之间的关系作全模型分析。

### (一) 农户维度和扩散效果关系分析

就农户维度下的农户网络特征、农户创业特征、农户对台湾农业的认知3个因素与扩散效果的关系进行全模型分析。图8-16为标准化路径系数全模型图,图中"扩散效果"上方的0.68为结构方程式的多元相关系数的平方,即复回归分析中的决定系数$R^2$,表示内因潜在变量"扩散效果"被外因潜在"农户网络特征"等所能解释的变异百分比,下同。表8-10为全模型的相关显著性检验结果。

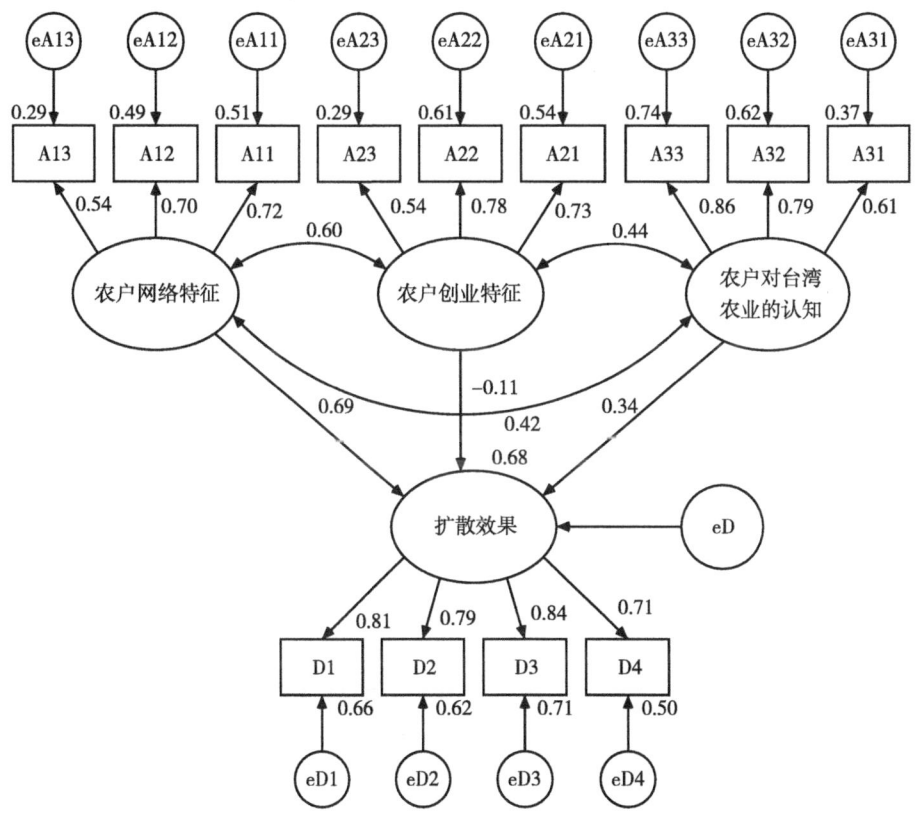

图8-16 农户维度和扩散效果之间关系模型标准化路径系数图

模型的相关拟合指数为:RMR=0.058>0.05,GFI=0.926>0.90,NFI=0.90,IFI=0.946>0.90,CFI=0.945>0.90,拟合指数说明模型拟合较为理想。

表 8-10　各参数估计结果

| 估计项 | 非标准化估计值 | P 值 |
| --- | --- | --- |
| 扩散效果←农户网络特征 | 1.042 | *** |
| 扩散效果←农户创业特征 | −0.155 | 0.293 |
| 扩散效果←农户对台湾农业的认知 | 0.290 | *** |
| A13←农户网络特征 | 1.000 | |
| A12←农户网络特征 | 1.382 | *** |
| A11←农户网络特征 | 1.404 | *** |
| A23←农户创业特征 | 1.000 | |
| A22←农户创业特征 | 1.463 | *** |
| A21←农户创业特征 | 1.287 | *** |
| A33←农户对台湾农业的认知 | 1.000 | |
| A32←农户对台湾农业的认知 | 0.828 | *** |
| A31←农户对台湾农业的认知 | 0.675 | *** |
| D4←扩散效果 | 1.000 | |
| D3←扩散效果 | 1.107 | *** |
| D2←扩散效果 | 1.062 | *** |
| D1←扩散效果 | 1.143 | *** |
| 农户网络特征↔农户创业特征 | 0.137 | *** |
| 农户创业特征↔农户对台湾农业的认知 | 0.178 | *** |
| 农户网络特征↔农户对台湾农业的认知 | 0.163 | *** |

注：① *** 表明 P 值小于 0.001；②标准化估计值见图 8-16。

由表 8-10 可知，除参照指标 A13、A23、A33、D4 的值设为 1 不予估计及"扩散效果←农户创业特征"（P 值为 0.293）外，其余回归系数值均显著（显著性水平为 0.001）；3 个因素即农户网络特征、农户创业特征、农户对台湾农业的认知之间的相关系数均在 0.001 的显著性水平通过显著性检验；说明模型的内在质量佳（吴明隆，2009），模型可接受。

由图 8-16 及表 8-10 可知，农户网络特征、农户创业特征、农户对台湾农业的认知和扩散效果之间关系的标准化路径系数分别是 0.69、−0.11、0.34，其中农户网络特征、农户对台湾农业的认知的路径系数为正且通过显著性检验，表明其对台湾农业（兰花）技术扩散效果存在正向的影响，说明经常参加农业技术培训、经常与他人交流农业技术心得、乡邻的带动作用等能有效促进台湾农业（兰花）技术的扩散；农户对粤台农业合作试验区越了解、对台湾农业（兰花）品种及技术越了解越有利于兰花技术的扩散；农户创业特征的标准化路径系数为负值，但没有通过显著性水平检验，说明是否愿意尝试新东西、是否容易掌握新技术、是否能抓住刚出现的赚钱机会等创业特征对兰花技术扩散效果的影响并不显著，一定程度上说明当地农户种植兰花的意愿较强，但受到自身条件特别是知识水平和经济条件的限制，他们对于新东西、新技术等还存在一定的畏惧感。以上检验结果表明，假设HA1和HA3通过检验，假设成立，假设HA2未通过检验，假设不成立。

### （二）台湾农业维度和扩散效果关系分析

就台湾农业维度下的台湾农业特点、台湾农业技术服务特点2个因素与扩散效果的关系进行全模型分析。模型的相关拟合指数为：RMR = 0.058 > 0.05，GFI = 0.931 > 0.90，NFI = 0.928 > 0.90，IFI = 0.953 > 0.90，CFI = 0.953 > 0.90，拟合指数说明模型拟合较为理想。图8-17为标准化路径系数全模型图，表8-11为全模型的相关显著性检验结果。

表8-11 各参数估计结果

| 估计项 | 非标准化估计值 | $P$ 值 |
| --- | --- | --- |
| 扩散效果←台湾农业特点 | 0.599 | *** |
| 扩散效果←台湾农业技术服务特点 | 0.222 | 0.018 |
| B11←台湾农业特点 | 1.000 | |
| B12←台湾农业特点 | 1.457 | *** |
| B13←台湾农业特点 | 1.244 | *** |
| B21←台湾农业技术服务特点 | 1.000 | |
| B22←台湾农业技术服务特点 | 1.049 | *** |
| B23←台湾农业技术服务特点 | 1.056 | *** |
| D4←扩散效果 | 1.000 | |
| D3←扩散效果 | 1.098 | *** |
| D2←扩散效果 | 1.043 | *** |
| D1←扩散效果 | 1.108 | *** |
| 台湾农业特点↔台湾农业技术服务特点 | 0.318 | *** |

注：① *** 表明 $P$ 值小于0.001；②标准化估计值见图8-17。

由表8-11可知，除参照指标B13、B23、D4的值设为1不予估计外，其余回归系数值均显著（显著性水平为0.001，"扩散效果←台湾农业技术服务特点"为0.018）；2个因素即台湾农业特点与台湾农业技术服务特点之间

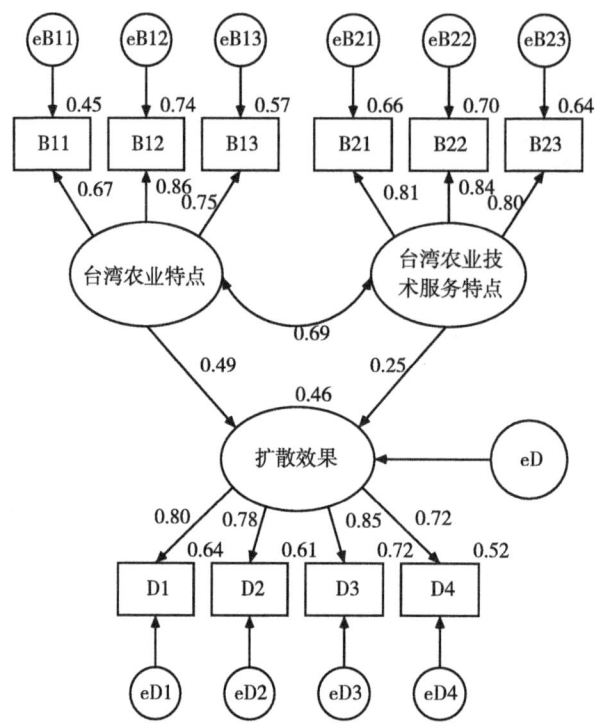

图 8-17 台湾农业维度和扩散效果之间关系模型标准化路径系数图

的相关系数在 0.001 的显著性水平通过检验；模型的内在质量佳（吴明隆，2009），模型可接受。

由图 8-17 及表 8-11 可知，台湾农业特点及台湾农业技术服务特点和扩散效果之间关系的标准化路径系数分别是 0.49、0.25，路径系数为正且通过显著性检验，表明其对台湾农业（兰花）技术扩散效果存在正向的影响，说明台湾农业（兰花）技术容易掌握、技术信息获取容易等能有效促进台湾农业（兰花）技术的扩散；台湾农业（兰花）技术服务来源越广、类型越多、效果越好越有利于兰花技术的扩散。

以上检验结果表明，假设 HB1 和 HB2 通过检验，假设成立。

### （三）环境维度和扩散效果关系分析

就环境维度下的基础条件、政策环境 2 个因素与扩散效果的关系进行全模型分析。模型的相关拟合指数为：RMR = 0.047 < 0.05，GFI = 0.935 > 0.90，NFI = 0.922 > 0.90，IFI = 0.952 > 0.90，CFI = 0.951 > 0.90，拟合指数说明模型拟合理想。图 8-18 为标准化路径系数全模型图，表 8-12 为全模型的相关显著性检验结果。

表 8-12　各参数估计结果

| 估计项 | 非标准化估计值 | P 值 |
| --- | --- | --- |
| 扩散效果 ←—— 基础条件 | 0.839 | 0.002 |
| 扩散效果 ←—— 政策环境 | 0.213 | 0.313 |
| C13 ←—— 基础条件 | 1.291 | *** |
| C12 ←—— 基础条件 | 1.515 | *** |
| C11 ←—— 基础条件 | 1.000 | |
| C23 ←—— 政策环境 | 1.347 | *** |
| C22 ←—— 政策环境 | 1.352 | *** |
| C21 ←—— 政策环境 | 1.000 | |
| D4 ←—— 扩散效果 | 1.000 | |
| D3 ←—— 扩散效果 | 1.080 | *** |
| D2 ←—— 扩散效果 | 1.058 | *** |
| D1 ←—— 扩散效果 | 1.134 | *** |
| 基础条件 ↔ 政策环境 | 0.253 | *** |

注：① *** 表明 P 值小于 0.001；② 标准化估计值见图 8-18。

由表 8-12 可知，在回归分析结果中，除参照指标 C11、C21、D4 的值设为 1 不予估计外，其余回归系数值均显著（显著性水平为 0.001，"扩散效果 ←—— 政策环境"为 0.313）；2 个因素即基础条件、政策环境之间的相关系数在 0.001 的显著性水平通过显著性检验；说明模型的内在质量佳（吴明隆，2009），模型可以接受。

由图 8-18 及表 8-12 可知，基础条件、政策环境和扩散效果之间关系的标准化路径系数分别是 0.61、0.18；其中基础条件的路径系数为正且通过显著性检验，表明其对台湾农业（兰花）技术扩散效果存在正向影响，兰花用地越容易解决、用水越方便、交通越便利越有利于兰花技术的扩散；政策环境的路径系数为正，但没有通过显著性检验，说明政策的实施并没有很好地促进台湾农业（兰花）的技术扩散，主要原因可能是真正得到实惠政策如政府补贴、农业贷款的农户并不多，在调研中发现大部分农户并没有得到政策补贴，他们对政府补贴行为并不认可，但其种植兰花的意愿较为强烈。

以上检验结果表明，假设 HC1 通过检验，假设 HC2 未通过检验。

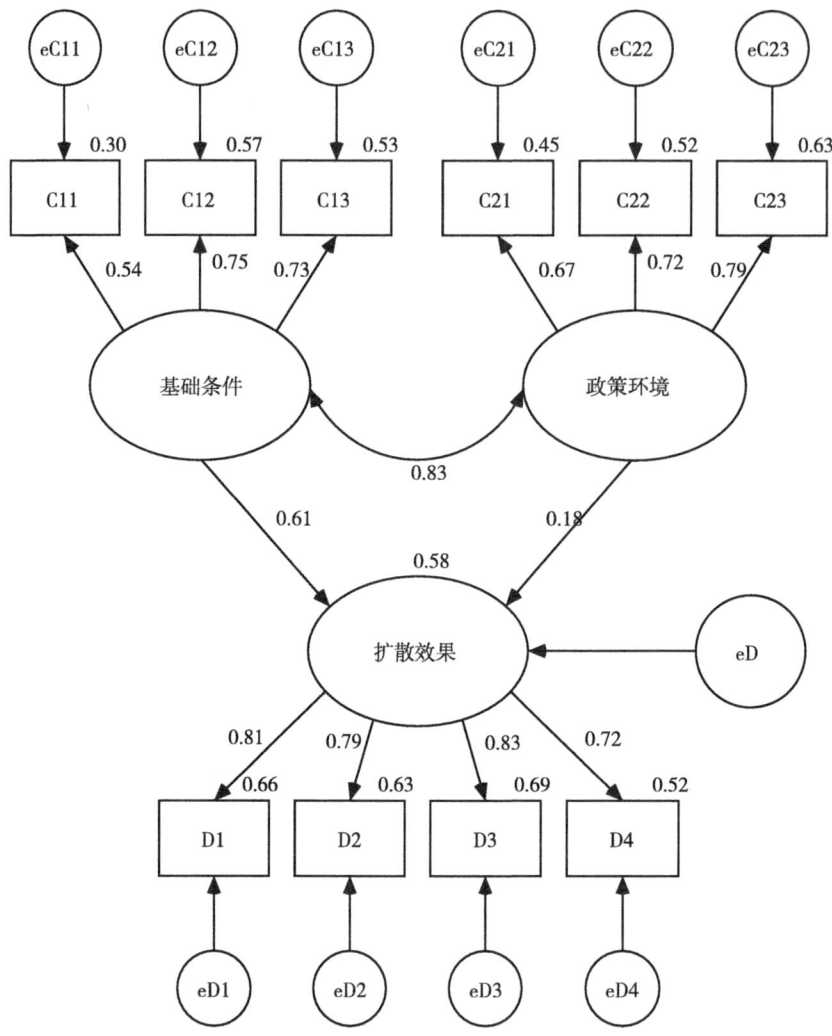

图 8-18 环境维度和扩散效果之间关系模型标准化路径系数图

### (四) 扩散影响因素和扩散效果关系检验结果汇总

在验证性因素分析基础上，分别检验了农户维度、台湾农业维度及环境维度各因素与扩散效果之间的关系。检验结果表明，以上 3 个维度下的 7 个因素中，共有 5 个因素通过假设检验，即这 5 个因素对台湾农业技术扩散效果具有直接的、显著的正向影响；其他 2 个因素未通过检验，说明这 2 个因素对台湾农业技术的扩散效果没有显著影响。假设检验结果见表 8-13。对通过检验的因素（潜在变量）与扩散效果的关系系数进行整理，得表 8-14。

**表 8-13　假设检验结果汇总**

| 维度 | 假设 | 假设内容 | 检验结果 |
|---|---|---|---|
| 农户 | HA1 | 农户网络特征对兰花扩散效果具有正向影响 | 通过 |
|  | HA2 | 农户创业特征对兰花扩散效果具有正向影响 | 未通过 |
|  | HA3 | 农户对台湾农业的认知对兰花扩散效果具有正向影响 | 通过 |
| 台湾农业 | HB1 | 台湾农业特点对兰花扩散效果具有正向影响 | 通过 |
|  | HB2 | 台湾农业技术服务特点对兰花扩散效果具有正向影响 | 通过 |
| 环境 | HC1 | 基础条件对兰花扩散效果具有正向影响 | 通过 |
|  | HC2 | 政策环境对兰花扩散效果具有正向影响 | 未通过 |

**表 8-14　通过检验的因素和扩散效果关系系数表**

| 维度 | 假设 | 假设内容（系数） | $P$ 值 |
|---|---|---|---|
| 农户 | HA1 | 农户网络特征对兰花扩散效果具有正向影响（0.69） | *** |
|  | HA3 | 农户对台湾农业的认知对兰花扩散效果具有正向影响（0.34） | *** |
| 台湾农业 | HB1 | 台湾农业特点对兰花扩散效果具有正向影响（0.49） | *** |
|  | HB2 | 台湾农业技术服务特点对兰花扩散效果具有正向影响（0.25） | 0.018 |
| 环境 | HC1 | 基础条件对兰花扩散效果具有正向影响（0.61） | *** |

## 四、结果分析与对策建议

### （一）实证结果分析

关于台湾农业（兰花）技术扩散影响因素与扩散效果关系的实证研究由 3 个步骤进行。第一步，分析各测量模型的拟合程度和质量。第二步，根据第一步分析的结果，对农户维度、台湾农业维度、环境维度的各因素（潜在变量）进行验证性因素分析。第三步，在第一步和第二步之基础上，分别分析农户维度、台湾农业技术维度和环境维度 3 个维度与台湾农业（兰花）技术扩散效果的关系。

**1. 各因素（潜在变量）测量模型结果分析**

农户维度下的农户网络特征、农户创业特征、农户对台湾农业的认知等 3 个因素；台湾农业维度下的台湾农业特点、台湾农业技术服务特点 2 个因素；环境维度下的基础条件、政策环境 2 个因素及扩散效果内因潜在变量均通过模型理论性检验，表明各观察指标变量能较好地被相关潜在变量解释，各观察指标变量能有效反映其所要测量的构念质，各测量模型均可以接受。

**2. 验证性因素分析结果分析**

基于问卷调查数据，对农户维度、台湾农业维度、环境维度模型进行检验分析，结果表明，整体上以上3个维度的验证性因素分析模型均通过检验，各因素能有效地与同维度下的其他因素区别开来，具有较好的区别效度，各模型均可接受。

**3. 各维度下的因素（潜在变量）与扩散效果之间关系分析**

各维度下的因素与扩散效果之间关系的全模型分析是实证研究的第三步，也是本章研究的重点，目的是探讨影响台湾农业（兰花）技术扩散效果的关键因素。针对这一主旨，基于已有研究，提出了7条假设，结构方程全模型结果分析表明，农户网络特征因素、农户对台湾农业的认知因素、台湾农业特点因素、台湾农业技术服务特点因素、基础条件因素等对兰花技术扩散效果因素具有正向显著影响（与假说预期一致，获得通过）；而农户创业特征因素及政策环境因素对兰花技术扩散效果的影响并不显著（与假说预期不一致，未获得通过）；详见表8-13及表8-14。

(1) 农户维度与扩散效果之间关系分析

第一，农户维度下的农户创业特征因素（外因潜在变量）与扩散效果（内因潜在变量）之间的标准化路径系数为-0.11，未达到显著性水平，对扩散效果的影响不显著，假设HA2未获得通过。相关研究表明，农户创业能力越强，其采用农业新技术的意愿越强烈（姚文，2016），新技术、新产品越容易得到扩散。本研究实证结论拒绝假设HA2，与已有研究不一致，原因可能有：一是在台湾农业（兰花）技术扩散过程中，农户的创业能力并未全部体现在兰花种植方面；在调研中发现较多当地农户虽种植兰花，但并非其家庭收入的唯一来源或主要来源，由于兰花种植成本相对较高，风险较大，很多农户只是将其作为一种"兼业"行为，其主业还是传统的种植业如水稻等；二是大部分兰花种植农户的文化素质较低，很多兰农只有小学文化，其创新创业能力有限；三是试验区内的地域文化（客家文化）对兰花技术扩散产生双重影响，一方面其开拓创新、艰苦奋斗及勤劳节俭、团结诚信的优良传统促进了早期的兰花技术扩散；另一方面，在具有山地特征的客家文化影响下，当地村民逐渐形成了一种因循守旧、不思进取和小富即安的山地意识（黄晓锋等，2017），这种意识已经影响到其创新创业的动力，一定程度上阻碍了兰花技术的扩散。

第二，农户维度下的农户网络特征因素（外因潜在变量）与扩散效果

(内因潜在变量)之间的标准化路径系数为 0.69,达到显著性水平（$P$ 值为 0.001），对扩散效果的正向影响显著,与预期一致,假设 HA1 获得通过。社会网络是农村中农户间信息资源共享的重要载体,通过相互间的协作和互惠关系,社会网络关系能促进农户间的信任;在农业创新技术扩散过程中,农户间的信任和认同,能有效减少采用农业创新技术的风险和成本（乔丹等, 2017a),有利于农业创新技术的扩散（陈杰等, 2011）。在中国差序有别的农村社会中,农户获取相关技术信息的手段有限,途径不多;加之风险与信任等因素的影响,农户对新技术、新产品的传播与扩散多处于观望状态。而农户间的社会网络关系,可以通过学习效应、风险分担效应及服务互补效应等（王格玲等, 2015),有效缩小兰花技术信息扩散的半径及扩散成本。试验区农户间通过先赋性强关系、先赋性弱关系、生成性强关系、生成性弱关系等不同形式的网络关系,将原来的宗族家族式网络逐渐演变成功能强大的功能性网络（详见第六章）,兰花种植户数量不断增多,种植规模日益扩大,种植技术水平不断得到提高,兰花种植业在试验区得到了迅速扩散。试验区兰花产业经过 20 来年的发展,种植户之间已经形成较为密切的社会网络关系,通过各种形式的社会网络关系,实现了兰花种植技术信息的共享。

第三,农户维度下的农户对台湾农业的认知因素（外因潜在变量）与扩散效果（内因潜在变量）之间的标准化路径系数为 0.34,对扩散效果的影响程度虽不如农户网络特征,但在 0.001 的显著性水平下通过检验,说明其对扩散效果有显著正向促进作用,与假说预期一致。粤台农业合作试验区农户是否种植兰花、是否采用兰花创新技术是农户有计划的行为决策,遵循计划行为理论（TBP,理论详见第二章相关理论部分）。其中,行为态度（Attitude）是农户对是否种植兰花的认知与评价,农户对兰花的态度及了解程度反映了其对兰花生产的认知及其进行兰花生产的倾向,农户对兰花生产的认知度愈深,评价越积极,那么其进行兰花生产的可能性则愈大;反之,如果农户对兰花生产的理念不认同、对兰花生产的评价消极,那么其主观上就不会愿意进行兰花生产行为。农户对台湾农业（兰花）的认知对扩散效果具有正向显著影响说明随着试验区兰花产业的不断发展,在政府宣传引导及台湾兰花企业、外地兰花企业及本地观念领导者的带动下,当地农户对试验区、对兰花的了解逐渐加深,对兰花的行为态度亦表现得越来越积极,在经济效益驱动下,其种植兰花的意愿逐渐增强,加快了兰花的技术扩散。对试验区的认知也是农户进行兰花生产的重要因素,对试验区有正确认知的农户,总的来说会更加积极地与试验区进行联系、沟通,以便及时获取相关兰花生产技术及兰花生产政策等方面的信息，未来需要进一步加强试验区的辐射功能，密切其与兰花种植农户的联系。

(2) 台湾农业维度与扩散效果之间关系分析

第一，台湾农业维度下的台湾农业（兰花）特点因素（外因潜在变量）与扩散效果（内因潜在变量）之间的标准化路径系数为 0.49，对扩散效果有显著正向影响（在 0.001 的显著性水平下通过检验），与假说预期一致。农业新技术、新产品的特点对农户采用新技术、新产品与否的影响非常之大，进而影响到农业创新技术扩散的效果。按照理性农户理论的观点，农户在采用农业新技术、新产品时，通常会将新技术、新产品的特性和原来的技术、产品进行对比，并通过其行为态度和主观规范判断新技术和新产品是否具有比较优势如能否增加收入、能否减少生产成本等；在"收益"和"成本"之间进行博弈之后，农户才会作出对农业新技术、新产品采用、暂不采用或不采用的决策。农业创新技术自身的优越性、协调性、复杂性、可观察性和可试验性等特点影响到新技术、新产品的扩散（Rogers，1983）；国内外众多的专家学者（Tornatzky 等，1982；Nonaka 等，1995；Kosarek 等，2001；Barkley 等，1996；刘晓敏等，2015）的研究表明农业创新技术的自身特征影响其扩散的效率。农业创新技术或创新产品越是复杂，农户就会越难吸引，农业创新技术（产品）的扩散就越慢，其扩散效果就会越差；相反，标准化、大众化的农业技术（产品）能较容易地被农户吸收，有利于农户降低生产成本和学习成本，有利于农业创新技术的扩散（Nonaka 等，1995）；农业创新技术的相对优势和相容性越明显，农户越愿意采用之，其扩散速度越快。兰花种植技术在试验区扩散之初，由于对兰花认知不深，当地农户普遍认为种植兰花的技术难以掌握、成本较高；经过 20 来年的发展，在当地政府的宣传及台商兰花企业、外地兰花企业、本地观念领导者、兰花协会、兰花专业合作社、经销商等的示范带动及技术支持下，农户对兰花的认知由陌生变得熟悉。对于那些大众化的国兰品种来说，种植技术如分苗、施肥、病虫害防治等已趋于成熟并标准化，易于被广大兰农接受。另外，尽管种植兰花最初的成本投入较高（种苗购买及基础建设），但一方面，种植一两年之后，种苗大部分可以通过农户自家兰场分苗而来，成本也就大为降低；另一方面，目前试验区已拥有自己的兰花组培基地，亦能培育高端兰花品种的种苗，台商所具有的技术优势正逐渐弱化，一定程度上也降低了兰农的种苗成本，促进了兰花产业的扩散，兰花产业由技术带动效应逐渐向产业带动效应转变。

第二，与预期一致，台湾农业维度下的台湾农业（兰花）技术服务特点因素（外因潜在变量）与扩散效果（内因潜在变量）之间的标准化路径系数为 0.25，通过显著性水平检验（P 值为 0.018），说明其对兰花技术扩散效果具有正向显著促进作用，即兰花技术服务来源越广、类型越多、效果越好，其在试验区的扩散速度就越快。每年试验区管委会、江尾镇政府及兰花协会、兰花专业合作社、化肥农药经销商等都会积极组织不同形式的兰花技术服务活动如邀请相关专家开展专题技术讲座（施肥、病虫害防治、育苗、兰花电商服务等）、发放指导材料、专家同行实地指导、组织兰农外出参观或考察等，这些兰花技术服务活动效果良好，得到了广大兰农的认可。同时，在调研中了解到大部分兰农希望农业技术服务的形式是"兰园（场）实地技术指导"，他们希望得到兰花种植能人或技术专家的实践性指导，以提高其对兰花种植技术的感知和现场体验，体现了农业技术扩散的学习论观点——"看中学"和"干中学"。

（3）环境维度与扩散效果之间关系分析

第一，环境维度下的政策环境因素（外因潜在变量）与扩散效果（内因潜在变量）之间的标准化路径系数为 0.18，但影响程度未达到显著性水平（P 值为 0.313），假设 HC2 未获得通过。已有研究表明农业的发展离不开政府的支持，政府因素对农业发展起到非常重要的支撑作用，对农户采用新技术的影响非常显著，具有显著的辐射带动作用，土地政策、农业补贴政策等都会影响到农户对农业创新技术采用的热情和积极性，促进农业技术扩散（Matzdorf 等，2010；姚科艳等，2018；童洪志等，2018）。本研究得出的结论与已有研究不一致，可能的原因有：①政府政策宣传还不够到位，在调研中发现，当问及政府对兰花种植的优惠政策时，很多农户表示不知道或不清楚，也很少关心，他们种植兰花与否与政府的宣传似乎关系不大。②政府对兰农的资金补贴主要集中在"种植大户"，更多的是锦上添花，而非雪中送炭。同时，兰花种植的低息贷款优惠也主要倾斜于经营时间较长、种植规模较大的兰农，刚起步或小规模的兰农受益面较小，导致很多兰农并未享受到政府贷款的优惠条件。③政府对兰花产业的支持主要表现在对粤台农业合作试验区范围内的主要道路、通电、通水、土地政策、对外宣传等方面的宏观调控，对于普通兰花种植农户来说，其通常不太关心这些较为宏观的政策，更多的是关注自己的微观层面的经济利益，导致他们对政府的相关政策优惠特别是农业补贴的认可度不高。

第二，与预期一致，基础条件因素对兰花技术扩散效果具有正向显著促进作用，其标准化路径系数为 0.61（P 值为 0.002）。相较于其他产业，农业具有弱质性，农户（民）具有弱势性。因此，政府在政策、资金、土地、交通、用电、用水等方面对农业的支持是农业健康发展的重要保障。为更好地发展兰花产业，翁源县政府、试验区管委会、江尾镇政府在兰花用地，试验区道路建设，兰花企业通电、通水及路灯等方面做了大量工作；完善的基础条件保障了兰花产业的发展，得到兰农们的普遍认可，增强了其发展兰花产业的信心。

### 4. 总结

本章所得出的结论基本上可以解释台湾农业（兰花）技术扩散效果与影响因素之间的关系，与试验区实地调研结果基本一致。农户、台湾农业、环境3个维度共同影响试验区台湾农业（兰花）技术扩散的效果，农户社会网络关系越强大、对兰花的认知度越高，越有利于兰花种植技术的扩散；同样，兰花种植技术越容易掌握、成本越低，基础设施越完善，亦越有利于兰花种植技术的扩散；然而农户创业能力的强弱及政策环境对兰花技术扩散并不产生显著促进作用。试验区应根据影响兰花技术扩散效果的因素，结合实际情况，综合制定兰花产业发展的措施与政策。

目前已有大量文献对农户技术采纳意愿进行过研究，其研究主要围绕农户个人特征（如性别、年龄、文化程度等）、家庭特征（经济收入、种植规模、兼业情况等）、政策环境（政府宣传、农业补贴、农业贷款）、基础设施（农业用地、用水、用电方便程度）、自然条件、区位特征、农户对新技术的认知等方面对农业技术扩散的影响进行，在研究过程中将个人特征、家庭特征、政策环境等这些变量看成可以观测的变量（自变量），并根据问卷调查结果赋以相应值，进而利用二元回归分析方法如 Probit、Logistic 等（因变量为农户采纳与否："农户采纳新技术赋值为1，不采纳赋值为0"）来探讨农户采纳新技术的影响因素。但农户的感知行为如对新技术的有用性、易用性，对政府政策实施的满意度等心理感知，是很难被外在观测到的；同时，农户采纳农业新技术的过程实质是农户在"预期收益"与"投入成本"之间的博弈过程，应该来说是一个动态变化过程，不能简单地通过"采纳赋值为1，不采纳赋值为0"的二元设置来进行表示，已有的二元回归分析方法存在一定的不足。

从目前的研究来看，利用结构方程模型（SEM），基于农户感知视角来探讨农户对新技术采纳意愿的研究很少。结构方程模型（SEM）是为难以直接观测的潜变量如农户对政策环境的感知、农户对新技术的感知等提供一个可以观测和处理、并将难以避免的主观测量误差纳入模型中的分析工具，其可以较好地解决农户心理感知变量难以被观测到这一问题。本部分利用结构方程模型（SEM）来探讨台湾农业技术扩散效果的影响因素，一定程度上可以丰富农业技术扩散的理论研究，在方法上可以弥补简单二元回归分析方法的不足，能更好地对农业技术扩散的影响因素进行解释,更加符合农业技术扩散的实际情况。同时,本章所得出的部分结论与已有文献不一致,应该是研究方法的不同及研究区域对象的差异所造成,不同区域由于自然环境特别是人文社会环境的差异,人们的思想观念,对新技术的感知有所不同,甚至差异巨大。广东省(韶关)粤台农业合作试验区地处粤北山区,客家文化氛围浓厚。客家文化是中原文化的延伸与拓展,其是客家人在长期的历史过程中共同创造的各种物质文化和精神文化的总和。客家文化自强不息、开拓创新及团结诚信、勤劳节俭、好客、诚在待人的优良传统为农业技术扩散提供了较为顺畅的扩散通道,在一定程度上促进了兰花种植技术的扩散;同时,客家文化的另一突出特点是小农意识根深蒂固及宗族宗亲观念非常强烈,现代以来,客家人由于受到具有自然经济因素的客家文化之影响,逐渐形成了一种因循守旧和小富即安的山地意识(黄晓锋等,2017),这种意识已经影响到其创新创业的动力,影响到兰花技术的扩散;兰花产业发展初期,宗族家族观念利于兰花技术的扩散,但过分强调宗族家族观念也有可能为现代市场发展所要求的全要素自由流通设置障碍,会造成部分政府政策如土地流转等难以实施,一定程度上会阻碍兰花技术的扩散。

### (二) 提升兰花技术扩散效果的对策建议

兰花技术扩散效果主要表现为试验区通过提供硬件及软件设施支撑,吸引台湾兰花企业、外地兰花企业来试验区落户;同时,更重要的是带动本地农户从事兰花生产、组培、种植、销售、展示等经营活动,形成兰花产业集群,实现兰花技术扩散的生产效应、品牌效应、经济效应、技术提升效应、生态效应、就业带动效应及满足市场的需求效应等多方面效应。

**1. 推进土地流转,着力改善兰花种植基础条件**

由前文结构方程模型分析可知,基础条件因素(包括兰花种植用地、本地交通、土地用水等方面的观察指标)对兰花技术扩散效果具有正向显著促进作用。农地是兰花产业发展的最根本因素,其供给价格会直接或间接影响到兰花农户(企业)的生产成本和销售价格,进而影响到兰花种植农户(企业)的利润,最终对整个试验区兰花的市场竞争力产生影响。当地较为低廉的用地成本是试验区吸引台湾兰花企业、外地兰花企业、本地农户经营兰花产业的重要原因[早期地租价格在20~50元/(亩·年)]。但随着试验区兰花产业的深入发展,兰花种植户数量不断增多,种植面积也随之增加,对土地的需求明显增多,土地供需矛盾日益突出,兰花用地趋于紧张,需求缺口不断扩大[2018年调研时,地租价格已涨到300~1 000元/(亩·年)]。在实地调研中发现，部分台商的兰花用地租赁合同即将到期；很多农户受到土地限制，不得不向山麓及山腰地带发展（第五章已提及），种植成本较大，且用电、用水、交通等极为不便。

同时，在调研中发现，受到近年来兰花种植收益不断增加的影响，部分村民与兰花种植户（包括台商、外地及本地兰花种植户）之间产生一定的矛盾，主要表现在土地租用方面。第一，极少部分村民由于各种原因，宁愿自己不种兰花，而不愿意将成片的土地租给兰花种植户，一定程度上造成兰花种植户种植成本上升；第二，部分村民对现有土地租金不满意，造成土地出租者和土地租赁者之间很难协调；这些现象影响到了当地有限土地资源的合理使用，影响到了兰花产业的发展。

翁源县政府、试验区管委会、江尾镇政府等应通过土地租赁、土地互换、土地入股等形式，加快实现土地的相对集中连片，规模集约利用，保证兰花种植的正常用地；同时要提高农地的使用效率，严格管控农地的闲置比例，在租赁过程中，做到公平、公正、公开，进一步明晰土地产权，推进农地快速、有序流转，保证兰花产业发展的用地需求。

与此同时，试验区要加大财政投入力度，不断完善试验区的基础设施特别是试验区内交通道路、用电、用水等方面建设，增加招商引资吸引力，以试验区为依托，以广东省兰花特色农业产业园为支撑，鼓励和支持本地农户融入兰花产业链上来，加快江尾镇兰花特色小镇的建设。

**2. 加强科技创新，着力提高兰花种植科技含量**

在调研中发现，绝大部分兰花种植户种植的兰花品种较为低端，基本上是大众化兰花品种，高端兰花品种较少。究其原因，主要是因为高端兰花品种科技含量高，需要较高的技术水平，普通农户短时间难以接受；结构方程模型分析也表明，兰花种植技术越容易，其扩散效果越好。试验区应一方面要继续深化与中国科学院、华南农业大学、华南理工大学、仲凯农业工程学院、韶关学院等高校及科研机构的合作，进一步引进科技人才，大力建设博士后工作站和院士工作站，扶持翁源兰文化科技创业园，构建试验区农业科技创新示范推广平台，借助高校及研究院所力量，进一步开展形式多样的培训活动，提升兰花技术服务效果。

另外，要加大科技培训力度，借助翁源兰花协会及兰花专业合作社等农民合作组织，对当地兰花种植农户进行常态化培训，让当地农户更为深入地了解粤台农业合作试验区、了解兰花及其种植技术，使当地农户成为新型职业农民，提高其自主创新创业能力，为兰花产业的发展提供智力支持；通过常态化的兰花技术培训及外出参观学习等方式,能有效提高兰花技术服务效果;同时,通过常态化农业技术培训,兰花种植户之间的面对面的交流机会也会增多,其社会网络联系会进一步得到加强,社会网络关系密度势必得到提高。社会网络关系能有效缩小农户获取兰花技术信息的搜索半径,减少信息获取成本,更有利于兰花种植技术的扩散,结构方程模型分析也表明,农户网络关系对兰花扩散效果具有显著正向效应。

**3. 打造特色兰花品牌,着力加强兰花品牌建设**

要充分利用《翁源兰花发展五年行动计划》、成功举办第 28 届中国(翁源)兰花博览会、成功入选广东省特色农业产业园(兰花产业园)和广东省(兰花)特色小镇、广东省兰花产业优势区等的影响,有计划地扩大兰花种植面积,增加销售收入,形成兰花品种"研发—组培—种植—销售—展示"一条龙的兰花产业发展战略,不断形成翁源自己的优良兰花品种,并对外营销。同时,要通过多种形式的推介会、展销会,尤其是建设武深高速翁北特色服务区之契机,大力宣传兰花产业发展成果,提升翁源兰花品牌的影响力和竞争力。

**4. 推动粤台合作共赢,着力加强两岸互动**

通过"走出去""引进来"相结合的办法,积极向本地的台湾兰花企业如德芳兰园、兴奇美兰园等学习;同时,适时组织相关人员到台湾等农业发展水平较高的地区实地参观学习;学习他们先进的兰花管理经验及先进的农业技术,特别是台湾小规模农业"1+2+3"的发展模式值得学习和借鉴。与此同时,根据需要适时邀请台湾或其他地区的农业专家特别是兰花种植专家及台湾兰花种植农户等到试验区指导工作,根据实际需要举办常态化的"翁源粤台农业(兰花)合作论坛",使粤台农业(兰花)合作在共赢的基础上实现新的飞跃。

**5. 重质量、重内涵发展,由技术扩散向产业扩散转变**

目前,翁源现有兰花种植面积近 15 000 亩,已建成长达 10 千米的兰花长廊,年产值超 6 亿元,在历届全国兰花博览会上屡获金奖,兰花产品远销韩国、日本、新加坡、澳大利亚等国;国兰产量占大陆一半以上,种植面积为大陆之最,是中国大陆兰花第一县。由于受到用地、用水等方面的影响,翁源兰花种植在保持不断增长的规模基础上,要坚持质量第一、品质至上的理念。"只要兰花质量好,不愁卖不掉",这是在调研中问及兰花种植户兰花销售情况时得到的最多回答。试验区管委会应整合大学与科研机构、台企、兰花专业合作社、兰花协会及兰花龙头企业的技术和管理优势,在试验区逐步推广兰花种植的标准化技术，加快兰花生产的现代化设施建设，支持兰花种植户采取现代化兰花生产手段（如智能化温室大棚、喷滴灌设施等）。根据实际条件积极推广科学、标准化生产模式，逐步淘汰传统、经验化兰花生产种植模式，从而实现兰花产业化经营。要不断加强兰花内涵式发展，抓住广东省兰花特色小镇及兰花产业园建设的契机，不断挖掘兰文化；通过专门公司或企业将兰花进行统一包装，形成兰花文创产品，将翁源兰花打造成为高端、特色农业产品，提高其附加值，促进农民增收。

同时，兰花种植要积极探索新的发展和营销方式，抱团发展，形成合力。单打独斗的格局很难使兰花产业做强做大，要通过"拳头效应"对兰花企业的个体产销行为进行有效整合，形成试验区兰花产业发展的产供销一体化发展模式，对相关生产资料如种苗、农药、化肥、花盆、支架等实行统一采购，降低投入成本；同时，可借鉴台湾农业发展模式，积极融入当地第二、第三产业发展之中，形成"一二三产业"联动发展，相互支撑，特别要积极融入国家乡村振兴战略中，在国家全域旅游背景下，利用当地得天独厚的自然环境和兰花的品牌效应，积极发展与兰花相关的产业，促使兰花发展由单一的技术扩散转向综合的产业扩散，由技术带动效应转为产业带动效应，进一步提升兰花在国内甚至世界的知名度和影响力。

## 本章小结

本章基于农户感知视角，根据文献资料及相关理论，在专家咨询及预调研的基础上，设计问卷调查表（由农户、台湾农业、环境3个维度下7个外因潜在变量，扩散效果内因潜在变量等8个潜在变量共25个观察变量组成），对广东省（韶关）粤台农业合作试验区兰花技术扩散效果的影响因素进行相关假设，即假设7个外因潜在变量对内因潜在变量（扩散效果）都有正向促进作用，并基于问卷调查数据，利用结构方程模型对假设进行验证。结果表明：农户维度下的农户网络特征因素（外因潜在变量）、农户对台湾农业的认知因素（外因潜在变量）；台湾农业维度下的台湾农业特点因素（外因潜在变量）、台湾农业技术服务特点因素（外因潜在变量）及环境维度下的基础条件因素（外因潜在变量）等对兰花技术扩散效果（内因潜在变量）具有显著正向影响，相应假说通过检验；农户维度下的农户创业特征因素（外因潜在变量）及环境维度下的政策环境因素（外因潜在变量）等2个因素对兰花技术扩散效果（内因潜在变量）的影响不显著，相应假设没有通过检验。

在对"试验区"兰花技术扩散影响因素进行分析的基础上，就试验区兰花产业的发展提出了"推进土地流转，着力改善兰花种植基础条件；加强科技创新，着力提高兰花种植科技含量；打造特色兰花品牌，着力加强兰花品牌建设；推动粤台合作共赢，着力加强两岸互动；重质量、重内涵发展，由技术扩散向产业扩散转变"等政策建议。

试验区兰花技术扩散过程其实也是试验区农户逐渐采纳兰花种植技术的过程，受经济发展水平、文化背景及自身文化素质等方面的影响，试验区农户并非完全理性的"经济人"；同时，也不是完全非理性，其是否种植兰花、种植兰花时间的早晚受计划行为理论支配；在对收益和成本进行博弈后，在风险较小、利润较大的前提下，农户才会对种植兰花做出决策；在农户决策与采纳过程中，很多因素受农户感知心理影响。本研究利用结构方程模型（SEM）来探讨台湾农业技术（兰花种植）扩散效果的影响因素，在方法上可以弥补简单二元回归分析方法的不足，能更好地对农业技术扩散的影响因素进行解释，更加符合农业技术扩散的实际情况。同时，本章所得出的部分结论与已有文献不一致，应该是研究方法的不同及研究区域对象的差异所造成，试验区特殊的地域文化——客家文化在促进兰花技术扩散的同时，也带来了一些消极影响；特殊的地方文化一定程度上修正了传统的农户采纳农业技术理论（理性农户、非理性农户及计划行为理论）。

# 第九章 结论与展望

## 第一节 主要结论

本研究宏观上以台商农业投资作为农业技术扩散变量;微观上基于农户视角,以试验区兰花种植业为例;分别探讨了台湾农业技术在大陆的扩散特征、效应及影响因素,得到的主要结论如下。

### 一、宏观尺度上

#### (一)台商大陆农业投资特征及影响因素

第一,海峡两岸的农业生产效率比较。相对于大陆各省份而言,台湾各年份农业技术的综合效率、纯技术效率及规模效率都为1,均达到了最优状态,远高于大陆各省份的均值;受农业技术基础的影响,台湾农业全要素生产率(TFP)的增长速度要低于大陆均值;从 TFP 空间溢出效应看,台湾是 TFP 溢出区域。

第二,台商大陆农业投资区域差异明显。从大陆东部、中部、西部地区3个区域来看,台商农业投资的金额、件数都集中分布于东部沿海地区(基本上占80%以上),中西部地区台商农业投资则很少;从大陆各省、市、区的分布来看,台商农业投资分布符合逆模型(倒数)曲线分布,集中分布在广东、江苏、福建、上海、浙江、北京、天津、辽宁 8 省市,有北移之趋势;地理集中度指标显示台商对大陆各省(市、区)农业投资的空间分布差异较为稳定,投资额没有集中分布于某一省(市、区)之现象。

第三,台商大陆农业投资的空间集聚特征。台商农业投资在大陆各省(市、区)的分布具有明显的空间集聚特征即空间自相关特征,台商农业投资多的省(市、区)及台商农业投资少的省(市、区)分别在地理空间上集聚;显著的 HH 象限集聚中心由广东向福建、浙江、上海、江苏、山东北移,整体上台商大陆农业投资有沿沿海北移趋势；显著的 LL 集聚中心主要集中在四川、陕西、甘肃、新疆、内蒙古等中西部地区的省区，且变化趋势并不显著。

第四，台商大陆农业投资的影响因素。台资集聚水平（前期台资存量）、市场规模（GDP、农业 GDP）、经济对外开放程度（贸易依存度、外资依存度）、政策因素、劳动力成本等指标因子与台商农业投资的关联度较大，对台商大陆农业投资区位选择的影响较强；占领大陆广阔的市场是台商大陆前期农业投资的重要目的；台商大陆农业投资的中后期，台资集聚水平、经济对外开放程度的影响日益增强；东部沿海省（市）成为台商农业投资的重点区域，而中西部省（市、区）的台商农业投资则很少，一定程度上形成了"强者愈强、弱者愈弱"的马太效应。

台商大陆农业投资符合主流 FDI 理论，但两岸间特殊的政治、文化背景等一定程度上对主流对外直接投资理论起到修正作用。作为"经济人"的台商与其他投资者一样，经济利益是其最主要的投资动机，其在大陆的农业投资行为可用主流对外投资理论进行解释；两岸间特殊的政治文化背景影响着台商大陆农业投资行为，虽受台湾当局特别是近年来"新南向政策"之影响，台商农业投资并未大规模向"南向国家"或其他地区转移，台商大陆农业投资占其对外农业总投资的比例一直保持在 80% 以上，特殊的政治、文化背景、乡土情结等一定程度上对主流对外直接投资理论起到修正作用。

台商大陆农业投资符合演化经济地理学和关系经济地理学理论，其在大陆的投资行为存在一定的路径依赖效应；同时，在一定程度上，在多种因素的共同作用下，亦实现了一定的路径突破；台商大陆农业投资虽长期集中分布在东南沿海少数省份，但有北移之趋势。

**（二）农业投资效应**

第一，对于台商农业投资而言：长期来看，台商农业投资与大陆、大陆东部及大陆中部地区农业 GDP 之间，存在长期均衡关系且是其格兰杰原因，台商农业投资对大陆及其东、中部地区农业发展具有一定的促进作用；台商农业投资与大陆西部地区农业 GDP 存在长期稳定协整关系，但其并不是西部地区农业 GDP 增长的格兰杰原因，其对西部地区农业发展的促进作用非常小。短期来看，VEC 模型分析表明：台商农业投资对大陆东部地区农业发展具有一定的促进作用；但大陆及其中、西部地区的 VEC 方程未能通过显著性检验，台商农业投资对大陆及其中西部地区农业发展的正向作用不显著。

第二，对于大陆农业固定资产投资而言：长期来看，大陆农业固定资产投资与大陆及其东、中、西部地区农业增加值之间，存在长期协整关系，且大陆农业固定资产投资对大陆及其东、中、西部地区农业发展均具有不同程度的促进作用。短期来看，大陆及其东、中、西部地区农业 GDP 都有由短期向长期动态平衡调节的机制，但差异较大。除西部地区外，农业固定资产投资在短期内对农业发展的促进作用均不显著。相较于大陆农业固定资产投资，台商农业投资对大陆农业经济发展的影响要小得多。

第三，综合来看，农业投资（台商农业投资及大陆农业固定资产投资）效应具有长期性、滞后性及区域差异性特点；大陆农业固定资产投资对农业经济发展产生的影响要远远大于台商农业投资；台商农业投资（大陆农业固定资产投资）对大陆各区域农业经济发展的促进作用，与农业 FDI、FDI 作用类似，但同时又存在差异，要区别对待。

## 二、微观尺度上

### （一）兰花技术扩散的时空特征

一是时间上呈"S"形曲线增长。试验区兰花种植户（企业）累计增加的数量处于经典技术扩散"S"形的前半阶段，为罗杰斯 5 阶段中的"早期大多数"阶段。

二是空间上受交通、技术及地形等条件之影响。兰花种植户（兰园）集中分布在翁源县江尾镇，其中以省道 S245 两侧的松塘、仙北、仙南、九仙 4 个村最为集中；并以台企（德芳兰园和兴奇美兰园）为中心，技术源由扩散点向四周呈放射状扩散；从地形上看，兰园集中分布在山前地势低平地带。

三是时空集聚特征明显。兰花长廊内兰园的分布呈现出由均匀分布向集聚分布演变的趋势，且越来越明显。

试验区兰花技术扩散的时间演化特征进一步证实了农业技术扩散具有"S"形曲线的特征，其空间扩散特征也与农业技术扩散微观尺度上的"就近扩散"特征一致，一定程度上体现出了"点—轴"系统特征（以台企等主要扩散源为点，以省道 S245 为轴）。就目前来看，这种商业性（经营性）技术扩散的动力主要来源于政府（当然市场也起到重要作用），与已有研究结论有所差异（李同昇等认为经营性技术扩散的主要动力来源于市场），这可能与特殊的兰花技术扩散源——台商或台企有关，翁源兰花产业是由台商带动并逐步发展起来的，受两岸特殊政治背景的影响，台湾农业在大陆的技术扩散引起了各级政府的高度重视，翁源县政府也不例外。

台湾农业（兰花）技术在试验区的扩散在宏观尺度上表现出较为典型的"跳跃式技术扩散"特征，直接从台湾地区呈"跳跃式"传播到试验区（韶关翁源);在微观尺度上却表现出较为明显的由近及远的"波浪式扩散"特征,呈放射状向其周围地区扩散。

### (二) 兰花技术扩散的社会网络特征

一是多核心技术扩散网络。台企、大学与科研机构、兰花专业合作社、兰花协会、部分外地企业、部分本地企业等在扩散网络中处于核心地位。产学研结合是试验区兰花种植技术扩散的关键引擎,农民组织对兰花技术扩散起主导作用,台商企业在兰花种植技术扩散中起重要作用但有减弱趋势,外地企业与本地企业在扩散网络中两极化现象明显。

二是核心—边缘结构较为明显。核心区企业(农户)的中心度较高,且相互之间的技术合作与交流较为频繁;边缘区企业(农户)的中心度较低,且相互之间的技术交流与合作较少,明显低于其与核心区企业(农户)之间的交流,远低于核心区企业(农户)之间的技术交流。

三是派系结构较为复杂。内地企业与台商企业间存在较为明显的派系结构,台企之间的技术交流与合作非常频繁;自然分派情况下,不同派系间的技术交流与派系内部的技术交流差异巨大,形成明显的 E-I 派系结构;试验区兰花种植企业(农户)为了维护自身利益、获得较为稳定的技术支撑及兰花销售渠道,增加自身收益,成立了农民合作组织,使兰花种植技术扩散突破了地域空间(村)的限制。

四是网络结构由以"家族宗族网络"扩散为主逐渐向以"功能性网络"扩散为主转变。在兰花种植技术扩散初期:以"家族宗族网络"进行扩散为主,通过"生成性弱关系",兰花种植技术由台商传入当地村民中的"观念领导者",然后通过"观念领导者"的家族宗族网络("先赋性强关系")进行扩散;在兰花种植技术扩散中、后期:以"建构性网络"和"功能性网络"进行扩散为主,政府和市场的作用逐渐增强,为适应兰花产业的市场化、专业化、商品化及社会化,当地兰花种植企业(农户)在平等互利、自愿互助、利益均沾、风险共担的基础上联合在一起,组建农民合作组织——兰花专业合作社、兰花协会,从事兰花的生产经营和技术服务活动,通过"生成性强关系"促进兰花种植技术的扩散。

试验区兰花种植技术扩散网络的演化过程符合演化经济地理学与关系经济地理学理论,随着时间的推移,各扩散主体的"社会—空间"关系不断发生变化。一方面,网络的演变及各扩散主体在网络中的地位和作用、相互间的关系受先前社会网络关系如血缘关系、亲缘关系、地缘关系及网络特征等的影响,即存在一定的路径依赖性;另一方面,随着扩散网络中新的节点(企业或农户等）不断形成，原有节点地位与作用的增强与减弱，加之地方政府政策引导，在原有扩散网络基础上，新的扩散网络不断生成，一定程度上实现了兰花种植技术扩散网络新的路径创造。

### （三）兰花技术生产效率（效应）

试验区兰花种植业"投入—产出"要素不尽合理，存在较大优化空间。样本种植户（企业）的平均综合技术效率值为 0.659 2，只有 8 家农户（企业）的综合技术效率为 1，处于 DEA 最优状态。在现有技术水平条件下，大部分兰花种植户（企业）的综合效率、纯技术效率、规模效率有较大的提升空间，要素投入存在或多或少的冗余现象，而产出则存在不足，各要素的投入与组合存在不同程度的偏差，需进行调整和优化，以提高生产效率。

### （四）兰花技术扩散效果的影响因素

结构方程模型分析结果表明：农户网络特征因素、农户对台湾农业的认知因素、台湾农业特点因素、台湾农业技术服务特点因素及基础条件因素等对兰花技术扩散效果具有显著正向影响，相应假说通过检验；农户创业特征因素及政策环境因素等 2 个因素对兰花技术扩散效果的影响不显著，相应假设没有通过检验。利用结构方程模型（SEM）对影响台湾农业技术扩散效果的因素进行分析，在方法上可以弥补简单二元回归分析方法的不足，能更好地对农业（兰花）技术扩散的影响因素进行解释，更加符合农业技术扩散的实际情况。同时，试验区特殊的地域文化——客家文化在促进兰花技术扩散的同时，也带来了一些消极影响，其一定程度上修正了传统的农户采纳农业技术理论（理性农户、非理性农户及计划行为理论）。

总体来说，由于受自身投资额度等因素的影响，宏观尺度上，台商大陆农业投资（技术扩散）对大陆农业发展的影响并不特别显著；而小区域尺度、微观尺度上，其对试验区兰花产业发展的影响则非常显著，在台商的带动下，试验区兰花产业经过 20 余年的发展，取得了骄人的成绩，如 2017 年"江尾兰花"小镇被广东省发展改革委确定为广东省首批特色小镇创建工作示范点，2018 年翁源县兰花产业园被确定为广东省第一批省级现代农业产业园；同年，全国兰花博览会首次在县级城市（翁源）举行，2019 年翁源兰花被认定为广东省第一批特色农产品优势区；与此同时，试验区兰花产业的发展大大增加了当地农户在家门口的就业机会，提高了其收入水平。台湾农业在大陆的技术扩散是一个复杂系统，其扩散特征、规律（宏观及微观尺度）受区域自然资源、基础设施、制度环境、政府政策、社会文化、习俗等方面的影响和制约的同时，也受我国特殊的人际关系之影响和制约，符合演化经济地理学和关系经济地理学的相关理论。

宏观尺度上，台商大陆农业投资的地域分布、投资额度等受前期台商农业投资的影响，存在较为明显的路径依赖效应，长期集中分布在东部沿海的广东、福建、江苏、浙江、上海、山东等省市；同时，在这个开放系统中，台商的农业投资行为是不能被完全控制的。经济发展过程因受到经济主体的策略和行为与现存的发展路径不一致的影响，会存在较大变数，在企业家精神、国家及区域政策战略引导的影响和作用下，路径依赖效应完全有可能被打破，从而实现全新的发展路径；台商农业投资集中分布在东部沿海省份的同时，有北移之趋势。

微观尺度上，台湾农业技术扩散（兰花种植）亦是一个复杂系统，同时，也是一个功能逐渐完善的网络演化过程，其扩散网络的结构与特征在时间上和空间上不断发生变化，各扩散主体的"社会—空间"关系亦不断发生改变。先前的扩散网络（主要以宗族家族网络为中心，以台商企业为中心）影响到后续扩散网络（主要以兰花专业合作社、兰花协会、大学与科研机构为中心）的形成，兰花技术扩散网络存在一定的路径依赖效应；与此同时，在当地政府政策的引导下，在大学与科研机构、兰花专业合作社、兰花协会等的技术支持和带动下，越来越多的当地农户开始投资种植兰花，兰农之间技术交流的范围和对象不断发生新的变化，新的网络节点不断形成；各扩散主体在网络中的地位和作用亦不断优化，"以宗族家族为中心、以台企为中心"的扩散网络结构逐渐被"以兰花专业合作社、兰花协会、大学与科研机构为中心"的功能性扩散网络取代，家族宗族及台企在扩散网络中的地位不断淡化，兰花专业合作社、兰花协会、大学与科研机构等在扩散网络中的地位不断得到加强。

## 第二节 创新与展望

### 一、创新之处

本研究从宏观和微观层面，分别探讨了台湾农业技术在大陆扩散的特征、效应及影响因素，可能的创新之处如下。

研究理论上：一定程度上丰富了 FDI 理论，台商大陆农业投资符合主流 FDI 理论，但由于两岸特殊的政治地缘关系，其又有别于一般的 FDI；同时，一定程度上拓展了农业技术扩散机制的研究，由于特殊的政治背景，具有商业性特征的台湾农业技术在大陆扩散的主要动力源于当地政府的作用，市场作用次之。

研究内容上：将农村社会网络结构以及地域文化特色纳入定量研究范畴。与以往研究有所不同，将我国特殊的差序有别的"农村社会网络结构"及特殊的"地域文化特色"纳入研究范畴，定量分析了兰花技术在试验区扩散的时空演化特征及各扩散主体如台企、外地企业、本地企业（农户）、大学与科研机构、农民合作组织等在技术扩散网络中的地位、作用、网络关系，并探讨了不同时期兰花技术扩散的社会网络机制，相对以往对技术扩散的社会网络研究更加深入，更接近实际情况，一定程度上丰富了农业技术扩散理论。

研究方法上：在多种方法集成上有所突破。利用空间统计分析、数据包络分析、VAR及VEC分析、灰色关联分析、社会网络分析、结构方程分析等方法综合探讨了宏观与微观视角下台湾农业技术在大陆的扩散特征、效应及影响因素；特别是基于农户感知视角，利用结构方程模型，构建外因潜在变量和内因潜在变量，探讨了试验区兰花技术扩散效果的影响因素，在方法上可以弥补简单二元回归分析方法的不足，能更好地对农业技术扩散的影响因素进行解释。

## 二、研究展望

本研究从宏观和微观层面分析了台湾农业在大陆的技术扩散特征、效应及影响因素，得出一些有意义的结论，但还存在以下问题需要进一步探讨。

第一，宏观研究上，由于数据（台湾农业在大陆的具体扩散技术、扩散品种等）的可获取性问题，在参考相关研究（林兰、曾刚，2006；Buckley，1976；Kim，1987；邓启明，2014）的基础上，选取台商农业投资作为台湾农业在大陆技术扩散的指标变量，虽然能够基本上反映出台湾农业技术在大陆的扩散特征等问题，但可能与实际情况存在一定的偏差。在以后的研究过程中，在数据可获取的条件下，应尽可能完善农业技术扩散指标变量，如在台湾大陆农业投资中专门提取有关技术方面的投资金额；另外，可以选取一种或几种台湾先进农业品种（相较于大陆）或农业生产技术（如种植、育苗技术等），研究其在大陆、大陆东、中、西部及各省域的时空分布特征；研究结论可能更符合台湾农业技术在大陆扩散的实际情况，更具有实践指导意义。

第二，微观层面，只考虑了一个时间截面来研究台湾农业（兰花）技术在试验区扩散的社会网络特征，只考虑了2018年的网络关系，之前农户、台商、专业合作社、兰花协会等扩散主体的社会网络关系主要通过实地调研、访谈获取，没有形成时间上的纵向比较，研究结果可能与兰花技术实际扩散特征存在一定差异；另外，兰花生产效率的投入—产出分析，也仅考虑2017年的情况，没有形成兰花生产效率的时空变化分析，没有较好地体现出台商对兰花生产效率的影响；如条件允许，可以对相关企业建立连续多年的问卷调查数据，以探讨台湾农业技术在大陆扩散的网络及效率变化特点，研究结果可能更具有实践意义，更能指导试验区兰花产业发展。

第三，微观尺度下，利用结构方程模型（SEM）对试验区兰花种植扩散效果的影响因素进行分析时，得出的部分结论与已有文献不一致，应该是研究方法的不同及研究区域对象的差异所造成；特殊的地方文化一定程度上修正了传统的农户采纳农业技术理论，在对农业技术扩散进行分析时，要考虑基于社会文化的地方根植性特征。

第四，台湾农业技术对大陆的扩散效应已由技术带动效应逐渐向产业带动效应转变，产业带动效应的研究有待进一步加强；同时，随着大陆信息技术的快速发展，微信支付、支付宝支付、电商、微商等可对台湾农业起到反扩散作用，这些先进技术正逐渐影响到在大陆进行农业投资与经营的台商，大陆相关信息产业的发展对台湾农业技术的反扩散值得关注。

第五，宏观视角与微观视角下农业技术扩散的融合问题有待深入研究。宏观和微观不应该是独立的研究领域，微观相互作用过程中所涌现出的宏观模式，各扩散主体的社会—空间关系与不同尺度的经济过程缠绕在一起的机理等需要进一步深入研究。

# 参考文献

A. 恰亚诺夫,1996. 农民经济组织 [M]. 萧正洪,译. 北京:中央编译出版社.

埃弗雷特·M. 罗杰斯,2002. 创新的扩散 [M]. 辛欣,译. 4 版. 北京:中央编译出版社.

柏蓉,陈良蕾,田泽,2017. 经济新常态下外商直接投资对江苏农业经济发展的促进作用及对策分析 [J]. 江苏农业科学,45 (10):325-327.

蔡荣,韩洪云,2011. 合同生产模式与农户有机肥施用行为:基于山东 348 户苹果种植户的调查数据 [J]. 中国农业科学,44 (6):1 277-1 282.

蔡霞,宋哲,耿修林,等,2017. 社会网络环境下的创新扩散研究述评与展望 [J]. 科学学与科学技术管理,28 (4):73-84.

曹兴,柴张琦,2013. 技术扩散的过程与模型:一个文献综述 [J]. 中南大学学报(社会科学版),19 (4):14-22.

常向阳,韩园园,2014. 农业技术扩散动力及渠道运行对农业生产效率的影响研究:以河南省小麦种植区为例 [J]. 中国农村观察 (4):63-71.

陈光燕,庄天慧,杨浩,2015. 连片特困地区农业科技服务减贫成效影响因素分析:基于四川省 4 县农户的调研 [J]. 科技管理研究 (18):100-106.

陈红奎,吴永常,2009. 农户信息服务需求的调查分析 [J]. 中国人口·资源与环境,19 (1):169-172.

陈嘉,2016. 台商对大陆农业投资的技术扩散研究:以福建省为例 [D]. 福州:福建师范大学.

陈嘉,韦素琼,陈松林,2014. 1991 年来台商在大陆直接投资区位选择及驱动机制 [J]. 地理学报,69 (6):838-849.

陈杰,丁士军,2011. 农户对转基因技术的认知与采用行为分析:基于湖北与山东转基因抗虫棉种植的调查[J]. 华中农业大学学报（社会科学版）（1）：25-29.

陈劲, 李飞宇, 2001. 社会资本：对技术创新的社会学诠释[J]. 科学学研究, 19 (3): 102-107.

陈劲, 魏诗洋, 陈艺超, 2008. 创意产业中企业创意扩散的影响因素分析[J]. 技术经济, 27 (3): 37-45.

陈锟, 2010. 种子顾客的网络分布对创新扩散的影响[J]. 管理科学, 23 (1): 38-43.

陈品, 2013. 稻作方式的扩散及影响因素研究：基于江苏省的实证研究[D]. 扬州：扬州大学.

陈品, 王楼楼, 王鹏, 等, 2013. 农户采用不同稻作方式的影响因素分析：基于江苏省淮安市淮安区的农户调研数据[J]. 中国农业科学, 46 (5): 1 061-1 069.

陈其安, 孙方方, 2017. 工业化与城镇化进程中金融发展与能源消费的关系：基于VEC模型的实证分析[J]. 生态经济, 33 (1): 8-11.

陈世荣译, 2013. 社会网络分析方法 UCINET 的应用[M]. 高雄：巨流图书股份有限公司.

陈晓红, 汪照霞, 2007. 苏州农户兼业行为的因素分析[J]. 中国农村经济 (4): 25-31.

陈欣荣, 蔡希贤, 1996. 技术创新扩散与环境的互动机制及模型研究[J]. 科研管理 (3): 39-44.

陈新建, 杨重玉, 2015. 农户禀赋、风险偏好与农户新技术投入行为：基于广东水果种植农户的调查实证[J]. 科技管理研究 (17): 131-135.

陈彦光, 2009. 基于 Moran 统计量的空间自相关理论发展和方法改进[J]. 地理研究, 28 (6): 1 449-1 463.

陈玉萍, 张嘉强, 吴海涛, 等, 2010. 资源贫瘠地区农户技术采用的影响因素分析[J]. 中国人口·资源与环境, 20 (4): 130-136.

成刚, 2014. 数据包络分析方法与 MaxDEA 软件[M]. 北京：知识产权出版社.

程恩富, 彭文兵, 2002. 社会关系网络：企业新的资源配置形式[J]. 上海行政学院学报 (2): 79-90.

程广华, 2012. 农业科技创新与技术扩散机制分析[J]. 华东经济管理, 26 (12): 110-113.

储霞玲，马力，黄修杰，等，2016. 农业技术扩散主体的动力机制研究 [J]. 广东农业科学（2）：166-170.

褚彩虹，冯淑怡，张蔚文，2012. 农户采用环境友好型农业技术行为的实证分析：以有机肥与测土配方施肥技术为例 [J]. 中国农村经济（3）：68-77.

邓启明，2014. 海峡两岸现代农业合作研究：模式创新与运行机制 [M]. 北京：经济科学出版社.

邓启明，周继慧，黄跃东，等，2011. 台湾农民创业园发展条件建设进展及推进策略选择：基于浙、闽两省的调查分析 [J]. 亚太经济（6）：170-174.

邓衢文，2010. 基于技术创新服务平台的共性技术扩散机制 [D]. 北京：清华大学.

邓正华，杨新荣，张俊飚，2012. 政府主导下环境导向型农业技术扩散研究 [J]. 中国农业科技导报，14（6）：6-11.

丁玥，朱华晟，贺清灿，2017. 广东省创业活动的地区差异及其影响因素 [J]. 经济地理，37（11）：92-98.

丁正良，纪成君，2014. 基于VAR模型的中国进口、出口、实际汇率与经济增长的实证研究 [J]. 国际贸易问题（12）：91-101.

董欢，2015. 农业机械化的微观行为选择及其影响因素：基于农户禀赋及种植环节的实证分析 [J]. 农村经济（7）：85-90.

董景荣，2009. 技术创新扩散的理论、方法与实践 [M]. 北京：科学出版社.

方松海，孔祥智，2005. 农户禀赋对保护地生产技术采纳的影响分析：以陕西、四川和宁夏为例 [J]. 农业技术经济（3）：35-42.

费孝通，2006. 乡土中国 [M]. 上海：上海人民出版社.

冯晓龙，陈宗兴，霍学喜，2016. 干旱条件下农户适应性行为实证研究：来自1079个苹果种植户的调查数据 [J]. 干旱区资源与环境，30（3）：43-49.

冯晓龙，霍学喜，2016. 社会网络对农户采用环境友好型技术的激励研究 [J]. 重庆大学学报（社会科学版）（3）：72-81.

弗兰克·艾利思. 农民经济学：农民家庭农业和农业发展 [M]. 胡景北，译. 2版. 上海：上海人民出版社，2006.

傅家骥，1992. 技术创新：中国企业发展之路 [M]. 北京：企业管理出版社.

傅家骥, 1998. 技术创新学 [M]. 北京: 清华大学出版社.

高帆, 2015. 我国区域农业全要素生产率的演变趋势与影响因素: 基于省际面板数据的实证分析 [J]. 数量经济技术经济研究 (6): 3-20.

高瑛, 王娜, 李向菲, 等, 2015. 农户生态友好型农田土壤管理技术采纳决策分析: 以山东省为例 [J]. 农业经济问题 (1): 38-49.

苟露峰, 高强, 2016. 农户采用农业技术的行为选择与决定因素实证研究 [J]. 中国农业资源与区划, 37 (1): 65-72.

官童谣, 王蔚, 2013. 关于我国农业技术推广体系问题研究的文献述评 [J]. 农业经济研究 (1): 126-131.

郭锋, 但斌, 张旭梅, 2006. 基于技术服务中心的供应链技术扩散机制研究 [J]. 研究与发展管理, 18 (2): 28-33.

郭萍, 余康, 黄玉, 2013. 中国农业全要素生产率地区差异的变动与分解: 基于 Färe-Primont 生产率指数的研究 [J]. 经济地理, 33 (2): 141-145.

郭熙保, 罗知, 2009. 外资特征对中国经济增长的影响 [J]. 经济研究 (5): 52-65.

郭霞, 王龙俊, 董维春, 2008. 江苏省小麦品种技术扩散的差异分析 [J]. 南京农业大学学报 (社会科学版), 8 (1): 42-47.

郭艳军, 2017. 互联网思维下农业技术扩散体系重构 [J]. 农业经济 (3): 12-14.

国亮, 2011. 农业节水灌溉技术扩散研究 [D]. 杨凌: 西北农林科技大学.

国亮, 侯军岐, 2011. 农业节水灌溉技术扩散过程中的影响因素分析 [J]. 西安电子科技大学学报: 社会科学版, 21 (1): 50-55.

韩宝龙, 李琳, 刘昱含, 2010. 地理邻近性对高新区创新绩效影响效应的实证研究 [J]. 科技进步与对策, 27 (17): 40-43.

韩国明, 安杨芳, 2010. 贫困地区农民专业合作社参与农业技术推广分析: 基于农业技术扩散理论的视角 [J]. 开发研究 (2): 37-40.

韩青, 2004. 农业节水灌溉技术应用的经济分析 [D]. 北京: 中国农业大学.

韩园园, 常向阳, 2014. 河南省小麦种植区农业技术扩散动力机制实证研究 [J]. 安徽农业科学 (14): 4 504-4 506.

何均琳，2010. ECFA 签署后台商投资祖国大陆农业趋势探讨[J]. 福建农林大学学报（哲学社会科学版）（6）：112-116.

何骏，2012. 服务业集聚与引进服务业 FDI 的关系：基于我国东部主要城市面板数据的分析[J]. 中国经济（6）：47-55.

何泽军，李莹，2018. 基于 DEA-Malmquist 指数法中国农业全要素生产率变化特征分析[J]. 河南农业大学学报，52（5）：839-844.

贺灿飞，2018. 区域产业发展演化：路径依赖还是路径创造？[J]. 地理研究，37（7）：1253-1267.

贺灿飞，2018. 演化经济地理研究[M]. 北京：经济科学出版社.

贺灿飞，魏后凯，2001. 信息成本、集聚经济与中国外商投资区位[J]. 中国工业经济（9）：38-45.

贺祥，林振山，刘会玉，等，2016. 基于灰色关联模型对江苏省 PM2.5 浓度影响因素的分析[J]. 地理学报，71（7）：1 119-1 129.

贺志武，雷云，陆迁，2018. 技术不确定性社会网络对农户节水灌溉技术采用的影响：以甘肃省张掖市为例[J]. 干旱区资源与环境，32（5）：59-63.

侯博，应瑞瑶，2015. 分散农户低碳生产行为决策研究：基于 TPB 和 SEM 的实证分析[J]. 农业技术经济（2）：4-13.

胡春阳，鲍步云，刘朝臣，2011. 基于 VAR 模型的产业结构变动与农业经济增长关系研究：以安徽省为例[J]. 经济经纬（6）：57-61.

胡海华，2016. 社会网络强弱关系对农业技术扩散的影响：从个体到系统的视角[J]. 华中农业大学学报（社会科学版）（5）：47-54.

胡雪枝，钟甫宁，2012. 农村人口老龄化对粮食生产的影响：基于农村固定观察点数据的分析[J]. 中国农村经济（7）：29-39.

胡志丹，王奎，武柏鑫，等，2011. 社会技术对农业技术创新与扩散的影响分析[J]. 科技进步与对策，28（8）：55-59.

黄武，韩喜秋，朱国美，2012. 花生种植户新品种采用的影响因素分析：以安徽省滁州市为例[J]. 农业技术经济（12）：12-21.

黄晓锋，刘加洪，2017. 客家文化的历史性意蕴与当代性审视[J]. 华南师范大学学报（社会科学版）（5）：15-21.

黄玉祥，韩文霆，周龙，等，2012. 农户节水灌溉技术认知及其影响因素分析[J]. 农业工程学报，28（18）：113-120.

阚放，2014. 我国农业利用 FDI 对农业增长的实证分析[J]. 农业经济

(10): 3-6.

康凯, 2004. 技术扩散的理论与模型 [M]. 天津: 天津大学出版社.

康凯, 张会云, 张志颖, 2002. 技术创新时空扩散的数学模型与模拟 [J]. 河北工业大学学报, 31 (6): 18-25.

旷浩源, 2014a. 农村社会网络与农业技术扩散的关系研究: 以 G 乡养猪技术扩散为例 [J]. 科学学研究, 32 (10): 1 518-1 525.

旷浩源, 2014b. 农业技术扩散中信息资源获取模式研究: 基于社会网络视角 [J]. 情报杂志, 33 (7): 194-198.

黎元生, 2008. 福建台商农业投资及其增长效应分析 [J]. 中共福建省委党校学报 (6): 76-80.

李陈, 叶磊, 2018. 中国分省人口文化素质的区域差异研究: 1982—2010 [J]. 干旱区资源与环境, 32 (1): 1-7.

李谷成, 陈宁陆, 闵锐, 2011. 环境规制条件下中国农业全要素生产率增长与分解 [J]. 中国人口·资源与环境, 21 (11): 153-160.

李航飞, 2008. 福建省县域城镇化发展水平区域差异研究 [D]. 福州: 福建师范大学.

李航飞, 韦素琼, 陈松林, 2017. 海峡西岸经济区市域经济网络结构及成因分析 [J]. 经济地理, 37 (7): 63-70, 78.

李航飞, 魏少彬, 2019. 台湾农业在大陆技术扩散研究文献综述 [J]. 农业经济 (3): 41-43.

李后建, 2012. 农户对循环农业技术采纳意愿的影响因素实证分析 [J]. 中国农村观察 (2): 28-37.

李郇, 丁行政, 2007. 空间集聚与外商直接投资的区位选择: 基于珠江三角洲地区的实证分析 [J]. 地理科学, 27 (5): 36-41.

李季, 任晋阳, 韩一军, 2012. 农业技术扩散研究综述 [J]. 农业技术经济 (6): 48-51.

李建伟, 冼国明, 2010. 后向关联途径的外商直接投资溢出效应分析 [J]. 国际贸易问题 (4): 73-79.

李敬锁, 王晓雷, 牟少岩, 2015. 农业科技计划投入与农业经济增长关系的实证研究: 以青岛市为例 [J]. 浙江农业学报, 27 (7): 1 288-1 293.

李俊利, 2011. 我国资源节约型农业技术扩散问题研究 [D]. 武汉: 华中农业大学.

李坤,王建,2005. 创业精神的地域文化分析:兼论南京地域文化对南京市民创业活动的影响 [J]. 南京社会科学 (9):396-403.

李楠楠,李同昇,于正松,等,2014. 基于Logistic-ISM模型的农户采用新技术影响因素:以甘肃省定西市马铃薯种植技术为例 [J]. 地理科学进展,33 (4):542-551.

李普峰,李同升,满明俊,等,2010. 农业技术扩散的时间过程及空间特征分析:以陕西省苹果种植技术为例 [J]. 经济地理,34 (4):647-651.

李同昇,罗雅丽,2016. 农业科技园区的技术扩散 [J]. 地理研究,35 (3):419-430.

李文华,2018. 基于DEA-Malmquist指数的中国农业全要素生产率时空差异及影响因素分析 [J]. 山东农业大学学报(社会科学版)(2):96-103.

李小建,罗庆,2007. 经济地理学的关系转向评述 [J]. 世界地理研究,16 (4):19-27.

李晓梅,孙晖,2018. 基于BCC-DEA的区块链概念股上市公司投入产出效率测度 [J]. 中国流通经济 (7):45-55.

李玉贝,陆迁,郭格,2017. 社会网络对农户节水灌溉技术采用的影响:同质性还是异质性? [J]. 农业现代化研究,38 (6):978-986.

厉无畏,2009. 创意改变中国 [M]. 北京:新华出版社.

梁丹,吕永龙,史雅娟,等,2005. 技术扩散研究进展 [J]. 科研管理,26 (4):29-34.

梁银锋,陈雯婷,谭晶荣,2018. 全球化对中国农业生产性服务业的影响 [J]. 农业技术经济 (7):4-18.

林炳坤,吕庆华,2015. 创意农业合作绩效实证研究 [J]. 山西财经大学学报,37 (3):70-81.

林兰,曾刚,2006. 技术扩散与全球技术二元现象研究初探 [J]. 世界经济研究 (4):23-29.

林兰,曾刚,2007. 技术扩散对高新技术企业布局的影响 [J]. 科技进步与对策 (2):78-83.

林翊,2008. 福建农业利用台资效率研究 [J]. 重庆工商大学学报(西部论坛),18 (6):48-56.

刘德钦,刘宇,薛新玉,2002. 中国人口分布及空间相关分析 [J]. 遥感信息（6）：2-5.

刘佛翔，张丽君，1999. 我国农业技术创新与扩散模式探讨［J］. 农业现代化研究（5）：294-297.

刘辉，李小芹，李同升，2006. 农业技术扩散的因素和动力机制分析：以杨凌农业示范区为例［J］. 农业现代化研究，27（3）：178-181.

刘军，2014. 整体网分析：UCINET软件实用指南［M］. 2版. 上海：格致出版社，上海人民出版社.

刘磊，刘永萍，2017. 新疆人口数量变化能否促进经济增长？——基于VEC模型的动态实证研究［J］. 西北人口，38（1）：105-112.

刘乃郗，韩一军，王萍萍，2018. FDI是否提高了中国农业企业全要素生产率？——来自99 801家农业企业面板数据的证据［J］. 中国农村经济（4）：90-104.

刘宁豫，马兰，马勇，2007. 河南省节水灌溉及其对策研究［J］. 地域研究与开发，26（1）：118-121.

刘晓敏，王慧军，2015. 河北省农户采用小麦玉米微喷灌节水技术意愿及影响因素分析［J］. 节水灌溉（12）：73-76.

刘晓敏，王慧军，李运朝，2010. 太行山前平原区农户采用小麦玉米农艺节水技术意愿影响因素的实证分析［J］. 中国生态农业学，18（5）：1 099-1 105.

刘笑明，2007. 农业技术创新扩散的影响因素及其改进［J］. 中国科技论坛（5）：50-53.

刘笑明，李同昇，张建忠，2011. 基于小麦良种的农业技术创新扩散研究［J］. 农业系统科学与综合研究，27（2）：148-153.

刘亚，2012. 农民社会网络及其对信息交流的影响［J］. 情报研究，56（8）：47-55.

刘妍，王哲，2018. 食用菌出口结构与产业增长的互进关系：基于VAR模型的分析［J］. 中国农业资源与区划，39（3）：55-63，131.

刘耀彬，周依仿，王希祖，等，2015. 市场一体化视角下FDI对经济发展影响的门槛效应研究：以长江经济带为例［J］. 经济问题探索（6）：118-125.

刘宇峰，汪泓涓，赵一夫，等，2016. 台湾农民创业园评价指标体系构建与实证分析：以福建为例［J］. 福建农业学报，31（7）：783-790.

刘玉振，周灿，乔家君，2012. 欠发达农区特色种植空间扩散研究：以河

南省大营村为例 [J]. 经济地理, 32 (2): 16-20.

龙冬平, 李同昇, 芮旸, 等, 2015. 特色种植农户对不同技术供给模式的行为响应: 以陕西省周至县猕猴桃种植示范村为例 [J]. 经济地理, 35 (5): 135-142.

龙冬平, 李同昇, 于正松, 2014. 农业技术扩散中的农户采用行为研究: 国外进展与国内趋势 [J]. 地域研究与开发, 33 (5): 132-139.

卢东宁, 2011. 农业技术创新的政府补贴策略研究 [J]. 农村经济 (10): 86-88.

陆彩明, 2004. 经济发达地区农户对轻型农业技术采用的实证研究 [D]. 北京: 中国农业大学.

陆文聪, 余安, 2011. 浙江省农户采用节水灌溉技术意愿及其影响因素 [J]. 中国科技论坛 (11): 136-142.

陆云, 2001. 台商赴大陆投资农林牧渔业与食品工业之分析 [J]. 农业与经济 (中国台湾) (26): 32-37.

罗富民, 2018. 农业地理集聚对农业机械化技术进步的影响: 基于丘陵山区的实证分析 [J]. 中国农业资源与区划, 39 (3): 193-200.

罗小锋, 2010. 农户对生产中科技作用的认知及影响因素分析: 基于9省1311户农户的调查 [J]. 农业技术经济 (8): 80-86.

罗颖, 陈爱丽, 郑逸芳, 2017. 农户对闽台农业协同创新技术采纳意愿的影响因素分析: 以福建省漳浦县为例 [J]. 台湾农业探索 (1): 1-6.

马述忠, 陈颖, 王笑笑, 2013. 农业FDI对中国粮食安全的动态影响研究: 基于种业研发能力视角 [J]. 管理世界 (7): 71-79.

马巍, 王春平, 李旭, 2016. 农业FDI的技术溢出效应: 基于27省面板门槛模型实证分析 [J]. 经济地理, 36 (7): 167-172.

马晓冬, 孙晓欣, 2016. 2000年以来江苏省农业转型发展的时空演变及问题区识别: 基于全要素生产率的视角 [J]. 经济地理, 36 (7): 132-138.

满明俊, 李同昇, 李树奎, 等, 2010. 技术环境对西北传统农区农户采用新技术的影响分析: 基于三种同属性农业技术的调查研究 [J]. 地理科学, 30 (1): 66-74.

满明俊, 周民良, 李同昇, 2011. 农业技术采用的空间效应分析: 基于陕西、甘肃、宁夏三省区的调查 [J]. 统计与信息论坛, 26 (2): 101-106.

孟斌, 王劲峰, 张文忠, 等, 2005. 基于空间分析方法的中国区域差异研究 [J]. 地理科学, 25 (4): 393-400.

牟爱州, 2016. 小麦种植大户农业新技术需求意愿影响因素分析: 基于河南省790户小麦种植大户的调查数据 [J]. 南方农业学报, 47 (4): 684-690.

倪浩, 刘志民, 2019. 家庭农场互联网农业技术采纳行为及影响因素研究: 以江苏省9市270户家庭农场为例 [J]. 南京社会科学 (2): 34-40, 50.

潘峰, 2006. 农民的经济行为是否符合理性? ——学术争论的回顾与思考 [J]. 农村经济 (11): 81-84.

潘少奇, 李亚婷, 苗长虹, 2015. 河南省县域人均粮食占有量空间格局演化 [J]. 地域研究与开发, 34 (1): 132-137.

彭继增, 孙中美, 黄昕, 2015. 基于灰色关联理论的产业结构与经济协同发展的实证分析: 以江西省为例 [J]. 经济地理, 35 (8): 123-128.

齐敦品, 2005. 加快构建农业技术扩散新机制 [J]. 江苏农业科学 (2): 6-8.

齐振宏, 梁凡丽, 周慧, 等, 2012. 农户水稻新品种选择影响因素的实证分析——基于湖北省的调查数据 [J]. 中国农业大学学报, 17 (2): 164-170.

齐振宏, 王培成, 喻宏伟, 等, 2009. 稻农选择新技术意愿影响因素的实证研究 [J]. 中国科技论坛 (9): 123-128.

钱加荣, 穆月英, 陈阜, 等, 1996. 我国农业技术补贴政策及其实施效果研究: 以秸秆还田补贴为例 [J]. 中国农业大学学报, 16 (2): 165-171.

乔丹, 陆迁, 徐涛, 2017a. 社会网络、推广服务与农户节水灌溉技术采用: 以甘肃省民勤县为例 [J]. 资源科学, 39 (3): 441-450.

乔丹, 陆迁, 徐涛, 等, 2017b. 信息渠道、学习能力与农户节水灌溉技术选择: 基于民勤绿洲的调查研究 [J]. 干旱区资源与环境, 31 (2): 20-24.

让·博西玛, 让·马丁, 2016. 演化经济地理学手册 [M]. 李小建, 罗庆, 彭宝玉, 等, 译. 北京: 商务印书馆.

任爱荣, 2009. 开拓海峡两岸农业合作新视野论文集 [M]. 北京: 中国农业出版社.

任重, 薛兴利, 2016. 粮农无公害农药使用意愿及其影响因素分析: 基于 609 户种粮户的实证研究 [J]. 干旱区资源与环境, 30 (7): 31-36.

邵喜武, 2013. 多元化农业技术推广体系建设研究 [M]. 北京: 光明日报出版社.

沈悦, 李善桑, 马续涛, 2012. VAR 宏观计量经济模型的演变与最新发展: 基于 2011 年诺贝尔经济学奖得主 Sims 研究成果的拓展脉络 [J]. 数量经济技术经济研究 (10): 150-160.

盛亚, 2002. 技术创新扩散与新产品营销 [M]. 北京: 中国发展出版社: 35-52.

石洪景, 2015. 农户采纳台湾农业技术行为及其影响因素分析: 基于制度及其认知视角的分析 [J]. 湖南农业大学学报: 社会科学版, 16 (1): 25-30.

石洪景, 2015. 农户对台湾农业技术的采用行为研究: 基于福建省漳浦县的调查数据 [J]. 科技管理研究 (17): 136-145.

石瑜敏, 2004. 农户采用优质稻新技术影响因素的研究 [D]. 北京: 中国农业大学.

史焱文, 李二玲, 李小建, 2016. 地理邻近、关系邻近对农业产业集群创新影响: 基于山东省寿光蔬菜产业集群实证研究 [J]. 地理科学, 36 (5): 751-759.

史焱文, 李二玲, 李小建, 等, 2015. 基于 SNA 的农业产业集群创新网络与知识流动分析: 以寿光蔬菜产业集群、鄢陵花木产业集群为例 [J]. 经济地理, 35 (8): 114-122.

斯通曼, 1989. 技术变革的经济分析 [M]. 北京技术经济和管理现代化研究会技术经济学组, 译. 北京: 机械工业出版社.

宋建晓, 贺亚萍, 黄森慰, 2015. 基于 SWOT-PEST 模型的福建台湾农民创业园发展战略分析 [J]. 福建论坛: 人文社会科学版 (4): 148-153.

宋军, 胡瑞法, 黄季, 1998. 农民的农业技术选择行为分析 [J]. 农业技术经济 (6): 36-39, 44.

苏荟, 2013. 资源禀赋对农业技术诱致性选择研究: 以兵团棉花滴灌技术为例 [J]. 科研管理 (34): 145-151.

苏岚岚, 彭艳玲, 孔荣, 2016. 农民创业能力对创业获得感的影响研究: 基于创业绩效中介效应与创业动机调节效应的分析 [J]. 农业技术经济 (12): 63-75.

孙艳香, 肖文, 2015. 台湾农民创业园在大陆的区位选择及发展策略研究 [J]. 浙江农业学报, 27 (7): 1 272-1 279.

孙兆慧, 2013. 台商投资大陆农业的区域特征分析 [J]. 国际经济合作 (7): 34-37.

孙致陆, 李先德, 2014. 农业 FDI 提升了中国农业全要素生产率吗: 基于面板数据随机前沿函数模型的分析 [J]. 国际商务 (3): 54-62.

唐博文, 罗小锋, 秦军, 2010. 农户采用不同属性技术的影响因素分析: 基于 9 省 (区) 2110 户农户的调查 [J]. 中国农村经济 (6): 49-57.

陶佩君, 2007. 社会化小农户的农业技术创新扩散研究 [D]. 天津: 天津大学.

陶群山, 胡浩, 王其巨, 2013. 环境约束条件下农户对农业新技术采纳意愿的影响因素分析 [J]. 统计与决策 (1): 106-110.

童洪志, 刘伟, 2018. 政策选择对农户保护性耕作技术采纳行为的动态影响分析 [J]. 科技管理研究 (18): 26-35.

屠年松, 李彦, 2015. 城市扩张、对外贸易与经济增长的关系: 以广西为例 [J]. 城市问题 (11): 53-59.

汪辉平, 王增涛, 王美霞, 2017. 对中国农业全要素生产率的空间溢出效应 [J]. 西北农林科技大学学报 (社会科学版), 17 (1): 123-129.

汪涛, 曾刚, 2008. 地理邻近与上海浦东高技术企业创新活动研究 [J]. 世界地理研究, 17 (1): 47-53.

汪行, 范中启, 2017. 技术进步、能源结构与能源效率的动态关系研究: 基于 VAR 模型的实证分析 [J]. 干旱区地理, 40 (3): 700-704.

王琛, 吴敬学, 2016. 农户粮食种植技术选择意愿影响研究 [J]. 华南农业大学学报 (社会科学版), 15 (1): 45-53.

王崇桃, 李少昆, 韩伯棠, 等, 2016. 地膜玉米技术扩散实证分析 [J]. 中国管理科学 (10): 535-540.

王格玲, 陆迁, 2015. 社会网络影响农户技术采用倒 U 型关系的检验: 以甘肃省民勤县节水灌溉技术采用为例 [J]. 农业技术经济 (10): 92-106.

王格玲, 陆迁, 2016. 社会网络影响农户技术采用的路径研究: 以民勤节水灌溉为例 [J]. 华中科技大学学报 (社会科学版), 30 (5): 83-91.

王宏, 2012. 集聚效应与农业外商直接投资的区位选择: 基于 1999—2009 年中国省际面板数据分析 [J]. 国际贸易问题 (3): 115-124.

王宏, 2013. 农业资源禀赋的地区差异与农业 FDI 的区位选择: 基于中国省际数据的实证研究 [J]. 南方农村 (4): 10-15.

王劲屹, 2018. 农村金融发展、资本存量提升与农村经济增长 [J]. 数量经济技术经济研究 (2): 64-81.

王开明, 张琦, 2005. 技术创新扩散及其壁垒: 微观层面的分析 [J]. 科学学研究, 23 (1): 139-143.

王奇, 陈海丹, 王会, 2012. 农户有机农业技术采用意愿的影响因素分析: 基于北京市和山东省 250 户农户的调查 [J]. 农村经济 (2): 99-103.

王胜, 2010. 基于 SWOT 分析的重庆台湾农民创业园发展战略研究 [J]. 台湾农业探索 (6): 8-52.

王水连, 辛贤, 2017. 农户甘蔗种植机械化的因素解析: 诱因及交互效应 [J]. 中国农业大学学报 (社会科学版), 34 (1): 83-93.

王伟光, 侯军利, 白雪飞, 2016. 国有企业创新发展与东北三省经济增长: 基于 VEC 模型的分析 [J]. 地理科学, 36 (9): 1 293-1 300.

王武科, 李同昇, 刘笑明, 2009. 不同尺度下农业创新技术空间扩散的实证研究: 以中国果业协会果业技术扩散为例 [J]. 人文地理, 24 (1): 76-80.

王孝斌, 李福刚, 2007. 地理邻近在区域创新中的作用机理及其启示 [J]. 经济地理, 27 (4): 543-546.

王秀东, 王永春, 2008. 基于良种补贴政策的农户小麦新品种选择行为分析: 以山东、河北、河南三省八县调查为例 [J]. 中国农村经济 (7): 24-31.

王雅凤, 郑逸芳, 许佳贤, 等, 2015. 农户农业新技术采纳意愿的影响因素分析: 基于福建省 241 个农户的调查 [J]. 资源开发与市场, 31 (10): 1 204-1 208.

王雅鹏, 2014. 农业技术经济学 [M]. 2 版. 北京: 高等教育出版社.

王燕武, 李静, 李文溥, 2014. 农业 FDI 与当地农民增收: 基于闽台农业合作的研究 [J]. 经济与管理研究 (6): 49-57.

王莹, 2008. 基于生态产业链的绿色技术创新扩散机制分析 [D]. 沈阳: 东北大学.

王泽宇, 卢函, 孙才志, 2017. 中国海洋资源开发与海洋经济增长关系 [J]. 经济地理, 37 (11): 117-126.

王志刚，王嘉，阮刘青，等，2007. 农户采用水稻高产栽培技术的行为分析 [J]. 中国稻米（1）：7-10.

王志刚，王磊，阮刘青，等，2007. 农户采用水稻轻简栽培技术的行为分析 [J]. 农业技术经济（3）：102-107.

韦开蕾，2015. 基于FDI溢出效应的农业生产技术效率的地区差异 [J]. 社会科学家（10）：60-65.

韦素琼，蔡文静，2009. 台商农业投资对福建漳州农业发展的贡献 [J]. 台湾农业探索（3）：1-5.

魏文川，赵威威，2013. 区域社会资本对农业技术创新的影响研究 [J]. 农业经济（4）：12-14.

文长存，吴敬学，2016. 农户"两型农业"技术采用行为的影响因素分析：基于辽宁省玉米水稻种植户的调查数据 [J]. 中国农业大学学报，21（9）：179-187.

文余源，2008. FDI理论与区位决策研究述评 [J]. 地理科学进展，27（2）：62-73.

沃尔特·恩德斯，2017. 应用计量经济学：时间序列分析 [M]. 杜江，袁景安，译. 4版. 北京：机械工业出版社：224.

吴比，刘俊杰，徐雪高，等，2016. 农户组织化对农民技术采用的影响研究：基于11省1022个农户调查数据的实证分析 [J]. 农业技术经济（8）：25-33.

吴凤娇，2014. 集聚效应与台商农业直接投资区位选择：基于大陆省际面板数据的最新考证 [J]. 广西师范大学学报：哲学社会科学版，50（6）：57-63.

吴凤娇，李非，2010. 台商对大陆农业直接投资的区位分异及其成因分析 [J]. 农业经济问题（11）：73-79.

吴明隆，2009. 结构方程模型：AMOS的操作与应用 [M]. 2版. 重庆：重庆大学出版社.

吴茹燕，石巧玲，傅玮韡，等，2017. 台湾在闽农业FDI技术溢出效应及渠道的影响因素分析 [J]. 宁德师范学院学报：哲学社会科学版（1）：34-39.

武春友，戴大双，苏敬勤，1997. 技术创新扩散 [M]. 北京：化学工业出版社.

项诚，贾相平，黄季焜，等，2012. 农业技术培训对农户氮肥施用行为的影响：基于山东省寿光市玉米生产的实证研究 [J]．农业技术经济 (9)：4-12．

肖建英，谭术魁，程明华，2012．保护性耕作的农户响应意愿实证研究 [J]．中国土地科学，26 (12)：57-63．

熊广勤，殷宇飞，2014．FDI 在中国西部地区的区位选择：1988-2011 [J]．经济问题探索 (9)：62-67．

徐辉，刘俊，2016．广东省区域技术创新能力测度的灰色关联分析 [J]．地理科学，32 (9)：1075-1080．

徐康宁，王剑，2006．外商直接投资地理性聚集的国（地区）别效应：江苏例证 [J]．经济学，5 (3)：761-776．

许标文，董微，2011．外商直接投资的技术外溢对农产品加工业影响研究 [J]．台湾农业探索 (1)：19-22．

许和连，魏颖绮，赖明勇，2007．外商直接投资的后向链接溢出效应研究 [J]．管理世界 (4)：24-31．

许朗，刘金金，2013．农户节水灌溉技术选择行为的影响因素分析：基于山东省蒙阴县的调查数据 [J]．中国农村观察 (6)：45-52．

许庆瑞，2000．研究、发展与技术创新管理 [M]．北京：高等教育出版社．

许庆瑞，盛亚，1993．技术扩散国内外研究综述 [J]．科学管理研究 (4)：11-14．

薛艳，郭淑静，徐志刚，2014．经济效益、风险态度与农户转基因作物种植意愿：对中国五省 723 户农户的实地调查 [J]．南京农业大学学报（社会科学版），14 (4)：25-31．

薛洲，曹光乔，2017．农户采纳信息服务意愿分析 [J]．华南农业大学学报：社会科学版，16 (2)：60-70．

颜鹏飞，王兵，2004．技术效率、技术进步与生产效率增长：基于 DEA 的实证分析 [J]．经济研究 (12)：55-65．

杨斌，2009．2000—2006 年中国区域生态效率研究：基于 DEA 方法的实证分析 [J]．经济地理，29 (7)：1197-1202．

杨燕，翟印礼，2017．林农采用林业技术行为及影响因素分析：以辽宁省半干旱地区为例 [J]．干旱区资源与环境，31 (3)：101-106．

杨晔，2007．外商在华直接投资区位选择的实证研究 [J]．科技管理研究 (1)：248-251．

杨志海, 2018. 老龄化、社会网络与农户绿色生产技术采纳行为: 来自长江流域六省农户数据的验证 [J]. 中国农村观察 (4): 44-58.

杨志海, 王雅鹏, 麦尔旦·吐尔孙, 2015. 农户耕地质量保护性投入行为及其影响因素分析: 基于兼业分化视角 [J]. 中国人口·资源与环境, 25 (12): 105-112.

姚科艳, 陈利根, 刘珍珍, 2018. 农户禀赋、政策因素及作物类型对秸秆还田技术采纳决策的影响 [J]. 农业技术经济 (12): 64-75.

姚文, 2016. 家庭资源禀赋、创业能力与环境友好型技术采用意愿: 基于家庭农场视角 [J]. 经济经纬, 33 (1): 36-41.

叶敬忠, 2009. 农民发展创新中的社会网络 [J]. 农业经济问题 (9): 37-42.

尹小剑, 唐天伟, 2010. 国际FDI理论比较研究综述: 兼论对我国FDI的启示 [J]. 前沿 (17): 81-85.

应瑞瑶, 朱勇, 2015. 农业技术培训方式对农户农业化学投入品使用行为的影响: 源自实验经济学的证据 [J]. 中国农村观察 (1): 50-60.

于雅雯, 余国新, 2015. 农业信息服务供需现状及对策研究: 基于新疆784个样本农户的实证调查 [J]. 调研世界 (4): 41-46.

于正松, 2014. 农业科技园技术扩散的农户采用行为研究: 以马铃薯种植技术为例 [D]. 西安: 西北大学.

于正松, 李同昇, 李献波, 等, 2013. 西北地区农业技术扩散环境的空间分异: 以陕、甘、宁县域为例 [J]. 地理科学进展, 32 (4): 618-626.

余迎新, 许立新, 2001. 技术创新空间扩散的研究现状与展望 [J]. 天津工业大学学报, 20 (6): 1-6.

俞宁, 2014. 农民农业创业机理与实证研究 [M]. 杭州: 浙江大学出版社.

喻永红, 张巨勇, 2001. 农户采用水稻IPM技术的意愿及其影响因素基于湖北省的调查数据 [J]. 中国农村经济 (11): 77-86.

袁凤歧, 2011. 农业节水技术扩散机制研究 [D]. 泰安: 山东农业大学.

袁明达, 朱敏, 2015. 国内农业技术推广体系研究述评与展望 [J]. 技术经济与管理研究 (4): 104-108.

臧新, 李菡, 2009. 农业外资区位分布影响因素的实证研究: 以江苏省为例 [J]. 国际贸易问题 (10): 42-48.

曾刚, 2002. 技术扩散与区域经济发展 [J]. 地域研究与开发, 21 (3):

38-41.

曾刚，林兰，2004. 技术扩散与高技术企业区位研究 [M]. 北京：科学出版社.

曾刚，林兰，2006. 不同空间尺度的技术扩散影响因子研究 [J]. 科学学与科学技术管理（2）：22-27.

詹姆斯·斯科特，2001. 农民的道义经济学：东南亚的反叛与生存 [M]. 程立显，刘建，等，译. 南京：译林出版社.

展进涛，陈超，2009. 劳动力转移对农户农业技术选择的影响：基于全国农户微观数据的分析 [J]. 中国农村经济（3）：75-84.

张彬飞，2017. 户主特征、要素禀赋与现代农业技术扩散行为：以江西省为例 [J]. 农村经济与科技，28（3）：30-33.

张博，李思经，2007. 浅谈新农村建设中农业信息服务模式的创新 [J]. 中国农学通报，23（4）：430-434.

张彩霞，2010. 外商在华农业投资区位选择的实证分析 [J]. 财经论丛（3）：1-6.

张春梅，张小林，徐海英，等，2018. 基于空间自相关的区域经济极化结构演化研究：以江苏省为例 [J]. 地理科学，38（4）：557-563.

张春敏，2007. "专家+龙头企业+农户"技术扩散机制的经济学分析 [J]. 农业经济（8）：53-55.

张国方，曾娟，2002. 基于网络环境的技术扩散机制研究 [J]. 科技进步与对策（8）：69-71.

张辉玲，崔建勋，马力，等，2013. 水稻"三控"施肥技术创新扩散过程中的障碍因素分析 [J]. 南方农业学报，44（12）：2 107-2 112.

张建忠，2007. 农业科技园技术创新扩散理论与实证研究：以杨凌示范区为例 [D]. 西安：西北大学.

张珂，程久苗，费罗成，等，2018. 安徽省土地城镇化空间分异特征及驱动因素识别 [J]. 资源科学，40（10）：2 060-2 072.

张蕾，陈超，展进涛，2018. 农户农业技术信息的获取渠道与需求状况分析：基于13个粮食主产省份411个县的抽样调查 [J]. 农业经济问题（11）：78-84，111.

张勤，李海勇，2012. 入世以来我国在国际贸易中角色地位变化的实证研究：以社会网络分析为方法 [J]. 财经研究，38（10）：79-89.

张然斌，刘解龙，刘建江，2007. 基于需求方企业的循环技术扩散机制研

究 [J]. 财经理论与实践, 28 (145): 111-115.

张伟, 朱玉春, 2012. 农业技术扩散研究综述 [J]. 科技与经济, 25 (5): 53-57.

张毅瑜, 2015. 台商投资对福建农业经济的影响与对策建议: 基本资本深化的视角 [J]. 台湾农业探索 (3): 18-21.

张忠明, 钱文荣, 2014. 不同兼业程度下的农户土地流转意愿研究: 基于浙江的调查与实证 [J]. 农业经济问题 (3): 19-24.

赵放, 薛乔, 2017. FDI 对东道国经济发展的溢出效应: 文献综述 [J]. 技术经济, 36 (2): 123-132.

赵连阁, 蔡书凯, 2012. 农户 IPM 技术采纳行为影响因素分析 [J]. 农业经济问题 (3): 50-57.

赵新刚, 闫耀民, 郭树东, 2006. 企业产品创新的扩散与采纳者的行为决策模式研究 [J]. 中国管理科学, 14 (5): 98-103.

赵一夫, 薛莉, 2010. 大陆台资农业的区域分布特征 [J]. 经济地理, 30 (1): 110-113.

赵永, 2018. 空间数据统计分析的思想起源与应用演化 [J]. 地理研究, 37 (10): 2058-2074.

赵政原, 刘志高, 2019. 演化经济地理学视角下旅游目的地研究述评及启示 [J]. 地理科学进展, 38 (1): 101-110.

郑春华, 黄和亮, 2014. 基于产业集群的农业技术扩散系统研究 [J]. 福建论坛 (人文社会科学版) (6): 23-26.

郑红维, 吕月河, 张亮, 等, 2011. 基层农业技术推广体系构建及运行机制研究: 基于河北省 640 个农户的调查分析 [J]. 中国科技论坛 (2): 125-132.

郑火国, 胡海燕, 2005. 论农业信息服务的模式及其在"三农"中的作用 [J]. 农业图书情报学刊, 17 (2): 137-139, 188.

郑家喜, 宋彪, 2013. 基层公益性农业科技推广的困境与对策: 对湖北省的调查分析 [J]. 科技进步与对策, 30 (12): 78-80.

钟晓君, 李江涛, 2016. 服务业外商直接投资与服务业经济增长: 理论与实证研究 [J]. 国际商务研究 (1): 66-74.

周波, 于冷, 2011. 农业技术应用对农户收入的影响: 以江西跟踪观察农户为例 [J]. 中国农村经济 (1): 49-57.

周灿, 曾刚, 尚勇敏, 2019. 演化经济地理学视角下创新网络研究进展与

展望 [J]. 经济地理, 39 (5): 27-36.

周红云, 2005. 村级治理中的社会资本因素分析: 对山东 C 县和湖北 G 市等地若干村落的实证研究 [D]. 北京: 清华大学.

周菁华, 谢洲, 2012. 农民创业能力及其与创业绩效的关系研究: 基于重庆市 366 个创业农民的调查数据 [J]. 农业技术经济 (5): 121-125.

周立军, 2010. 区域创新网络的系统结构与创新能力研究 [J]. 科技管理研究 (2): 10-12.

周启清, 孟玉龙, 2018. 中国货币供应量对物价影响的实证分析 [J]. 宏观经济研究 (3): 25-32.

周向阳, 2015. 促进台湾农民创业园持续发展的建议: 基于苏皖两地的调查 [J]. 改革与开放 (5): 53-55.

周志专, 2014. 中国农业利用 FDI 的生产率效应研究 [D]. 武汉: 武汉大学.

朱萌, 齐振宏, 邬兰娅, 2016. 种稻大户资源禀赋对其环境友好型技术采用行为的影响: 基于苏南微观数据的分析 [J]. 生态与农村环境学报, 32 (5): 735-742.

朱明芬, 李南田, 2001. 农户采用农业新技术的行为差异及对策研究 [J]. 农业技术经济 (2): 26-29.

朱希刚, 赵绪福, 1995. 贫困山区农业技术采用的决定因素分析 [J]. 农业技术经济 (5): 18-26.

朱月季, 2016. 社会网络视角下的农业创新采纳与扩散 [J]. 中国农村经济 (9): 58-71.

朱月季, 周德翼, 游良志, 2015. 非洲农户资源禀赋、内在感知对技术采纳的影响: 基于埃塞俄比亚奥罗米亚州的农户调查 [J]. 资源科学, 37 (8): 1629-1638.

朱智洺, 朱静, 方培, 2018. FDI 和国内投资对江苏碳排放强度影响的比较分析 [J]. 南京工业大学学报 (社会科学版), 17 (3): 77-86.

祝华军, 田志宏, 2013. 稻农采用低碳技术措施意愿分析: 基于南方水稻产区的调查 [J]. 农业技术经济 (3): 62-71.

庄丽娟, 张杰, 齐文娥, 2010. 广东农户技术选择行为及影响因素的实证分析: 以广东省 445 户荔枝种植户的调查为例 [J]. 科技管理研究 (8): 90-92.

ABDULAI A, HUFFMAN WE, 2005. The diffusion of new agricultural technologies: The case of crossbred-cow technology in Tanzania [J]. American Journal of Agricultural Economics, 87 (3): 645-659.

ADESINA A, ZINNAH M, 1993. Technology characteristics, farmers' perceptions and adoption decisions: a tobit model spplication in Sierra Leone [J]. Agricultural Economics, 9 (4): 297-311.

ADRIAN AM, NORWOOD SH, MASK PL, 2005. Producers' perceptions and attitudes toward precision agriculture technologies [J]. Computers and electronics in agriculture, 48 (3): 256-271.

AJZEN I, 1985. From intention to actions: a theory of planned behavior, in action control: from cognitions to behavior's [M]. New York: Springer Berlin Heidelberg.

AJZEN I, 1991. The theory of planned behavior [J]. Organizational Behavior and Human Decision Processes, 50 (2): 179-211.

ANAYA LG, 2013. Inter-industry productivity spillovers from Japanese and US FDI in Mexico's manufacturing sector [J]. Techonlogy & Investment, 4 (4): 236-243.

ANSELIN L, 1995. Local indicators of spatial association: LISA [J]. Geographical Analysis, 27 (2): 93-115.

ANTONELLI C, 2000. Collective knowledge communication and innovation: the evidence of technological districts [J]. Regional Studies, 6 (11): 535-547.

ARAL S, MUCHNIK L, SUNDARARAJAN A, 2013. Engineering social contagions: Optimal network seeding in the presence of homophily [J]. Network Science, 1 (2): 125-153.

BANDIERA O, RASUL I, 2006. Social networks and technology adoption in Northern Mozambique [J]. The Economic Journal, 116 (514): 869-902.

BARKLEY AP, PORTER LL, 1996. The determinants of wheat variety selection in Kansas, 1974 to 1993 [J]. American Journal of Agricultural Economics, 78 (1): 202-211.

BASS FM, 1969. A new product growth model for consumer durables [J]. Management Science, 15 (5): 215-227.

BATHELT H, GLÜCKLER J. Toward a relational economic geography [J]. Journal of Economic Geography, 2003 (3): 117-144.

BELL D, JAYNE M. The creative countryside: policy and practice in the UK rural cultural economy [J]. Journal of Rural Studies, 2010, 26 (3): 209-218.

BENOIT AA, ANDREAS S, JONATHAN G, 2013. IT as enabler of sustainable farming: an empirical analysis of farmers' adoption decision of precision agriculture technology [J]. Decision Support Systems, 54 (1): 510-520.

BENTLER PM, CHOU CP, 1987. Practical issues in structural modeling [J]. Sociological Methods and Research, 16: 78-117.

BIAN Y J, 1997. Bringing strong ties back in: indirect ties, network bridges, and job searches in China [J]. American Sociological Review, 63 (3): 366-385.

BINSWANGER HP, SILLERS DA, 1983. Risk aversion and credit constraints in farmers' decision-making: a reinterpretation [J]. The Journal of Development Studies, 20 (1): 5-21.

BLONIGEN B A, ELLIS CJ, FAUSTEN D, 2005. Industrial groupings and foreign direct investment [J]. Journal of International Economics, 65 (1): 75-91.

BROWN T A, 2006. Confirmatory factor analysis for applied research [M]. New York: Guiford Press.

BUCKLEY P J, CASSON M O, 1976. The Future of the Multinational Enterprise [M]. New York: Holmes and Melers.

CASETTI E, 1969. Innovation diffusion as a spatial process, by Torsten Hägerstrand [J]. Geographical Analysis, 1 (3): 318-320.

CASETTI E, SEMPLE RK, 1969. Concerning the testing of spatial diffusion hypotheses [J]. Geographical Analysis, 1 (3): 254-259.

CHARNES A, COOPER WW, RHODES E, 1978. Measuring the efficiency of decision making units [J]. European Journal of Operational Research, 2 (6): 429-444.

CHAVES B, RILEY J, 2001. Determination of factors influencing integrated pest management adoption in coffee berry borer in Colombian farms [J]. Agriculture, Ecosystems and Environment (87): 159-177.

CONLEY TG, UDRY CR, 2010. Learning about a new technology: pineapple in Ghana [J]. American Economic Review, 100 (1): 35-69.

DAVID S, 1979. The diffusion of process innovations [M]. Cambridge: Cambridge University Press.

DAVIS FD, BAGOZZI RP, WARSHAW PR, 1989. User acceptance of computer technology: a Comparison of two theoretical models [J]. Management Science, 35 (8): 982-1002.

DELRE SA, JAGER W, BIJMOLT THA, et al, 2007. Targeting and timing promotional activities: An agent-based model for the take off of new products [J]. Journal of Business Research, 60 (8): 826-835.

DOSS RC, MORRIS LM, 2001. How does Gender affect the adoption of agricultural? The case of improved Maize technology in Ghana [J]. Agricultural Economics, 25 (1): 27-39.

DUNNING JH, 1981. International production and the multinational enterprise [M]. London: Allen & Unwin.

DUNNING JH, 1980. Toward an eclectic theory of international production: some empirical tests [J]. Journal of International Business Studies, 11 (1): 9-31.

EATON J, KORTUM S, 1999. International technology diffusion: theory and measurement [J]. Intenational Economic Review, 40 (3): 537-570.

ERVIN CA, ERVIN DE, 1982. Factors affecting the use of soil conservation practices: hypotheses, evidence and policy implications [J]. Land Economics, 58 (3): 277-292.

FALK M, 2015. The relationship between FDI through backward linkages and technological innovations of local firms: evidenc for emerging economies [J]. Eastern European Economics, 53 (5): 424-438.

FEDER G, JUST RE, ZILBERMAN D, 1985. Adoption of agricultural innovations in developing countries: a survey [J]. Economic Development and Cultural Change (2): 255-298.

FEDER G, SLADE R, 1985. The role of public policy in the diffusion of improved agricultural technology [J]. American Journal of Agricultural Economics, 67 (3): 423-428.

FINGER R, BENNI N EI, 2013. Farmers' adoption of extensive wheat production - determinants and implications [J]. Land Use Policy, 30 (1):

206-213.

FISHBEIN M, 1963. An investigation of the relationships between beliefs about an object and the attitude toward that object [J]. Human Relations, 16 (3): 233-240.

FORD JJ, MACCALLUM RC, TAIT M, 1986. The applications of exploratory factor analysis in applied psychology: A critical review and analysis [J]. Personnel Psychology, 39 (2): 291-314.

FOSTER AD, ROSENZWEIG MR, 1995. Learning by doing and learning from others: human capital and technical change in agriculture [J]. Journal of Political Economy, 103 (6): 1176-1209.

FRANCISCO A, MARíA DM, MICHAEL B, 2011. Duration analysis of adoption of drip irrigation technology in Southeastern Spain [J]. Technological Forecasting & Social Change, 78 (6): 991-1001.

GRABOWSKI R, 1979. The Implication of an Induced Innovation Model [J]. Economic Development and Cultural Change, 27 (4): 723-734.

GRANOVETTER M, 1973. The strength of weak ties [J]. American Journal of Sociology, 78 (6): 1360-1380.

GRANOVETTER M, 1978. Threshold models of collective behavior [J]. American Journal of Sociology, 86 (6): 1420-1443.

GRANOVETTER M, 1985. Economic action and social structure: the problem of embeddedness [J]. American Journal of Sociology, 91 (3): 481-510.

GRILICHES Z, 1957. Hybrid corn: an exploration in the economics of technical change [J]. Econometrica, 25 (4): 501-522.

GRUBLER A, 1996. Time for a change: on the patterns of diffusion of innovation [J]. Daedalus, 125 (3): 19-42.

HADDAD M, HARRISON A, 1993. Are there positive spillovers from direct investment? evidence from panel data for Morocco [J]. Journal of Development Economics, 42 (1): 51-74.

HAGERSTRAND T, 1969. Innovation diffusion as a spatial processs [M]. Chicago: University of Chicago Press.

HAKI P, ERWIN B, 2013. Do decentralized innovation systems promote agricultural technology adoption? experimental evidence from Africa [J]. Food Policy, 12 (9): 1-10.

HARVEY J, SYKUTA M, 2005. Property right and organizational characteristics of producer-owned firms and organizational trust [J]. Annals of Public and Cooperative Economics, 76 (4): 545-580.

HAU KT, MARSH HW, 2004. The use of item parcels in structural equation modeling: nonnormal data and small sample size [J]. British Journal of Mathematical Statistical Psychology, 57 (2): 327-351.

HAYTHORNTHWAITE C, 1996. Social network analysis: an approach and technique for the study of information exchange [J]. Library and Information Science Research, 18 (4): 323-342.

HINZ O, SKIERA B, BARROT C, et al, 2011. Seeding strategies for viral marketing: an empirical comparison [J]. Journal of Marketing, 75 (6): 55-71.

HUDSON JC, 1969. Diffusion in a central place system [J]. Geographical Analysis, 1 (1): 45-58.

HYMER SH, 1976. The international operations of national firms: a study of direct foreign investment [M]. Cambridge MA: IT Press.

IGBARIA M, ZINATELLI N, CRAGG P, et al, 1997. Personal computing acceptance factors in small firms: a structural equation model [J]. MIS Quarterly, 27 (3): 279-302.

ISIN S, YILDIRIM I, 2007. Fruit-growers'perceptions on the harmful effects of pesticidesand their reflection on practices: the case of Kemalpasa, Turkey [J]. Crop Protection, 26 (7): 917-922.

JABBOUR L, MUCCHIELLI JL, 2007. Technology transfer through vertical linkages: the case of the Spanis manufacturing industry [J]. Journal of Applied Economics, 10 (1): 115-136.

JACK BK, 2009. Barriers to the adoption of agricultural technologies in developing countries [J]. Agricultural Technology, 24 (12): 132-143.

JAVORCIK B, 2004. Does foreign direct investment increase the productivity of local firms? In search of spillovers through bachward linkages [J]. American Economic Review, 94 (3): 605-627.

KATHY S K, MICHAEL C, STEPHEN G, et al, 2001. Evolution of an agricultural innovation: the N-Trak soil nitrogen test adopt and discontinue, or reject? [J]. Technology in Society, 23 (1): 93-108.

KELLER W, 2002. Geographic localization of international technology diffusion [J]. American Economic Review, 92 (1): 120 - 142.

KIM L, 1987. Korea's entry into the computer industry and money [M]. London: Macmillan.

KLINE RB, 2005. Principles and practice of structural equation modeling [M]. New York: The Guilford Press: 12-34.

KOJIMA K, 1978. Direct foreign investment: a Japanese model of multinational business operations [M]. London: Croon Helm.

KOSAREKJL, GARCIA P, MORRIS ML, 2001. Factors explaining the diffusion of hybrid maize in Latin America and the Caribbean region [J]. Agricultural Economics, 26 (3): 267-280.

KRUGMAN P, 1980. Scale economies, product differentiation, and the pattern of trade [J]. The American Economic Review, 70 (5): 950-959.

KRUGMAN P, 1991. Increasing returns and economic geography [J]. The Journal of Political Economy, 99 (3): 483-499.

LEVISON M, WARD RF, WEBB JW, 1973. The settlement of Polynesia: computer simulation [M]. Minneapolis: University of Minnesota Press.

LIU EM, 2013. Time to change what to sow: risk preferences and technology adoption decisions of cotton farmers in China [J]. Review of Economics and Statistics, 95 (4): 1386-1403.

LóPEZ-NICOLáS C, MOLINA-CASTILLO FJ, BOUWMAN H, 2008. An assessment of advanced mobile services acceptance: contributions from TAM and diffusion theory models [J]. Information & Management, 45 (6): 359-364.

MA X, SHI G, 2015. A dynamic adoption model with bayesian learning: application to the US soybean market [J]. Agricultural Economics, 46 (1): 25-38.

MACGARVIE M, 2005. The determinants of international knowledge diffusion as measured by patent citations [J]. Economics Letters, 87 (1): 121-126.

MAHAJAN V, MULLER E, SRIVASTAVA RK, 1990. Using innovation diffusion models to develop adopter categories [J]. Journal of Marketing Research, 27 (1): 37-50.

MANCINI F, TERMORSHUIZEN AJ, JIGGINS JLS, et al, 2008. Increasing the environmental and social sustainability of cotton farming through farmer education in Andhra Pradesh, India [J]. Agricultural Systems, 96 (1): 16-25.

MANSFIELD E, 1961. Technology change and the rate of imitation [J]. Econometrics, 29 (4): 741-766.

MARIANO M J, VILLANO R, FLEMING E, 2012. Factors influencing farmers' adoption of modern rice technologies and good management practices in the Philippines [J]. Agricultural System, 110 (c): 41-53.

MARKUSEN JR, 1990. First mover advantage, block-aded entry, and the economics of uneven development [J]. Economy and Statistics (1): 129-144.

MATUSCHKE I, QAIM M, 2009. The impact of social networks on hybrid seed adoption in India [J]. Agricultural Economics, 40 (5): 493-505.

MATZDORF B, LORENZ J, 2010. How cost-effective are result-oriented agri-environmental measures? an empirical analysis in Germany [J]. Land Use Policy, 27 (2): 535-544.

MAUCERI M, 2004. Adoption of integrated pest management technologies: a case study of potato farmers in Carchi Ecuador [D]. Blacksburg: the Master Thesis of Virginia Polytechnic Institute and State University.

MAUCERI M, ALWANG J, 2007. Effectiveness of integrated pest management dissemination techniques: a case study of potato farmer in Carchi, Ecuador [J]. Journal of Agricultural and Applied Economics, 39 (3): 765-780.

MITTAL S, TRIPATHI G, 2009. Role of mobile phone technology in improving small farm productivity [J]. Agricultural Economics Research Review (22): 451-459.

MOBARAK AM, ROSENZWEIG MR, 2013. Informal risk sharing, index insurance, and risk taking in developing countries [J]. The American Economic Review, 103 (3): 375-380.

MOHAPATRA R, 2011. Farmers' education and profit efficiency in sugarcane production: a stochastic frontier profit function approach [J]. The IUP Journal of Agricultural Economics, 8 (2): 18-31.

NOLTZE M, SCHWARZE S, QAIM M, 2012. Understanding the adoption of system technologies in smallholder agriculture: the system of rice intensification (SRI) in Timor Leste [J]. Agricultural System, 108 (4): 64-73.

NONAKA I, 1995. The knowledge - creating company: how Japanese companies create the dynamics of innovation [M]. Oxford: Oxford University Press.

NYSVEEN H, PEDERSEN P E, THORBJORNSEN H, 2005. Intentions to use mobile dervices: antecedents and cross - service comparisons [J]. Journal of the Academy of Marketing Science, 33 (3): 330-346.

PARIKH A, BERNARD A, 1988. Impact of risk on HYV adoption in Bangladesh [J]. Agricultural Economics, 2 (2): 167-178.

PEDERSEN PO, 1970. Innovation diffusion within and between national urban systems [J]. Geographical Analysis, 2 (3): 203-254.

POPKIN SL, 1979. The rational peasant: the political economy of rural society in Vietnam [M]. Berkeley: University of California Press.

POSNER M, 1961. International trade and technical change [J]. Oxford Economical Paper, 13: 323-341.

QAIM M, 2005. Agricultural biotechnology adoption developing counries [J]. American Journal of Agricultual Economics, 87 (5): 1317-1324.

REGANATI F, SICA E, 2007. Horizontal and vertical spillovers from FDI: evidence from panel data for the Italian manufacturing sector [J]. Journal of Business Economics and Management, 8 (4): 259-266.

RICHARD LM, DIANEM, 1975. Critical parameters of spatial diffusion processes [J]. Economic Geography, 51 (3): 269-277.

RODRIGUEZ-CLARE A, 1996. Multinationals, linkages, and economic development [J]. American Economic Review, 86 (4): 852-873.

ROGERS EM, 1983. Diffusion of innovations (3rd ed) [M]. New York: The Free Press.

RYAN B, GROSS NC, 1943. The diffusion of hybrid seed corn in two Iowa communities [J]. Rural Sociology, 8 (1): 15-24.

SCHUCK EC, FRASIER WM, WEBB RS, et al, 2005. Adoption of more technically efficient irrigation systems as a drought response [J]. Water Resources Development, 21 (4): 651-662.

SCHULTZ T W, 1964. Transforming traditional agriculture [M]. New Haven:

Yale University Press.

SCHUMPETER JA, 1934. The theory of economic development [M]. Cambridge: Harvard University Press.

SEXTON S E, LEI Z, ZILBERMAN D, 2007. The economics of pesticides and pest control [J]. International Review of Environmental and Resource Economics (1): 271-326.

SHANE S, VENKATARAMAN S, 2000. The promise of entrepreneurial opportunities [J]. Organization Science, 11 (4): 448-469.

SILVERBERG G, DOSI G, ORSENIGO L, 1988. Innovation diversity and diffusion: a self-organization model [J]. Economic Journal (December), 98 (4): 1032-1054.

SIMTOWE F, ASFAW S, ABATE T, 2016. Determinants of agricultural technology adoption under partial population awareness: the case of pigeonpea in Malawi [J]. Agricultural and Food Economics, 4 (7): 1-21.

SKLAIR L, 1989. Assembling for development: the maquila industry in Mexico and the United States [M]. Boston: Unwin Hyman.

SOREBO O, EIKEBROKK TR, 2008. Explaining is continuance in environments where usage is mandatory [J]. Computers in Human Behavior, 25 (5): 2357-2371.

SUSMITA D, CRAIG M, DAVID W, 2007. Is environmentally friendly agriculture less profitable for farmers? evidence on integrated pest management in Bangladesh [J]. Applied Economic Perspectives and Policy, 15 (1): 103-118.

TABACHNICK BG, FIDELL LS, 1982. Using multivariate statistics [M]. 5th ED. Needham Heights, MA: Allyn and Bacon.

TORNATZKY L G, KLEIN KJ, 1982. Innovation characteristicsand innovation adoption-implementation: a meta analysis of findings [J]. Transactions on Engineering Management, 29 (1): 28-43.

VERNON R, 1966. International investment and international trade in the product cycle [J]. Quarterly Journal of Economic Activity, 80: 190-207.

WANG WH, JUNG HS, SALVENDY G, 1966. Internationalisation of e-commerce: a comparison of online shopping preferences among Korean, Turkish, US populations [J]. Behaviour and Information Technology, 25

(1): 3-8.

WATTS DJ, STROGATZ SH, 1998. Collective Dynamics of Small-world Networks [J]. Nature (393): 440-442.

WHITTINGTON KB, OWENSMITH J, POWELL WW, 2009. Networks, propinquity, and innovation in knowledge intensive industries [J]. Administrative Science Quarterly, 54 (1): 90-122.

WOLF BM, 1977. Industrial diversification and internationalization: some empirical evidence [J]. Journal of Industrial Economics (2): 177-199.

YEUNG HW, 2005. Rethinking relational economic geography [J]. Transactions of the Institute of British Geographers, 30 (1): 37-51.

ZUBCSEK PP, SARVARY M, 2011. Advertising to a social network [J]. Quantitative Marketing & Economics, 9 (1): 71-107.

# 附录1　台湾农业（兰花）技术扩散调查问卷

尊敬的台湾农业（兰花）种植户（企业）：

您好！本调查是为了了解台湾农业（兰花）技术在大陆欠发达地区（韶关）的扩散机制、渠道、效应及采用台湾农业（兰花）技术的影响因素，纯作为学术研究用，希望我们的调查活动能够得到您的支持！

一、行为态度与感知（请根据您个人的实际情况直接在相应栏上划√，谢谢!）

（一）农户维度（A）

**1. 农户网络特征因素（A1）**

（1）您经常参加农业技术培训（A11）：

①非常不同意_____；②不同意_____；③基本同意_____；④同意_____；⑤非常同意_____。

（2）您经常与他人交流农业技术心得（A12）：

①非常不同意_____；②不同意_____；③基本同意_____；④同意_____；⑤非常同意_____。

（3）乡邻们种植兰花，您也愿意尝试一下（A13）：

①非常不同意_____；②不同意_____；③基本同意_____；④同意_____；⑤非常同意_____。

**2. 农户创业特征因素（A2）**

（1）您能够容易掌握新技术、新方法（A21）：

①非常不同意_____；②不同意_____；③基本同意_____；④同意_____；⑤非常同意_____。

（2）您愿意尝试新东西（A22）：

①非常不同意_____；②不同意_____；③基本同意_____；④同

意_____；⑤非常同意_____。

(3) 您总是能抓住刚出现的赚钱机会（A23）：

①非常不同意_____；②不同意_____；③基本同意_____；④同意_____；⑤非常同意_____。

### 3. 农户对台湾农业的认知因素（A3）

(1) 您了解广东省（韶关）粤台农业合作试验区（下称试验区）（A31）：

①非常不同意_____；②不同意_____；③基本同意_____；④同意_____；⑤非常同意_____。

(2) 您了解本地台湾农业（兰花）品种（A32）：

①非常不同意_____；②不同意_____；③基本同意_____；④同意_____；⑤非常同意_____。

(3) 您了解本地台湾农业（兰花）技术（A33）：

①非常不同意_____；②不同意_____；③基本同意_____；④同意_____；⑤非常同意_____。

## （二）台湾农业维度（B）

### 1. 台湾农业特点因素（B1）

(1) 台湾农业（兰花）技术容易掌握（B11）：

①非常不同意_____；②不同意_____；③基本同意_____；④同意_____；⑤非常同意_____。

(2) 台湾农业（兰花）技术信息的获取容易（B12）：

①非常不同意_____；②不同意_____；③基本同意_____；④同意_____；⑤非常同意_____。

(3) 台湾农业（兰花）种植成本低（B13）：

①非常不同意_____；②不同意_____；③基本同意_____；④同意_____；⑤非常同意_____。

### 2. 台湾农业技术服务特点因素（B2）

(1) 台湾农业（兰花）技术服务来源（"政府部门"或农技站、农业科研单位、台湾农业企业或经销商、农业合作社等）广：

①非常不同意_____；②不同意_____；③基本同意_____；④同意_____；⑤非常同意_____。

(2) 台湾农业（兰花）技术服务类型（开专题技术讲座、发放指导材料、实地指导、外出参观或考察等）多：

①非常不同意_____；②不同意_____；③基本同意_____；④同

意_____；⑤非常同意_____。

(3) 台湾农业（兰花）技术服务效果好：

①非常不同意_____；②不同意_____；③基本同意_____；④同意_____；⑤非常同意_____。

### (三) 环境维度 (C)

**1. 基础条件因素 (C1)**

(1) 种植台湾农业品种（兰花）的用地容易解决 (C11)：

①非常不同意_____；②不同意_____；③基本同意_____；④同意_____；⑤非常同意_____。

(2) 本地土地用水方便 (C12)：

①非常不同意_____；②不同意_____；③基本同意_____；④同意_____；⑤非常同意_____。

(3) 本地交通方便 (C13)：

①非常不同意_____；②不同意_____；③基本同意_____；④同意_____；⑤非常同意_____。

**2. 政策环境因素 (C2)**

(1) 政府对台湾农业（兰花）的宣传到位 (C21)：

①非常不同意_____；②不同意_____；③基本同意_____；④同意_____；⑤非常同意_____。

(2) 政府对台湾农业（兰花）的补贴到位 (C22)：

①非常不同意_____；②不同意_____；③基本同意_____；④同意_____；⑤非常同意_____。

(3) 农业（兰花）生产贷款容易 (C23)：

①非常不同意_____；②不同意_____；③基本同意_____；④同意_____；⑤非常同意_____。

### (四) 扩散效果 (D)

**1. 您对台湾技术（兰花）感兴趣 (D1)：**

①非常不同意_____；②不同意_____；③基本同意_____；④同意_____；⑤非常同意_____。

**2. 您会关注试验区的发展 (D2)：**

①非常不同意_____；②不同意_____；③基本同意_____；④同意_____；⑤非常同意_____。

**3. 您会关注台湾农业（兰花）技术的动向（D3）：**

①非常不同意_____；②不同意_____；③基本同意_____；④同意_____；⑤非常同意_____。

**4. 您会推荐亲友种植兰花（D4）：**

①非常不同意_____；②不同意_____；③基本同意_____；④同意_____；⑤非常同意_____。

## 二、您在种植兰花过程中，主要与哪些企业、机构等有技术交流、咨询或联系（烦请您在相应栏后面填写，谢谢！）

1. 台商兰场（企业）有：_____
_____。

2. 外地兰场（兰场在翁源，负责人非本地人）有：_____
_____
_____。

3. 本地兰场（企业）有：_____
_____
_____。

4. 科研机构、大学有：_____
_____
_____。

## 三、基本信息（烦请您在相应栏后面划√或填写，谢谢！）

1. 您企业（兰场）名：_____。
2. 您所在的区域是：松塘村_____；仙南村_____；九仙村_____；仙北村_____；其他_____。
3. 您的年龄：18~30岁_____；31~40岁_____；41~50岁_____；51~60岁_____；60岁以上_____。
4. 您的文化程度：小学以下_____；小学_____；初中_____；高中_____；大专及以上_____。
5. 您家一年的总收入约（元）：10万以下_____；10万（含10万）~

20万_____；20万（含20万）~30万_____；30万（含30万）~40万_____；40万及以上_____。

6. 您种植兰花是由（可多选）：同村人带动_____；合作社带动_____；亲友推荐_____；网络（手机）影响_____；政府宣传_____；其他_____。

7. 您或您家人（亲戚朋友）曾经或现在有没有担任村小组长或村干部：有_____；无_____。

8. 您有没有在台湾兰场工作过：①有_____，从事的工作是：管理_____，技术_____，销售_____；②没有_____。您加入的兰花专业合作社是_____；您有没有加入兰花协会，有_____，没有_____。

9. 您2017年种植的兰花面积约_____亩，投入种苗约_____万元，化肥_____万元，农药_____万元，其他_____万元，劳动力（包括雇佣的长工）_____人，收入约_____万元。

10. 您家兰花如何销售（可多选）：网络销售_____，合作社销售_____，经销商销售_____，顾客上门订购_____，自己到市场上销售_____，其他_____。

非常感谢您的支持，祝您生意兴隆，一切顺利！

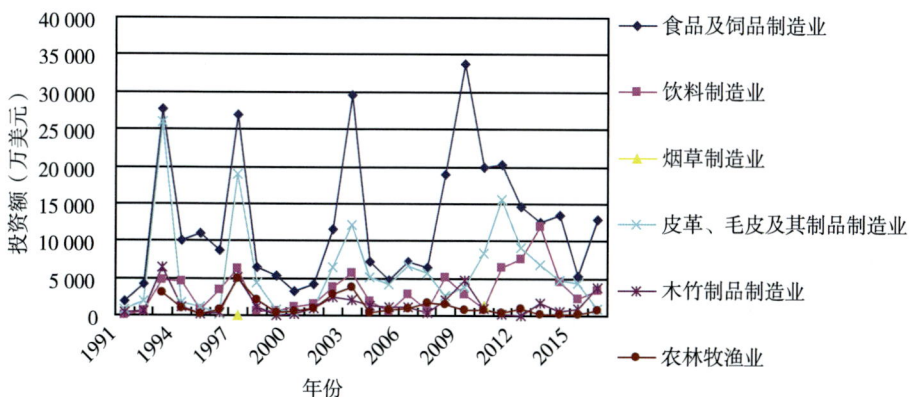

图 3-12 台湾在大陆农业投资行业分布

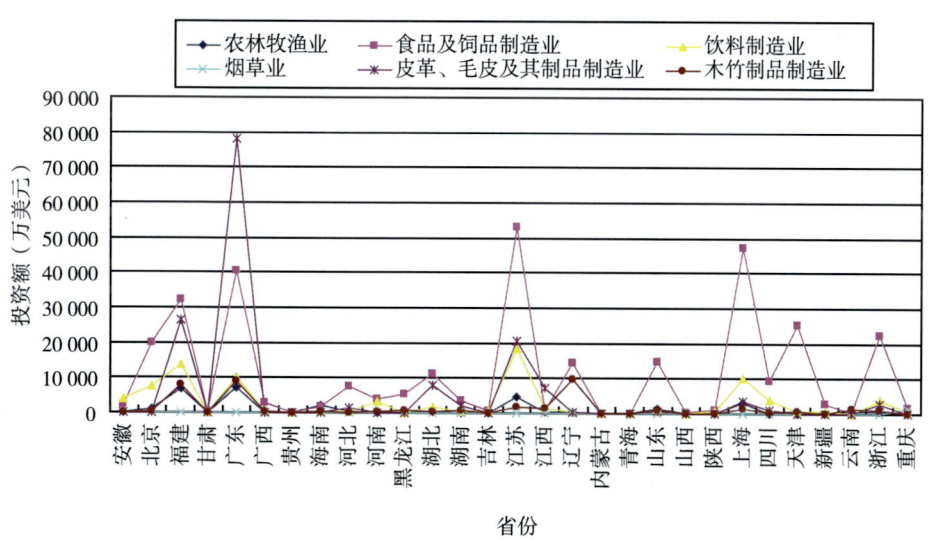

图 3-20 大陆各省份台商农业投资行业分布

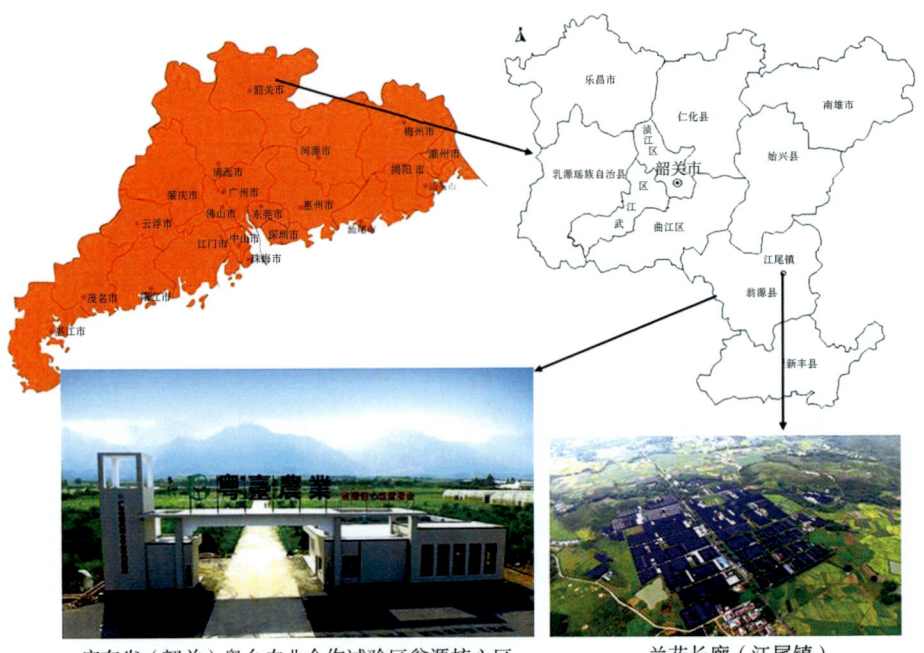

彩图 5-1　研究区位置图

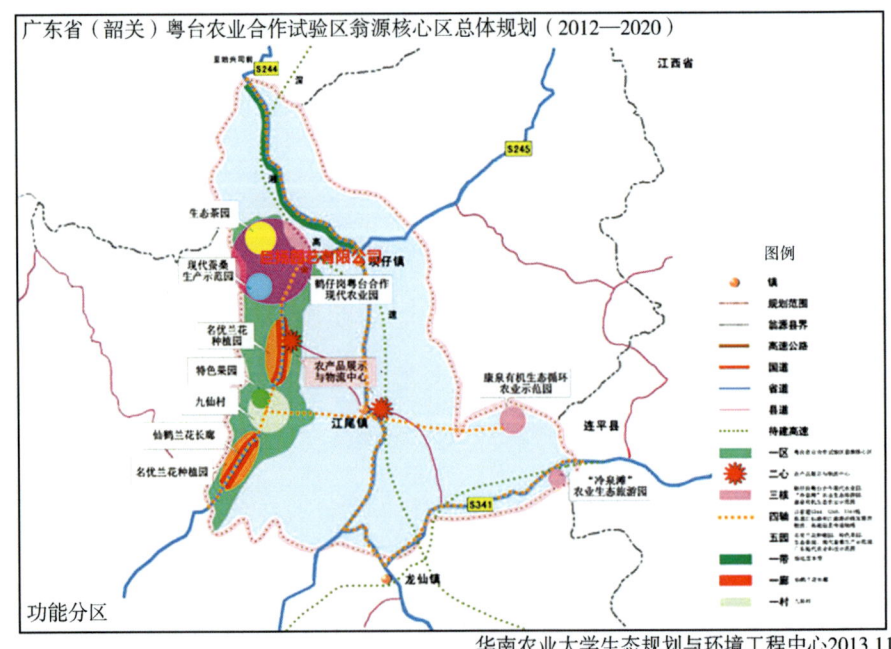

彩图 5-2　翁源核心区总体规划图

彩　图

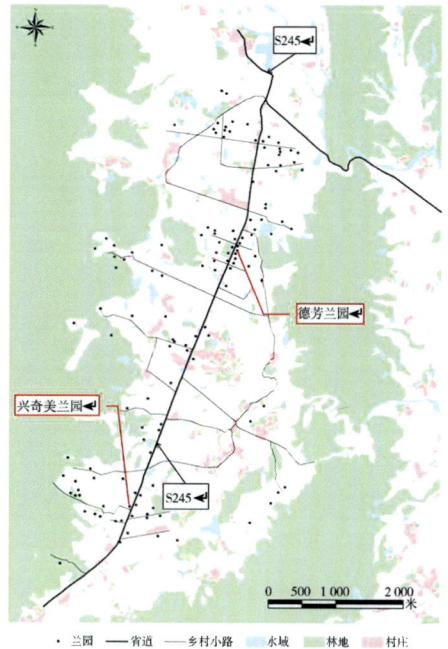

**彩图 5-3　仙鹤兰花长廊示意图（2017 年）**

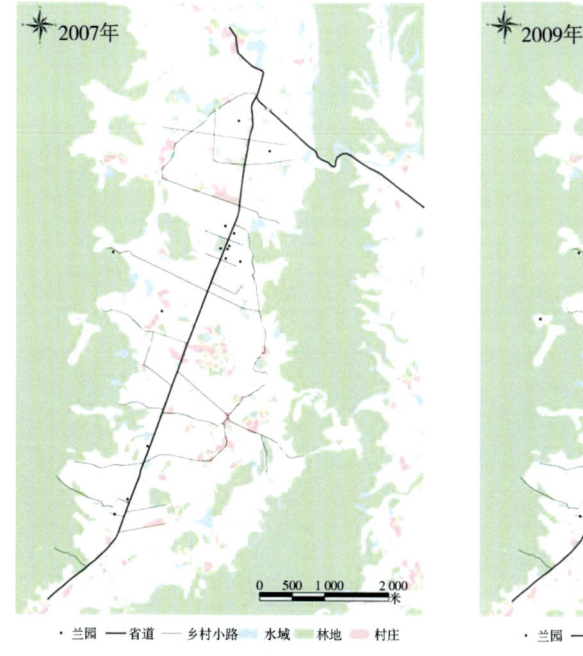
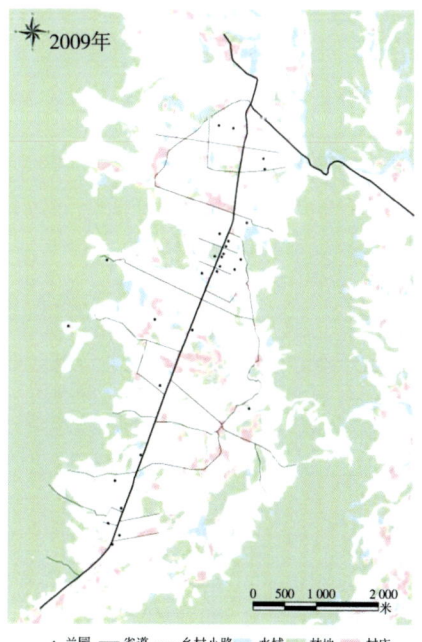

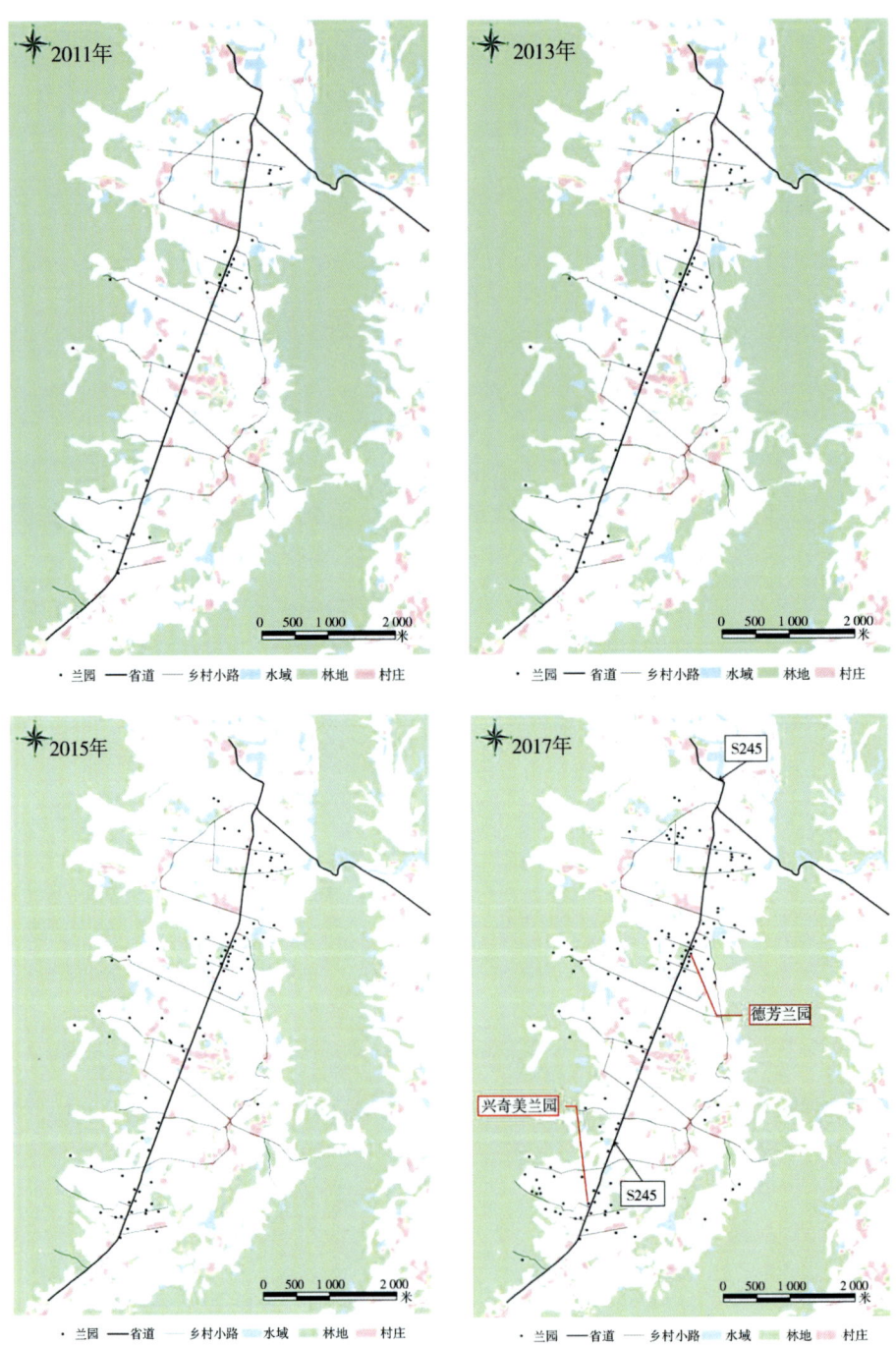

彩图5-8 2007—2017年兰花长廊兰园分布演化图

彩图 5-10　兰花长廊部分道路

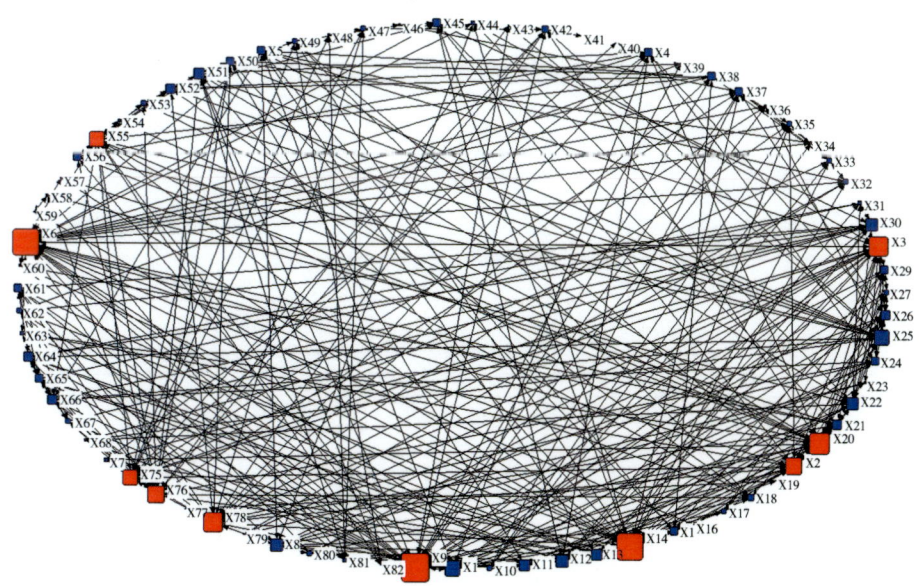

彩图 6-1　点度中心度网络联系图（无台企业网络）

注：中心度值越大，其中心性越强，在网络中的地位越高，在图中的方框越大。图 6-2、图 6-3 同。

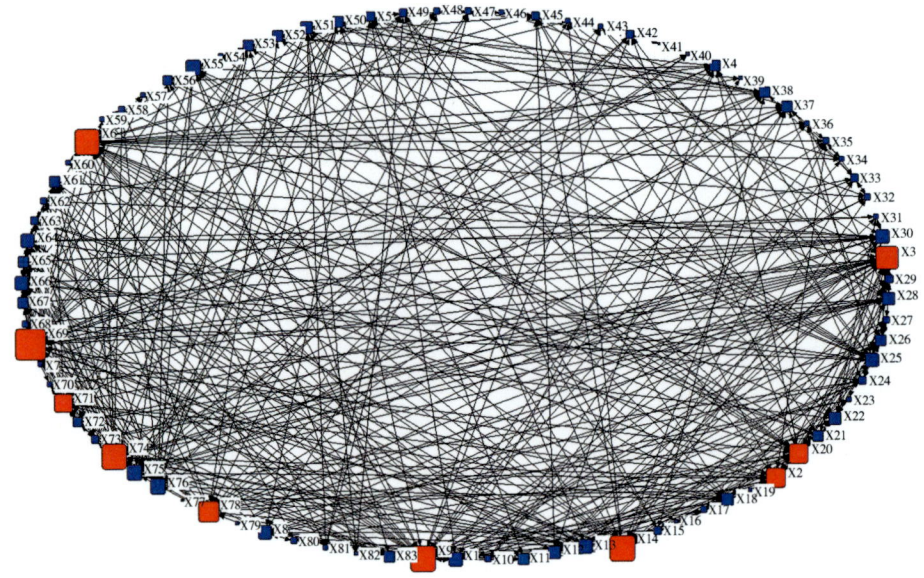

彩图6-2 点度中心度网络联系图（全企业网络）

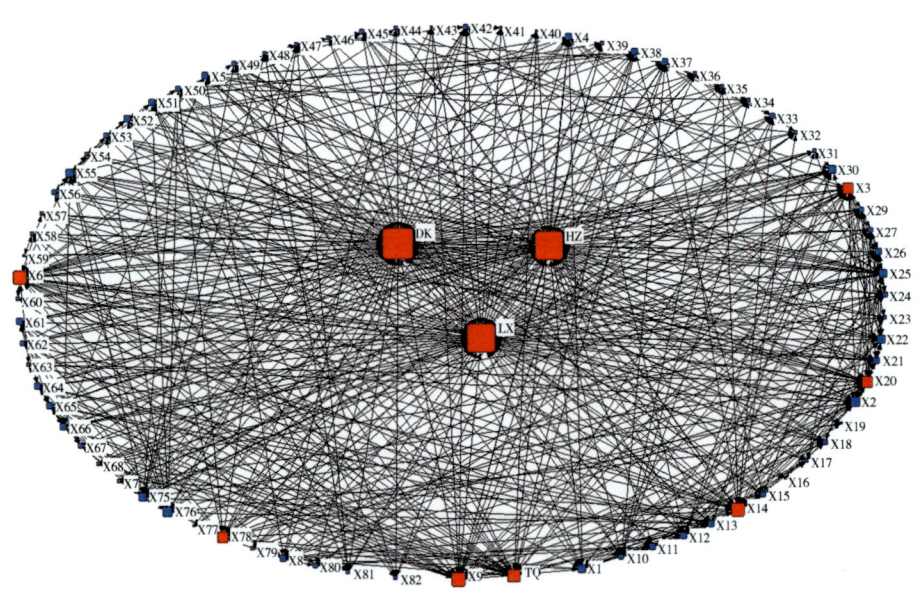

彩图6-3 点度中心度网络联系图（整体网络）

彩 图

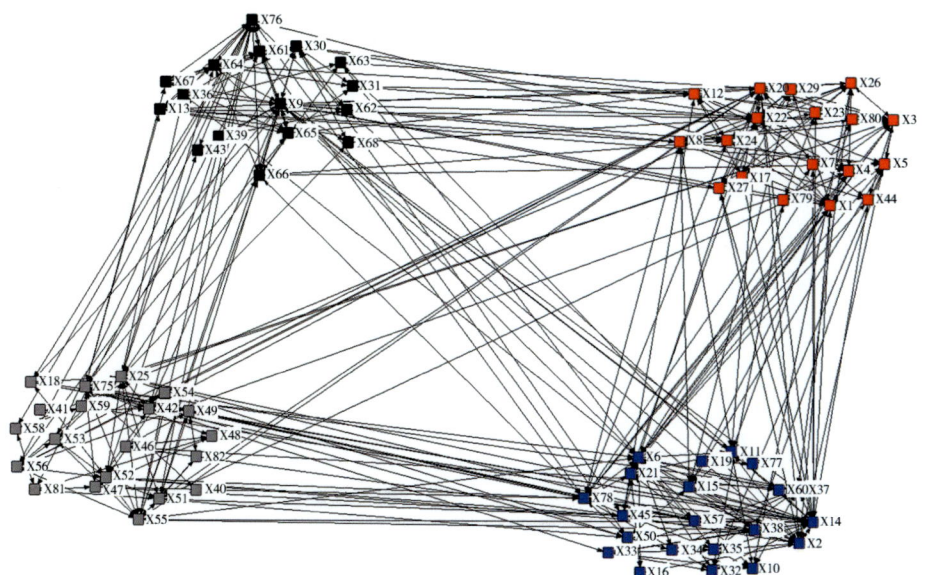

彩图 6-7 派系网络图

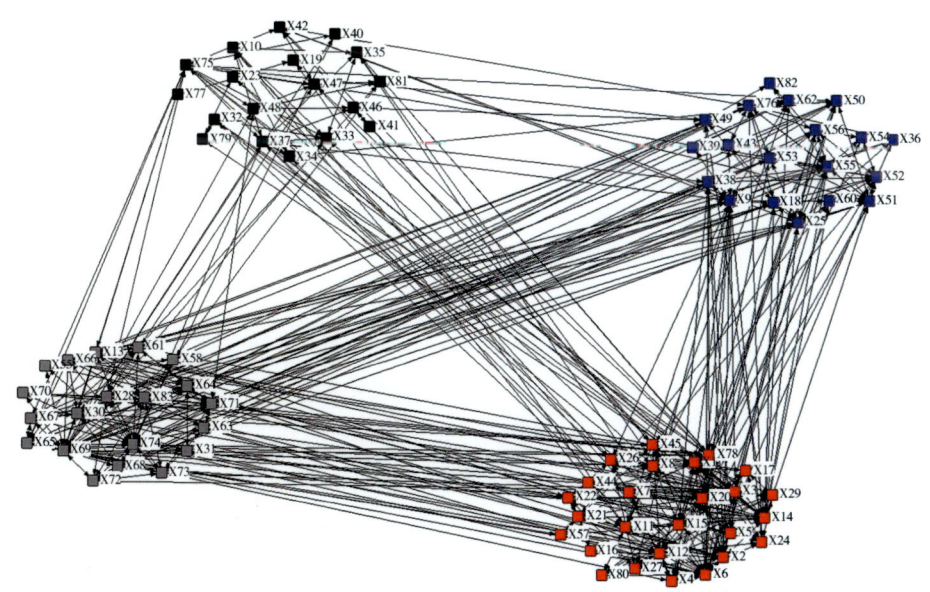

彩图 6-8 派系网络图

· 7 ·

农业技术扩散特征、效应及机制研究

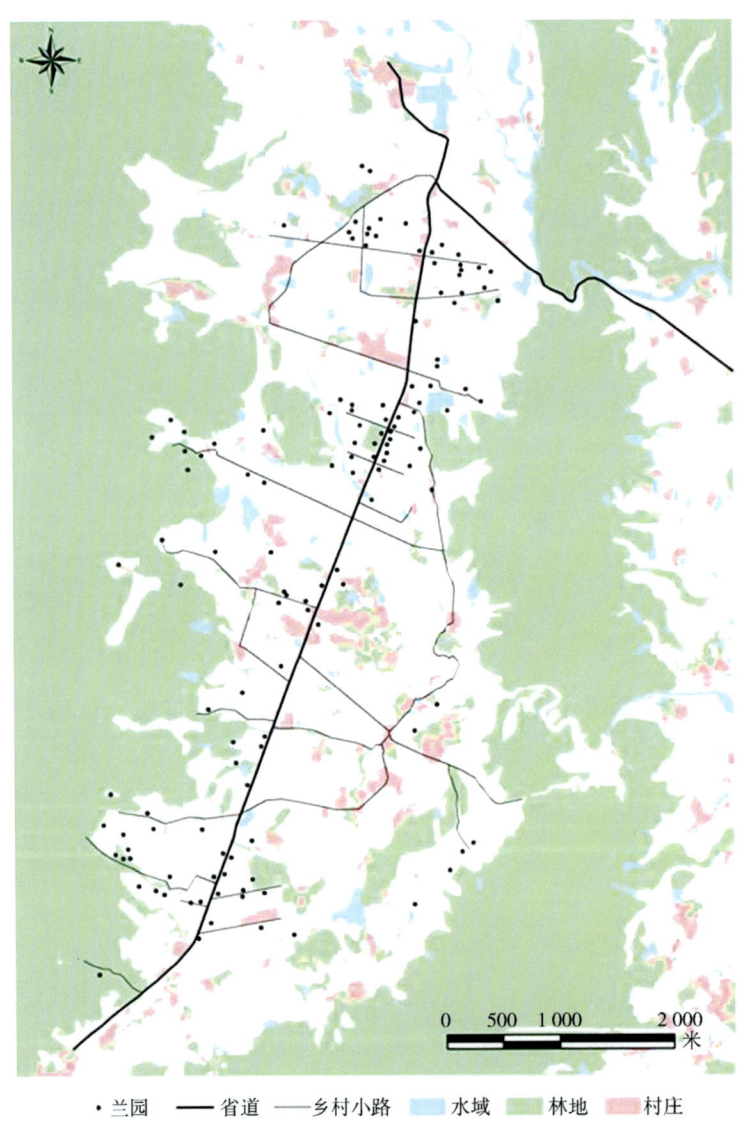

彩图6-12　兰花长廊兰园分布图（2017年）